Muttersprache plus

8 Sprach- und Lesebuch

W0183151

Herausgegeben von Viola Oehme

Erarbeitet von
Veronika Amm, Tefide Avci, Katja Bönke-Wendt, Ulrike Buhl,
İbrahim Çın, Birgit Hofmann, Nadine Korpus, Viola Oehme,
Gitta-Bianca Ploog, Cordula Rieger

Unter Beratung von
Thomas Brand (Berlin), Kristina Bullert (Sachsen-Anhalt),
Isabell Knauft (Thüringen), Sandra Nolte-Heidrich (Sachsen),
Anka Rahn (Brandenburg)

Cornelsen

Muttersprache plus 8

Redaktion: Gabriella Wenzel
Illustration: Sylvia Graupner (S. 8–183); Bettina Nutz (S. 184–297)
Umschlaggestaltung: werkstatt für gebrauchsgrafik, Berlin
Umschlagillustration: Dorina Tessmann
Layoutkonzept: lernsatz.de
Technische Umsetzung: Straive

Das Buch wurde erarbeitet auf der Grundlage der Ausgaben von Hartmut Frentz, Thomas Hopf, Birgit Mattke, Adelbert Schübel, Ute Schultes, Bernd Skibitzi, Viola Tomaszek.

Begleitmaterialien für Schülerinnen und Schüler zu *Muttersprache plus* Klasse 8

Schulbuch als E-Book	978-3-06-063284-8
Arbeitsheft	978-3-06-063309-8
Arbeitsheft für Lernende mit erhöhtem Förderbedarf	978-3-06-063327-2

www.cornelsen.de

Soweit in diesem Lehrwerk Personen fotografisch abgebildet sind und ihnen von der Redaktion fiktive Namen, Berufe, Dialoge und Ähnliches zugeordnet oder diese Personen in bestimmte Kontexte gesetzt werden, dienen diese Zuordnungen und Darstellungen ausschließlich der Veranschaulichung und dem besseren Verständnis des Inhalts.

Die Webseiten Dritter, deren Internetadressen in diesem Lehrwerk angegeben sind, wurden vor Drucklegung sorgfältig geprüft. Der Verlag übernimmt keine Gewähr für die Aktualität und den Inhalt dieser Seiten oder solcher, die mit ihnen verlinkt sind.

Dieses Werk berücksichtigt die Regeln der reformierten Rechtschreibung und Zeichensetzung.
Bei den mit [R] gekennzeichneten Texten haben die Rechteinhaber einer Anpassung widersprochen.
Die mit * gekennzeichneten Texte wurden aus didaktischen Gründen gekürzt und/oder verändert.

1. Auflage, 1. Druck 2023

Alle Drucke dieser Auflage sind inhaltlich unverändert und können im Unterricht nebeneinander verwendet werden.

© 2023 Cornelsen Verlag GmbH, Berlin

Das Werk und seine Teile sind urheberrechtlich geschützt. Jede Nutzung in anderen als den gesetzlich zugelassenen Fällen bedarf der vorherigen schriftlichen Einwilligung des Verlages. Hinweis zu §§ 60 a, 60 b UrhG: Weder das Werk noch seine Teile dürfen ohne eine solche Einwilligung an Schulen oder in Unterrichts- und Lehrmedien (§ 60 b Abs. 3 UrhG) vervielfältigt, insbesondere kopiert oder eingescannt, verbreitet oder in ein Netzwerk eingestellt oder sonst öffentlich zugänglich gemacht oder wiedergegeben werden. Dies gilt auch für Intranets von Schulen.

Druck: Mohn Media Mohndruck, Gütersloh

ISBN 978-3-06-063282-4

PEFC
PEFC/04-31-1033

PEFC zertifiziert
Dieses Produkt stammt aus nachhaltig bewirtschafteten Wäldern und kontrollierten Quellen.
www.pefc.de

Zeichenerklärung

Methoden und Arbeitstechniken

Entwicklung von Medienkompetenz

Was weißt du noch aus Klasse 7?

1 Lies den folgenden Text.

Wie Alexander Fleming durch eine Schlamperei das Penicillin entdeckte

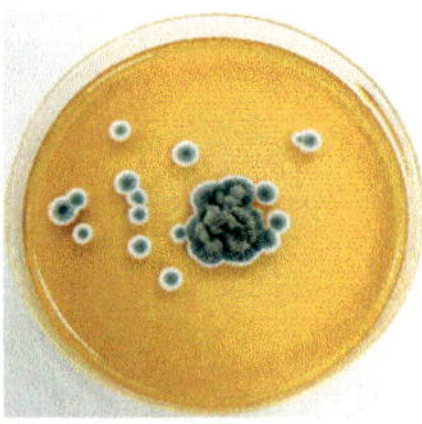

[...] Manchmal entstehen Wunder ganz zufällig. Oder gar durch eine kleine Schlamperei. So geschehen 1928 am St. Mary's Hospital in London. Im September 1928 kehrt der schottische Bakteriologe Alexander Fleming (1881–1955) aus den Sommerferien in sein Labor zurück. Dort stößt er auf eine Petrischale mit einer verschimmelten Bakterienkultur; vor seiner Abreise hat Fleming mit dem Krankheitserreger *Staphylococcus aureus* experimentiert, und das Gefäß ist ungewaschen auf einem Labortisch stehen geblieben. Staunend stellt er nun fest: Eine winzige Menge grüner Schimmelpilze hat die Bakterien zerstört. Es gelingt ihm, die bakterientötende Substanz aus dem Schimmel zu extrahieren[1], er nennt sie: Penicillin. [...]
Manchmal dauern Wunder etwas länger. Flemings Veröffentlichungen finden zunächst kaum Beachtung. Erst der Zweite Weltkrieg verhilft seiner epochalen Entdeckung zum Durchbruch. Ein Forscherteam in Oxford um Howard Florey und Ernst Chain erkennt im Tierversuch, wie verblüffend kraftvoll Penicillin selbst gegen aggressive, normalerweise todbringende Bakterien wirkt. Den Forschern ist sofort klar, dass Penicillin eine wichtige Rolle in der Kriegsmedizin spielen wird.
Allerdings: Es ist extrem mühsam, den Wunderstoff in ausreichenden Mengen zu produzieren. Das US-Militär beteiligt sich an der Suche nach einem Pilzstamm, der größere Mengen Penicillin produziert, sammelt weltweit Bodenproben. [...] Endgültig gelöst wird das Mengenproblem, als die Amerikaner eine Methode entwickeln, den Pilz mittels Fermentation[2] zu züchten. Erste große Feldversuche finden 1943 auf den Schlachtfeldern Nordafrikas statt – mit spektakulärem Erfolg. [...] Ab 1944 steigern die USA die Produktionsmenge so weit, dass schließlich auch die gesamte Zivilbevölkerung versorgt werden kann. [...]
In Europa hingegen herrscht weiter Mangel, nach Kriegsende wird das lebensrettende Mittel in den zerstörten Städten zur Schmuggelware [...]. Penicillin gilt in der zweiten Hälfte des 20. Jahrhunderts als Wunderheilmittel, ist eine der größten Innovationen der Medizingeschichte, rettet unzählige Menschenleben. Flemings Zufallsfund revolutioniert die Behandlung von Infektionen, gegen die Ärzte zuvor nur schwer oder überhaupt nicht vorgehen konnten – etwa bakterielle Lungenentzündung, Scharlach, Syphilis oder Wundstarrkrampf.
Doch der Erfolg hat auch Schattenseiten, die „Wunderwirkung" der Antibiotika führte mit den Jahren zu einem ausufernden Einsatz. [...] Fleming mahnt, sinngemäß, schon 1945, als er den Nobelpreis erhält: Wenn wir dieses Mittel verantwortungslos einsetzen, werden wir es wieder verlieren.*

1 *extrahieren:* herauslösen

2 *die Fermentation:* die Umwandlung biologischer Materialien durch Bakterien, Pilze oder Enzyme (Fermente)

2 Lies die folgenden Aussagen und entscheide, ob sie richtig oder falsch sind.

1 Der Schimmelpilz in der Petrischale hat die Viren abgetötet.
2 Als die Amerikaner eine Methode entwickeln, den Pilz zu züchten, wird das Mengenproblem gelöst.
3 Den Durchbruch schafft Penicillin am Ende des Ersten Weltkriegs.
4 Penicillin ermöglicht die Behandlung von Infektionen, gegen die Ärzte früher machtlos waren.

3 Teile den Text in Abschnitte ein und formuliere für jeden Abschnitt eine passende Teilüberschrift.

4 Untersuche, welche Funktion der Text hat. Begründe deine Entscheidung mithilfe von Textbelegen.

5 Erschließe das folgende Diagramm. Entscheide mithilfe des Diagramms, ob die folgenden Aussagen richtig oder falsch sind.

Altersgruppenspezifische Zahl der Verordnungen von Antibiotika (im Jahr 2018)

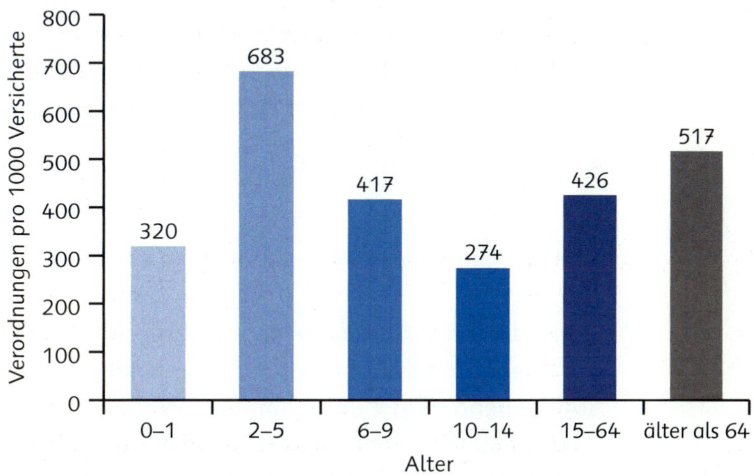

(Zahlen aus: www.versorgungsatlas.de)

1 Die meisten Antibiotika werden Kindern von 0 bis 1 Jahren verordnet.
2 Kinder von 10 bis 14 Jahren bekommen am wenigsten Antibiotika.
3 Menschen über 64 Jahre bekommen am zweithäufigsten Antibiotika.

6 Schreibe aus den Zeilen 23–34 die Attribute mit ihren Bezugsnomen/-substantiven heraus.

7 Forme die Sätze, wie in Klammern angegeben, in Aktiv oder Passiv um. Beachte die Zeitformen.

1 Der Wissenschaftler entwickelt einen Impfstoff. (Passiv)
2 Das Unternehmen wurde von ihm gegründet. (Aktiv)

Diskutieren – Meinungen austauschen

Diskussionen vorbereiten und durchführen

1 Meinungsäußerungen und Diskussionen begegnen uns in unserem privaten Umfeld, in der Schule oder in den Medien.

a Tauscht euch darüber aus, was euch an verschiedenen Meinungsäußerungen und bei Diskussionen stört und was ihr gut findet.

→ S. 304: Merkwissen: Cluster

b Überlegt, was ihr über eine gelungene Gestaltung von Meinungsäußerungen und Diskussionen bereits wisst. Sammelt Begriffe und erstellt ein Cluster.

In **Diskussionen** werden Problemstellungen thematisiert, zu denen gemeinsam konstruktiv nach einer Lösung gesucht wird. Dabei werden **Standpunkte** bzw. **Meinungen** ausgetauscht. Die Diskussionsteilnehmerinnen und -teilnehmer formulieren **Behauptungen**, die mit **Argumenten** (**Begründungen** + **Beispielen**) gestützt werden, um ihren Standpunkt zu vertreten.
Am Ende einer Diskussion werden die Gedanken zusammengefasst und Vorschläge für das weitere Vorgehen abgeleitet.

2 In Diskussionen treffen unterschiedliche Standpunkte bzw. Meinungen aufeinander.

a Lies die folgenden Zitate über die Jugend.

Die Jugend achtet das Alter nicht mehr, zeigt bewusst ein ungepflegtes Aussehen, sinnt auf Umsturz, zeigt keine Lernbereitschaft und ist ablehnend gegen übernommene Werte.
(altägyptische Erzieherfibel vor mehr als 3000 Jahren)

Nur die Jugend kann man gesund nennen, die sich mit den alten Zuständen nicht abfindet und die, auf dumme oder kluge Weise, dagegen ankämpft – so will es die Natur, und darauf baut sich der Fortschritt.
(Anton Pawlowitsch Tschechow, russischer Schriftsteller, 1860–1904)

b Fasse die Hauptaussage der Zitate mit eigenen Worten zusammen.

c Vergleicht die beiden Aussagen und tauscht euch über die Unterschiede aus. Überlegt auch, warum es zu so unterschiedlichen Meinungen kommt.

d Was hältst du von den Aussagen? Welcher Aussage kannst du zustimmen und welcher eher nicht? Formuliere erste Überlegungen dazu.

3 Wie ist die Jugend von heute?

a Tauscht euch darüber aus, wie ihr euch selbst seht und wie euch eure Eltern, Großeltern, Lehrkräfte oder andere Erwachsene sehen.

b Sammelt in einem Brainstorming Meinungen zum Thema „Die Jugend von heute".

c Wählt einen Aspekt aus, den ihr gern diskutieren würdet. Formuliert dazu eine Fragestellung als Entscheidungsfrage und als Ergänzungsfrage. Orientiert euch dabei am folgenden Merkkasten.

Fragestellungen zur Diskussion kann man unterschiedlich formulieren:
- als **Entscheidungsfrage**, die man mit Ja oder Nein beantworten kann. Die finite Verbform steht am Anfang der Frage, z. B.:
  Ist die Jugend heute unhöflich? Muss die Jugend alte Zustände ändern?
- als **Ergänzungsfrage**, auf die man ausführlicher antworten muss. Am Anfang der Frage steht ein Fragewort und die finite Verbform steht an zweiter Satzgliedstelle, z. B.:
  Wie höflich ist die Jugend heute?
  Warum ist die Jugend heute unhöflich?

Seine **Meinung** zur Fragestellung der Diskussion formuliert man in Form von **Aussagen bzw. Behauptungen**. Um diese überzeugend zu vertreten, führt man **Argumente** (Begründungen + Beispiele) an. Sie können auf bekannte Tatsachen, auf gemeinsame Erlebnisse oder persönliche Erfahrungen Bezug nehmen.

Ein **Diskussionsbeitrag** besteht also aus folgenden Teilen:
- **Aussage bzw. Behauptung**, z. B.: *Die Jugend von heute ist unhöflich,*
- **Begründung**, z. B.: *denn sie steht für ältere Menschen nicht mehr auf.*
- **Beispiel**, z. B.: *Jeden Morgen, wenn ich mit dem Bus in die Schule fahre, beobachte ich zum Beispiel, dass niemand außer mir aufsteht, wenn ältere Menschen einsteigen.*
- **Schlussfolgerung**, z. B.: *Dieses Verhalten zeugt davon, dass die Jugend von heute den älteren Menschen nicht mehr den nötigen Respekt erweist.*

Einen Diskussionsbeitrag vorbereiten

4 Bereite für eure Diskussion zum Thema „Die Jugend von heute" einen Diskussionsbeitrag vor.

a Formuliere deinen Standpunkt zur Fragestellung aus Aufgabe 3 c als Aussage bzw. Behauptung.

Ich bin der Meinung, dass ...

b Notiere Argumente (Begründungen und Beispiele) für deine Meinung.

c Ordne deine Argumente nach ihrer Überzeugungskraft. Überlege, ob du das stärkste Argument an den Anfang oder an das Ende stellen solltest.

Den Diskussionsbeitrag formulieren

5 Wenn man einen Diskussionsbeitrag zur Diskussion beisteuert, entscheiden die ersten Sekunden, ob man die Zuhörenden für sich gewinnt.

a Lies die folgenden Sätze bzw. Satzanfänge.

1 Gestern habe ich beim Einkaufen beobachtet, wie jemandem etwas heruntergefallen ist. Keiner der umstehenden Jugendlichen hat geholfen.
2 Noch vor hundert Jahren galt es als unhöflich, wenn man als Mann einer Frau nicht die Tür aufhielt. Heute kann man so etwas kaum noch beobachten.
3 Gestern las ich in einem Artikel über das Verhalten Jugendlicher, dass …
4 Ist es nicht völlig normal, dass die Jugend von heute anders ist als vor hundert Jahren?
5 Johann Wolfgang von Goethe meinte: „Wenn auch die Welt im Ganzen fortschreitet, die Jugend muss doch immer wieder von vorn anfangen und als Individuum die Epochen der Weltkultur durchmachen" (Gespräche mit Johann Peter Eckermann, 17. Januar 1827).
6 Die Jugend von heute ist natürlich anders als die Jugend von gestern.

b Wähle einen Satz bzw. Satzanfang aus Aufgabe a und begründe, warum dieser als Einleitung für einen Diskussionsbeitrag geeignet bzw. ungeeignet ist.

c Lies die folgenden Tipps für den Einstieg in eine Diskussion.

A Nutze aktuelle Beispiele (Zeitung, Internet, …).
B Zitiere die Aussage einer berühmten Persönlichkeit.
C Beginne mit einer Frage, auf die du erst einmal keine Antwort erhalten möchtest.
D Verwende eine Behauptung, die Widerspruch herausfordert.
E Beziehe persönliche Erlebnisse ein.
F Verwende einen Vergleich.

d Ordne die Sätze 1 bis 6 aus Aufgabe a den Tipps A bis F aus Aufgabe c zu.

6 Suche für deinen Diskussionsbeitrag aus Aufgabe 4 nach einer geeigneten Einleitung.

Gestern entdeckte ich ein interessantes Zitat …

6 Nutze Formulierungen nach den folgenden Mustern.
Ich werde mich mit der Frage auseinandersetzen, wie / was / warum …
In folgendem Zitat vertritt die Autorin / der Autor die Meinung, dass …
Der von … formulierte Standpunkt überzeugt mich (nicht), denn …
Wenn man das zuletzt Gesagte bedenkt, …
Ich möchte noch ergänzen, dass …

In einer **Diskussion** muss man sich **mit den Standpunkten** bzw. **Meinungen** der anderen **auseinandersetzen** und darauf eingehen. Eine gute Technik dafür ist das **Paraphrasieren**. Das bedeutet, dass man mit eigenen Worten wiederholt, wie man den Gesprächsbeitrag verstanden hat, und anschließend seine eigene Meinung dazu ausdrückt, z. B.:
Bob: Die Jugend von heute ist unhöflich, denn sie steht für ältere Menschen nicht mehr auf.
Tina: Du denkst also, die Jugend von heute ist unhöflich, weil sie älteren Leuten keinen Platz mehr anbietet. Ich sehe das ein wenig anders. Meiner Meinung nach …
Geeignete Wendungen, um auf vorherige Diskussionsbeiträge einzugehen, sind z. B.:
Marie denkt, dass … Ich glaube das ebenfalls, und zwar aus folgendem Grund: …
Ich habe Fabian so verstanden, dass … Ich finde es gut, solche Probleme anzusprechen, weil …

Äußerungen anderer paraphrasieren

7 Übe das Paraphrasieren.

a Lies das folgende Beispiel.

Die Jugend von heute ist auch nicht unerzogener als die Jugend vor hundert Jahren.

Du bist der Meinung, dass die Jugend von heute auch nicht unerzogener als vor hundert Jahren ist. Ich denke aber, dass …

b Lies die folgende Aussage und gib sie mit eigenen Worten wieder.

Jugendliche haben schon immer versucht, sich durch Regelbruch von der Erwachsenenwelt abzugrenzen.

c Übt, eigene Äußerungen zu paraphrasieren (sie mit anderen Worten wiederzugeben). Geht dazu wie folgt vor:
- Setzt euch einander gegenüber.
- Person A beginnt und sagt ihre Meinung.
- Person B wiederholt mit eigenen Worten, wie sie die Meinung von Person A verstanden hat, und äußert dann ihre eigene Meinung.
- Person A wiederholt das Gesagte von Person B und nennt anschließend eine Begründung ihrer Meinung usw.

d Wertet aus, was euch dabei positiv und/oder negativ aufgefallen ist.

e Notiert mindestens drei Tipps, wie man auf die Äußerungen anderer eingehen kann.

8 In einer Diskussion gibt es verschiedene Wirkungsfaktoren beim Sprechen.

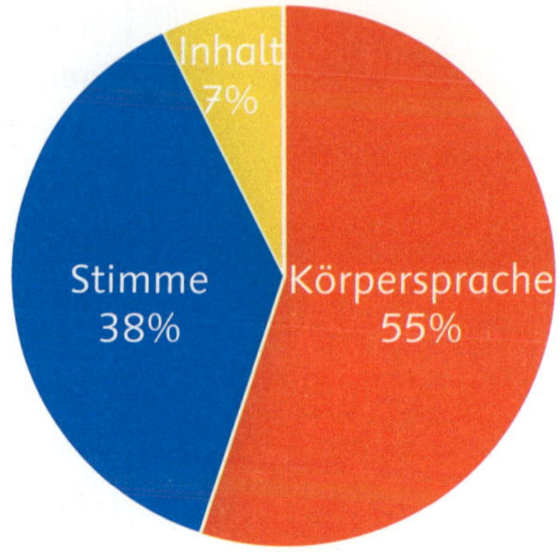

a Sieh dir das Diagramm an.

b Fasse den Inhalt des Diagramms in drei bis vier Sätzen zusammen.

c Vergleicht den Inhalt mit euren Erfahrungen im Alltag. Tauscht euch darüber aus, was euch möglicherweise überrascht hat.

d Leitet eine Schlussfolgerung ab, worauf man bei einem Diskussionsbeitrag achten sollte.

nonverbale Signale verstehen

9 Die Körpersprache, also Mimik und Gestik, gehört zu den nichtsprachlichen (nonverbalen) Ausdrucksweisen eines Menschen.

a Überlegt, was folgende nonverbale Signale von Zuhörenden bedeuten können und wie sie wirken. Übertragt dazu die Tabelle in eure Hefte und ergänzt sie.

Arme verschränken / sich der bzw. dem Sprechenden zuwenden / offen blicken / Kopf senken / zustimmend nicken / Augenbraue hochziehen / Stirn runzeln / freundlich lächeln / verwundert blicken / Kopf schütteln

nonverbale Signale von Zuhörenden	mögliche Bedeutung	mögliche Wirkung auf Sprechende
Arme verschränken	Ich höre in aller Ruhe zu. …	beruhigend …

Tipp
Prüft zuerst, welche nonverbalen Signale aus Aufgabe a ihr übernehmen solltet.

b Überlegt, welche nonverbalen Signale Sprechende aussenden können, was sie bedeuten und wie sie auf Zuhörende wirken. Legt eine ähnliche Tabelle wie in Aufgabe a an und tragt möglichst viele Beispiele ein.

10 Führt eure Diskussion aus den Aufgaben 3 und 4 (S. 11) in der Klasse durch. Beobachtet euch gegenseitig während der Diskussion und beurteilt, wie die nonverbalen Signale wirken.

11 Diskutiert in der Klasse zum Thema „Jugend und materielles Denken".

a Formuliert eine Entscheidungs- oder Ergänzungsfrage für die Diskussion.

11 a Wählt zum Beispiel eine der folgenden Fragestellungen aus.
Streben Jugendliche heute hauptsächlich nach materiellen Dingen?
Warum streben Jugendliche heute hauptsächlich nach materiellen Dingen?

b Bereitet eure Diskussionsbeiträge vor. Achtet darauf, eure Meinung mit Argumenten (Begründungen und Beispielen) zu stützen. Orientiert euch an der Schrittfolge.

So kannst du einen Diskussionsbeitrag vorbereiten
1. Formuliere das Problem, das diskutiert werden soll, als Entscheidungs- oder Ergänzungsfrage.
2. Überlege, welche Meinung du zu diesem Problem hast.
3. Formuliere deinen Standpunkt als Aussage bzw. Behauptung.
4. Suche Argumente (Begründungen und veranschaulichende Beispiele) für deine Aussage bzw. Behauptung.
5. Leite Schlussfolgerungen ab.
   - Wie lautet dein Vorschlag zur Lösung des Problems?
   - Was ist zur Umsetzung deines Vorschlags zu tun?

c Lest den folgenden Merkkasten und verteilt die Rollen in der Diskussion.

Bei **Diskussionen** im größeren Rahmen kann es hilfreich sein, verschiedene **Rollen** zu verteilen. Eine **Diskussionsleiterin** bzw. ein **Diskussionsleiter** übernimmt die **Moderation**, das heißt, sie oder er:
- eröffnet die Diskussion,
- lenkt das Gespräch (z. B. durch Fragen und Aufgreifen von Gesagtem),
- fasst die Ergebnisse zusammen.

Die Moderatorin bzw. der Moderator ist für einen erfolgreichen Verlauf der Diskussion verantwortlich und nimmt zu den Inhalten der Diskussion eine neutrale Haltung ein, gibt also keine Wertungen und Kommentare ab. Hilfreich ist es, eine Liste der Rednerinnen und Redner zu führen und abzuhaken, wer gesprochen hat.
Außerdem ist es sinnvoll, vor der Diskussion eine **Tagesordnung** (Ablauf der Diskussion) festzulegen und zu bestimmen, wer ein **Protokoll** schreibt.

→ **S. 331:** Merkwissen: Think-Pair-Share-Methode

d Erarbeitet eine Tagesordnung für die Diskussion. Nutzt dazu die Think-Pair-Share-Methode.

e Wiederholt, worauf es beim Schreiben eines Protokolls ankommt. Fertigt eine Protokollvorlage an. Orientiert euch beim Vorgehen an Aufgabe 4 (S. 21).

●●● **f** Stellt euch vor, ihr sollt die Diskussion leiten. Notiert einige Stichpunkte zur Eröffnung der Diskussion.

g Führt die Diskussion durch. Einigt euch möglichst auf eine gemeinsame Meinung oder sucht einen Kompromiss.

→ **S. 18:** Gewusst wie: Diskussionen auswerten

h Wertet eure Diskussion aus. Tauscht euch in der Klasse darüber aus, ob sich eure Meinungen durch die Diskussion verändert haben. Begründet, warum bzw. warum nicht.

12 Im Internet gibt es Kommunikationsformen, die ebenfalls dem Meinungsaustausch dienen.

a Werte das folgende Diagramm aus. Beantworte dazu die folgenden Fragen.

1 Welches Internetangebot wurde 2020 am meisten genutzt?
2 Welche Angebote wurden 2020 am wenigsten genutzt?
3 Welche Angebote wurden 2020 im Vergleich zu 2019 weniger genutzt?
4 Welches Internetangebot hat sich am schnellsten entwickelt?

Liebste Internetangebote 2020
bis zu drei Nennungen (Angaben in Prozent)

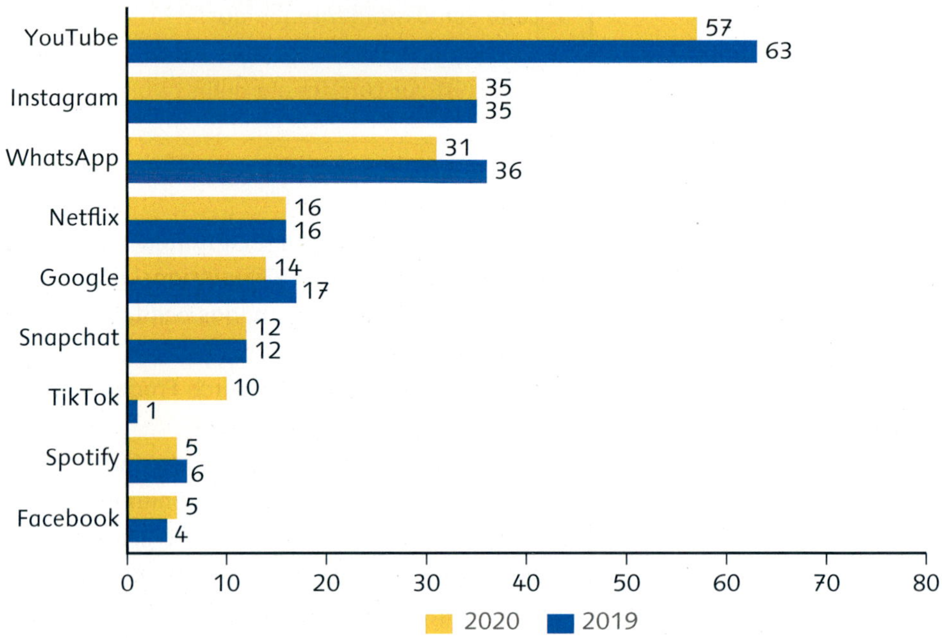

(Zahlen aus: JIM-Studie 2020 – Jugend, Information, Medien)

b Welche dieser Internetangebote kennst und nutzt du? Beschreibe, wie oft und wozu du diese Angebote nutzt.

MK **c** Recherchiere, ob die in der Studie genannten Angebote noch verfügbar sind. Notiere Angebote, die seitdem neu hinzugekommen sind.

13 Untersuche die folgenden digitalen Kommunikationsformen genauer.

a Ordne die Erklärungen A bis E den Kommunikationsformen 1 bis 5 zu.

1 Forum
2 Wiki
3 Blog
4 Kommentar
5 Twitter

A virtuelles, öffentlich einsehbares Tagebuch
B mehrere Nutzerinnen und Nutzer arbeiten an Texten und Informationen
C Nachrichten im Telegrammstil
D Meinungsäußerung zu einem Text
E digitale Diskussionsmöglichkeit

b Erläutere die Vor- und Nachteile der jeweiligen Kommunikationsform.

14 Für die digitale Kommunikation gibt es bestimmte Regeln.

a Lies den folgenden Text.

Zehn Gebote der Digitalen Ethik
Wie können wir im Web gut miteinander leben?

Wir leben in einer digitalisierten Welt. In dieser haben wir viele Freiheiten, aber auch Verantwortung. Wie wir uns verhalten und mit Konflikten umgehen, ist Ausdruck unserer ethischen Haltung. Es ist an der Zeit, sich darüber zu verständigen, wie ein gutes, gelingendes Leben in der digitalen Gesellschaft aussehen soll.
Die zehn Gebote verstehen sich als Leitlinien, die helfen, die Würde des Einzelnen, seine Selbstbestimmung und Handlungsfreiheit wertzuschätzen. Lasst sie uns achten!

1. Erzähle und zeige möglichst wenig von dir.
2. Akzeptiere nicht, dass du beobachtet wirst und deine Daten gesammelt werden.
3. Glaube nicht alles, was du online siehst, und informiere dich aus verschiedenen Quellen.
4. Lasse nicht zu, dass jemand verletzt und gemobbt wird.
5. Respektiere die Würde anderer Menschen und bedenke, dass auch online Regeln gelten.
6. Vertraue nicht jedem, mit dem du online Kontakt hast.
7. Schütze dich und andere vor drastischen Inhalten.
8. Miss deinen Wert nicht an Likes und Posts.
9. Bewerte dich und deinen Körper nicht anhand von Zahlen und Statistiken.
10. Schalte hin und wieder ab und gönne dir auch mal eine Auszeit.*

b Tauscht euch darüber aus, wie ihr diese Regeln versteht.

c Tauscht euch darüber aus, welche der genannten Regeln besonders wichtig bei der Nutzung digitaler Kommunikationsformen sind.

Tipp
Notiere die Regeln auf Notizzettel und klebe sie gut sichtbar auf deinen Arbeitsplatz.

d Denke über dich selbst nach. Überlege, welche Regeln du bereits beachtest und welche du stärker beachten solltest. Notiere zwei bis drei Regeln, an die du in nächster Zeit häufiger denken willst.

Erst nachdenken, dann posten.
Zeit zum Abschalten?
Quellen beachten!
...

Diskussionen auswerten

Um bewerten zu können, ob ein Problem in der Diskussion gelöst werden konnte, sollte man die **Diskussion auswerten**. Dabei geht man auf inhaltliche Fragen ein, zum Beispiel ob man sich in der Diskussion auf eine gemeinsame Meinung oder einen Kompromiss einigen konnte.
Die **Inhalte** der Diskussion (Verlauf und/oder Ergebnisse) können auch in einem **Protokoll** festgehalten werden.
Eine wichtige Rolle bei der Auswertung spielen aber zum Beispiel auch die Einhaltung der **Gesprächsregeln** und der Umgang miteinander.

1 Wertet eure Diskussion zum Thema „Jugend und materielles Denken" (Aufgabe 11, S. 14) aus. Besprecht in der Klasse nach dem Ende der Diskussion zunächst eure ersten Eindrücke.

2 Wertet die Diskussion jetzt genauer aus.

a Lest das Protokoll und besprecht, ob alles vollständig und richtig erfasst wurde. Unterbreitet gegebenenfalls Ergänzungs- oder Änderungsvorschläge.

b Beurteilt den Verlauf und den Inhalt der Diskussion. Orientiert euch dazu an der Schrittfolge.

So könnt ihr eine Diskussion auswerten

1. Zum Verlauf der Diskussion
   - Wie gingen die Diskutierenden miteinander um?
   - In welcher Weise sind sie auf ihre Vorrednerinnen und -redner eingegangen?
   - Wurde sachlich und zielbewusst diskutiert?
   - Wie wurde die Diskussionsleitung ihrer Moderationsrolle gerecht?
   - Wie hat sie auf die Einhaltung der Gesprächsregeln geachtet?
   - Waren ihre Fragen und Anregungen verständlich und auf die wichtigen Punkte des Themas bezogen?
2. Zum Inhalt der Diskussion
   - Welche Standpunkte zum Thema wurden geäußert?
   - Welche Begründungen wurden genannt?
   - Mit welchen Beispielen wurden die Begründungen veranschaulicht?
   - Zu welchem Ergebnis sind wir gekommen?
   - Welche Schlussfolgerungen wurden gezogen?

3 Lest in den Lesestoffen den Text „Jugend debattiert" (S. 46). Diskutiert, ob sich eure Klasse an diesem Wettbewerb beteiligen sollte, und wertet eure Diskussion anschließend aus.

Ergebnisprotokolle schreiben

1 Tauscht euch darüber aus, wann ihr schon einmal Protokolle verfasst habt.

a Überlegt, was der Zweck des Protokolls war und für wen ihr berichtet habt.

b Tragt zusammen, welche Arten von Protokollen ihr bereits kennt. Besprecht, was ihr beim Schreiben beachten müsst.

> Ein **Protokoll** ist eine besondere Form des Berichts, mit dem man kurz, sachlich und genau informiert oder etwas dokumentiert.
> Im **Verlaufsprotokoll** werden der Ablauf und die Ergebnisse einer Veranstaltung, einer Diskussion oder eines Experiments festgehalten.
> Im **Ergebnisprotokoll** werden nur die Ergebnisse bzw. Beschlüsse notiert. Es sollte folgende Angaben enthalten:
> - Datum, Zeit, Ort, Teilnehmerinnen und Teilnehmer der Beratung,
> - die TOPs (Tagesordnungspunkte),
> - die Ergebnisse der Beratung oder Diskussion,
> - Aufgaben und Verantwortliche,
> - Datum und Unterschrift der Diskussionsleitung und der bzw. des Protokollierenden.

Ein Protokoll untersuchen

2 Lies das folgende Protokoll. Untersuche mithilfe des Merkkastens, um welche Protokollform es sich dabei handelt.

Protokoll der Diskussion zum Thema „Klassenchat"

Datum, Zeit:	20. September 20.., Deutschstunde
Ort:	Raum 102
Teilnehmer/-innen:	Klasse 8 a (wegen Krankheit fehlen: Lan, Noah)

Tagesordnung:
TOP 1: Brauchen wir Regeln für den Klassenchat?
TOP 2: Welche Regeln wollen wir aufstellen?
TOP 3: Wer ist verantwortlich für die Umsetzung des Projektes?

Ergebnisse der Diskussion:
zu TOP 1: Die Mehrheit der Schüler/-innen stimmt für eine Liste mit Regeln für den Klassenchat, zwei sind dagegen.
zu TOP 2: Bis zum 1. Oktober 20.. werden digital Vorschläge für Regeln gesammelt. Am 5. Oktober 20.. werden sie in der Klasse diskutiert.
zu TOP 3: Sara richtet das Tool ein und gibt den Link im Klassenchat bekannt. Faris und Jan fassen die Vorschläge zusammen und stellen sie zur nächsten Diskussion vor.

Akram Al-Said	*Lea Hartmann*	*21.09.20..*
Diskussionsleiter	Protokollantin	Datum

Ein Protokoll schreiben

3 Schreibe selbst ein Ergebnisprotokoll zu folgender Diskussion.

a Lies zuerst die Notizen und ordne sie. Orientiere dich am Muster des Protokolls in Aufgabe 2.

- Thema: Wollen wir Regeln der digitalen Kommunikation in einer kleinen Broschüre für alle Schülerinnen und Schüler der Schule veröffentlichen?
- Anleitung zum Umgang mit digitalen Angeboten
- Redaktionsgruppe: Amir, Anna, Nils, Mina
- TOP 1: Mögliche Zielstellungen des Projekts
- bis März: Sammeln von Infos, Tipps und Regeln (alle Schülerinnen/Schüler)
- Layoutgruppe: Tim, Ly
- TOP 3: Verteilung der Aufgaben
- Sammeln von Infos, Tipps und Regeln (alle Schülerinnen/Schüler)
- Datum, Zeit: 3. Februar 20.., Deutschstunde
- Foto-/Bildbeschaffungsgruppe: Felix, Dang, Lea
- Sammeln und Bereitstellen von Informationen (alle Schülerinnen/Schüler)
- Finanzierung für Druck organisieren: Emily, Yasin
- TOP 2: Entscheidung, Abstimmung über das Projekt
- bis Mitte April: Spenden sammeln, danach drucken
- Bewusstsein für Verhalten (Regeln) in digitalen Räumen schaffen
- Ort: Raum E11
- bis Ende März: Zusammenstellung durch Redaktionsgruppe
- Gestaltung durch Layoutgruppe, Foto-/Bildbeschaffungsgruppe
- Projekt mehrheitlich beschlossen (16 x Ja, 2 x Nein, 3 x Enthaltung)
- bis Mitte April: Korrekturlesen und Ausführung der Korrekturen
- TOP 4: Ablaufplan
- Teilnehmer/-innen: Klasse 8 c (wegen Krankheit fehlen: Ben, Maja)
- Überblick über digitale Angebote geben

Protokoll der Diskussion zum Thema „…“
Datum, Zeit: …
Ort: …
Teilnehmer/-innen: …
…

b Schreibe nun den Entwurf des Ergebnisprotokolls. Denke dir fehlende Angaben aus.

c Tauscht eure Protokolle aus und überprüft sie gegenseitig. Nutzt dazu die folgenden Fragen.

1 Ist das Protokoll vollständig?
2 Ist das Protokoll genau und sachlich?
3 Sind die Ergebnisse richtig dargestellt?

d Überarbeite deinen Entwurf und schreibe die Endfassung in dein Heft.

●○○ **4** Schreibe ein Ergebnisprotokoll der Diskussion zum Thema „Jugend und materielles Denken“ (Aufgabe 11, S. 14).

Tipp
Am besten sollten zwei oder mehrere Teilnehmende mitschreiben und ihre Notizen vergleichen.

a Nutze das Muster des Protokolls in Aufgabe 2 (S. 19). Fülle den Kopf des Protokolls und die Tagesordnungspunkte (TOPs) möglichst vor Beginn der Diskussion aus.

b Notiere während der Diskussion alle Ergebnisse genau, gegebenenfalls zunächst stichpunktartig. Schreibe lieber mehr mit als zu wenig.

c Ordne deine Notizen den Tagesordnungspunkten zu und formuliere alle abschließend vereinbarten Ergebnisse genau und übersichtlich.

d Verfasse einen Entwurf des vollständigen Ergebnisprotokolls.

→ **S. 329:** Merkwissen: Schreibkonferenz

e Tauscht eure Protokolle aus und überprüft sie gegenseitig. Vergleicht und überarbeitet eure Protokolle in einer Schreibkonferenz.

5 Schreibe ein Ergebnisprotokoll zu einer weiteren Diskussion. Wähle Aufgabe a oder b.

●●○ **a** Schreibe ein Ergebnisprotokoll der Diskussion zum Thema „Die Jugend von heute“ (Aufgabe 4, S. 11). Nutze die Schrittfolge.

So kannst du ein Ergebnisprotokoll schreiben

1. vor der Besprechung:
   - Fülle den Kopf des Protokolls aus (Datum, Zeit, Ort, Teilnehmende). Nutze gegebenenfalls ein Muster.
   - Schreibe die Tagesordnungspunkte auf und nummeriere sie (*TOP 1, TOP 2, …*).
2. während der Besprechung:
   - Gib eine Anwesenheitsliste herum.
   - Notiere alle wichtigen Ergebnisse zu den Tagesordnungspunkten unter der entsprechenden Überschrift (*zu TOP 1, …*). Nutze dabei eindeutige Abkürzungen.
3. nach der Besprechung:
   - Formuliere möglichst bald einen Entwurf des Protokolls und überprüfe alles noch einmal.
   - Schreibe die Endfassung des Ergebnisprotokolls.

●●● **b** Schreibe ein Ergebnisprotokoll zu einer Diskussion, die ihr zu irgendeinem Thema in der Klasse führt.

Was habe ich gelernt?

6 Überprüft, was ihr gelernt habt. Gestaltet ein Poster mit wichtigen Informationen und Tipps für das Erstellen von Ergebnisprotokollen.

Sachtexte hören und lesen

Sachtexten Informationen und Meinungen entnehmen

Beim **sachlichen Informieren** wird objektiv über einen Sachverhalt oder ein Problem berichtet. Manchmal werden auch Standpunkte benannt und Argumente dafür (pro) und dagegen (kontra) vorgestellt, damit sich die Leserin bzw. der Leser eine eigene Meinung bilden kann.

Inhalt und Struktur eines Sachtextes erschließen

Tipp
Achte auch auf die Einleitung, Grafiken oder Bilder.

1 Zur Vorbereitung auf eine Diskussion willst du dir eine begründete Meinung zur Frage „Brauchen wir Schulnoten?“ bilden. Dazu liest du verschiedene Sachtexte und suchst nach Informationen.

a Erschließe den Text „Schulnoten“. Gehe dazu folgende Schritte:
- Überfliege den Text zuerst durch orientierendes (überfliegendes) Lesen. Versuche, das Thema zu erfassen, und notiere es.
- Lies den Text gründlich und untersuche seine Gliederung. Teile ihn in Abschnitte ein und gib jedem Abschnitt eine passende Überschrift.
- Lies den Text erneut und markiere oder notiere alle wichtigen Informationen. Schlage dir unbekannte Begriffe nach, die du nicht aus dem Zusammenhang erschließen kannst.
- Lies noch einmal und prüfe, ob du alles Wichtige erfasst hast.

Ingo Neumayer

Schulnoten

Seit wann gibt es Noten in der Schule? Warum reicht die Skala von der Eins bis zur Sechs? Und geht es nicht auch ohne? Über den Sinn und Zweck von Schulnoten gibt es keine einhellige Meinung.

[…] Die Bildung und somit auch die Beurteilung in den Schulen lag jahrhundertelang in der Hand der Kirche. Vor allem in Klöstern wurde der meist adelige Nachwuchs religiös und geschichtlich geschult.
Besonders engagiert in der Bildung war der 1534 gegründete Orden der Jesuiten[1]. Dieser strukturierte in seinen Klosterschulen den Unterricht und führte das Klassensystem ein.
Wer in eine höhere Klasse gelangen wollte, musste eine Prüfung ablegen. Diese wurde von den Lehrern bewertet, und dafür führte man klare Regeln zur Beurteilung der Schülerleistungen ein: ein fünfstufiges Notensystem, das aus lateinischen Ziffern bestand. Dieses System bildet bis heute die Grundlage für die Noten, die an deutschen Schulen vergeben werden.
[…] Ab Mitte des 18. Jahrhunderts übernahmen viele Schulen das mehrstufige System der Jesuiten. Nach und nach führten die deutschen

[1] *die Jesuiten:* katholische Mönche

1a Nutze eine der Arten des orientierenden (überfliegenden) Lesens.

Diagonallesen   Slalomlesen

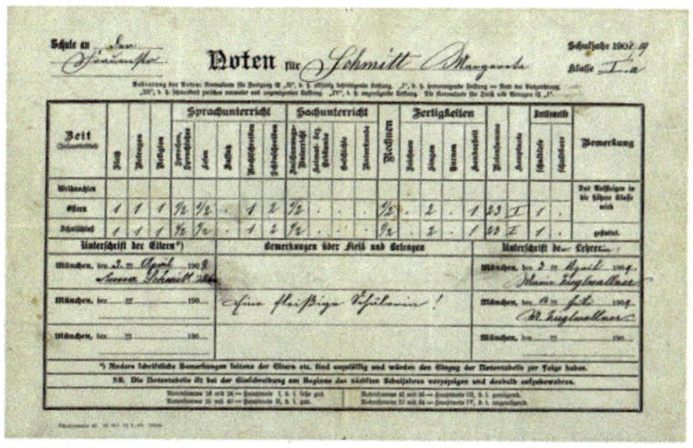

Staaten die allgemeine Schulpflicht ein, der Unterricht fand zunehmend auch außerhalb der Kirchen und Klöster statt. [...] Lange Zeit herrschte keine Einheitlichkeit bei der Notenskala. Manche Schulen hatten ein dreistufiges System, andere ein vierstufiges. Zu Beginn des 20. Jahrhunderts vergaben die meisten Schulen in Deutschland fünf Noten: die Eins für sehr gute, die Fünf für nicht ausreichende Leistungen.
1938 wurde in ganz Deutschland die Note Sechs (ungenügend) eingeführt. Bildungsforscher [...] vermuten, dass das geschah, weil zu viele Dreien vergeben wurden. Bei einem fünfstufigen System tendierten viele Lehrer[2] dazu, die mittlere Note zu vergeben, [...]. Diese Tendenz könne man mit einer geraden Anzahl an Noten verhindern. [...]
Neben den Noten in den Unterrichtsfächern werden in manchen Bundesländern die Mitarbeit und das Sozialverhalten benotet. Meist geschieht das anhand einer vierstufigen Skala. Da diese Noten auf dem Zeugnis oft über den Fächernoten platziert sind, nennt man sie Kopfnoten. [...]
Kritik an der Methode, Schüler mit Zensuren zu bewerten, gibt es fast so lange wie die Noten selbst. Schon im 19. Jahrhundert wurden reformpädagogische[3] Konzepte entwickelt. Anfang des 20. Jahrhunderts gab es die ersten Waldorf- und Montessori-Schulen. In diesen Schulformen wird in der Regel bis zur Oberstufe auf Zensuren verzichtet. Begründung: Noten erzeugten zu viel Druck und könnten den Lernstand eines Schülers nur unzureichend wiedergeben. Stattdessen schätzen die Lehrer die Leistungen der Schüler anhand von Gesprächen und schriftlichen Berichten ein.
Auch viele Grundschulen verzichten in den ersten beiden Schuljahren komplett auf Noten und lassen diese auch später in den Zeugnissen nicht alleine stehen, sondern versehen diese mit einem Begleittext. Auch in weiterführenden Schulen kommt es immer öfter vor, dass man in bestimmten Fächern wie Sport oder Kunst die Leistung nicht mit Noten, sondern mit einem Text einschätzt.*

(Neumayer, Ingo: Schulnoten. Online im Internet: https://www.planet-wissen.de [09.12.2021].)

[2] Die männlichen Formen schließen in diesem Text alle Geschlechter ein.

[3] *reformpädagogisch:* eine Erneuerung von Schule und Bildung anstrebend, in der vom Kind her gedacht wird

Die Textfunktion erschließen

b Entscheide auf der Basis deiner Ergebnisse aus Aufgabe a, welche Funktion der Text hat und welche Absicht der Autor verfolgt: Ist der Text sachlich-informierend oder will der Autor Meinungen kundtun? Belege deine Aussagen mit Textbeispielen.

c Lest den Text erneut und besprecht, ob er euch dabei helfen kann, eine Meinung zur Frage „Brauchen wir Schulnoten?" zu bilden. Betrachtet dazu die Fakten aus dem Text und tauscht euch darüber aus, ob sie eher für oder eher gegen Schulnoten sprechen.

d Tauscht euch in der Klasse darüber aus, was euch beim Erschließen des Textes schwergefallen ist und was euch geholfen hat.

Beim **Erschließen von Sachtexten** helfen verschiedene **Elemente**, z. B.:
- Überschriften und Zwischenüberschriften,
- Absätze und Textabschnitte,
- Bilder, Grafiken,
- erklärende oder ergänzende Fußnoten bzw. Hyperlinks in Internettexten (ein Hyperlink führt zu einer erklärenden oder ergänzenden Webseite),
- sprachliche Mittel, an denen die Funktion des Textes erkennbar ist:
  - sachliche *W*-Fragen, z. B.: *Wer hat Noten erfunden?*,
  - Meinungsäußerungen, z. B.: *Noten sind ohne Zweifel ungerecht*,
  - Aufforderungen, z. B.: *Noten abschaffen!*

2 Erschließe einen weiteren Text zum Thema „Schulnoten".

Sachinformationen von Meinungen unterscheiden

a Lies den Text. Entscheide, ob es sich um eine Sachinformation oder eine Meinungsäußerung handelt. Begründe deine Entscheidung.

Brauchen wir Noten?

Behalten, sie geben klare Orientierung
sagt Benjamin Breitegger
Noten sind ungerecht. Kein Einspruch. […] Die absolut gerechte, objektive Bewertung wird es nie geben, weder in der Schule noch später im Leben. Noten erfüllen einen anderen Zweck: Sie geben Orientierung. Sie sagen mir: Wie ist meine Leistung aktuell? Sie stehen auch nicht im Widerspruch zu differenzierten Beurteilungen. Die erfolgen sowieso, mündlich, während des gesamten Schuljahres. Lehrerinnen und Lehrer erklären den Kindern und Jugendlichen, was sie gut können und was nicht so gut. Wo sie sich verbessern können. Sie gehen auf unterschiedliche Persönlichkeiten ein.
Die Note ist nur eine Zusammenfassung der Leistungen. Eine, mit der Schülerinnen und Schüler […] sich zumindest klassenintern vergleichen können – und die motivieren kann, sich zu verbessern.

Selbst die Mehrheit der Schülerinnen und Schüler ist für Noten
In manchen Grundschulen – die Bundesländer haben unterschiedliche Regelungen – gibt es Noten schon heute nicht mehr. In Schleswig-Holstein konnten Grundschulen bis 2017 wählen, ob sie statt Noten lieber schriftliche Leistungsbeurteilungen vergeben wollen, dann aber wurden im Regelfall wieder verbindliche Noten ab der dritten Klasse eingeführt. Noten seien ein gutes Rückmeldesystem für Eltern und Schüler, heißt es aus dem Bildungsministerium. Es komme nicht selten vor, dass diese nachfragen, in welche Note sich eine bestimmte Formulierung übersetzen lässt.
[…] Schülerinnen und Schüler selbst wollen Noten. 62 Prozent der befragten Jugendlichen sprachen sich gegen die Abschaffung aus. „Es hat mich erstaunt, wie stark die Jugendlichen – genau wie die Erwachsenen – für ein leistungsorientiertes Schulsystem plädieren", sagte […] Ludger Wößmann […].

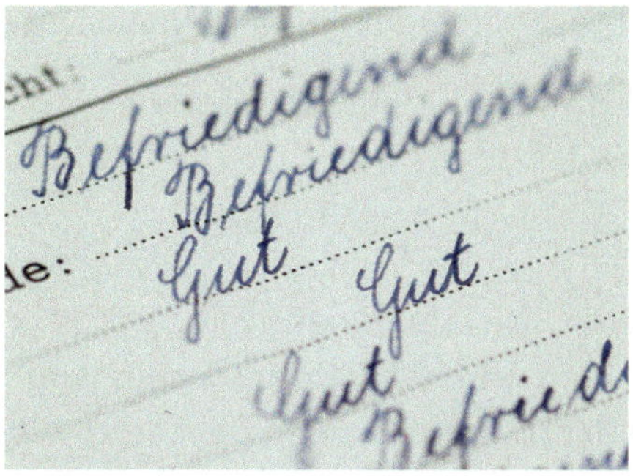

Wer sagt, dass schriftliche Beurteilungen so viel besser als Noten sind?

[...] Eine zwangsweise Besserung muss eine schriftliche Leistungsbeurteilung aber nicht bringen. Denn wer sagt, dass Entscheidungsträger diese nicht automatisch ins einfachere Ziffernnoten-System übersetzen? Personaler[1] wissen schon heute, dass eine Floskel wie „war im Allgemeinen engagiert" bedeutet, dass der Kandidat in seinem Job in seiner alten Firma wenig erfolgreich war. Nicht ausgeschlossen, dass Pädagoginnen und Pädagogen für Leistungsbeurteilungen ähnlich floskelhafte Textbausteine verwenden. [...]*

[1] *die Personaler: Kurzform für* Mitarbeitende einer Personalabteilung

b Überlege, an wen der Text gerichtet sein könnte. Stelle auch Vermutungen darüber an, wo man solch einen Text finden könnte.
Begründe deine Meinung.

Argumente erfassen

c Lies den Text jetzt gründlich. Übertrage die Tabelle in dein Heft und ergänze Argumente (Begründungen und Beispiele), die du aus dem Text für und gegen die Beibehaltung von Schulnoten ableiten kannst.

Brauchen wir Schulnoten?	
dafür (pro) spricht:	**dagegen (kontra) spricht:**
...	Noten sind ungerecht ...

d Fasse den Standpunkt des Autors zusammen. Erkläre, an welchen Formulierungen du ihn erkannt hast. Nenne Beispiele.

Sachtexte können mit unterschiedlichen Absichten geschrieben werden. Die meisten Sachtexte wollen **informieren**, sie können aber auch **wertenden Charakter** haben, weil die Autorin bzw. der Autor den eigenen **Standpunkt** zum dargestellten Sachverhalt **mitteilen** will.
Das kann **direkt** geschehen durch:
- Formulierungen, wie z. B.: *Ich finde/meine/denke, ... Meiner Meinung nach ..., Unsere Auffassung dazu ...,*
- konkrete Aussagen, wie z. B.: *Einfach durchsetzbar ist das nicht. Das ist richtig/falsch. Gut/Schlecht wäre, wenn ...*

oder **indirekt** durch:
- wertende Adjektive, z. B.: *bedauerlich, erstrebenswert, wertvoll,*
- wertende Verben, z. B.: *kritisieren, verabscheuen, freuen, loben,*
- wertende Nomen/Substantive, z. B.: *Glücksumstand, Ärgernis, Elend, Ehre,*
- unpersönliche wertende Fügungen, z. B.: *Da kann man sich nur wundern! Wenn das mal gut geht! Ist das gerecht?*

3 Untersuche den folgenden Sachtext hinsichtlich seiner Funktion bzw. Absicht.

a Lies den Text und ermittle, welche Absicht die Autorin mit ihm verfolgt. Begründe deine Einschätzung.

Brauchen wir noch Noten?

An einigen deutschen Schulen gibt es bereits gute Erfahrungen mit dem Verzicht auf Noten. Vor allem an Waldorf- und anderen Reformschulen wird die meiste Schulzeit über ausschließlich verbal bewertet. Dann aber setzt – in der Regel spätestens ab Klasse 9 – auch dort eine Notengebung ein, um den Schülerinnen und Schülern einen vergleichbaren Schulabschluss zu ermöglichen, sie gewissermaßen auf den Ernst des Lebens vorzubereiten. Das ist für manche ein ziemlicher Schock, plötzlich ihre Leistung so direkt bewertet zu sehen, und es wirkt sich nicht positiv aus. Lehrerinnen und Lehrer berichten beispielsweise, dass es von da an nur noch um die Zensuren geht. Alle wollen nur noch gute Noten, sie fragen nicht mehr nach ihren Stärken und Schwächen oder danach, wie sie sich verbessern können. Doch es bleibt ein Irrglaube, dass Noten das vielfältige Wissen und die unterschiedlichen Fähigkeiten von Menschen abbilden oder gar positiv verändern könnten. „Mit Zuspruch, Freundlichkeit und Anerkennung hat das zum Beispiel bei uns vorher viel besser funktioniert“, betont eine Lehrerin aus Bielefeld. „Ich wünschte wirklich, dass wir vor allem die Lernentwicklungen in den Blick nehmen könnten, und zwar in allen Bereichen, nicht nur in den kognitiven, zum Beispiel auch in den künstlerisch-ästhetischen, emotionalen und sozialen Lernbereichen“, ergänzt sie. Doch das lässt die strikte Leistungsorientierung unserer Gesellschaft leider nicht zu. Dabei wäre es höchste Zeit, die positiven Erfahrungen vieler Schulen aufzugreifen und das undifferenzierte Notensystem abzuschaffen.
(Carolin Michel, Journalistin, Schule-Online, 23.06.20..)

b Lies den Text noch einmal und formuliere den konkreten Vorschlag der Autorin mit eigenen Worten.

c Schreibe die Argumente (Begründungen und Beispiele) der Autorin für ihren Vorschlag aus dem Text heraus.

d Besprecht, an welchen Formulierungen im Text ihr den Vorschlag der Autorin erkannt habt.

Neben **informierenden** und **wertenden Sachtexten** gibt es Texte mit **appellierendem (aufforderndem) Charakter**. Das Appellieren zielt darauf, die Meinung der Leserinnen und Leser zu beeinflussen und möglichst eine von der Autorin oder vom Autor gewollte Handlung bei ihnen auszulösen. Das kann auf indirekte oder direkte Weise geschehen, z. B.:

indirekt: *Man müsste …*	**direkt:** *Ich fordere Sie auf, …*
Wir sind gefordert, …	*Wir appellieren an euch, …*

e Übertrage die folgende Tabelle in dein Heft. Suche Beispiele für die direkte bzw. indirekte Darstellung des Standpunkts der Autorin im Text von Aufgabe a.

direkt	indirekt
…	…

f Formuliert den Vorschlag der Autorin in einen direkten Appell um.

4 Untersucht den Text aus Aufgabe 2 a (S. 24) hinsichtlich des enthaltenen Vorschlags. Notiert Beispiele für die direkte bzw. indirekte Darstellung des Autorenstandpunkts und formuliert einen passenden Apell.

Ein Diagramm erschließen

5 Entnimm dem folgenden Balkendiagramm weitere Informationen zum Thema „Schulnoten".

a Betrachte das Diagramm zuerst im Ganzen und beantworte die Fragen.

1. Was sagt das Diagramm aus?
2. Welche Größen werden auf den Achsen dargestellt?
3. Aus welcher Quelle stammen die Daten?

Abschaffung der Schulnoten
Bist du (Sind Sie) dafür oder dagegen, dass Schulnoten abgeschafft werden? (Angaben in Prozent)

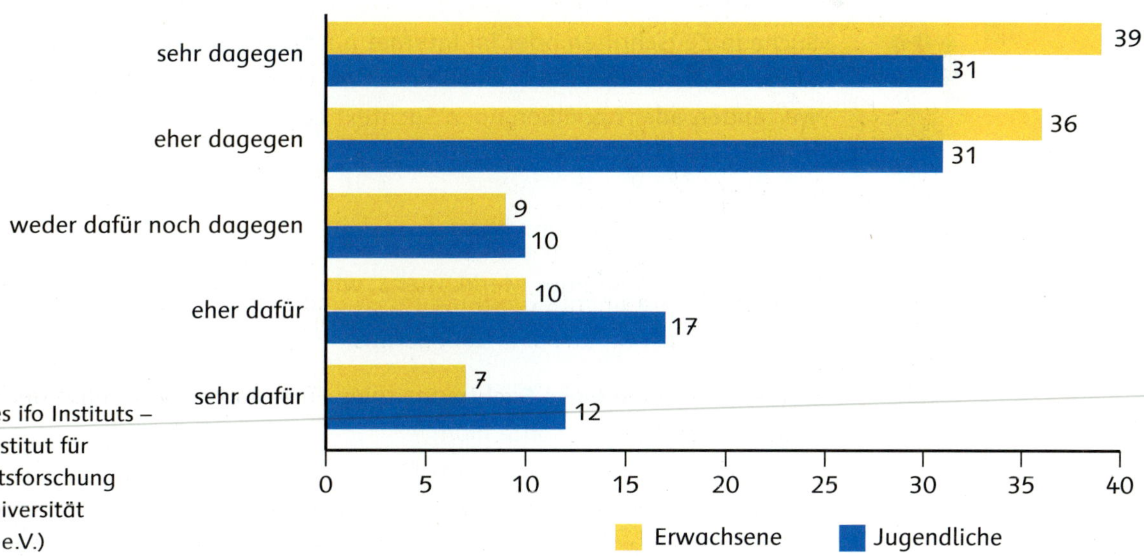

(Daten des ifo Instituts – Leibniz-Institut für Wirtschaftsforschung an der Universität München e.V.)

5 a Nutze zum Beispiel die folgenden Wendungen.
Das Diagramm liefert Informationen über …
Auf der x-Achse sind … angegeben. Die y-Achse zeigt …
Die Werte werden in … angegeben.
Die Daten stammen von …

b Erfasse den Inhalt des Diagramms jetzt genauer. Beantworte die folgenden Fragen.

1 Welche Meinungen vertreten die meisten Erwachsenen?
2 Welche Meinungen vertreten die meisten Jugendlichen?
3 Bei welchen Meinungen gibt es die größten Unterschiede zwischen Jugendlichen und Erwachsenen?

c Tauscht euch darüber aus, ob sich aus dem Diagramm Argumente für oder gegen Schulnoten verwenden lassen. Belegt eure Meinungen mithilfe von Beispielen.

6 Bildet euch jetzt Meinungen zur Frage „Brauchen wir Schulnoten?" aus Aufgabe 1 (S. 22) und diskutiert sie. Begründet eure Meinung mithilfe von Fakten aus den Aufgaben 1 bis 5 (S. 22–28).

7 Lies und erschließe weitere Sachtexte. Wähle Aufgabe a, b oder c.

●○○ **a** Lies den Text „Zehn Gebote der Digitalen Ethik" (Aufgabe 14 a, S. 17). Entscheide, ob es sich um eine Sachinformation, eine Meinungsäußerung oder einen Appell handelt. Begründe deine Entscheidung.

MK ●●○ **b** Suche in Zeitschriften oder im Internet nach einem Text zur Fragestellung „Sollten Schulnoten abgeschafft werden?". Untersuche, ob es sich um einen informierenden, wertenden oder appellierenden Sachtext handelt. Begründe deine Entscheidung.

MK ●●● **c** Suche in Zeitschriften oder im Internet nach einem Text zu einer Fragestellung, die dich interessiert. Untersuche, ob es sich um einen informierenden, wertenden oder appellierenden Sachtext handelt. Belege deine Meinung mithilfe von Textstellen.

8 Erschließe einen Sachtext hörend.

a Wiederhole mithilfe des Merkkastens, wie man beim Hören von Sachtexten vorgehen sollte und worauf man achten muss.

> Um beim **Hören eines Sachtextes** seine Funktion und den Inhalt genau erfassen zu können, sollte man:
> - zuerst die Überschrift und das Thema des Textes erfassen,
> - überlegen, was man zu dem Thema bereits weiß,
> - überlegen, was man erfahren möchte, und Schlüsselwörter oder Fragen notieren,
> - den Text mehrfach hören, einmal im Ganzen, danach abschnittsweise,
> - Informationen gezielt mitschreiben,
> - sprachliche Hinweise zur Textfunktion und Absicht der Autorin bzw. des Autors beachten.

b Lies nur die Überschrift des Textes in Aufgabe c. Überlege, was du zu dem Thema bereits weißt und was du erfahren möchtest. Notiere Schlüsselwörter oder Fragen.

Tipp
Schlage ggf. unbekannte Wörter nach.

c Lass dir den Text zunächst im Ganzen und danach abschnittsweise vorlesen. Notiere alle wichtigen Informationen.

Das Für und Wider von Textbeurteilungen

Immer wieder wird gefordert, in Schulen auf Noten zu verzichten und an deren Stelle verbale Einschätzungen zu formulieren. Verbale Beurteilungen können sowohl in Form umfangreicherer Texte, z. B. am Schuljahresende, oder auch als kürzere Kommentare vorkommen, z. B. zu Aufgabenlösungen und Kontrollarbeiten. Der Vorteil ausformulierter Bewertungen ist nach Meinung vieler, dass Leistungen individueller und detaillierter beurteilt werden können, indem man zum Beispiel das jeweils Positive und Negative genau benennt. Auch motivierender sollen solche Verbalurteile sein, wenn beispielsweise die konkreten Lernzuwächse explizit hervorgehoben werden.

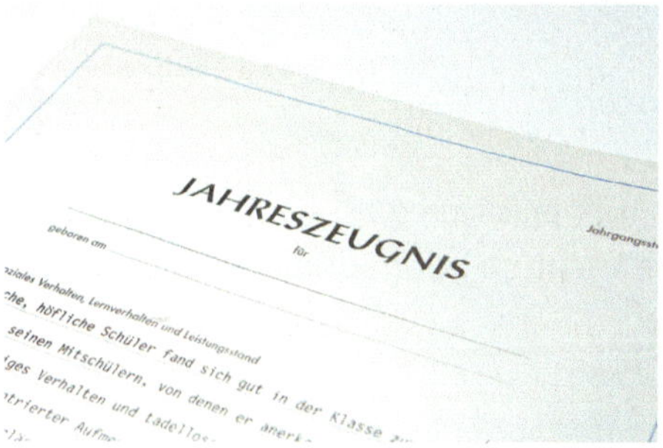

Kritiker dagegen meinen, dass Lehrkräften nicht nur die Zeit fehlt, alle Bewertungen schriftlich auszuformulieren, sondern auch, dass dies gar nicht möglich ist. Man kann gar nicht alle Einzelleistungen und Entwicklungen in den verschiedenen Kompetenzbereichen sprachlich exakt benennen. Schon allein deshalb wird es auch bei Texturteilen zu eher kurzen und sich formelhaft wiederholenden Formulierungen kommen, die wenig hilfreich sind. Außerdem zeigen Erfahrungen, dass Schülerinnen und Schüler die Kommentare meist gar nicht lesen. Wenn doch, verstehen sie diese häufig nicht. Man brauchte also auch bei Einführung von Texturteilen eine Verständigung über das jeweils Gemeinte – und v. a. darüber, was daraus folgen soll.
Warum also ein bewährtes und gut überschaubares Notensystem abschaffen? Wichtiger wäre es, den Umgang damit zu überdenken und die Notengebung beispielsweise häufiger durch Lerngespräche zu ergänzen.

Tipp
Höre den Text ggf. ein weiteres Mal.

d Formuliere zusammenfassend in einem Satz, welche Absicht mit dem Text verfolgt wird. Nenne Formulierungen aus dem Text, an denen man diese Absicht erkennt.

Was habe ich gelernt?

9 Überprüfe, was du über das Erschließen von Sachtexten und Grafiken gelernt hast. Beantworte dazu die folgenden Fragen.

1. Welche unterschiedlichen Funktionen können Sachtexte haben?
2. Woran erkennt man die Funktion eines Sachtextes?
3. Wie bekommt man schnell einen ersten Überblick über den Inhalt?
4. Wie kann man vorgehen, um einen Text gründlich zu erschließen?
5. Welche Elemente helfen bei der Erschließung von Sachtexten und Grafiken?

Inhaltsangaben zu Sachtexten schreiben

1 Manchmal ist es nötig, den Inhalt eines Sachtextes schriftlich zusammenfassend darzustellen.

a Überlegt und besprecht, wann und warum man schriftliche Inhaltsangaben benötigt und welche Funktionen sie haben.

b Überlegt und besprecht, warum es auch für mündliche Vorträge oder Präsentationen hilfreich sein kann, eine Inhaltsangabe schriftlich auszuformulieren.

Mit einer **Inhaltsangabe** gibt man in sachlicher, knapper Form den Inhalt eines Sachtextes **zusammenfassend** wieder. Dabei sollte man immer berücksichtigen, **für wen** und **warum** die Inhaltsangabe verfasst wird. Man formuliert im **Präsens** oder **Perfekt**.
Eine Inhaltsangabe enthält folgende **Bestandteile**:

- **Einleitung**: Angaben zu Titel, Autorin bzw. Autor, Thema und Quelle des Textes, z. B.:
  Der von mir genutzte Text hat die Überschrift „…".
  Das Thema des Textes ist …
  Der Text wurde von … verfasst und ist in … erschienen.
- **Hauptteil**: Hauptinformationen sowie wichtige Informationen der einzelnen Textabschnitte, z. B.:
  Die Hauptaussage des Textes lautet: …
  Außerdem findet man im Text wichtige Informationen über …
  Darüber hinaus erfährt man im Text einiges über …
- **Schluss**: Gründe für die Auswahl bzw. Bedeutung des Textes und Überleitung zum eigenen Thema bzw. Anliegen, z. B.:
  Der Text ist interessant, weil …
  Für mein Thema ist der Text hilfreich, da …

2 Schreibe für einen Vortrag zum Thema „Schule und Zensuren" eine Inhaltsangabe zum Sachtext „Schulnoten" (Aufgabe 1 a, S. 22).

Eine Inhaltsangabe planen

a Beantworte zuerst die folgenden Fragen in Stichpunkten. Schreibe in deinem Heft.

1 Wie lautet der Titel des Textes?
2 Wer ist die Autorin bzw. der Autor?
3 Um welches Thema geht es in dem Text?
4 Aus welcher Quelle stammt der Text?

b Lies den Text noch einmal gründlich und erschließe seinen Inhalt genauer. Teile ihn in Abschnitte ein und schreibe zu jedem Abschnitt die wichtigsten Informationen stichpunktartig in dein Heft.

c Überlegt und besprecht anhand eurer Stichpunkte, welche Informationen man zusammenfassen kann, um die Inhaltsangabe möglichst kurz und sachlich zu halten. Tauscht euch auch über geeignete Formulierungen aus.

Eine Inhaltsangabe entwerfen

d Schreibe jetzt einen Entwurf deiner Inhaltsangabe. Formuliere zuerst eine Einleitung. Nutze gegebenenfalls Formulierungen aus dem Merkkasten auf S. 30.

Tipp
Lass einen breiten Rand für Überarbeitungen.

e Formuliere mithilfe deiner Stichpunkte aus Aufgabe b den Hauptteil der Inhaltsangabe. Beachte die Informationen aus dem folgenden Merkkasten.

Beim Schreiben einer **Inhaltsangabe** muss man folgende **sprachliche Besonderheiten** beachten:
- den Inhalt überwiegend mit eigenen Worten zusammenfassen,
- knapp und sachlich formulieren,
- auf genaue Wortwahl achten und Wiederholungen vermeiden,
- im Präsens oder Perfekt (Vorzeitigkeit) schreiben.

f Tauscht euch aus, wie ihr den Schluss der Inhaltsangabe gestalten wollt. Schreibt ihn danach auf.

Eine Inhaltsangabe überarbeiten

g Überarbeite den Entwurf deiner Inhaltsangabe. Orientiere dich dabei an den folgenden Fragen.

1 Welche Funktion hat die Inhaltsangabe und erfüllt sie diese Funktion?
2 Enthält die Einleitung alle Fakten?
3 Ist das Wichtigste knapp und sachlich formuliert?
4 Ist die verwendete Zeitform passend und konsequent eingesetzt?

h Schreibe die Endfassung in dein Heft.

3 Schreibe eine weitere Inhaltsangabe zu einem Sachtext. Wähle Aufgabe a oder b.

●●○ a Schreibe eine Inhaltsangabe zum Sachtext „Jugend debattiert" aus den Lesestoffen (S. 46). Orientiere dich am Vorgehen in Aufgabe 2.

MK ●●● b Suche in Zeitschriften oder im Internet nach einem Text zu einer Fragestellung, die dich interessiert. Schreibe eine Inhaltsangabe zu diesem Text.

2e Verwende zum Beispiel folgende Formulierungen.
Der Text informiert über … von … bis …
Man erfährt, wann und warum …
Anhand von Beispielen zeigt der Autor, welche …
Es wird deutlich, dass …
Außerdem verweist er auf …
Er betont zusammenfassend, dass …

1 Erschließe den folgenden Sachtext.

a Überfliege den Text. Notiere in einem Satz, welches Problem angesprochen wird.

„Die Kinderrechte werden in allen Staaten verletzt – auch in Deutschland"

Interview mit Sofía García García, Repräsentantin der SOS-Kinderdörfer bei der UN in New York

Wie steht es derzeit um die Kinderrechte weltweit?
Trotz großem Fortschritt in einigen Bereichen hat die Lage der Kinderrechte leider in den letzten Jahren in vielen Ländern Rückschritte erfahren. Trotz weiträumiger Ratifizierung der Konvention[1] werden die Rechte der Kinder in vielen Staaten weiter missachtet: Überall auf der Welt beeinträchtigt Armut Kinder überproportional[2]. Wir beobachten schwere Kinderrechtsverletzungen oder ausbeuterische und gesundheitsgefährdende Kinderarbeit. Nach wie vor können weltweit Millionen Mädchen und Jungen nicht in die Schule gehen. Sie leiden besonders unter Kriegen, Flucht und Vertreibung, die in den vergangenen Jahren noch einmal zugenommen haben.
Sehen Sie auch in Industrieländern Verletzungen der Kinderrechte?
Leider ja, wir beobachten sie in jedem Land – sei es noch so arm oder noch so reich. […] In Deutschland beispielsweise ist die Kinderarmut weit verbreitet. Kinder aus benachteiligten Familien haben geringere Bildungschancen oder leiden unter Ausgrenzung. Dabei ist Unterstützung für diese Familien essenziell[3], damit sie sich ausreichend um ihre Kinder kümmern können. Die SOS-Kinderdörfer setzen sich bei den Vereinten Nationen dafür ein, dass internationale Regelwerke Richtlinien zu einer solchen Unterstützung vorgeben. […]
Sie streben einen besonderen Schutz für Kinder ohne elterliche Fürsorge an?
Sie sind die schwächsten Mitglieder der Gesellschaft. Sie wachsen ohne Erziehung, ohne Bildung, ohne finanziellen Halt und ohne Zuneigung auf. Daher brauchen sie unsere ganze Aufmerksamkeit. Kinder ohne elterliche Fürsorge haben Rechte und den Anspruch darauf, diese erfüllt zu bekommen. Wenn ein Kind seine elterliche Fürsorge verliert, ist das Risiko höher, dass seine Rechte nicht beachtet werden. […]
Es ist nicht nur moralisch richtig, die Kinderrechte zu achten – es ist auch sehr klug. Denn jedes Land profitiert langfristig davon, wenn es in die Zukunft der Kinder investiert […]. Ein Kind, das gut erzogen, behütet und glücklich aufwächst, hat faire Chancen im Leben und wird wahrscheinlich auch seine eigenen Kinder gut erziehen. So beeinflusst man die gesamte Gesellschaft.*

(Die Kinderrechte werden in allen Staaten verletzt … Online im Internet: https://www.sos-kinderdoerfer.de [05.01.2022].)

[1] *die Ratifizierung der Konvention:* das Inkraftsetzen des Vertrages
[2] *überproportional:* unverhältnismäßig stark
[3] *essenziell:* wesentlich

b Welche Absicht wird mit dem Interview verfolgt? Entscheide, ob der Text informieren, appellieren oder einen Standpunkt mitteilen soll.

2 Untersuche die Argumentation der Interviewten.

a Formuliere kurz, welchen Standpunkt die Interviewte zum Problem hat.

b Formuliere den Standpunkt der Interviewten in einen Aufruf um.

c Schreibe die Argumente heraus, die den Standpunkt untermauern.

d Bewerte die Argumente hinsichtlich ihrer Aussage- und Überzeugungskraft. Notiere zwei deiner Meinung nach besonders überzeugende Argumente.

3 Schreibe eine Inhaltsangabe zum Text.

a Notiere zuerst die Informationen zum Text, die du für die Einleitung benötigst.

b Lies den Text noch einmal Abschnitt für Abschnitt und erschließe seinen Inhalt. Notiere alle wichtigen Informationen übersichtlich in Stichpunkten.

c Überlege, welche Informationen du zusammenfassen solltest.

d Schreibe einen Entwurf der Inhaltsangabe und überarbeite ihn anschließend.

4 Erschließe das folgende Diagramm.

a Erkläre, welche Aussage des Textes durch das Diagramm besonders veranschaulicht wird.

Elternlose oder verlassene Kinder, die in SOS-Kinderdörfern betreut werden

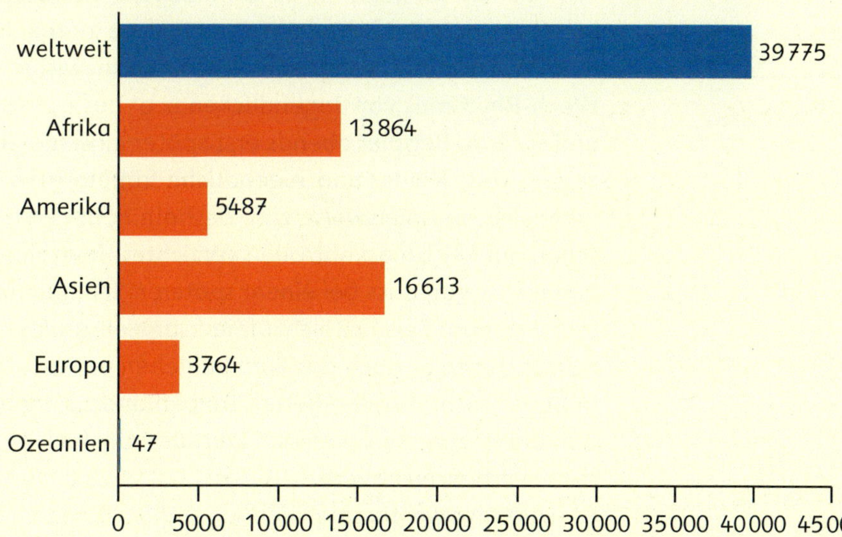

(Zahlen aus: www.sos-kinderdoerfer.de)

→ **S. 340:** Lösung zum Test

b Schreibe unter Nutzung der Angaben des Diagramms eine kurze Ergänzung zum Text von Aufgabe 1 a.

Sich schriftlich mit Problemen auseinandersetzen – Erörtern

Lineare Erörterungen schreiben

Das **Argumentieren** ist eine Diskussionsstrategie, bei der man sich mündlich oder schriftlich **mit einer Aussage oder Behauptung auseinandersetzt**. In einer **Argumentation** führt man eine Reihe von **Argumenten** (Begründungen + Beispiele) an, durch die eine Aussage oder Behauptung gestützt oder widerlegt wird, z. B.:

Der Unterricht sollte erst um 9:00 Uhr beginnen, (Aussage, Behauptung)
da dies dem Schlafbedürfnis von Kindern und Jugendlichen besser entspricht. (Begründung)
Forschungen zeigen zum Beispiel, dass frühmorgens mehr Unfälle passieren als später. (Beispiel)

1 In einer Online-Zeitschrift erschienen mehrere Beiträge zu einem Thema.

a Lies die beiden folgenden Beiträge.

Über die Frage, ob die Schule später beginnen sollte, wird seit einiger Zeit vermehrt diskutiert. Vor allem Schlafforscherinnen und -forscher fordern, dass der Unterricht erst um 9:00 Uhr beginnt. Manche Eltern, Bildungsverantwortliche und selbst einige Schülerinnen und Schüler sind allerdings anderer Meinung. Ist die Forderung also gerechtfertigt? Sollte der Unterricht tatsächlich später beginnen?

Wir meinen, ja, denn die Schlafforschung bestätigt, dass vor allem Jugendliche zu wenig Schlaf bekommen, weil sie zum Beispiel zu spät ins Bett kommen und zu früh rausmüssen. Man weiß inzwischen, dass sich der Schlaf-Wach-Rhythmus von Jugendlichen u. a. aus hormonellen Gründen verändert und sie zum Beispiel abends erst später einschlafen können. Beobachtungen zeigen, dass Kinder und Jugendliche frühmorgens müde und nicht leistungsfähig sind, beispielsweise wird deshalb in der ersten Unterrichtsstunde oft schon auf Leistungskontrollen verzichtet. Mehr noch: Einige Untersuchungen belegen sogar, dass bei einem späteren Schulbeginn weniger Unfälle passieren, weil zum Beispiel die Aufmerksamkeit auf dem Schulweg höher ist. Nicht zuletzt dürfte es auch das Familienleben entlasten, wenn Eltern ihre Kinder morgens nicht aus den Betten treiben und zur ständigen Eile mahnen müssten, damit zum Beispiel noch Zeit für Frühstück bleibt oder der Schulbus rechtzeitig erreicht wird.

Es wäre also richtig und wichtig, endlich einen Unterrichtsbeginn um frühestens 9:00 Uhr zu beschließen.

(Redaktion, Schule-Online, 17.03.20..)

Obwohl Schlafforscherinnen und -forscher fordern, den Unterricht später zu beginnen, und dieser Gedanke vielen Eltern und natürlich auch Schülerinnen und Schülern sehr sympathisch ist, spreche ich mich dagegen aus.
Bei der derzeitigen Menge an Fächern und Lernstoffen würde ein späterer Beginn nämlich bedeuten, dass mehr Unterricht auf den Nachmittag verschoben wird und keine Zeit mehr für anderes bleibt. Man könnte zum Beispiel kaum noch Sport treiben, dessen gesundheitsfördernde Wirkung unumstritten ist. Manche von uns besuchen Musikschulen, singen in einem Chor oder haben spezielle Hobbys, wofür sie nachmittags Zeit brauchen. Außerdem haben Jugendliche oft auch einen Beitrag zum Familienleben zu leisten, müssen zum Beispiel beim Einkaufen helfen oder Geschwister betreuen. Und zeigt die Forschung nicht auch, dass es unter Menschen sogenannte Früh- und Spättypen gibt? Deshalb wären immer einige benachteiligt, egal wann die Schule beginnt. Ich selbst bin beispielsweise eher am Nachmittag müde und erschöpft, weshalb meine Konzentration dann nachlässt. Schließlich denke ich, dass alles eine Frage der Gewohnheit ist und man sich an bestimmte Schlaf- und Aufstehzeiten anpassen kann. Das kennt man zum Beispiel von Menschen, die immer früh rausmüssen, weil sie etwa in Bäckereien oder in der Landwirtschaft arbeiten.
Ein Unterrichtsbeginn um 8:00 Uhr ist für mich also völlig in Ordnung. Lasst uns bei Bewährtem bleiben.
(Bruno Marwil, Schüler, 18.04.20..)

b Nenne das Thema der Beiträge. Formuliere eine passende Überschrift.

Die Argumentation untersuchen

2 Untersuche die Texte jetzt genauer.

a Formuliere das Problem, zu dem argumentiert wird, als Frage.

b Stelle fest, welche Standpunkte jeweils vertreten werden. Übertrage die Tabelle in dein Heft und ergänze die Standpunkte in Form einer Aussage bzw. Behauptung.

Standpunkt 1: …	**Standpunkt 2: …**
Argument 1: Begründung: … Beispiel: …	**Argument 1:** Begründung: … Beispiel: …
Argument 2: …	**Argument 2:** …

c Suche die Argumente (Begründungen und Beispiele) heraus, die im Text genannt werden, und trage sie in die Tabelle ein.

d Sucht nach weiteren Argumenten, die die beiden Standpunkte stützen. Ergänzt sie in euren Tabellen.

Beim **Schreiben einer Erörterung** verfasst man einen umfangreicheren **zusammenhängenden Text**, in dem man sich mit einem **Problem** oder einer **Frage** auseinandersetzt. Dazu werden **Meinungen** bzw. **Standpunkte** formuliert und durch mehrere **Argumente** (Begründungen + Beispiele) begründet. Beim Erörtern kommt es auf eine sinnvolle **Gliederung** und eine genaue **Sprache** an.
Die **lineare (steigernde) Erörterung** ist eine der beiden Hauptformen des schriftlichen Erörterns. Man baut sie folgendermaßen auf:

- **Einleitung**:
  - Thema nennen, Problem beschreiben,
  - Interesse der Leserinnen und Leser wecken,
  - Frage formulieren,
- **Hauptteil**:
  - den eigenen **Standpunkt** als Aussage oder Behauptung formulieren,
  - den Standpunkt durch **Argumente** (Begründungen + Beispiele) begründen, wobei das wichtigste am Anfang oder am Schluss steht,
- **Schluss**:
  - mit Bezug auf die Aussage oder Behauptung die eigene Meinung zusammenfassen,
  - Schlussfolgerungen für das Handeln ableiten.

Eine lineare Erörterung untersuchen

3 Lies noch einmal die beiden Beiträge aus Aufgabe 1 a (S. 34) und untersuche sie.

a Bestimme jeweils Einleitung, Hauptteil und Schluss.

b Untersucht jeweils die Anordnung der Argumente im Hauptteil der Beiträge. Steht das wichtigste Argument eurer Meinung nach am Anfang oder am Ende? Tauscht euch darüber aus.

c Beurteilt den Schluss der Beiträge. Orientiert euch am Merkkasten oben und überlegt, ob und wie man etwas anders formulieren könnte.

Eine lineare Erörterung verfassen

Tipp
Lass einen breiten Rand für Überarbeitungen.

4 Schreibe jetzt eine eigene lineare Erörterung zum Thema „Späterer Unterrichtsbeginn".

a Entwirf zuerst deine Einleitung. Beschreibe das Problem in ein bis zwei Sätzen und formuliere die Frage, die sich stellt.

Schlafforscherinnen und -forscher fordern seit einiger Zeit, dass …
Andere sind aber der Meinung, man sollte …
Daraus ergibt sich die Frage, …

b Entscheide dich für einen Standpunkt zur Frage. Formuliere ihn in Form einer Aussage oder Behauptung. Nutze zum Beispiel folgende Formulierungen.

Ich vertrete den Standpunkt, dass … *Ich bin der Meinung, dass …*
Meiner Meinung nach … *Ich denke, …*

Tipp
Nutze deine Tabelle aus Aufgabe 2 b (S. 35).

c Formuliere den Hauptteil deiner Erörterung. Führe Argumente (Begründungen und Beispiele) für deinen Standpunkt an. Ordne sie nach ihrer Überzeugungskraft und beginne mit dem stärksten oder dem schwächsten Argument.

d Formuliere deinen Schluss in ein bis zwei Sätzen. Achte darauf, dass er keine neuen Argumente enthält.

Zusammengefasst kann man sagen, dass ...
Meine Schlussfolgerung lautet: ...

e Überarbeite deinen Entwurf mithilfe der Schrittfolge in Aufgabe 7 (S. 38) und schreibe die Endfassung.

5 Tauscht euch in der Klasse über eure Erörterungen aus.

a Ermittelt, wie viele Schülerinnen und Schüler sich für und wie viele sich gegen einen späteren Unterrichtsbeginn ausgesprochen haben.

Tipp
Überarbeite deine Erörterung eventuell noch einmal.

b Stellt einige eurer Argumente für oder gegen einen späteren Unterrichtsbeginn in der Klasse vor. Tauscht euch darüber aus, welche Argumente am überzeugendsten sind.

6 Schreibe eine weitere lineare Erörterung. Wähle Aufgabe a, b oder c.

●○○ **a** Schreibe eine lineare Erörterung zur Frage „Sollten Noten in Kunst, Musik und Sport abgeschafft werden?“. Orientiere dich am Vorgehen in Aufgabe 4.

●●○ **b** Schreibe eine lineare Erörterung zur Frage „Sollten Hausaufgaben abgeschafft werden?“. Nutze dazu die Schrittfolge.

So kannst du eine lineare Erörterung verfassen
1. Formuliere die Standpunkte zur Frage als Aussagen oder Behauptungen.
2. Sammle Argumente (Begründungen + Beispiele) für beide Standpunkte.
3. Entscheide dich für einen Standpunkt.
4. Entwirf deine lineare Erörterung. Beginne mit der Einleitung.
5. Entwirf den Hauptteil. Führe alle Argumente für deinen Standpunkt geordnet an. Beginne mit dem stärksten oder dem schwächsten Argument.
6. Fasse deine Argumentation zusammen und formuliere eine Schlussfolgerung.
7. Überarbeite deinen Entwurf mithilfe der Schrittfolge in Aufgabe 7 (S. 38) und schreibe die Endfassung.

●●● **c** Schreibe eine lineare Erörterung zu einem Thema, das dich interessiert.

4c Nutze im Hauptteil zum Beispiel die folgenden Wendungen.
Für diese Sichtweise spricht ... / Dafür spricht ... / Bestätigt wird dies durch ... / Verstärkt wird dieser Eindruck dadurch, dass ... / Mit anderen Worten ... / Hervorzuheben ist außerdem ... / Ein weiterer Aspekt ... / Insbesondere lässt sich sagen, dass ...

7 Überarbeite deinen Entwurf aus Aufgabe 6 mithilfe der Schrittfolge.

So kannst du eine Erörterung überarbeiten

1. Schreibaufgabe bedenken	
• Für wen soll geschrieben werden? • Warum, mit welchem Anliegen soll geschrieben werden?	Beachte zum Beispiel die Besonderheiten einer Erörterung.
2. Inhalt überarbeiten	
Wie gelungen ist die • Darstellung des Problems? • Darstellung des Standpunkts? • Überzeugungskraft der Argumente? • Anordnung der Argumente? • Gestaltung von Einleitung und Schluss?	Prüfe, ob Problem und Standpunkt eindeutig genannt sind. Prüfe die Anordnung der Argumente und ob das wichtigste am Anfang oder am Ende steht. Beurteile, ob die Einleitung Interesse weckt. Prüfe, ob am Schluss zusammengefasst wird und ob die Schlussfolgerungen passen.
3. Wortwahl und Satzbau überarbeiten	
• Wurde klar und verständlich formuliert? • Wurden Fachbegriffe richtig verwendet? • Wurden unnötige Wortwiederholungen vermieden? • Wurden sinnvolle Satzverknüpfungen genutzt?	Nutze ggf. Nachschlagewerke. Nutze ggf. Wortfelder. Prüfe, ob Satzglieder umgestellt werden können oder sollten. Nutze geeignete Konjunktionen und Adverbien.
4. Rechtschreibung und Zeichensetzung korrigieren	
• Ist alles richtig geschrieben? • Sind alle Satzzeichen vorhanden? • Sind genutzte Quellen benannt?	Nutze Nachschlagewerke. Berate dich mit anderen. Beachte die Regeln für Quellenangaben.

Was habe ich gelernt?

8 Fasse zusammen, was du über das lineare Erörtern gelernt hast. Erstelle ein Merkblatt zum Aufbau einer linearen Erörterung.

Die lineare (steigernde) Erörterung
Einleitung:
– ...

Kontroverse (dialektische) Erörterungen schreiben

Die **kontroverse (dialektische) Erörterung** ist neben der linearen Erörterung die zweite Hauptform des schriftlichen Erörterns. Dabei wägt man im **Hauptteil** verschiedene **Argumente für (pro)** und **gegen (kontra)** einen **Standpunkt** zu einem Problem bzw. einer Frage ab. Eine Möglichkeit der **Gliederung** ist die Gegenüberstellung der Argumente **im Block**. Das heißt, zuerst werden alle Pro-Argumente angeführt und danach alle Kontra-Argumente oder umgekehrt. Ausschlaggebend ist, ob man sich selbst für Pro oder für Kontra entscheidet oder einen Kompromiss vorschlägt. Die Argumente für die eigene oder stärkere Position stellt man an das Ende, weil sie den Lesenden so besser im Gedächtnis bleiben, z. B.:

Behauptung bzw. Aussage:	*Unterricht sollte die Interessen der Lernenden mehr berücksichtigen.*
↓	
Kontra-Argument 1:	*Lernende sollen ein breites Grundwissen erwerben, z. B. …*
↓	
Kontra-Argument 2:	*Interessen entstehen erst beim Lernen, z. B. …*
↓	
Pro-Argument 1:	*Es macht mehr Spaß, wenn man Interesse am Inhalt hat. Zum Beispiel …*
↓	
Pro-Argument 2:	*Das Lernen hätte einen stärkeren Bezug zur Lebenswelt, z. B. …*

Eine kontroverse Erörterung planen

1 Schreibe eine kontroverse Erörterung.

a Wähle eine der folgenden Fragen für deine Erörterung.

1 Sollte der Unterricht morgens erst um 9:00 Uhr beginnen?
2 Sollte es an Schulen mehr Wahlpflichtunterricht geben?

Tipp
Nutze ggf. deine Vorarbeiten zum linearen Erörtern aus den Aufgaben 2c und d (S. 35).

b Entscheide, von welchem Standpunkt du ausgehen möchtest, und notiere, was dafür und was dagegen spricht.

Standpunkt: …
Pro-Argumente: … *Kontra-Argumente: …*

c Übertrage die Tabelle in dein Heft und ordne folgende Formulierungshilfen zur sprachlichen Verknüpfung von Argumenten ein.

als wichtigen Punkt möchte ich erwähnen / erstens / wichtiger erscheint / dem steht jedoch gegenüber / weiterhin / ebenso wichtig ist / trotzdem / demgegenüber / entscheidend ist jedoch / schwerer wiegt

Aneinanderreihung von Argumenten	Steigerung bzw. Wertung	Gegensätze
…	…	…

d Sammelt weitere Formulierungshilfen und ergänzt die Tabelle aus Aufgabe c.

Eine kontroverse Erörterung schreiben

e Schreibe einen Entwurf deiner kontroversen Erörterung. Beginne mit der Einleitung. Nutze dazu die Angaben aus dem Merkkasten auf S. 36.

f Schreibe den Hauptteil der Erörterung. Ordne die Argumente im Block an. Entscheide je nach deinem Standpunkt, ob du mit den Pro- oder den Kontra-Argumenten beginnst.

> **Tipp**
> Nutze ggf. deine Vorarbeiten aus Aufgabe 4 (S. 36).

g Formuliere den Schluss der Erörterung. Orientiere dich am Merkkasten (S. 36). Überlege auch, ob du eventuell einen Kompromiss formulieren willst.

h Überarbeite deinen Entwurf und schreibe die Endfassung.

2 Lies den folgenden Merkkasten und erprobe die zweite Gliederungsmöglichkeit. Schreibe den Hauptteil der Erörterung aus Aufgabe 1 erneut. Ordne die Pro- und Kontra-Argumente im Wechsel an.

> Eine zweite Möglichkeit der **Gliederung** des **Hauptteils** einer **kontroversen (dialektischen) Erörterung** ist folgende: Man verbindet die Pro-Argumente und Kontra-Argumente **im Wechsel**, z. B.:
> Behauptung bzw. Aussage: *Unterricht sollte die Interessen der Lernenden mehr berücksichtigen.*
>
> Pro-Argument 1: … → Kontra-Argument 1: …
> Pro-Argument 2: … → Kontra-Argument 2: …
> Pro-Argument 3: … → Kontra-Argument 3: …

3 Schreibe eine weitere kontroverse Erörterung. Wähle Aufgabe a oder b.

a Schreibe eine kontroverse Erörterung zum Thema „Sollten Hausaufgaben abgeschafft werden?". Orientiere dich an der Schrittfolge und ordne die Argumente im Block an.

> **So kannst du eine kontroverse (dialektische) Erörterung schreiben**
> 1. Formuliere das Problem in Form einer Frage.
> 2. Formuliere einen Standpunkt als Aussage bzw. Behauptung.
> 3. Notiere Pro- und Kontra-Argumente (Begründungen + Beispiele).
> 4. Schreibe einen Entwurf deiner Erörterung (Einleitung, Hauptteil, Schluss). Ordne die Pro- und Kontra-Argumente im Block oder im Wechsel an.
> 5. Überarbeite den Entwurf und schreibe die Endfassung der Erörterung.

b Schreibe eine kontroverse Erörterung zur Frage „Sollen Jungen und Mädchen in bestimmten Fächern getrennt voneinander unterrichtet werden?".

Mitteilungen verfassen

Beschwerden und Reklamationen schreiben

1 Überlegt euch Situationen, in denen es notwendig ist, sich bei jemandem schriftlich zu beschweren.

Mit einer **Beschwerde** teilt man seine Unzufriedenheit mit einer Entscheidung, einem Beschluss oder einer Dienstleistung mit und erhebt Einspruch. Eine Beschwerde kann **mündlich** (zum Beispiel telefonisch) oder **schriftlich** (als Brief oder E-Mail) erfolgen. In jedem Fall ist auf eine **sachliche und höfliche Ausdrucksweise** zu achten.
Eine **schriftliche Beschwerde** sollte wie ein **offizieller Brief** bzw. eine **offizielle E-Mail** verfasst werden. Man beschreibt, worin das Problem besteht, und erklärt, welche Lösung man erwartet. Der Brief bzw. die E-Mail kann mit einer Bitte um Rückmeldung beendet werden.

Eine Beschwerde untersuchen

2 Lies folgende Beschwerde und entscheide, ob sie den Anforderungen entspricht. Begründe deine Einschätzung.

Felix Müller
Mustergasse 4
16766 Kremmen

Schulleitung der Lessing-Oberschule Kremmen
Beispielstraße 52
16766 Kremmen

15. Mai 20..

Neugestaltung des Schulhofes

Sehr geehrter Herr Schmittke,

wie wir erfahren haben, wird im nächsten Jahr der Schulhof neu gestaltet. Dabei sollen die Vorschläge der 9. und 10. Klassen mit einbezogen werden. Wir sind jedoch der Meinung, dass es wichtig wäre, auch die Vorstellungen der jüngeren Klassen zu berücksichtigen, da sie auf dem neugestalteten Schulhof ihre Pausen verbringen werden.

Wir bitten Sie, unseren Vorschlag aufzugreifen, und würden uns über eine Antwort freuen.

Mit freundlichen Grüßen

Felix Müller
Klassensprecher der Klasse 8b

3 Die folgenden Sätze aus Beschwerden weisen Ausdrucksmängel auf. Überarbeite die Sätze. Schreibe sie sachlich und höflich formuliert in dein Heft.

Achtung, Fehler!

1 Sie haben bei uns letzte Woche die Bäume gestutzt. Einer ist dummerweise danach eingegangen. Was machen Sie nun?
2 Es kann doch echt nicht wahr sein, dass Sie den Entschluss getroffen haben, das Stadtfest ausfallen zu lassen!
3 Das kostenlose Bürgerticket für öffentliche Verkehrsmittel, das Sie einführen wollen, ist ja wohl voll das Letzte!
4 Deshalb fordern wir ein, diesen Beschluss schleunigst rückgängig zu machen.

Eine Beschwerde schreiben

4 Verfasst einen Brief, in dem ihr euch beim Anbieter der Schulspeisung beschwert, weil das Mittagessen häufig bei der Ausgabe schon kalt ist.

a Schreibt die Angaben zu Absenderin bzw. Absender und Empfängerin bzw. Empfänger auf. Ergänzt das Datum.

Absenderin/Absender: *Name: ...*
Straße: ...
Postleitzahl, Ort: ...
Empfängerin/Empfänger: ...

b Formuliert eine Betreffzeile, die das Thema angibt, um das es in der Beschwerde geht.

c Notiert, worin das Problem besteht und was für eine Lösung ihr erwartet.

Problem: ...
Lösung: ...

d Entwerft den Beschwerdebrief. Lasst einen breiten Rand zum Überarbeiten.

e Überarbeitet euren Entwurf. Überlegt, auf welche Aspekte ihr besonders achten möchtet.

5 Schreibe eine Beschwerde. Wähle dazu Aufgabe a, b oder c. Denke dir fehlende Angaben aus.

●○○ **a** Schreibe einen Beschwerdebrief oder eine E-Mail an die Schulleitung, weil die technische Ausstattung für den Schulfunk schlecht ist. Orientiere dich dabei am Vorgehen in Aufgabe 4.

●●○ **b** Schreibe einen Beschwerdebrief oder eine E-Mail an die Reinigungsfirma, weil die Turnhalle in den letzten beiden Wochen sehr schmutzig war.

●●● **c** Verfasse eine Beschwerde an die Verkehrsbetriebe über einen unhöflichen Schulbusfahrer.

Eine **Reklamation** ist eine spezielle Form der Beschwerde, nämlich eine Mängelanzeige zu einer Ware. Sie kann **mündlich** (zum Beispiel im Laden bzw. telefonisch) oder **schriftlich** (als Brief oder E-Mail) erfolgen.
Eine **schriftliche Reklamation** sollte folgende **Bestandteile** enthalten:

- Betreffzeile: „Reklamation" und die Bestell- oder Rechnungsnummer, ggf. auch die Nummer des Lieferscheins,
- offizielle (höfliche) Anrede,
- Hauptteil: genaue Warenbezeichnung und Liefertermin, Beschreibung des Mangels bzw. Problems und der erwarteten Behebung bzw. Lösung,
- offizielle (höfliche) Grußformel,
- eventuell Auflistung der Anlagen.

Wichtig ist eine **sachliche und höfliche Ausdrucksweise**.

6 Max hat bei einem Internetversand eine Lautsprecherbox gekauft. Das Paket kam beschädigt an und bei der Lautsprecherbox ist eine Ecke eingedrückt. Seine Eltern schlagen vor, die Box schriftlich zu reklamieren.

MK a Recherchiert, welche Rechte Kundinnen und Kunden im Fall einer Reklamation haben.

b Tragt zusammen, wann und warum eine schriftliche Reklamation erfolgreich sein kann.

Eine Reklamation überarbeiten

c Lies die folgende Reklamation von Max, die überarbeitet werden muss.

Max Jahnke
Bautzner Str. 9
01099 Dresden

Versand „Music"
Hafenstr. 67
22143 Hamburg

03.03.20..

Reklamation

Hallo, Frau Meißner,

ich habe bei Ihrem Versand eine Lautsprecherbox bestellt. Leider wurde sie bei der Lieferung beschädigt. Das kann echt nicht wahr sein! Können Sie mir eine neue schicken? Das wäre sehr freundlich von Ihnen. Ich benötige sie wirklich megadringend.

Tschüss, Ihr
Max

Tipp
Orientiere dich am Merkkasten auf S. 43.

d Überlege, welche Angaben Max ergänzen und welche Formulierungen er ändern sollte. Überarbeite die Reklamation und schreibe sie neu.

Achtung, Fehler!

7 Die folgenden Sätze aus Reklamationen weisen Ausdrucks-, Grammatik- und Rechtschreibfehler auf. Schreibe die Sätze richtig in dein Heft.

1. Wir haben uns letzte Woche bei ihnen ein Toaster gekauft. Bei der ersten Benutzung schmorte er durch.
2. Es kann doch nicht wahr sein, dass Sie die Fernbedienung ohne Batterien ausliefern.
3. Das Smartphone, das Sie mir zuschickten, war voll zerkratzt.
4. Deshalb verlangen wir, unser Fernsehgerät auszutauschen.
5. Da dass Gerät defekt ist, möchte ich, das sie es umtauschen.

Eine Reklamation schreiben

8 Stelle dir vor, du hast in einer Grafikwerkstatt ein T-Shirt bedrucken lassen und der Schriftzug löst sich schon nach der ersten Wäsche. Schreibe eine Reklamation in Form eines offiziellen Briefes.

a Denke dir eine geeignete Adresse aus und gestalte den Briefkopf.

b Formuliere die Betreffzeile.

c Entwirf den Text deiner Reklamation. Nenne das Problem bzw. den Mangel und die gewünschte Lösung.

d Überarbeite deinen Entwurf und schreibe die Endfassung.

9 Reklamationen können auch per E-Mail verfasst werden.

a Lest die E-Mail, die Lara geschrieben hat. Besprecht, was beim Schreiben offizieller E-Mails zu beachten ist. Prüft, was in Laras E-Mail geändert werden müsste.

An:	versand-meyer@beispiel.de
Betreff:	Reklamation, Rechnung 938239

Lieber Herr Meyer,

gestern haben Sie mir die bestellten Flyer zum Schulfest geliefert. Auf der Vorderseite fehlt die Überschrift. Die Flyer kann ich ja so nicht verteilen, das werden Sie sicherlich verstehen.
Ich hoffe, ich kriege neue Flyer von Ihnen.

Tschüss!
Lara

b Überarbeitet die E-Mail und schreibt sie neu. Orientiert euch dabei am Merkkasten auf S. 43.

10 Schreibe eine weitere Reklamation. Wähle Aufgabe a, b oder c.

●○○ **a** Bei deinem gestern gelieferten Fahrrad fehlt das Rücklicht. Schreibe eine E-Mail, in der du das reklamierst und um Nachsendung des Rücklichts bittest. Orientiere dich am Vorgehen in Aufgabe 8.

Tipp
Denke dir fehlende Angaben aus.

An:	Fahrradladen@beispiel.de
Betreff:	Reklamation zum Kaufvertrag Nr. 1234

Sehr geehrte Damen und Herren,
gestern wurde …

●●○ **b** Bei deinem gestern gelieferten Fahrrad funktioniert die Gangschaltung nicht reibungslos. Schreibe mithilfe der Schrittfolge eine Reklamation. Überlege, ob du eine E-Mail oder einen Brief verfassen solltest.

So kannst du einen Beschwerdebrief bzw. eine Reklamation schreiben

1. Gestalte den Briefkopf bzw. trage die E-Mail-Adresse ein.
2. Formuliere in der Betreffzeile, worüber du dich beschweren bzw. was du reklamieren möchtest.
3. Schreibe nach einer offiziellen (höflichen) Anrede, worin das Problem bzw. der Mangel besteht und welche Lösung du dir vorstellst.
4. Ergänze eine offizielle (höfliche) Grußformel und deine Unterschrift.
5. Führe darunter die Anlagen auf, die du dem Brief bzw. der E-Mail beifügst, z. B.: *Rechnungskopie, zwei Fotos.*
6. Überarbeite deinen Entwurf. Achte dabei auf klare und höfliche Formulierungen.
7. Schreibe anschließend die Endfassung.

●●● **c** Schreibe eine Reklamation oder Beschwerde deiner Wahl. Überlege, an wen du dich mit deinem Problem wenden kannst und ob du eine E-Mail oder einen Brief schreiben solltest.

Was habe ich gelernt?

11 Überprüfe, was du über das Schreiben von Reklamationen und Beschwerden gelernt hast. Schätze dich selbst ein und fertige dir einen Lernplan an.

1 Ich kenne und beachte alle Anforderungen an die formale Gestaltung eines offiziellen Briefes bzw. einer offiziellen E-Mail.
2 Ich kann eine schriftliche Beschwerde angemessen (knapp, sachlich und höflich) und fehlerfrei formulieren.
3 Ich weiß, welche Aufgabe eine Reklamation hat, und kann diese angemessen (knapp, sachlich und höflich) und fehlerfrei formulieren.

Folgendes muss ich noch einmal wiederholen und üben:
…

Jugend debattiert

Bürger werden

Eine lebendige Demokratie setzt urteilsfähige Bürgerinnen und Bürger voraus. Wer gelernt hat, andere Meinungen anzuhören, eigene Positionen zu begründen und Argumente abzuwägen, kann mitreden und teilhaben. Der erste Ort hierfür ist die Schule. Ob es um die nächste Klassenfahrt oder die Beteiligung an Demonstrationen geht – durchsetzen soll sich, wer durch Sachkenntnis und Gesprächsfähigkeit überzeugt.
Klare Regeln ermöglichen allen, zu Wort zu kommen. Rede und Gegenrede fordern dazu auf, jede Meinung zu hinterfragen und auch fremde Perspektiven anzunehmen. Streiten, nachdenken, sich entscheiden – all das ist *Jugend debattiert*. [...]

Im Mittelpunkt: die Debatte

Gute Debatten sind eine Voraussetzung lebendiger Demokratie und eines gelingenden Zusammenlebens in unserer vielfältigen Gesellschaft. Debattieren heißt: Stellung beziehen, Gründe nennen, Kritik vortragen – gegen- und miteinander. Gute Debattantinnen und Debattanten hören einander zu und streiten fair und sachbezogen.
Debatten beantworten Fragen, wie sie sich überall stellen, wo Menschen gemeinsam handeln: in der Familie, im Beruf, in der Politik. Deshalb trainieren jedes Jahr ca. 200 000 teilnehmende Schülerinnen und Schüler mit *Jugend debattiert* die gute Debatte.

Debatten brauchen Regeln

Debatte als Dialog
Debatten brauchen Regeln, damit der Austausch der Argumente funktioniert. [...] Die Regeln der Debatte bei *Jugend debattiert* sind ganz einfach, damit Schülerinnen und Schüler sich auch im Alltag daran orientieren können.
Entscheidungen treffen
In unserem Zusammenleben stellen wir uns viele Fragen. Und immer wieder müssen wir uns entscheiden. Entscheidungen, die wir mit anderen treffen, betreffen oft viele Menschen. Eine gute Lösung liegt oft nicht auf der Hand, z. B. „Soll man Alkohol erst ab 18 Jahren trinken dürfen?".
Antworten begründen
Sucht man die Antwort auf eine solche Frage, so lohnt es sich immer zu debattieren. Ebenso wichtig wie die Antwort auf eine Frage ist in einer Debatte die Begründung dieser Antwort. Mit Debatten kann man herausfinden, was für und gegen eine Entscheidung spricht und welche Argumente am meisten überzeugen. [...]*

1. Lies den Text mehrfach und notiere stichpunktartig, welches Anliegen „Jugend debattiert" verfolgt und welche Argumente dafür angeführt werden.

2. Greift die Frage aus Zeile 28 auf und diskutiert sie in der Klasse.

Hilde Domin (1909–2006)

Unaufhaltsam

Das eigene Wort,
wer holt es zurück,
das lebendige
eben noch ungesprochene
Wort?

Wo das Wort vorbeifliegt
verdorren die Gräser,
werden die Blätter gelb,
fällt Schnee.
Ein Vogel käme dir wieder.
Nicht dein Wort,
das eben noch ungesagte,
in deinen Mund.
Du schickst andere Worte
hinterdrein,
Worte mit bunten, weichen Federn.
Das Wort ist schneller,
das schwarze Wort.
Es kommt immer an,
es hört nicht auf, an-
zukommen.

Besser ein Messer als ein Wort.
Ein Messer kann stumpf sein.
Ein Messer trifft oft
am Herzen vorbei.
Nicht das Wort.

Am Ende ist das Wort,
immer
am Ende
das Wort.

1 Welche Empfindungen löst das Lesen des Gedichts bei dir aus? Beschreibe deine ersten Gedanken und Gefühle.

2 Lies das Gedicht mehrfach laut. Probiere Sprechweisen und Betonungen aus. Variiere zum Beispiel das Sprechtempo und nutze effektvolle Pausen.

3 Schreibe eine lineare Erörterung zum Thema „Worte können wie Taten verletzen“.

Susan Kreller

Schneeriese (Auszüge)

Adrian und Stella wohnen nebeneinander, sind fast wie Geschwister aufgewachsen und haben schon immer eine ganz besondere Beziehung. Doch dann zieht in das leerstehende Dreitotenhaus eine weitere Familie in die Nachbarschaft, wodurch sich für die beiden vieles ändert.

Kapitel 2

Einsneunzig, sagte die Stimme am Telefon.
Einsneunzig, du musst jetzt ganz wach sein. […]
Stella.
Was gibt's?
Es geht los, Einsneunzig, sagte Stella. Und du gehst jetzt auch los, zieh dir was drüber, schöne Grüße und bloß keine Widerrede! […].
Jemand zieht vor meinen Augen ins Dreitotenhaus, sagte Stella vergnügt und fast lispellos. Komm auf der Stelle her, hier stimmt was nicht, da stinkt was gewaltig! […]
Adrian sah an sich herunter und begriff augenblicklich, dass er *so* auf keinen Fall zu Stella gehen konnte, nicht mal dann, wenn er sich etwas drüberzog. Er trug einen auffallend jämmerlichen Schlafanzug, der aus Baumwolle und dunkelblau und an sich nicht schlecht war, auch wenn vorn auf der Brust Bugs Bunny angetrunken grinste. Kein Problem, wirklich, Bugs Bunny hätte er mit Leichtigkeit verdecken können.
Ein gerichtstauglicher Beweis für die Jämmerlichkeit von Adrians Schlafanzug war hingegen, dass die Hosenbeine knöchellang gemeint waren, ihrem Träger aber höchstens bis zur halben Wade reichten und sich von Tag zu Tag weiter nach oben arbeiteten. Jämmerlich waren auch die Ärmel, die den größten Teil von Adrians Unterarmen preisgaben, alles, die insgesamt sieben Leberflecke, die Härchen und die langen, freien Flächen, auf die er sich einen Namen seiner Wahl hätte tätowieren lassen können, wenn er lebensmüde gewesen wäre.
Das Schlimme war, dass Adrian nichts gegen diese Schlafanzüge tun konnte, und das Gute, dass er auch gar nichts tun wollte. Denn jeder Schlafanzug, der nicht nach fünf Monaten entsorgt werden musste, war ein Triumph für Adrians Mutter. Dass der Sohn noch seine alten Schlafanzüge trug, hieß ja, dass er in letzter Zeit nicht gewachsen und vorläufig nicht großwüchsig war, kein Stück.
Es war wirklich eine gute Sache. Die immer noch getragenen Schlafanzüge beruhigten Adrians Mutter, wenn auch immer nur für kurze Zeit. Sie lenkten sie manchmal sogar von geschwänzten Arztterminen ab und von *Waldlands großen Größen* und ganz besonders von dem besorgniserregenden Tatbestand, dass ihr Sohn zwei oder sieben Etagen höher als der Rest seiner Altersgenossen war.

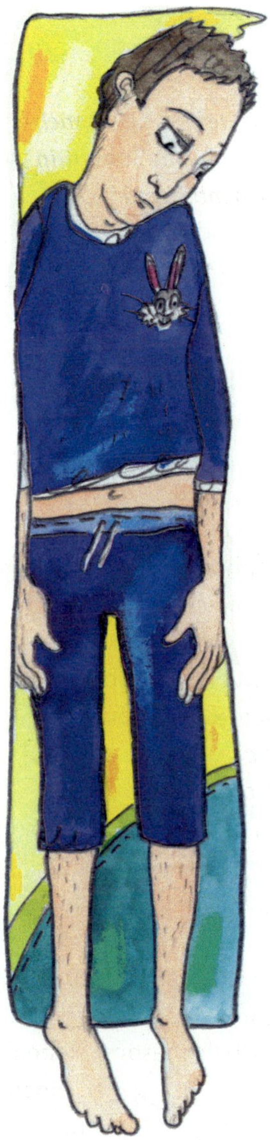

Einsneunzig!, hörte Adrian die Stimme mit dem fast nicht vorhandenen Lispeln drohen. Bist du noch dran, kommst du jetzt gefälligst auf der Stelle rüber?

Stella?

Zu spät, sie hatte aufgelegt [...].

Einsneunzig.

Als ein paar Leute vor einem Jahr in der Schule angefangen hatten, ihm diesen Namen hinterherzurufen, weil irgendwer seine genaue Größe herausgefunden hatte, da war Stella auf die Idee gekommen, Adrian zu Hause auch so zu nennen, damit es gar nicht erst wehtat.

Damit es nichts als ein Name war.

Damit es nichts war.

Fast alle hatten sich geweigert, den Namen zu benutzen, vor allem Adrians Mutter, die ihren Sohn am liebsten zu einer kleinen, handlichen Kugel geknüllt hätte, sodass er keinem auffallen und von niemandem anders als Adrian genannt werden würde. Und weil Adrians Eltern und Stellas Mutter und Stiefvater befreundet waren und andernfalls auch nie so lange in so enger Terrassennachbarschaft gewohnt hätten, konnte Stella nicht mal ihre eigene Mutter, die sonst für vieles zu haben war, von ihrem Plan überzeugen. Einzig Misses Elderly, die aber sowieso ein Faible für künstliche Namen hatte, war sofort damit einverstanden gewesen, Adrian umzubenennen, und dabei war es dann auch geblieben, für Stella und ihre Großmutter hieß Adrian nur noch Einsneunzig.

Stella hatte ihn nie wieder anders angesprochen, seit einem Jahr nicht, und wer weiß, wahrscheinlich konnte man sagen, dass genau das [...] Stellas Art war, Adrian mitzuteilen, dass er in Ordnung und kein Freak war, keine große Sache. Und Adrian, er mochte diesen Gedanken, ja. Aber da war noch etwas anderes, das ihm gefiel. Der Name Einsneunzig täuschte nämlich geschickt darüber hinweg, dass Adrian im letzten Jahr schon wieder vier Zentimeter gewachsen war. [...]

Kapitel 3

[...] Und jetzt, jetzt jagte der Novemberschnee über die Straße, so wild und so weiß er konnte. Adrian saß mit einem Skizzenblock am Küchenfenster und versuchte, den Schnee zu zeichnen, aber die Flocken, sie ließen sich nicht einfangen [...].

Hörst du mir überhaupt zu?

Adrian wandte sich vom Schneetreiben ab und blickte zu seiner Mutter, die gerade ein Glas polierte und ihn ängstlich lauernd ansah.

Was, Mama? Hast du was gesagt?

Der Termin übermorgen, sagte seine Mutter und wirkte nervös [...].

Der Termin, wiederholte seine Mutter und fügte hinzu: Ich will, dass du da hingehst!

Mama, du hast gesagt, ich kann mir das überlegen.

Und? Hast du?

Ja, hab ich. Ich hab mir überlegt, dass ich nie wieder zu diesem Endo … zu diesem Arzt gehe!

Unvermittelt stellte Adrians Mutter das gut polierte Glas neben die Spüle, das nicht mal dadurch einen Sprung bekam, setzte sich zu ihrem Sohn und grub mit den Händen im zusammengeknüllten Geschirrtuch herum.

Adrian, seufzte sie, schloss die Augen, öffnete sie wieder und sagte: Gut, dann also noch mal. Die haben ausgerechnet, wie groß du wirst, wir haben die Zahl beide gehört.

Hör auf!

Adrian waren diese Diskussionen so verhasst wie Lakritz, Kapern und zu kurze Bettdecken zusammen. Es war klar, was gleich kommen würde […].

Zwei Meter und sieben, hörte er seine Mutter leise sagen.

Plusminus irgendwas, fügte er verärgert hinzu.

Adrian, flüsterte seine Mutter jetzt. Der Arzt sagt, die Nebenwirkungen müssen nicht kommen. Adrian, das ist deine allerletzte Chance, du bist schon jetzt fast zu alt für die Therapie.

Mir egal, brummte Adrian und sah seine Mutter erst jetzt wieder an, ihre Augen waren rot geweint, ihre Lippen blass geflüstert. Mir doch egal, sagte er noch einmal. Und wenn ich drei Meter groß werde. Ich geh jetzt zu Stella. […]

Na endlich, sagte Stella, als Adrian in ihrem Zimmer stand. Ich dachte schon, du kommst gar nicht mehr.

Adrian winkte ab: Stress mit Mama. Die Hormone.

Ihre oder deine?, fragte Stella.

Weder noch. Ich hab gesagt, ich will die Spritzen nicht.

Gut so, Einsneunzig! Ich brauch dich hier, wir können uns nicht leisten, dass du immer beim Arzt bist. Wir haben eine Mission! […]*

1 Welchen Eindruck habt ihr von der Beziehung zwischen Stella und Adrian? Tauscht euch in der Klasse darüber aus.

2 Lies den Text noch einmal und untersuche die Beziehung zwischen Stella und Adrian genauer. Nenne Textstellen, die deiner Meinung nach etwas über diese aussagen.

3 Welches Problem hat Adrian? Erschließe das aus dem Text und formuliere es als Frage. Diskutiere das Problem anschließend mit anderen.

MK 4 Wenn du mehr über Stella und Adrian und die seltsamen Vorgänge im Dreitotenhaus erfahren möchtest, dann lies den folgenden Romanauszug oder besorge dir das Buch und lies es.

Seit die neue Familie in das Dreitotenhaus eingezogen ist, gehen seltsame Dinge vor. Adrian leidet aber vor allem darunter, dass Stella und Dato ein Paar werden. Und dann stößt er zufällig auf einen kranken alten Mann, den Datos Familie offensichtlich versteckt hält.

Kapitel 19

Schreien, sie hätten schreien müssen, die Leiche und Adrian. [...] Aber sie brüllten nicht, keinen Ton gaben sie von sich, sondern sahen sich nur an, und schlierig schwarz waren die Augen des Leichenmannes, zu Hunderten flossen die Falten über sein Gesicht. Ein ängstliches Kind, das sich als toter alter Mann maskiert hatte, lag da und sah genauso schockiert aus wie Adrian selbst.

[...] Und er stand noch ein paar Sekunden da und rannte dann los, zur Tür und auf den Flur und in Stolperschritten die Treppe hinunter, direkt in die Arme von Tamar und ihrem Wachtang-Mann. [...]

Und es kam noch schlimmer, Tamar schob ihn energisch in die Küche und drückte ihn dort auf einen freien Stuhl [...]. Er konnte nicht sagen, wie viele Menschen in dieser Küche saßen, viel zu viele [...].

Tamar setzte sich an den Tisch und stellt Adrian ein Teeglas hin, oder besser: sie knallte es ihm hin und schien sich keine Sekunde dafür zu interessieren, dass der Tee überschwappte. Adrian schob das Glas von sich weg, er wusste selbst nicht warum, vielleicht, weil es ihm Angst einjagte. Aber Tamar kannte kein Erbarmen und schob es ihm wieder hin. Sie ließ eine Hand am Henkel und sagte, wie eine Brücke über den Tisch gebeugt und mit einem noch stärkeren Akzent als sonst:

Ich weiß nicht, wie du mir das erklären willst.

Adrian schaute nach unten, auf das Teeglas und die Hand, er konnte nichts sagen, er schämte sich.

Du hast meinen Vater kennengelernt, machte Tamar weiter. Waliko. Wir planen hier eine Silvesterfeier für ihn.

Silvester ist vorbei, dachte Adrian und schwieg, er trug immer noch die dicke Jacke und den Schal und begann zu schwitzen.

Silvester ist vorbei, wirst du denken. Ja, sagte Tamar, das stimmt wohl. Aber es stimmt auch nicht. Das orthodoxe Silvester feiern wir zwei Wochen später. Das alte Silvester. Mein Vater erlebt das vielleicht zum letzten Mal. [...]

Mitte der Neunziger mussten wir fort, sagte Tamar jetzt leise. Und es gab tausend Gründe, aus Georgien zu fliehen. Da waren ständig irgendwelche Unruhen. Aber stell dir vor, wir sind ausgerechnet vor ein paar Verrückten davongerannt. [...]

Wir haben in Mestia gewohnt. Alle in der Nachbarschaft. Meine Eltern, meine Brüder und ich mit Wachtang. Ein armes Leben war das. Aber ein gutes. Und dann hat einer meiner Brüder einen anderen jungen Mann getötet. Nicht mit Absicht, aber das war's dann. Die Familie des Toten hat Rache geschworen. Blutrache. [...]

Und dann sind wir alle weg, erst nach Tbilissi und dann weiter. Meine Eltern konnten das nicht. Georgien verlassen. Hingen zu sehr an ihrem Land. Auch wenn sie nicht mehr in Swaneti waren. [...]

Er war schon in Tbilissi krank. Zweimal hat ihn der Schlag getroffen, und meine Mutter hat ihn gepflegt. Aber dann ist sie vor ihm gestorben und meine Tante hat das übernommen. [...]

Irgendwann war uns allen klar: Wir müssen ihn holen!

Ihre Augen funkelten entschlossen, eine ihrer Hände war zur Faust geballt. Es hat ewig gedauert, bis wir ein Besuchsvisum für ihn bekommen haben. Drei Monate ist das gültig, ein Witz. Wachtang ist nach Georgien geflogen und hat meinen Vater mitgenommen, mit Rollstuhl und allem. Der kann ja fast nicht mehr laufen. Aber jetzt ist er da, seit drei Monaten.

Und leise fügte Tamar hinzu:

Und zwei Jahren.

Dann schwieg sie, alle in der Küche hielten ihre Worte zurück, und die, die zufällig nicht Stella hießen oder Dato oder Misses Elderly, sahen ihn erwartungsvoll an, als wäre er ein Politiker und würde gleich eine große Rede halten.

Adrian hielt tatsächlich eine. Es war eine ziemlich kurze große Rede, hastig nuschelte er:

Tut-mir-leid-wegen-vorhin-kann-ich-jetzt-gehen?

Aber Tamar dachte gar nicht daran, ihn gehen zu lassen, und es war ihr auch nicht anzumerken, ob sie seine Frage überhaupt gehört hatte, sie sagte:

Wenn jemand was erfährt ... du kannst dir denken, was passiert. Der ist transportfähig, werden sie sagen. Der hat eine Pflegerin in Georgien, werden sie sagen. Fort mit ihm. Die Blutrache wäre auch kein Grund für die, dann hätte mein Vater ja nicht erst in Tbilissi bleiben müssen. [...]

Tamar sah Adrian jetzt fast freundlich an, und er merkte, dass er sich ein wenig besser fühlte, weicher war ihm zumute, wärmer. Er sah nur noch

Tamar, ihre Augen hielten ihn fest, warfen Schatten, hinter denen er sich verbergen konnte und …

Stella. Dato.

Und er wollte das nicht sehen, dieses Schrecklichste: Stella und Dato […]. Und etwas, das er schon lange nicht mehr gefühlt hatte, riss ihn hoch, eine wütende Kraft, und als er stand, schlug Tamar mit ihren Händen so heftig auf den Tisch, dass die Teegläser klirrten.

Verrat ihn nicht, rief sie. Hier ist das einzige Swaneti, das er noch hat!

Adrian sah sie alle dasitzen. Stella […] starrte ins Leere und schüttelte den Kopf, und Misses Elderly blickte ihn lauernd an […]. Und die Augen des Wachtang-Mannes, der jetzt wieder in der Küche war, beschossen Adrian mit giftigen Pfeilen, alle im Raum sahen ihn mit grimmiger Angst an, so wie man ein Kind ansieht, das gerade dabei ist, etwas Verbotenes zu tun, und alles an Adrian fühlte sich zu jung und verkehrt an.

Er war das Kind.

Die anderen hatten die Macht.

Und auf einmal, für wenige Sekunden nur, spürte Adrian, dass man es selbst in der Hand hatte, ob die anderen Macht hatten über einen. Es lag an einem selbst, den Spieß einfach umzudrehen und die Pfeile, und auch Schweigen konnte Macht sein, auch ein kleines, böses Lächeln konnte Macht sein, und Macht, das war, wenn man eine überfüllte Küche verließ, ein ganzes Dreitotenhaus sogar, ohne auch nur einmal zu sagen:

Keine Angst, ich verrat ihn schon nicht.

Und dann rannte er los, rannte, rutschte aus, rannte, und da war so vieles, was ihm auf den Fersen blieb bis tief in den Ort hinein: die Kränkung, für einen Verräter gehalten zu werden, der Wunsch, auch wirklich einer zu sein, die rasende Sehnsucht, diesem Idioten von Dato gehörig zu schaden, und dann noch die Angst vor der Angst der anderen. Und Adrian dachte: Stella, komm, wir zwei machen jetzt einen kleinen Spaziergang, aber niemand kam mit, er blieb allein. Da war nichts Klares mehr in Adrian. Da war nichts.*

5 Im Text heißt es „Er war das Kind. Die anderen hatten die Macht" (Z. 187–188). Was ist damit gemeint? Formuliere deine ersten Gedanken dazu.

6 Lies den Text noch einmal und betrachte die Situation genauer. Finde heraus, was genau geschehen ist und wie Adrian sich fühlt.

7 Welches Problem hat Adrian? Lies den Text erneut und formuliere das Problem als Frage. Diskutiere es anschließend mit anderen.

MK 8 Wenn du mehr über Stella und Adrian und die seltsamen Vorgänge im Dreitotenhaus erfahren möchtest, dann besorge dir das Buch und lies es.

MK

Medien untersuchen

Medien unterscheiden

1 Sammelt alle Begriffe, die euch zum Thema „Medien" einfallen. Entscheidet euch dazu für eine der folgenden Methoden A, B oder C.

A Sammelt und ordnet eure Begriffe in einer Tabelle nach folgendem Muster.

sprechen	schreiben	lesen	hören	sehen	mehrere Tätigkeiten
...	...	...	...	...	...

→ S. 304, 319: Merkwissen: Cluster, Mindmap

B Sammelt die Begriffe in einem Cluster oder einer Mindmap.

C Sammelt die Begriffe in einer digitalen Wortwolke. Nutzt dafür eine Anwendung im Internet.

Tipp
In einer digitalen Wortwolke erscheinen Begriffe, die öfter genannt werden, größer und erhalten so mehr Gewicht.

2 Diskutiert in der Klasse darüber, warum es so schwer ist, eine genaue Definition des Begriffs *Medien* zu formulieren.

3 Medien gibt es schon, solange es Menschen gibt. Aber sie haben sich im Laufe der Zeit stark verändert.

a Lies den folgenden Text.

Medien im Wandel der Zeit: Von der Zunge zur Smartwatch

Wenn man Wissenschaftlerinnen und Wissenschaftler fragt, was sie unter dem Begriff *Medien* verstehen, wird man viele Definitionen genannt bekommen. Die meisten sind sich aber einig, dass es Medien gibt, seit Menschen untereinander Informationen austauschen. Dabei verändern sich die Informationen mit den Medien, die wir nutzen können. Das wird schon an einem einfachen Beispiel deutlich. Bereits vor 50 000 Jahren zeichneten Menschen Bilder aus ihrem Alltag an Höhlenwände. Im Vergleich dazu könnt ihr euch einen Arzt vorstellen, der heute aus der Ferne über das Internet eine schwierige Herzoperation leitet.

Medien entwickeln sich mit den Menschen weiter: Aus gesprochenen Texten werden geschriebene, mit der Erfindung des Buchdrucks um 1440 entstehen gedruckte Texte. In der Reformationszeit im 16. Jahrhundert werden massenhaft Flugblätter verbreitet. Daraus entwickeln findige Verleger schon im 17. Jahrhundert die ersten Zeitungen und Zeitschriften, die nicht nur über aktuelle Ereignisse informieren, sondern auch Meinungen beeinflussen. Im 18. und 19. Jahrhundert erscheinen regelmäßige Publikationen, in denen Gelehrte Streitgespräche austragen. Medien werden schon bald zu Massenmedien und

zu einer Macht, die die Herrschenden durch Zensur unter ihre Kontrolle zu bringen versuchen. Besonders sichtbar wird der große Einfluss von Medien auf die Meinungsbildung von Menschen in der ersten Hälfte des 20. Jahrhunderts. Während die Nazis[1] das Radio bis zum letzten Kriegstag für ihre kriegsverherrlichende Propaganda nutzen, klären Menschen aus dem Exil auf freien Kanälen über die wirkliche Lage und die Absichten der Nazis auf.
In demokratischen Gesellschaften haben Massenmedien bis heute wichtige Funktionen. Sie informieren vielfältig und aus mehreren Blickwinkeln.
Mit ihrer Recherchearbeit kontrollieren sie staatliche und wirtschaftliche Institutionen. Sie kritisieren Missstände und problematische Entwicklungen. Fachlich gut ausgebildete Journalistinnen und Journalisten sorgen dafür, dass die Berichterstattung möglichst objektiv ist.
Die wichtigste Besonderheit von Massenmedien besteht darin, dass ein Sender – also eine Zeitung, ein Fernseh- oder ein Radiosender – viele Menschen erreicht. Mit der Entwicklung des Internets und der Digitalisierung sind heute nicht nur alle klassischen Massenmedien auch digital abrufbar.

Es haben sich darüber hinaus die sozialen Medien entwickelt, die jedem Menschen das Veröffentlichen eigener Inhalte und die Kommunikation mit beliebigen anderen Menschen ermöglichen. Damit hat jede bzw. jeder Verantwortung für das, was sie oder er veröffentlicht. Zugleich haben alle auch die Chance, die Gesellschaft aktiv mitzugestalten, indem sie ihr Wissen und ihre Meinung öffentlich zur Diskussion stellen.

[1] *die Nazis:* die Nationalsozialisten hatten von 1933 bis 1945 in Deutschland die Macht und waren u. a. für den Zweiten Weltkrieg verantwortlich

b Lies den Text noch einmal gründlich. Nenne verschiedene Funktionen von Medien, die im Text benannt werden.

c Überlege, welche weiteren Funktionen Medien haben können. Warum und zu welchen Zwecken nutzt du verschiedene Medien?

d „Massenmedien sind in unserer Gesellschaft unbedingt notwendig." Sammle Argumente aus dem Text, die diese Aussage bestätigen.

●●● **4** Erkläre, warum jede bzw. jeder mit dem Veröffentlichen von Inhalten im Internet eine ähnliche Verantwortung für Wahrheit und Meinungsbildung übernimmt wie Journalistinnen und Journalisten, die einen Zeitungstext schreiben.

5 Beschäftigt euch genauer mit Massenmedien.

a Formuliert, was ihr unter Massenmedien versteht. Nutzt dazu den Text aus Aufgabe 3 a.

b Versucht alle Medien, die als Massenmedien gelten können, übersichtlich zu erfassen. Erstellt zum Beispiel eine Liste, eine Tabelle oder eine Mindmap.

Nachrichten in verschiedenen Medien untersuchen

1 Wo informiert ihr euch?

a Tragt zusammen, wo ihr euch zuverlässig über aktuelle Ereignisse des Tages informieren könnt.

b Tauscht euch über Besonderheiten, Vor- und Nachteile der verschiedenen Medienangebote aus.

2 Recherchiert, welche Nachrichtenportale es im Internet gibt.
Wählt ein Portal aus und untersucht es.

a Formuliert Fragen, die ihr bei eurer Untersuchung beantworten wollt. Nutzt dazu die folgenden Begriffe.

Startseite / Farben / Bilder / Texte / Themen / Benutzerführung / Aktualität / interaktive Möglichkeiten / Zusatzmaterial / Werbung / bewegte Bilder / Kosten / Besonderheiten

Welche Themen findet man auf der Startseite?
Ist die Startseite übersichtlich aufgebaut?
...

b Notiert die Ergebnisse eurer Untersuchung in Stichpunkten.

c Vergleicht eure Ergebnisse mit denen der anderen Gruppen.

d Wem empfehlt ihr das untersuchte Nachrichtenportal? Begründet ausführlich.

3 Seriöse Nachrichten in sozialen Netzwerken?

Tipp
Ihr könnt Schaubilder, Mindmaps oder entsprechende digitale Werkzeuge nutzen.

a Sammelt und diskutiert in der Klasse eure Erfahrungen in sozialen Netzwerken. Sprecht zum Beispiel über die folgenden Fragen und haltet eure Ergebnisse anschaulich fest.

1 Welche sozialen Netzwerke gibt es?
2 Welche aktuellen Themen sind dort zu finden?
3 Wer diskutiert mit wem?
4 Sind auch Zeitungen, Zeitschriften, TV-Sender usw. in den sozialen Medien aktiv? Warum?

b Viele Informationen werden in den sozialen Medien verbreitet. Tauscht euch darüber aus, wer alles Einfluss auf eure Meinungen und Entscheidungen nimmt. Welche Interessen könnten die verschiedenen Personen und Institutionen haben?

●●● **c** Diskutiert in der Klasse, warum journalistische Beiträge für viele Jugendliche weniger ansprechend als Beiträge in sozialen Netzwerken sind.

4 Nach wie vor gehören Zeitungen und Zeitschriften zu den wichtigsten Informationsmedien.

a Lies dazu den folgenden Merkkasten.

> **Medien** (*Singular:* das Medium) sind Mittel zur Verständigung, Information, Präsentation, Wissensgewinnung, Unterhaltung und Entspannung, z. B.: Buch, Zeitung, Zeitschrift, Hörfunk, Film und Fernsehen, Computer.
> Informationsquellen, wie Zeitschriften, Zeitungen und Bücher, werden als **Printmedien** (Druckmedien) bezeichnet, weil sie in gedruckter Form vorliegen. Zu dieser Gruppe gehören auch Kataloge, geografische Karten und Pläne sowie Flugblätter, Flugschriften, Postkarten, Kalender, Poster und Plakate.
> Mit der Ausbreitung des Internets stehen Zeitungen und Zeitschriften heute häufig sowohl gedruckt als auch digital zur Verfügung. Der Begriff ***Presse*** wurde aber beibehalten und wird häufig als Oberbegriff für die gesamten öffentlichen Massenmedien verwendet , z. B. in der Forderung nach *Pressefreiheit*.

b Untersucht einige Zeitungen genauer. Vergleicht zuerst die Titelseiten einer überregionalen und einer regionalen Tageszeitung vom gleichen Tag miteinander. Entscheidet, ob ihr die Online-Versionen oder die gedruckten Ausgaben der Zeitungen nehmt.

c Vergleicht jetzt den Inhalt und die Gestaltung der Zeitungen. Beantwortet dazu die folgenden Fragen.

1 Welches ist der wichtigste Artikel auf der Titelseite (Aufmacher)?
2 Über welche Themen wird berichtet?
3 Wie hoch ist jeweils der Anteil von Text und Bild?
4 Was fällt euch bei der Gestaltung außerdem auf?
5 Vergleicht die Schlagzeilen zum gleichen Thema. Wie sind sie formuliert?
6 Wie sind die Schlagzeilen gestaltet (Größe, Schriftart, Farben)?
7 Wie wirkt die grafische Gestaltung?
8 An welche Leserinnen und Leser richten sich die Seiten?

Zeitungen und Zeitschriften enthalten – sowohl in der gedruckten Ausgabe als auch in der Online-Version – unterschiedliche **journalistische Textsorten**.

Zu den **informierenden journalistischen Texten** zählen Meldung, Nachricht und Bericht. Diese Textsorten unterscheiden sich in Länge und Inhalt.

Eine **Meldung** ist eine Kurznachricht. Sie teilt sachlich das Nötigste über ein Ereignis mit. Nur die **Schlagzeile** ist noch kürzer.

Eine **Nachricht** ist eine kurze, sachliche Mitteilung über eine allgemein interessierende und nachprüfbare Tatsache. In der Regel steht das Wichtigste am Anfang. Kurz und knapp werden Informationen zu *W*-Fragen mitgeteilt:

- **Was** für ein Ereignis?
- **Wer** war beteiligt?
- **Wann** fand das Ereignis statt?
- **Wo** fand das Ereignis statt?
- **Woher** stammen die Informationen?

und gegebenenfalls noch:

- **Wie** lief das Geschehen ab?
- **Warum** kam es zu dem Ereignis?
- **Welche Folgen** hatte das Ereignis?

Die meisten Nachrichten stehen im **Präteritum**. Die gewählte Zeitform hängt aber auch davon ab, wann das Ereignis stattfand bzw. stattfinden wird.

Ein **Bericht** ist länger als eine Nachricht und kann zusätzlich noch Hintergrundinformationen und Zusammenhänge darstellen.

5 Untersuche die folgende Nachricht. Nutze dazu den Merkkasten.

a Lies die Nachricht. Notiere die *W*-Fragen und die Antworten aus dem Text.

161 Halteverbotsschilder an einer Straße – Lübeck geht auf Nummer sicher

Lübeck (dpa/lno) - Am Heiligen-Geist-Kamp in Lübeck sorgen aktuell 161 Halteverbotsschilder zu beiden Seiten der vierspurigen Straße für Verwunderung. Für Vermessungsarbeiten im Vorfeld einer Fahrbahnsanierung dürften am Straßenrand keine Autos parken, begründete eine Sprecherin der Hansestadt die ungewöhnliche Schilderparade. Da die einzelnen Parkbuchten durch Bäume und Grünstreifen voneinander getrennt seien, könnte eine Beschilderung lediglich am Anfang und Ende des nicht durchgängigen Parkstreifens missverständlich sein, sagte sie. Deshalb sei jede Parkbucht einzeln beschildert worden. Die absoluten Halteverbote beziehen sich jeweils auf die Zeit zwischen 20 Uhr und 6 Uhr und gelten noch bis zum Samstag. Die eigentliche Straßensanierung soll nach Angaben der Sprecherin am Montag beginnen und etwa 15 Wochen dauern. Während dieser Zeit wird je Fahrtrichtung nur eine Spur zur Verfügung stehen. Zuvor hatten Medien darüber berichtet.

b Bestimme die Zeitformen, die in der Nachricht verwendet wurden.

c Erkläre den Unterschied zwischen einer Nachricht und einer Meldung. Nutze dazu die Informationen im Merkkasten auf S. 58.

d Formuliere die Nachricht zu einer Meldung um.

6 Gestaltet eine Presseschau mit interessanten Nachrichten vom Tag aus verschiedenen Themenbereichen. Wählt Aufgabe a oder b.

●●○ **a** Durchsucht die Online-Portale verschiedener Zeitungen und stellt interessante Nachrichten des Tages zusammen.

●●● **b** Durchsucht sowohl die Online-Portale verschiedener Zeitungen als auch reine Nachrichtenportale und stellt interessante Nachrichten des Tages zusammen.

7 Die Schlagzeile entscheidet darüber, ob ein Text gelesen wird oder nicht.

a Recherchiert, was man unter einer Schlagzeile versteht. Welche Funktion erfüllt sie? Wie nennt man eine Schlagzeile in einer Online-Veröffentlichung?

JAHRHUNDERTHOCHWASSER ÜBERFLUTET ALTSTADT

Sturm entwurzelt 200 Jahre alte Eiche

Biathlon-Weltmeisterin verunglückt – ein Zufall?

Dreharbeiten für neuen Film beginnen

Bundestag berät über neues Jugendschutzgesetz

b Sammelt in der Presse (online oder gedruckt) Schlagzeilen mit den folgenden Merkmalen. Notiert sie zum Beispiel auf einem Flipchart oder auf einem digitalen Whiteboard.

1 sachlich-informativ
2 fragend
3 provozierend
4 Neugier hervorrufend
5 problematisierend
6 werbend

c Welche Schlagzeilen gefallen euch am besten? Bewertet sie.

d Wertet aus, welche Schlagzeilen in der Klasse besonders gut ankommen und woran das liegen könnte.

e Formuliert einige der gefundenen Schlagzeilen so um, dass ihr ihren Charakter verändert.

Tipp
Formuliert auch die Schlagzeilen in Aufgabe a um.

8 Manchmal ist es nicht leicht herauszufinden, ob eine Nachricht stimmt.

a Lies den folgenden Text und nenne Gemeinsamkeiten und Unterschiede von Fake News und Falschmeldungen.

Fakt von Fake unterscheiden

Nicht alles, was wir als Nachricht empfangen, ist wirklich so passiert. Journalistinnen und Journalisten sind verpflichtet, Informationen vor der Veröffentlichung zu prüfen. Aber viele Nachrichten erreichen uns auf anderen Wegen, über soziale Netzwerke zum Beispiel.
So kannst du prüfen, ob eine Information wirklich stimmt:

- Nutze deinen Menschenverstand. Kann etwas überhaupt stimmen?
- Prüfe die Quelle. Ist genau angegeben, von wem und von wann die Informationen stammen?
- Erkunde unbekannte Quellen genauer. Was findest du über sie?
- Prüfe die Information. Wo wurde die Nachricht noch veröffentlicht? Gibt es auffällige Unterschiede?
- Prüfe die Bilder und Videos, sie lassen sich leicht manipulieren. Recherchiere die Quelle, z. B. durch Rückwärtssuche. Wo taucht das Bild noch auf? Welche ähnlichen Bilder gibt es? Beachte: Bei veränderten Bildern ist immer das älteste das Original.

Falschmeldungen sind fehlerhafte Darstellungen in öffentlichen Medien. Journalistinnen und Journalisten müssen Falschmeldungen sofort korrigieren, wenn der Fehler bekannt wird.
Fake News werden überwiegend absichtlich in sozialen Netzwerken verbreitet. Sie müssen bisher nicht richtiggestellt werden. Meist sind sie vom Recht auf freie Meinungsäußerung gedeckt – es sei denn, der Inhalt stellt eine Straftat dar. Fake News verbreiten sich oft so schnell, dass ihre Nachverfolgung schwierig ist. Will man Meinungsmanipulation verhindern, sind alle gefordert, Informationen zu überprüfen, bevor man sie verbreitet.

b Recherchiert unglaubliche Nachrichten und macht den Faktencheck. Prüft zwei Nachrichten und dazugehörige Fotos. Tauscht euch über eure Bewertungen aus.

Zu den **wertenden journalistischen Textsorten** zählt unter anderem der **Kommentar**. Der Kommentar als journalistische Textsorte ist eine namentlich gekennzeichnete, meist umfangreichere Meinungsäußerung einer Autorin bzw. eines Autors zu einem aktuellen Thema. Oft bezieht der Kommentar sich auf einen Bericht in derselben Zeitung oder auf eine Online-Veröffentlichung.
In einem Kommentar wird die Meinung der Autorin bzw. des Autors deutlich. Sie basiert aber immer auf gründlich recherchierten Tatsachen. Kommentare sollen dazu anregen, die persönliche Haltung zu einem Thema zu entwickeln oder zu hinterfragen.

9 Untersuche den folgenden Kommentar.

a Lies den Text. Wenn nötig, kläre unbekannte Wörter.

Dirk Fisser

Hatespeech in sozialen Netzwerken: Anzeigen statt wegschauen

Morddrohungen und Volksverhetzung gehören in sozialen Netzwerken leider dazu. Was aber tun dagegen? Auf keinen Fall wegschauen. Ein Kommentar zum Thema „Hatespeech".

Osnabrück Viele wenden sich angewidert ab von dem, was Tag für Tag in sozialen Netzwerken vor sich geht. Hass und Hetze sind allgegenwärtig und immer nur einen Klick entfernt. So schwer es fällt: Wir müssen hinschauen. Denn das, was dort vor sich geht, ist nicht Ausdruck einer hässlichen Parallelgesellschaft, sondern ein Stück Deutschland.

[...] Soziale Netzwerke wirken wie ein Katalysator für den Hass. Hier verschwimmen Rand und Mitte der Gesellschaft, vermeintliche Einzelmeinungen erfahren Zuspruch, die Autoren[1] fühlen sich bestärkt durch die digitale Gemeinschaft. Was gestern noch unsagbar schien, ist heute schon nicht mehr radikal genug, um gehört zu werden oder aufzufallen.

So funktioniert Radikalisierung im digitalen Zeitalter. Und zahlreiche Verbrechen in den vergangenen Jahren zeigen, dass aus menschenverachtenden Worten mörderische Taten werden können.

Insofern ist jede Bemühung, Autoren von Hassbotschaften zur Verantwortung zu ziehen, zu begrüßen. Die jetzige rechtliche Regelung, zunächst einmal milliardenschweren Internetkonzernen die Entscheidung darüber zu überlassen, was durch Meinungsfreiheit gedeckt ist und was nicht, greift aber zu kurz.

Ein Rechtsstaat ist dann stark, wenn er Recht auch durchsetzt. Weil er das in diesem Fall in der Vergangenheit kaum getan hat, ist der Eindruck eines rechtsfreien Raumes entstanden – fatal! Bei der Lösung des Problems sind aber auch wir alle gefragt: Offensichtliche Hassbotschaften wie Morddrohungen müssen angezeigt werden. Das ist kein Denunziantentum, sondern Zivilcourage.*

[1] Die männlichen Formen schließen in diesem Text alle Geschlechter ein.

b Notiere Formulierungen, die auf einen Kommentar hinweisen.

c Fasse die Meinung des Autors in zwei Sätzen zusammen.

Der Autor ist der Meinung, dass ...
Der Autor denkt, dass ...

d Prüfe, ob du alle Äußerungen verstehen kannst.
Stelle Fragen an den Autor.

e Suche Formulierungen, die dich ansprechen, deine Meinung zu äußern.

Besonders viele und sehr unterschiedliche **Kommentare** finden sich im **Internet**, sowohl als **journalistische Textsorte** (gründlich recherchierter, namentlich gekennzeichneter, umfangreicherer Beitrag einer Autorin bzw. eines Autors) als auch als **kürzere Meinungsäußerung** verschiedener Leserinnen und Leser sowie am Thema interessierter Personen.

10 Wertet das folgende Diagramm aus und berichtet in der Klasse über eure eigenen Erfahrungen mit dem Internet.

Mir sind im letzten Monat im Internet begegnet
(Angaben in Prozent, 1200 Befragte)

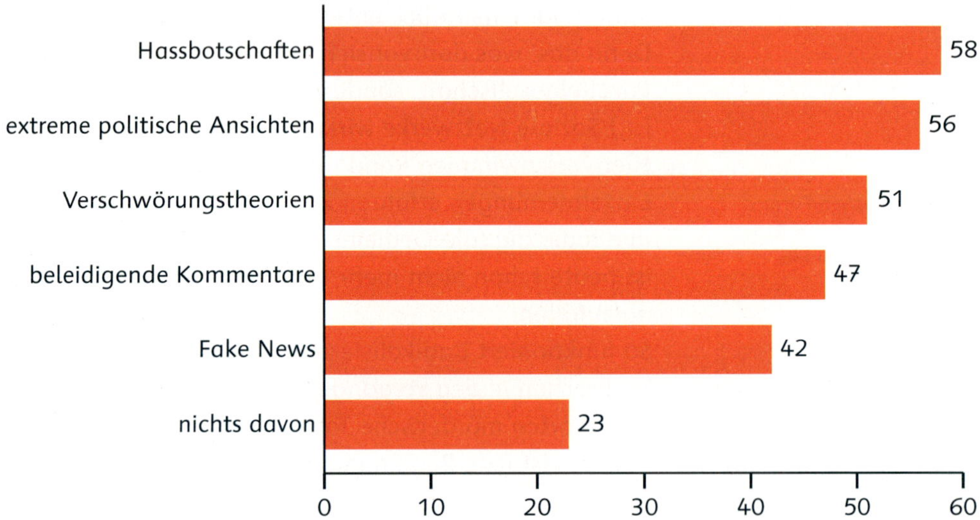

(Zahlen aus: JIM-Studie 2021 – Jugend, Information, Medien)

11 Wähle ein Nachrichtenportal aus und finde heraus, wie die Leserinnen und Leser dort diskutieren.

a Suche ein viel diskutiertes, aktuelles Thema. Wähle zu diesem Thema einen oder mehrere Artikel aus und lies die Kommentare darunter. Kopiere Kommentare mit Formulierungen, die du als Hatespeech bezeichnest, und füge sie in ein Textverarbeitungsdokument ein.

b Diskutiert eure Funde. Ordnet die Funde in zwei Gruppen, indem ihr die folgenden Fragen beantwortet.

1 Welche Kommentare enthalten auch bedenkenswerte und begründete Ansichten?
2 Welche Kommentare enthalten nur beleidigende Äußerungen und Angriffe?

c Drückt die Meinungen in einer neutralen Form aus, die niemanden persönlich angreift und beleidigt. Nehmt dafür nur die Kommentare der ersten Gruppe.

12 Diskutiert in der Klasse, was mit den beleidigenden und unsachlichen Kommentaren passieren soll. Sollte man sie löschen oder anzeigen?

a Bereite deine Meinungsäußerungen in Form von Argumenten vor. Formuliere deine Meinungen, notiere Begründungen und Beispiele.

Ich bin der Meinung, man sollte …
Außerdem denke ich, dass …

b Tauscht eure Argumente in der Klasse aus und bewertet, welche Argumente euch überzeugt haben.

13 Formuliert gemeinsam Regeln, an die sich alle halten sollen, wenn sie im Netz Beiträge kommentieren. Bezieht eure persönlichen Erfahrungen ein.

14 Wendet euer Wissen über Medien an. Wählt dazu ein aktuelles Thema aus Politik, Sport, Wissenschaft oder Gesellschaft. Verfolgt das Ereignis in möglichst vielen verschiedenen Informationsquellen.

a Stellt eine Liste mit Informationsquellen zusammen. Achtet dabei auf eine Mischung aus klassischen Massenmedien (z. B. Radio, Fernsehen, Zeitung), deren Online-Angeboten (z. B. Nachrichtenportale, Mediatheken) und sozialen Netzwerken. Teilt die Informationsquellen unter den Gruppen auf.

→ **S. 325:** Merkwissen: Quellenangabe

b Sammelt zwei Tage lang alle Informationen, die ihr zu eurem Thema findet. Achtet auf vollständige Quellenangaben.

Tipp
Ihr könnt auch eine digitale Pinnwand anlegen, auf die alle zugreifen können.

c Wertet die Informationen aus. Beantwortet dazu die folgenden Fragen.

1 Welche Fakten stimmen in den Informationsquellen überein?
2 Wo gibt es Unterschiede?
3 Wo werden persönliche Meinungen der Verfasserin oder des Verfassers deutlich?
4 Aus welchen Blickwinkeln wird das Thema beleuchtet?
5 Welche Quellen sind für euch besonders gut verständlich, interessant oder bewegen euch?

→ **S. 10:** Diskutieren – Meinungen austauschen

d Bildet euch eine Meinung über das Ereignis. Schreibt selbst einen Beitrag zum gewählten Thema, den ihr in einem Blog für Jugendliche eurer Altersgruppe veröffentlichen könntet.

Was habe ich gelernt?

15 Lege eine Mindmap mit den Begriffen zum Thema „Informationsmedien" an. Prüfe, ob du alle Begriffe erklären kannst.

Werbung untersuchen

1 Werbung ist in unserem Alltag praktisch immer präsent.

a Welche Werbeslogans fallen dir spontan ein? Nenne drei Beispiele.

b Zeichne aus dem Gedächtnis ein Firmenlogo auf. Vergleiche es mit dem Original. Recherchiere dazu im Internet.

2 Hält Werbung, was sie verspricht?

a Lies das folgende Gedicht.

Kristiane Allert-Wybranietz (1955–2017)

Mein Einkaufsnetz muss Löcher haben

Im Supermarkt kaufte ich
Zahnpasta, Zigaretten, Brot,
Seife, Weinbrand, Parfum,
Haushaltstücher, Marmelade,
Tiefkühlgerichte, Badezusätze,
Kekse und noch allerlei …

Zuhause suchte ich
zwischen Verpackungen
und Produkten
nach der Freiheit,
der Frische,
nach den Abenteuern
und der Liebe
und all den anderen
Stimmungen und Gefühlen,
die man mir
(nach Erwerb dieser Dinge)
versprochen hatte.

Als ich dann den Sekt für Verliebte
alleine trank,
abenteuerduftende Zigaretten vor'm
TV-Western rauchte,
als sich niemand sofort in mich verliebte,
obwohl ich das betörendste Parfum trug
(so stand es auf der Packung),
und als ich feststellte, dass die
Haushaltstücher und die Putzmittel
die Arbeit doch nicht von allein machten,
sagte ich mir:
Mein Einkaufsnetz
muss Löcher haben.

b Tauscht euch darüber aus, warum von Löchern im Einkaufsnetz die Rede ist.

c Sprecht darüber, welches beworbene Produkt ihr zuletzt gekauft habt. Hält es, was die Werbung versprochen hat?

Werbung beeinflusst Menschen gezielt und bewusst. Sie möchte durch meist einfache Botschaften zum Kauf eines Produkts anregen (z. B. Markenturnschuhe), um neue Kundschaft werben (z. B. Stromversorger), auf verschiedene Sachverhalte aus dem Leben aufmerksam machen (z. B. in der Politik) oder zu einem bestimmten Verhalten aufrufen (z. B. Umweltorganisationen).
Werbung löst Neugierde aus, spricht Gefühle an, enthält Versprechen und Appelle, die zum Handeln anregen sollen.
Werbung muss immer, auch im Internet, als solche gekennzeichnet sein.

3 Untersucht Beispiele für Werbung genauer.

a Sammelt Screenshots und Fotos von Werbungen, die euch im Alltag begegnen. Zeichnet möglichst auch ein Audio oder Video auf.

b Werbung funktioniert, weil sie unsere Sinne und unseren Verstand anspricht. Tauscht euch darüber aus, ob und warum euch die Beispiele ansprechen.

c Notiert Elemente, die eine positive Wirkung erzeugen sollen.

→ **S. 332:** Merkwissen: Verb

d Für Aufforderungen wird der Imperativ verwendet. Schreibt aus der gesammelten Werbung alle Imperative heraus.

Werbung ist nach der **AIDA-Formel** aufgebaut. Sie soll:

• **Aufmerksamkeit** erregen,	**A**ttention
• **Interesse** wachrufen,	**I**nterest
• den **Wunsch** nach dem Produkt wecken,	**D**esire
• das **Handeln**, z. B. den Kauf, auslösen.	**A**ction

4 Wähle eine der in Aufgabe 3 a gesammelten Werbeanzeigen aus. Prüfe, ob sie nach der AIDA-Formel aufgebaut ist. Was erregt deine Aufmerksamkeit und ruft dein Interesse wach? Wodurch wird der Kaufwunsch erzeugt?

Werbung muss in **einfacher,** aber **einprägsamer Sprache** verfasst sein. Dazu werden oft folgende **sprachliche Mittel** genutzt:
- Übertreibung, z. B.: *Die wahrscheinlich längste Praline der Welt.*
- Aufzählung, z. B.: *Quadratisch. Praktisch. Gut.*
- Alliteration (gleicher Anfangsbuchstabe), z. B.: *Lecker liefern lassen.*
- Reim, z. B.: *Du bist, was du isst.*
- Wortspiel, z. B.: *Bemannte Räumfahrt.*
- Gegensatz, z. B.: *Wohnst du noch oder lebst du schon?*
- Ausruf, z. B.: *Hier bin ich richtig!*
- Wortneuschöpfung, z. B.: *Der korngesunde Landkaffee.*
- ungewöhnlicher Satzbau, Auslassung, z. B.: *Jetzt zuschlagen!*
- Abweichung von der Grammatik, z. B.: *Hier werden Sie geholfen!*

5 Untersucht die Werbeslogans aus euren gesammelten Beispielen. Ordnet sie den sprachlichen Mitteln aus dem Merkkasten auf S. 65 unten zu.

6 Untersuche ein Werbeplakat.

a Sieh dir das Werbeplakat an und erkläre seine Aussage.

b Untersuche das Plakat nun genauer. Finde heraus, warum es so wirksam ist. Nutze die Schrittfolge im Kasten.

So kannst du Werbung untersuchen

Betrachte die Werbung genau und beantworte folgende Fragen:

1. Was fällt zuerst ins Auge?
2. Welche **Zielgruppe** wird angesprochen?
3. Welche **Wirkung** ist beabsichtigt?
4. Wie tragen **Bild, Text, Farben** und **Gestaltung** zu dieser Wirkung bei?
   - Was ist abgebildet? (Vordergrund, Hintergrund, Mitte)
     - Welche Rolle spielen Licht, Farben und Formen?
     - Wie lässt sich die Bildbotschaft zusammenfassen?
   - Wie lautet der Slogan?
     - Welche sprachlichen Mittel wurden verwendet?
     - Welche Informationen erhält man?
     - Wie lässt sich die Textbotschaft zusammenfassen?
5. Welche weiteren **Gestaltungsmittel** spielen eine Rolle (z. B. Ton, Musik, Bewegung, Bildfolge)?
6. Welche Gründe sprechen für oder gegen den beworbenen Inhalt?
7. Wie wirkt die Werbung auf dich?

7 Untersuche weitere Werbeplakate.

a Betrachte das folgende Plakat und formuliere spontan, welches Plakat dich mehr anspricht: dieses oder das Plakat aus Aufgabe 6 a.

b Untersuche das Plakat jetzt genauer. Orientiere dich an der Schrittfolge auf S. 66.

c Untersuche mindestens eine weitere Werbung aus deiner Sammlung (Aufgabe 3 a, S. 65) mithilfe der Schrittfolge.

8 Tauscht euch über eure Untersuchungsergebnisse in der Klasse aus.

a Besprecht anhand eurer Beispiele, welche Werbung ihr für gelungen haltet und welche nicht.

b Besprecht auch, welche Werbung ihr für sinnvoll haltet und welche für überflüssig oder sogar schädlich.

Was habe ich gelernt?

9 Welches Produkt, das es noch nicht gibt, würde euren Schulalltag sofort besser machen?

1. Zeichnet eure Idee auf oder beschreibt sie kurz.
2. Gebt dem Produkt einen Namen.
3. Entwerft eine Anzeige oder dreht einen kurzen Werbespot.
4. Besprecht die Ergebnisse in der Klasse. Nutzt für die Auswertung euer Wissen über Werbung.

Informationen suchen

Umfragen durchführen und auswerten

1 Jedes Jahr werden für die JIM-Studie mehr als eintausend 12- bis 19-Jährige befragt, wie sie Medien nutzen.

→ S. 326: Merkwissen: Sachtexte lesen

a Sieh dir das Diagramm an und werte es aus.

Gerätebesitz Jugendlicher 2021 – Vergleich 2020 (Auswahl)
(Angaben in Prozent, jeweils 1200 Befragte)

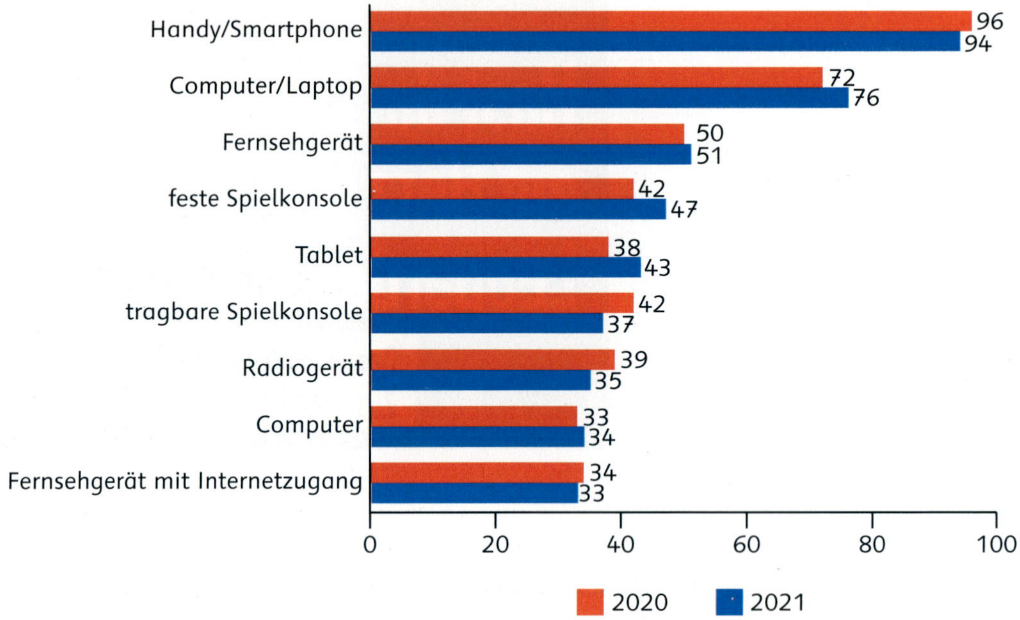

(Zahlen aus: JIM-Studie 2021 – Jugend, Information, Medien)

b Tauscht euch über eure Ergebnisse aus. Bezieht eure eigenen Erfahrungen ein.

Umfragen und **Interviews** sind Methoden, um Informationen über Meinungen, Einstellungen, Wissen und Verhalten von Menschen zu erhalten.
Umfragen können mündlich, z. B. als Interview (gezielte Befragung), oder schriftlich mithilfe eines **Fragebogens** durchgeführt werden.
Man muss sich genau überlegen, wer die Fragen beantworten soll und was man erfahren möchte. Die Fragen müssen eindeutig und möglichst einfach, konkret und kurz formuliert sein.
Die Umfragen sollten sich gut auswerten lassen. Zur Veranschaulichung der Ergebnisse können Diagramme, Schaubilder oder Tabellen verwendet werden.

Eine Umfrage vorbereiten und durchführen

2 Führt nun selbst eine anonyme Umfrage zum Umgang mit Medien in eurer Klasse oder in der Schule durch.
Wählt Aufgabe a oder b.

●○○ **a** Übertragt den folgenden Fragebogen in eure Hefte und wandelt ihn nach euren Vorstellungen ab. Führt die Umfrage anschließend durch.

Fragebogen zur Mediennutzung (Fach Deutsch, Klasse 8)
Beantworte jede Frage durch Ankreuzen. Alle Angaben werden vertraulich behandelt. Danke für deine Mitarbeit!

Zur Person:

■ weiblich ■ männlich ■ divers
■ 10–12 Jahre ■ 13–15 Jahre ■ >15 Jahre

Welche Medien besitzt du selbst?

■ Smartphone ■ PC, Laptop ■ Fernseher
■ Spielkonsole ■ Radio ■ Tablet
■ Internet ■ E-Book-Reader ■ Streaming Box

Welche der Medien nutzt du am meisten? Kreuze höchstens drei an.

■ Smartphone ■ PC, Laptop ■ Fernseher
■ Spielkonsole ■ Radio ■ Tablet
■ Internet ■ E-Book-Reader ■ Streaming Box

Was in der Welt passiert, erfahre ich durch folgende Medien:

■ Tageszeitung (gedruckt) ■ Radio ■ soziale Netzwerke
■ YouTube ■ Tageszeitung (online), Nachrichtenportale
■ Nachrichtensendungen im Fernsehen ■ gar nicht

In den letzten zwei Monaten sind mir im Netz begegnet:

■ Hassbotschaften ■ extreme Ansichten
■ Verschwörungstheorien ■ Fake News
■ beleidigende Kommentare ■ nichts davon

●●○ **b** Überlegt, was ihr erfragen wollt. Nutzt als Anregung die aktuelle JIM-Studie. Erstellt einen Fragebogen und führt die Umfrage durch.

Eine Umfrage auswerten

3 Wertet die Ergebnisse aus. Nutzt dazu Tabellen, ein Tabellenkalkulationsprogramm oder eine App für Diagramme.

●○○ **a** Wertet die Ergebnisse mithilfe der folgenden Fragen aus.

1 Wie viele Personen welchen Geschlechts und Alters wurden befragt?
2 Welche Geräte werden in welcher Altersgruppe am häufigsten besessen?
3 Welche Geräte werden in welcher Altersgruppe am häufigsten genutzt?
4 Wo informieren sich die Schülerinnen und Schüler?
5 Welche Informationsquellen werden am häufigsten genutzt?
6 Wie stark sind problematische Inhalte im Internet verbreitet?
7 Gibt es Unterschiede zwischen Mädchen und Jungen?

Tipp
Vergleicht eure Ergebnisse auch mit den Grafiken der aktuellen JIM-Studie.

b Veranschaulicht das Ergebnis eurer Umfrage. Überlegt zuerst, was ihr darstellen möchtet. Wählt die passende Aussage aus.

1 verschiedene Fakten und Zahlen auf einen Blick
2 die prozentuale Verteilung eines Sachverhalts
3 eine zeitliche Entwicklung
4 die Beziehungen zwischen einzelnen Faktoren

c Seht euch die folgenden Möglichkeiten der Veranschaulichung an und ordnet sie den Aussagen aus Aufgabe b zu.

Gerätebesitz Jugendlicher 2021

Gerät	Geschlecht	
	Mädchen	Jungen
Smartphone	94%	93%
Laptop	64%	56%

Tabelle

Entwicklung tägliche Onlinenutzung 2018–2021

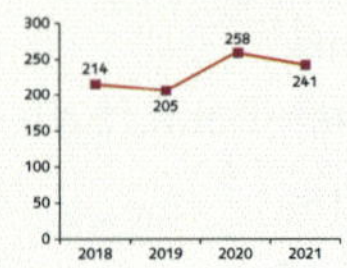

Liniendiagramm

Bücher lesen 2018–2021 (täglich/mehrmals pro Woche)

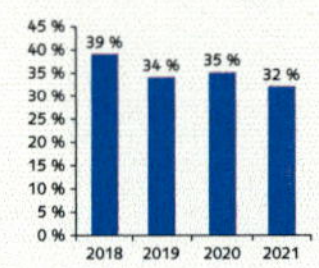

Säulendiagramm

Freizeitaktivitäten 2021 – Vergleich 2020 (täglich/mehrmals pro Woche)

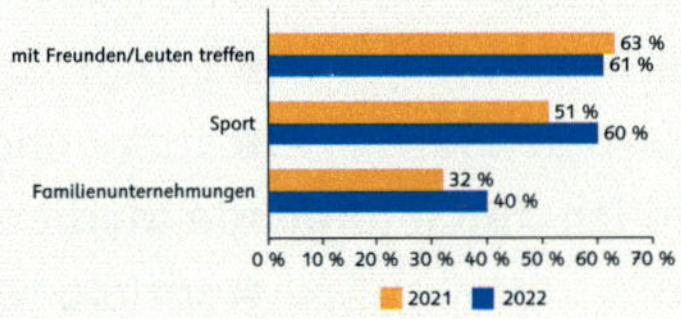

Balkendiagramm

E-Books lesen 2021 (Alter: 14–15 Jahre)

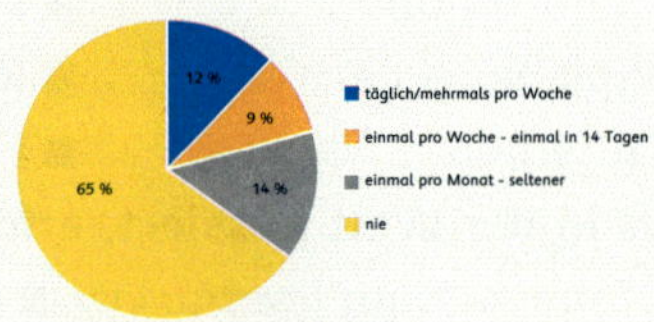

Kreisdiagramm

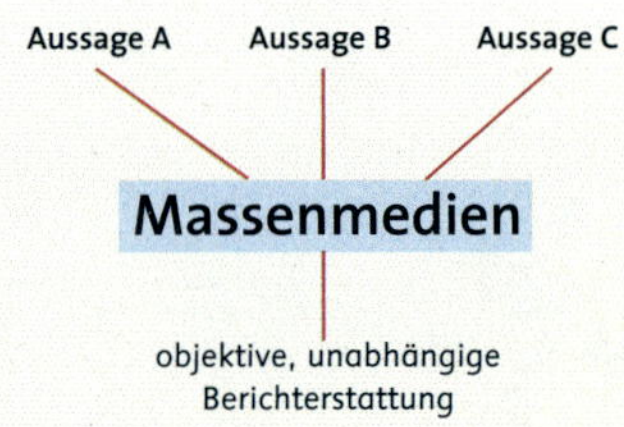

Schaubild

d Wählt eine geeignete Möglichkeit zur Veranschaulichung eurer Umfrageergebnisse und präsentiert sie der Klasse. Nutzt zum Beispiel ein Tabellenkalkulationsprogramm oder eine App für Diagramme.

4 Bereitet eine weitere Umfrage vor und führt sie in der Klasse durch. Wählt Aufgabe a, b oder c.

●○○ **a** Wählt eines der folgenden Themen aus. Erstellt einen Fragebogen.

1 Die nächste Projektwoche
2 Die Freizeitaktivitäten von Schülerinnen und Schülern
3 Meinungen und Vorschläge zum Mittagessen an unserer Schule

●●○ **b** Wählt ein Thema aus, das euch interessiert. Erstellt einen Fragebogen.

●●● **c** Überlegt, worüber ihr für die Website eurer Schule eine Umfrage durchführen könntet. Erstellt einen Fragebogen.

Eine Umfrage durchführen

5 Führt eure Umfrage in der Klasse durch und wertet sie aus. Stellt die Ergebnisse anschaulich dar.

Interviews durchführen und auswerten

Beim **Interview** (*engl.*, inter-: gegenseitig, view: Sicht, Sichtweise) steht entweder die bzw. der Befragte als Person im Mittelpunkt oder ihre bzw. seine Meinung soll dargestellt werden, um eine Sachfrage zu klären und andere zu informieren. Fragen und Antworten werden wörtlich wiedergegeben.
Die Fragen für das Interview müssen sorgfältig vorbereitet werden. Am besten eignen sich **Ergänzungsfragen**, da man sie ausführlich beantworten muss. **Entscheidungsfragen**, die nur mit *Ja* oder *Nein* beantwortet werden müssen, sind für Interviews weniger geeignet.

1 Die Schulzeitung interviewte Minh, einen Vertreter der Schülerinnen und Schüler der Schule.

a Lies den folgenden Text.

Schulzeitung: Was für Ziele habt ihr dieses Jahr?

Minh: Wir wollen eine bessere Pausenaufsicht. Schön wäre es, wenn ein Basketballplatz errichtet werden könnte, auf dem man in den Pausen spielen kann. Außerdem sollte unsere Technik für den Pausenfunk erneuert werden. Wir möchten gern die Abschlussveranstaltung der 10. Klassen mitgestalten. Außerdem sprechen wir – auf Wunsch vieler – gerade mit der Schulleitung darüber, dass es mehr Angebote für den Nachmittag geben sollte, zum Beispiel Arbeitsgemeinschaften für verschiedene Sportarten. Wir haben im Moment also einige Ziele.

Schulzeitung: Welche Ziele konntet ihr schon erfüllen, zum Beispiel Ziele aus dem vorigen Jahr?

Minh: Unser Sommerfest konnte zum Glück wieder stattfinden und auch mit den Gesprächen über die Neugestaltung des Pausenhofs sind wir schon gut vorangekommen.

Schulzeitung: Was habt ihr euch für die Zukunft vorgenommen? Und wie sieht eure Arbeit auf Stadtebene aus?

Minh: Die Ziele für die Zukunft unserer Schule besprechen wir gerade miteinander. Auf Stadtebene arbeiten wir eng mit der Nachbarschule zusammen.

b Nutze den Merkkasten zur Beantwortung der folgenden Fragen.

1 Woran erkennst du, dass es sich um ein Interview handelt?
2 Wer wird befragt und warum?
3 Welche Fragesatztypen findest du?

c Welche Fragen würdet ihr in einem ähnlichen Interview stellen? Formuliert eure Fragen schriftlich.

Ein Interview untersuchen

2 Suche in Zeitungen, Nachrichtensendungen oder -portalen ein Interview.

a Untersuche das Interview mithilfe der folgenden Fragen.

1 Wer sind die Beteiligten?
2 Was steht im Mittelpunkt des Interviews: die Person oder ein Thema?
3 Welche Ziele sollen mit dem Interview erreicht werden?
4 Wurden die Ziele erreicht? Begründe deine Meinung.

b Besprecht eure Ergebnisse. Tauscht euch besonders über eure Antworten zu den Fragen 3 und 4 aus.

Ein Interview vorbereiten und durchführen

3 Führt kurze Interviews zu Themen, die euch interessieren.

a Überlegt, was man bei der Vorbereitung, Durchführung und Auswertung des Interviews beachten muss. Vergleicht eure Ergebnisse mit der Schrittfolge.

So kannst du Interviews vorbereiten, durchführen und auswerten

1. Vorbereitung
   - Wähle ein Thema und geeignete Gesprächspartnerinnen und -partner aus. Vereinbare einen Gesprächstermin.
   - Notiere Ziele deines Interviews. Überlege, welche Ergebnisse du erwartest und was mit den Ergebnissen passieren soll.
   - Formuliere Fragen. Achte dabei auf eine sinnvolle Reihenfolge.
   - Bereite deine Aufnahmegeräte vor.
2. Durchführung
   - Bitte die Interviewten um Erlaubnis für die Aufnahme.
   - Folge deinem Fragenkatalog.
   - Frage nach, wenn die Antwort nicht ausführlich oder verständlich genug ist.
3. Auswertung
   - Höre dir die Aufnahme mehrfach an. Prüfe, ob deine Ziele erreicht sind.
   - Bereite das Interview für die Veröffentlichung vor. Schreibe alle Fragen und Antworten auf oder schneide die Aufnahmen so, dass sie als Audio oder Video veröffentlicht werden können.
   - Lass die Gesprächspartnerinnen und -partner die Endfassung noch einmal überprüfen. Bitte um ihre Erlaubnis zur Veröffentlichung.

b Führt das Interview und wertet es anschließend aus: Was lief gut? Was könnte man besser machen?

Tipp
Stellt jemanden mit besonderen Hobbys oder Aktivitäten vor.

4 Interviewt Schülerinnen und Schüler der Klasse oder der Schule. Veröffentlicht die Interviews in einem Blog oder auf der Webseite der Schule. Denkt daran, das Einverständnis der Interviewten einzuholen.

Präsentieren

1 Wiederholt, was ihr über das Präsentieren schon wisst. Bedenkt folgende Punkte: Vorbereitung, Gliederung, Vortragsweise und Medien.

Informationen sammeln

2 Ihr sollt für einen Projekttag in einer anderen Klasse einen Einführungsvortrag von 10 bis 15 Minuten zum Thema „Soziale Medien" halten. Bereitet die Präsentation vor.

Tipp
Ihr könnt auch Online-Tools zum gemeinsamen Schreiben nutzen.

a Sammelt Fragen zum Thema, die euch interessieren. Arbeitet gemeinsam in einem Dokument am Computer. Achtet schon beim Schreiben darauf, dass sich Fragen nicht wiederholen.

Was sind „soziale Medien"?
Welche Rolle spielen sie in unserem Leben?
...

b Besprecht die Fragen und überarbeitet sie, wenn nötig.

3 Überlegt, wie ihr die Fragen sinnvoll verteilen könnt. Recherchiert Informationen zu euren Fragen.

a Sucht nach Büchern oder Zeitschriften, die Informationen zu eurer Frage enthalten. Wählt einige aus und überlegt, wie ihr sie beschaffen könnt.

b Sucht im Internet nach geeigneten Webseiten mit Informationen zu eurer Frage. Wählt geeignete Texte, Grafiken oder Bilder aus.

4 Entnehmt den Materialien alle wichtigen Informationen für eure Präsentation.

a Lest die Buch- und Zeitungstexte gründlich und wertet gefundene Grafiken, Tabellen und Ähnliches aus. Haltet die Informationen, die ihr nutzen wollt, übersichtlich fest.

b Lest die Internettexte und wertet gefundene Grafiken, Tabellen und Ähnliches aus. Notiert alle Informationen, die ihr nutzen wollt, übersichtlich.

→ **S. 325:** Merkwissen: Quellenangabe

c Schreibt zu euren Notizen auch genaue Quellenangaben auf.

Informationen ordnen und gliedern

5 Überlegt euch eine Gliederung der Präsentation.

a Wiederholt, was ihr über die Gliederung einer Präsentation wisst. Was sollte in Einleitung, Hauptteil und Schluss enthalten sein?

b Ordnet für den Hauptteil eure Fragen aus Aufgabe 2 in einer sinnvollen Reihenfolge.

Die Präsentation entwerfen

6 Erarbeitet nun eure Präsentation. Einigt euch, ob ihr nur Stichpunkte notieren oder alles ausformulieren wollt. Arbeitet in einem gemeinsamen Dokument.

a Formuliert eine Einleitung. Weckt das Interesse der Zuhörenden und stellt die Gliederung eures Vortrags vor.

Soziale Medien nutzen die meisten von euch. Heute möchten wir ...

b Vervollständigt den Hauptteil. Überarbeitet eure Notizen zu den Fragen aus Aufgabe 2 (S. 73) gegenseitig und fasst sie anschließend zusammen. Ordnet eure Notizen gegebenenfalls auch neu.

c Formuliert einen Schluss. Fasst das Wesentliche noch einmal zusammen und bedankt euch für das Interesse der Zuhörenden.

Wie wir dargelegt haben, sind soziale Medien ...

> Die Teile des Vortrags sollten durch **Überleitungen** miteinander verbunden sein. Das erleichtert den Zuhörenden das Verständnis, denn so können sie die Gliederung nachvollziehen.
> Mit folgenden Wendungen kann man von einem Gliederungspunkt zum nächsten überleiten:
> *Zuerst spreche ich über ...*
> *Ebenfalls wichtig ist ...*
> *Nicht zuletzt ist darauf hinzuweisen, ...*
> *Außerdem muss ... genannt werden.*
> *Zum Schluss möchte ich auf ... hinweisen.*

d Sammelt Formulierungen, mit denen ihr von einem Teil des Vortrags zum anderen überleiten könnt.

Die erste Funktion ist ...
Eine weitere Aufgabe ...

e Überlegt jetzt, wie ihr die Teile eures Vortrags durch Überleitungen miteinander verbinden wollt. Notiert geeignete Formulierungen in oder neben euren Stichpunkten. Nutzt zum Beispiel Wendungen aus dem Merkkasten und eure Ergebnisse aus Aufgabe d.

6a Verwendet zum Beispiel die folgenden Formulierungen.
In unserem heutigen Vortrag möchten wir euch ... vorstellen.
Dabei beschäftigen wir uns mit der Frage, ...
Unseren Vortrag haben wir wie folgt gegliedert: Zuerst nennen wir ...

6c Verwendet zum Beispiel die folgenden Formulierungen.
Zusammenfassend können wir sagen, dass ...
Wir bedanken uns für ...
Wir bitten euch jetzt um ...

> Bei einer **Präsentation** sollten sich Textvortrag und **Anschauungsmaterial** wie Abbildungen, Fotos, Modelle oder Übersichten gut ergänzen.
> Zu beachten ist:
> - Ist alles Wichtige gut zu erkennen?
> - Worauf muss extra hingewiesen werden?
> - Was soll wie extra hervorgehoben werden?
> - Welcher Zusammenhang (z. B. Ursache – Wirkung) muss genauer gekennzeichnet und/oder erklärt werden?

Anschauungsmaterial sammeln und gestalten

7 Eine wichtige Rolle bei Präsentationen können Abbildungen spielen.

a Überlegt, welche unterschiedlichen Aufgaben Abbildungen bei einer Präsentation haben können.

b Lest die folgende Information zur Nutzung von Bildmaterial und formuliert Regeln, die ihr beachten solltet.

Um eine Abbildung nutzen zu können, muss man wissen, mit welchem Ziel man sie verwenden will. Nutzt man Abbildungen für rein private Zwecke oder verdient damit kein Geld, so fällt das normalerweise unter eine nichtkommerzielle Nutzung. Kommerzielle Nutzung bedeutet – vereinfacht gesagt –, dass mit dem Angebot Geld erwirtschaftet wird. Die Grenzen zwischen kommerzieller und nichtkommerzieller Nutzung sind allerdings fließend.
Abbildungen aus dem Internet kann man unter bestimmten Voraussetzungen, die in den Creative Commons (CC) festgehalten sind, für eigene Vorträge und Präsentationen nutzen. Für das Hochladen ins Internet gelten allerdings strengere Regeln. Abbildungen, die man zum Beispiel in soziale Medien hochlädt, müssen für eine kommerzielle Nutzung freigegeben sein. In allen Fällen sollte es selbstverständlich sein, bei einer Nutzung die Urheberin bzw. den Urheber zu nennen und die Abbildungen nicht zu bearbeiten.

> Wichtig ist, dass man das **Anschauungsmaterial** nicht beschreibt, sondern die Aufmerksamkeit des Publikums auf Wesentliches lenkt.
> Dazu kann man bestimmte Wendungen nutzen, z. B.:
> *Das Foto illustriert, warum …*
> *Deutlich zu sehen / zu erkennen sind im Hintergrund/Vordergrund …*
> *Wenn ihr das Foto betrachtet/anschaut, …*
> *Ich möchte eure Aufmerksamkeit auf … lenken.*
> *Zum besseren Verständnis markiert/vergrößert habe ich …*

8 Überlegt, an welchen Stellen eurer Präsentation ihr Anschauungsmaterial einbeziehen wollt.

a Sucht in Büchern und Zeitschriften nach geeignetem Anschauungsmaterial.

b Sucht im Internet nach geeignetem Anschauungsmaterial. Prüft, welche rechtlichen Regelungen ihr beachten müsst.

c Fügt nun Notizen zu eurem Anschauungsmaterial und eventuell benötigten Medien in euer Dokument ein. Überlegt und notiert, worauf ihr die Aufmerksamkeit der Zuhörenden lenken wollt.

Präsentationsfolien gestalten

9 Ihr wisst, dass Präsentationen auch mithilfe von digitalen Medien anschaulich gestaltet werden können. Wiederholt, was man beim Präsentieren mithilfe eines Präsentationsprogramms beachten muss.

10 Erarbeitet für eure Vorträge aus Aufgabe 2 (S. 73) Folien in einem Präsentationsprogramm.

a Öffnet in einem Präsentationsprogramm eine neue Datei und speichert sie unter einem sinnvollen Namen ab, z. B.: *Soziale Medien_Präsentation.*

b Wählt ein Layout für die Folien aus und legt für jeden Gliederungspunkt eine Folie an. Schreibt die Gliederungspunkte als Überschriften auf die Folien.

c Formuliert das Wesentliche zu jedem Gliederungspunkt in wenigen Stichpunkten und schreibt es auf die jeweilige Folie. Wählt eine gut lesbare Schriftart und Schriftgröße. Achtet darauf, dass die Folien nicht zu voll werden.

Tipp
Seid sparsam mit den Formatierungen.

d Formatiert die Stichpunkte. Achtet dabei darauf, dass ihr Unterpunkte anders formatiert.

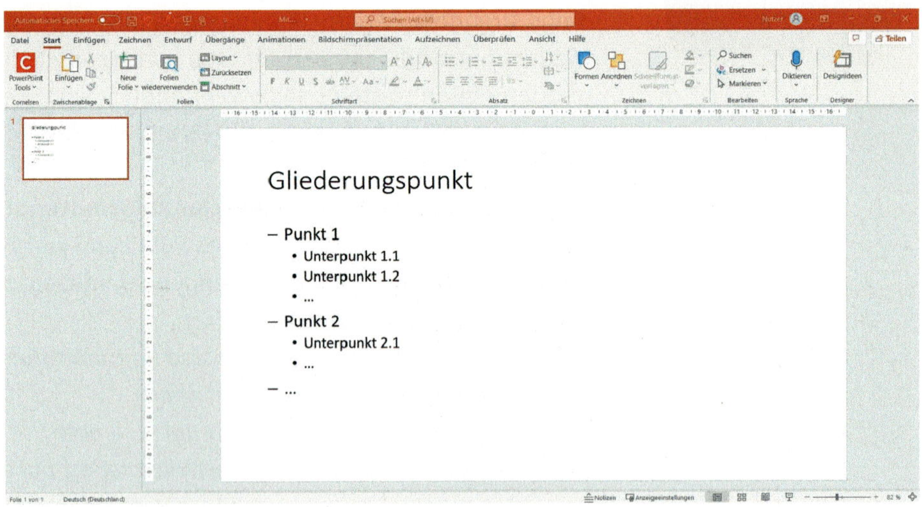

Tipp
Seid sparsam mit Gestaltungselementen.

e Fügt Anschauungsmaterial, z. B. Fotos, Grafiken oder Diagramme, in die Folien ein. Achtet darauf, dass es groß genug abgebildet wird, damit man die wichtigen Einzelheiten erkennen kann.

f Überlegt, an welchen Stellen Schwerpunkte, Zusammenhänge oder Schlussfolgerungen sichtbar gemacht werden sollen, zum Beispiel durch Hervorhebungen, Rahmen, Pfeile oder Ähnliches. Ergänzt sie in euren Folien.

Tipp
Seid sparsam mit Animationen.

g Manchmal sollen die Elemente einer Folie erst nach und nach eingeblendet werden. Legt für jedes Element der Animation die Einstellungen fest.

h Überprüft am Schluss alle Präsentationsfolien noch einmal. Achtet auf die Rechtschreibung, die Übersichtlichkeit und die Verständlichkeit.

Erklärvideos gestalten

11 Auch Erklärvideos können helfen, ein Thema anschaulich zu präsentieren.

a Recherchiert im Internet, wie Erklärvideos in Legetechnik erstellt werden und was ihr dabei beachten müsst.

b Wählt aus eurer Präsentation einen Sachverhalt aus, den ihr darstellen wollt. Erarbeitet ein Storyboard. Übertragt dazu die Tabelle in eure Hefte und ergänzt sie.

Folie	Text	Abbildung	Quelle der Abbildung (evtl. Webseite)
1	Wir möchten euch heute erklären, wie …	…	…

c Stellt das Material zusammen, das ihr auf die Legefläche schiebt. Sammelt dafür Begriffe und Abbildungen. Zeichnet selbst oder verwendet Material aus dem Internet, das nicht urheberrechtlich geschützt ist.

Tipp
Die Kamera sollte auf einem Stativ befestigt sein.

d Probt euer Video mehrfach. Dreht es dann möglichst in einem Stück, das spart Zeit bei der Fertigstellung.

e Fügt einen Titel und einen Abspann hinzu und speichert die Videodatei so ab, dass ihr sie anschließend in eure Präsentation einfügen könnt.

f Fügt das Video in die Präsentation ein. Achtet auf sinnvolle Übergänge.

→ **S. 80:** Gewusst wie: Handouts erstellen

12 Überlegt, ob ein Handout eure Präsentation begleiten oder ergänzen soll. Einigt euch auf Inhalte und Darstellungsweisen und bereitet es vor.

Die Präsentation üben und überarbeiten

13 Übt eure Präsentation.

a Einigt euch, wer welchen Teil der Präsentation übernimmt, und erprobt den Vortrag mit allen Anschauungsmaterialien ein erstes Mal.

b Tauscht euch darüber aus, was bereits gut gelungen ist und worauf ihr noch besonders achten müsst.

c Überlegt, was überarbeitet werden sollte, und ergänzt bzw. ändert eure Notizen und Präsentationsfolien.

Tipp
Nehmt die Präsentation auf und bewertet euch selbst.

d Erprobt eure Präsentation erneut und übt sie gegebenenfalls mehrfach. Achtet besonders auf die folgenden Punkte:
- freies Sprechen mithilfe der Stichpunkte,
- geeignete Mimik (Gesichtsausdrücke) und Gestik (Körperbewegungen),
- geschickte Überleitungen zwischen den Gliederungspunkten,
- geschicktes Einbinden der Veranschaulichungen.

Präsentationen beurteilen, Rückmeldungen geben

14 Stellt eure Präsentationen in der Klasse vor und gebt euch gegenseitig Rückmeldungen (Feedbacks).

a Lies zuerst im Merkkasten, was man bei einem Feedback beachten sollte.

Im Anschluss an eine Präsentation geben die Zuhörenden der bzw. dem Vortragenden eine **Rückmeldung** (ein **Feedback**). Man formuliert das Feedback freundlich und motivierend nach der **Sandwich-Methode**:

Lobe etwas Gutes,	positiv
sage, was verbessert werden kann,	zu verbessern
schließe mit etwas Positivem.	positiv

b Aylin hat zu ihrem Vortrag folgende Rückmeldungen (Feedbacks) erhalten. Lies die Rückmeldungen und überlege, wie das Feedback bei Aylin ankommt.

Ich hab nichts verstanden. Dabei finde ich das Thema eigentlich interessant. Du hast aber auch genuschelt! Und du hast die ganze Zeit beim Reden an die Wand gestarrt. Das eine Foto war auch komplett unscharf.

Die Gliederung an der Tafel finde ich eigentlich logisch. Ich konnte sie nur nicht sehen, weil du die ganze Zeit davorgestanden hast. Deine Schaubilder waren zu klein. Und dann diese langen Sätze … Wer soll denn das verstehen?

c Formuliere das Feedback so, dass es freundlich und motivierend ist.

Dein Thema ist sehr interessant. Leider konnte ich dich schlecht verstehen, …

d Stellt jetzt eure Präsentationen vor und bewertet sie gegenseitig. Fertigt euch während der Präsentation anderer jeweils Notizen an. Achtet besonders auf die folgenden Punkte:
- Wortwahl,
- Wortwiederholungen,
- Satzverknüpfungen, Überleitungen,
- freies und deutliches Sprechen,
- angemessene Mimik und Gestik.

Tipp
Geht dabei nach der Sandwich-Methode vor.

e Formuliert zu jeder Präsentation freundliche und motivierende Rückmeldungen (Feedbacks).

15 Bereite eine weitere Präsentation vor. Wähle Aufgabe a oder b.

●●○ **a** Wähle eins der Themen aus und bereite eine Präsentation vor der Klasse vor. Orientiere dich an der Schrittfolge.

1 Medien im Wandel der Zeit
2 Jugendliche und Medien

So kannst du eine Präsentation vorbereiten

1. Schreibe Fragen auf, die dir zu dem Thema einfallen. Notiere erste Ideen dazu in Stichpunkten.
2. Suche zum Beispiel in Bibliotheken oder im Internet Texte und Material zum Thema.
3. Ordne die gefundenen Informationen Oberbegriffen zu und schreibe sie stichpunktartig auf.
4. Ordne die Informationen in einer sinnvollen Reihenfolge.
5. Formuliere Einleitung und Schluss in knappen Sätzen.
   - Nenne in der Einleitung das Thema und wecke bei den Zuhörenden Interesse.
   - Fasse am Schluss das Wesentliche knapp zusammen und bedanke dich für das Interesse.
6. Bereite alle Veranschaulichungsmaterialien vor (z. B. Bilder, Grafiken, Karten, Präsentationsfolien, Handouts) und ordne sie deinen Stichpunkten zu.
7. Übe deine Präsentation mehrfach und stelle sicher, dass alle benötigten Medien funktionieren.

●●● **b** Bereite eine Präsentation vor der Klasse zum Thema „Creative Commons (CC)“ vor.

16 Stellt eure Präsentationen aus Aufgabe 15 in der Klasse vor und gebt euch gegenseitig Rückmeldungen (Feedbacks). Denkt an die Sandwich-Methode.

17 Tauscht euch in der Klasse darüber aus, welche Schwierigkeiten ihr bei der Vorbereitung und beim Halten der Präsentation hattet. Welche besonderen Herausforderungen ergaben sich? Wie konntet ihr sie bewältigen? Was habt ihr euch für weitere Präsentationen vorgenommen?

Was habe ich gelernt?

18 Überprüfe, was du über Präsentationen gelernt hast. Entwirf ein Poster oder ein Erklärvideo mit Hinweisen für eine gelungene Präsentation. Achte auf folgende Punkte:
- inhaltliche Gestaltung,
- sprachliche Gestaltung,
- Veranschaulichung, Medieneinsatz,
- Vortragsweise.

Handouts erstellen

Ein **Handout** (*engl.* handout – Handzettel) ist eine Zusammenfassung des Inhalts eines Vortrags für die Zuhörerinnen und Zuhörer. Es unterstützt den Vortrag, indem es die **wichtigsten Informationen** zum Thema in zusammengefasster, verkürzter Form aufführt. Es sollte der **Gliederung** des Vortrages folgen und möglichst nur ein oder zwei Seiten umfassen. Ausgewähltes **Text- oder Bildmaterial** kann ebenfalls enthalten sein. Die Zuhörerinnen und Zuhörer können so dem Vortrag besser folgen und die gebotenen Informationen bei Bedarf später nutzen. Wichtig ist es, zu allen Texten und Bildern die Quellen anzugeben. Die vollständigen **Quellenangaben** kann man auf einer extra Seite zur Verfügung stellen. Handouts können auch in digitaler Form zur Verfügung gestellt werden, zum Beispiel als Dokument oder digitale Pinnwand.

1 Sieh dir das Muster eines Handouts an. Trage zusammen, welche Angaben ein Handout unbedingt enthalten sollte.

(Name, Vorname der Verfasserin bzw. des Verfassers)
(Ort, Datum)

Thema des Kurzvortrags: …

Gliederung

1.1 …
1.2 …

Quellenverzeichnis

- Nachschlagewerke:
  – …
- Internet:
  – …

2 Überlege, ob das Handout vor, während oder nach der Präsentation ausgegeben werden sollte.

3 Erstelle einen Entwurf für ein Handout zum Vortrag aus Aufgabe 2 (S. 73). Gehe dazu so vor:
- Entscheide, in welcher Form du ein Handout ausgeben möchtest: als Ausdruck auf Papier oder als digitales Dokument.
- Gestalte den Kopf des Handouts und übernimm die Gliederung.
- Fasse die wichtigsten Aussagen stichpunktartig oder knapp formuliert zusammen. Entscheide, welche Bilder, Grafiken o. Ä. du aufnehmen möchtest.
- Überarbeite dein Handout abschließend. Achte auf Genauigkeit, Anschaulichkeit und Übersichtlichkeit. Vergiss das Quellenverzeichnis nicht.

Pressefreiheit – warum?

Informationen sind der erste Schritt zu Veränderungen – deshalb fürchten nicht nur autoritäre Regierungen eine freie und unabhängige Berichterstattung.
Wo Medien nicht über Unrecht, Machtmissbrauch oder Korruption berichten können, findet auch keine öffentliche Kontrolle statt, keine freie Meinungsbildung und kein friedlicher Ausgleich von Interessen.
Pressefreiheit ist die Basis einer demokratischen Gesellschaft.
„Jeder Mensch hat das Recht auf freie Meinungsäußerung; dieses Recht umfasst die Freiheit, Meinungen unangefochten zu vertreten sowie Informationen und Ideen mit allen Kommunikationsmitteln ohne Rücksicht auf Grenzen zu suchen, zu empfangen und zu verbreiten." (Artikel 19 der „Allgemeinen Erklärung der Menschenrechte" der Vereinten Nationen – Dezember 1948)
Wo nicht unabhängig berichtet werden darf und wo Menschen ihre Meinung nicht frei äußern können, werden auch andere Menschenrechte verletzt. Daher ist die Freiheit, zu informieren und informiert zu werden, stets auch ein zuverlässiger Gradmesser für die Achtung der universell gültigen Menschenrechte in einem Land.
Pressefreiheit ist Menschenrecht!

Grundgesetz für die Bundesrepublik Deutschland

Artikel 5

(1) Jeder hat das Recht, seine Meinung in Wort, Schrift und Bild frei zu äußern und zu verbreiten und sich aus allgemein zugänglichen Quellen ungehindert zu unterrichten. Die Pressefreiheit und die Freiheit der Berichterstattung durch Rundfunk und Film werden gewährleistet. Eine Zensur findet nicht statt.
(2) Diese Rechte finden ihre Schranken in den Vorschriften der allgemeinen Gesetze, den gesetzlichen Bestimmungen zum Schutze der Jugend und in dem Recht der persönlichen Ehre.
(3) Kunst und Wissenschaft, Forschung und Lehre sind frei. Die Freiheit der Lehre entbindet nicht von der Treue zur Verfassung.

1 Formuliere, was du unter dem Begriff *Pressefreiheit* verstehst.

2 Diskutiert in der Klasse, was Pressefreiheit bedeutet. Warum ist Pressefreiheit in einer Demokratie so wichtig?

3 Tauscht euch in der Klasse darüber aus, wie Absatz (2) in Artikel 5 des Grundgesetzes zu verstehen ist und was das für die Pressefreiheit bedeutet.

Anna Woltz

Hundert Stunden Nacht (Auszüge)

Ist diese widerliche Geschichte im Internet wirklich meine?
Passe ich in das Märchen, das ich dem amerikanischen Zoll gleich auftischen werde?
Oder habe ich eine eigene Geschichte?

Ich weiß es nicht.
Ich bin vierzehn. Mein Vater trägt Cordhosen und sieht sich am liebsten die Sterne an. Und ach, fast hätte ich es vergessen – letzten Dienstag hat er die Welt zerstört. Meine Mutter ist Nora Quinn. Sie wurde in Irland geboren und spricht ab und zu englisch mit mir.
Ich meine: Sie spricht ab und zu mit mir. Immer auf Englisch.
Ihre Bilder hängen in Museen auf der ganzen Welt und wenn sie Lust hat, sich splitterfasernackt auszuziehen und auf unserem Dach ein neues Bild zu malen, dann macht sie das.

Ich bin ihre Tochter. Das war immer meine Geschichte.
Und jetzt habe ich nichts mehr.

1

Ich bin die Einzige, die weiß, was ich heute tun werde. Jedenfalls, wenn ich mich traue.
Meine Stiefel warten reglos auf dem glatten Flughafenboden. Wenn mich jemand ansieht, setzt mein Herz einen Moment aus. Ob sie mich erkennen? Fangen sie jetzt gleich an, mich zu beschimpfen?
Nichts geschieht. Die Leute in der Abflughalle sehen quer durch mich hindurch. Gestern noch haben sie alles über meinen verdorbenen Vater gelesen, aber heute fliegen sie in den Urlaub. Sie schleppen sich mit Koffern und kreischenden Kleinkindern ab und haben ihre Tweets längst vergessen.

Ich habe die Drohungen noch nicht vergessen.
Seit Dienstagabend geht mein Atem flacher. Mein Mund ist trocken. Irgendwo in meinem Kopf klingelt ununterbrochen eine Alarmglocke. Gefahr, sagt sie. Mach, dass du wegkommst. Hau ab.

Ich tue so, als wäre es vollkommen normal, dass ich hier ganz allein auf dem Flughafen stehe. […]
Alle dreißig Sekunden stecke ich die Hand in meine Tasche, weil ich nach meinem Telefon greifen will – aber jedes Mal macht mein Arm auf halber Strecke halt. Ich habe mein Telefon ausgeschaltet, zum ersten Mal in meinem Leben.
Ich hole meinen Reisepass hervor und blättere durch das Heftchen ohne Stempel. Bei meinem Foto halte ich inne. Ich sehe mir nicht gerne Fotos von mir selbst an. […]
Aber das Foto in meinem Reisepass ist anders: Es wurde vor drei Jahren gemacht, als ich Fünftklässlerin war. Ich schaue forsch in die Kamera und

sehe aus, als hätte ich megaviel Lust auf den Rest meines Lebens. Ich war elf und züchtete Kresse in leeren Eierkartons.

Dieses Mädchen bin ich also nicht mehr.

Neben dem Passfoto steht mein Name. Emilia Dezember de Wit. Im Ernst, so heiße ich.

Mein zweiter Name ist ein Einfall meiner Mutter, und auch, als ich zu spät kam und erst am 2. Januar geboren wurde, fand sie es eine großartige Idee, mich Dezember zu nennen. [...]

Endlich bin ich an der Reihe. Ich lege meinen Reisepass auf den Tresen und versuche verzweifelt, ein wenig Spucke in meinen Mund zu befördern.

„Wohin fliegst du?", fragt die Stewardess im sonnengelben Kostüm.

„Nach New York."

Ich stelle mich aufrecht hin. Ich habe Angst. Und gleichzeitig spüre ich, wie etwas Neues in mir kribbelt, als ich den Namen dieser Stadt ausspreche. Ich fliege nach New York. Alle meine Freundinnen haben über ihren Betten Poster von Jungen, die sie noch nie in Wirklichkeit gesehen haben. Über meinem Bett hängt die Skyline von New York. Ich bin noch nie da gewesen, und trotzdem bin ich verliebt.

„Fliegst du allein?", fragt die Stewardess.

Ich nicke. Atemlos beantworte ich ihre Fragen.

Ja, ich habe meinen Koffer selbst gepackt.

Nein, in meinem Handgepäck befinden sich keine gefährlichen Stoffe.

Ich nehme nur diese Umhängetasche mit an Bord.

Die Frau sieht mich an, aber sie erkennt mich nicht. Und Gott sei Dank fällt ihr auch nicht ein, dass sie gestern in den Nachrichten einen widerlichen Mann gesehen hat, der denselben Nachnamen trägt wie ich.

Mein überfüllter Koffer wird mit einem Aufkleber versehen und verschwindet außer Sichtweite.

Und ich bekomme meine Bordkarte. [...]

Mein Blut kribbelt. Eigentlich kann ich es noch immer nicht glauben: Ich tue es wirklich. Vor zwei Tagen war es nicht mehr als ein Gedanke. Etwa so: Wäre ich ein völlig anderes Mädchen, würde ich der Welt den Mittelfinger zeigen und nach New York fliegen.

Heute ist Freitag, der 26. Oktober. In zehneinhalb Stunden bin ich da.*

1 Stelle Vermutungen an, warum Emilia der Welt den Mittelfinger zeigen will.

2 Lies den Text genauer und notiere, was du über Emilia und ihre Familie erfährst.

3 Emilia lernt in New York den gleichaltrigen Seth, dessen jüngere Schwester Abby und Jim kennen. Lies, was sie Seth darüber erzählt, was ihr Vater getan hat. Notiere, was dir dabei durch den Kopf geht.

17

„Okay", sage ich. Ich sehe ihn nicht an. Und dann springe ich. „Mein völlig gestörter Vater ist zufällig nicht nur mein Vater, sondern auch der Direktor meiner Schule." Ich höre wieder auf zu reden.

Er war der Direktor, das vergesse ich immer. Jetzt ist er nichts mehr.

„Auf meiner Schule sind tausend Schüler, und es ist wirklich nicht so, dass ich alle kenne. Aber ein Mädchen aus der Elften kenne ich wohl. Alle kennen sie. Der Himmel weiß warum, sie ist wirklich nicht besonders witzig oder nett. Aber sie ist beliebt, und das ist sie immer schon gewesen. Stell dir die hübscheste Cheerleaderin aus irgend so einem blöden Highschool-Film vor. Das ist Juno."

Seth nickt. „Ich kann sie jetzt schon nicht ausstehen."

Draußen schweigt New York, während die Erde sich langsam gen Osten dreht. Orkan Sandy rast in diesem Augenblick über den Atlantischen Ozean. Die Stadt wartet.

Ich räuspere mich. „Junos Mutter – und das ist by the way eine Frau, die es für eine gute Idee hielt, ihre Tochter nach der Schutzgöttin der Ehe zu nennen ... Diese Mutter hat letzten Dienstag siebenundsechzig SMS auf Junos Handy entdeckt. Diese SMS hatten weder Freundinnen noch Tanten noch irgendwelche Bekannte geschrieben, sondern mein Vater."

„Himmel!"

Ich nicke. „Mein Vater, der Schuldirektor, hat einem siebzehnjährigen Mädchen siebenundsechzig Nachrichten geschickt. Im April die erste und vergangenen Montag die letzte."

„Was hat er ihr die ganzen Monate geschrieben?"

„Willst du das wissen?"

Seth nickt.

„Also ich nicht." Meine Hände zittern. Ich balle meine linke zur Faust [...]. „Es waren übrigens nicht nur die SMS. Sie haben sich auch getroffen. In einem Café. Kannst du dir das vorstellen? Mein fünfzigjähriger Vater in seinem Schlabberpulli und seinen Cordhosen. Und daneben Juno. Er sagt, er hätte ihr Nachhilfe in Mathe gegeben. Differenzieren, Integrieren, äh ... Schenkellänge berechnen, Kurvendiskussion, solche blöden Witze machen jetzt alle. Na ja, er sagt also, es sei Nachhilfe gewesen. Aber Juno sagt etwas anderes." [...]

„Und was ist dann passiert?", fragt Seth.

„Die Hölle brach los." Ich zucke die Schultern. „Ich bin ja auf derselben Schule und alle wissen, dass ich seine Tochter bin. Und Juno konnte den Mund nicht halten. Monatelang konnte sie das sehr gut, aber sobald ihre Mutter die SMS entdeckt hatte, erzählte Juno es ihrer besten Freundin.

Innerhalb von ein paar Stunden wusste es die ganze Schule. Und innerhalb eines Tages das ganze Land."

„I'm so sorry for you."

Er will mich trösten, aber ich bin noch nicht fertig. Ich bin vom Turm gesprungen, aber ich habe das Wasser noch nicht berührt.

„Du wolltest es doch wissen?", frage ich. „Warum ich abgehauen bin?"

Er nickt.

„Na ja, das ist erst die Hälfte."

Die andere Hälfte müsste sich leichter erzählen lassen. Und dennoch schrecke ich davor zurück.

„Hat dein Vater noch mehr gemacht?"

„Nein." Ich greife nach dem Stift, der neben der Tastatur liegt, und fange an, auf einen gelben Klebezettel zu kritzeln. „Den Rest haben andere Leute gemacht. Im Internet. Sie haben das mit meinem Vater gehört und plötzlich hatten alle eine Meinung dazu. Sie fanden ihn ein ranziges Arschloch. Na ja, die Meinung teile ich sogar. Aber sie sind noch weitergegangen. Sie sagen jetzt, er sei ein Vergewaltiger. Ein Pädophiler. Und sie rufen, er müsse ins Gefängnis."

Ich nehme einen Schluck von dem viel zu starken Kaffee und fange an zu husten. Seth wartet, bis ich wieder atmen kann.

„Du glaubst gar nicht, wie grässlich Leute im Internet sein können. Wie brutal sie werden. Jede Stunde kamen neue Drohungen dazu. Manche Schimpfwörter kannte ich nicht mal. Wirklich. Ich wusste nicht, dass es Menschen gibt, die sich zu Hause am Computer ausdenken, auf wie viele verschiedene Arten man jemanden töten kann."

Seth schaut zu dem Laptop auf seinem Schoß und schweigt.

„Sie sagten, sie würden zu uns nach Hause kommen. Sie schrieben, was sie von meiner Mutter hielten. Und was sie mit mir machen wollten. Sie drückten sich ganz unmissverständlich aus. Wenn unser Haus in Flammen aufgehen würde und wir bei lebendigem Leibe verbrennen würden, wäre die Welt danach ein besserer Ort."

Ich versuche, nicht zu vergessen, dass es nur Worte sind. Bisher haben uns diese Menschen nichts getan. Nicht in Wirklichkeit. Unser Haus wurde nicht angezündet. Mein Vater wurde nicht erhängt. Aber diese Worte haben eine Bedeutung. Echte, lebende Menschen schreiben, sie fänden es nicht schlimm, wenn ich verbrennen würde. […]*

4 Vergleicht, was Emilias Vater getan hat und was im Netz dargestellt wird. Überlegt, welche Folgen das für Emilia hat.

5 Diskutiert in der Klasse, wie das Internet zu einem sicheren Raum für alle werden kann. Vergleicht dazu Regeln für das Internet mit Regeln und Gesetzen im „analogen" Leben.

Elisabeth Steinkellner (geb. 1981)

Nicht zu stoppen

Das Radio von Herrn Schöne
spuckt seltsame Klänge und Töne:

es dudelt und sprudelt
es knistert und flüstert
es kracht und es brummt
es wimmert und wummt

es hibbert und flibbert
es scheppert und kleppert
es knautscht und krawallt
es dröhnt und es schallt

Man hört es im ganzen Haus.
Ich schreie: „So mach es doch aus!"
Herr Schöne sinkt auf die Knie.
„Ja, wenn ich nur wüsste wie!"

Barbara Köhler (1959–2021)

Newspaper

Wir nehmen die gekauften Nachrichten hin
nicht wahr wir legen sie ab einen Vorrat
an Versprechen & Verbrechen 100 Prozent
Altpapier bis zur Entsorgung gestapeltes
Gestern nehmen wir an nicht wahr was wir
ablesen hält uns auf dem Laufenden hält
nichts an und kein Versprechen ist halt-
barer als der Tod der anderen nicht wahr
nur eine Drohung eine Leere die Stellung
der Schrift unter Druck das Papier woran
wir uns halten ist recyclebar in Zukunft
ist eine LebensVersicherung das Wahre es
dreht sich alles um uns du sag doch was
es ist nicht wahr sag doch ist nicht war

1. Tauscht euch darüber aus, wie sich die beiden Gedichte auf eure Erfahrungen mit Medien beziehen lassen.

2. Untersucht die sprachlichen Besonderheiten der Gedichte. Besprecht, wie sie eure Vorstellungen und Überlegungen beeinflussen.

3. Verfasse selbst ein Gedicht über deine Erfahrungen mit Medien.

Einen Praktikumsplatz suchen

1 Was ist ein Praktikum?

a Tragt eure Gedanken dazu zusammen. Überlegt, wie ihr sie anschaulich darstellen könnt, und stellt eure Überlegungen in der Klasse vor.

b Lies folgenden Informationstext aus einer Broschüre. Vergleiche die Informationen mit euren zuvor gesammelten Vorstellungen.

Was ist ein Praktikum?

Der Begriff *Praktikum* (*Plural:* die Praktika) bezeichnet den Erwerb praktischer Kenntnisse in einem Betrieb oder in einer Institution zur Vorbereitung auf eine berufliche Tätigkeit. Das Praktikum ist zeitlich begrenzt. Im Praktikum kann man unterschiedliche Arbeitsfelder kennen lernen und Tätigkeiten ausprobieren, eventuell auch weniger bekannte und ungewöhnliche. Außerdem kann man herausfinden, was einem Freude macht und was einem nicht so gut gefällt.
Ein Betriebspraktikum wird während der Schulzeit, meist in der 8. oder 9. Klasse, durchgeführt. Die Regelungen zu Zeitpunkt und Dauer des Betriebspraktikums sind in den einzelnen Bundesländern unterschiedlich.

2 Es gibt viele Betriebe und Einrichtungen, die Praktika anbieten.

a Überlege, ob du schon eine Vorstellung davon hast, in welchem Beruf oder Berufsfeld du dein Praktikum absolvieren willst.

b Welche Berufsfelder und Berufe gibt es überhaupt? Tauscht euch darüber aus, welche Berufe ihr bereits kennt. Erstellt eine Liste.

c Beschäftigt euch genauer mit Berufen und Berufsfeldern. Ordnet die folgenden Berufe 1 bis 8 den Berufsfeldern A bis H zu. Schreibt sie geordnet nach Berufsfeldern in eure Hefte.

Tipp
Manche Berufe lassen sich mehrfach zuordnen.

1 Tischler/-in	**A** Arbeit mit Menschen
2 Altenpfleger/-in	**B** Technik und Elektronik
3 Mechatroniker/-in	**C** Gesundheit und Pflege
4 Fachinformatiker/-in	**D** Handwerk
5 Koch/Köchin	**E** Medien
6 Industriekaufmann/-frau	**F** IT, Computer
7 Mediengestalter/-in Bild und Ton	**G** Wirtschaft, Verwaltung
8 Chemielaborant/-in	**H** Forschung und Entwicklung

d Prüft, welche der Berufe aus eurer Liste aus Aufgabe b sich ergänzen lassen.

e Unterstreiche in deinen Aufzeichnungen die Berufe, die für dich interessant klingen.

3 Sammelt Informationen zu Berufen.

a Recherchiert, auf welchen Webseiten ihr Informationen zu Berufsfeldern und Berufen findet. Stellt die Adressen (Links) in einem Dokument zusammen.

b Stellt eure Rechercheergebnisse in der Klasse vor. Erstellt ein gemeinsames Klassendokument mit allen hilfreichen Webseiten zur Berufsinformation.

c Durchsucht mindestens eine Webseite. Ergänzt eure Aufzeichnungen aus Aufgabe 2 durch Berufe und Berufsfelder, die euch interessieren könnten.

Tipp
Nutzt ggf. ein Online-Tool zum gemeinsamen Erstellen von Dokumenten.

4 Überlege, was du gut kannst und was weniger gut.

a Übertrage die Tabelle in dein Heft und ergänze die linke Spalte.

Selbsteinschätzung	Fremdeinschätzung
Meine Fähigkeiten • kann gut rechnen • … Meine Interessen • … • … Meine Stärken • … • … Meine Schwächen • … • …	Deine Fähigkeiten • kannst dich gut ausdrücken • … Deine Interessen • … • … Deine Stärken • … • … Deine Schwächen • … • …

b Tauscht die Tabellen untereinander aus und ergänzt die rechte Spalte der Tabelle. Seid dabei ehrlich und fair.

c Überlege, in welchen Berufen oder Berufsfeldern du aufgrund deiner Interessen und Fähigkeiten in einem Praktikum gern Erfahrungen sammeln würdest. Notiere deine Überlegungen und begründe sie stichpunktartig.

d Überlege, was für dich in einem Betriebspraktikum außerdem wichtig ist. Formuliere Kriterien für die Wahl eines Praktikumsplatzes und begründe sie.

Für mich ist eine abwechslungsreiche Arbeit wichtig, weil …

e Besprecht die Wichtigkeit der unterschiedlichen Kriterien in der Klasse. Tragt eure Meinungen vor und begründet sie.

5 Sammelt Informationen zu möglichen Praktikumsplätzen.

a Tauscht euch darüber aus, wie ihr bei der Suche nach einem Platz für das Betriebspraktikum vorgehen könntet.

b Sammelt eure Ideen und stellt die Informationen übersichtlich dar.

6 Oft werden Praktikumsplätze im Internet angeboten.

a Lies folgende Online-Anzeigen. Erschließe sie mithilfe der Fragen.

1 Welche Erwartungen haben die Einrichtungen?
2 Welche Unterschiede gibt es zwischen den beiden Anzeigen?
3 Welche Anzeige spricht dich mehr an? Begründe deine Meinung.

New Tab +

Wir bieten einen Betriebspraktikumsplatz für Schülerinnen und Schüler
Für unser Zentrum „Marienhaus" suchen wir engagierte Praktikantinnen und Praktikanten. Wenn du ältere Menschen im Alltag unterstützen möchtest, bist du bei uns richtig! Du bekommst die Möglichkeit, die Freizeitangebote in unserer Einrichtung mitzugestalten.
Unser Haus liegt verkehrsgünstig, am Rand der Altstadt von Erfurt.
Was solltest du mitbringen?
- Motivation, Leistungsbereitschaft und Zuverlässigkeit
- Einfühlungsvermögen und Kreativität

Wenn wir dein Interesse geweckt haben, kontaktiere uns:
Frau Selma Kutas
Selma.Kutas@seniorenheim-beispiel.de

Lerne uns und unsere Arbeit kennen!
Im Bereich Umweltschutz suchen wir engagierte Praktikantinnen und Praktikanten. Unser Unternehmen arbeitet mit rund 300 Mitarbeiterinnen und Mitarbeitern an einem breiten Spektrum von Themen.
Unsere Aufgabenbereiche umfassen:
- Inspizieren von Anlagen der Versorgungs- und Elektrotechnik
- Beratung zur Steigerung der Energieeffizienz und Kostenoptimierung
- Projektierung und Weiterentwicklung technischer Lösungen

Unsere Anforderungen:
- Interesse an informations- und energietechnischen Systemen
- Zuverlässigkeit und Teamfähigkeit

Firma Infoelektrotechnik
Herr Dietrich Meier
DietrichMeier@infoelektrotechnik-beispiel.com

b Sucht selbst nach Praktikumsangeboten im Internet. Wählt eine oder zwei Anzeigen aus, die für euch als Schülerinnen und Schüler interessant sein könnten, und stellt sie in der Klasse vor.

7 Eine andere Möglichkeit der Praktikumssuche ist es, bei in Frage kommenden Betrieben und Einrichtungen telefonisch oder per E-Mail nachzufragen, ob es Praktikumsmöglichkeiten gibt.

a Untersucht das folgende Telefongespräch. Stellt fest, wie es aufgebaut ist und welche Informationen erfragt werden.

Frau Uhle: Guten Morgen, Pflegeheim „Am Stadtpark". Mein Name ist Uhle. Was kann ich für Sie tun?

Leon: Guten Morgen, Frau Uhle. Hier spricht Leon Seiler. Ich wollte fragen, ob ich in Ihrer Einrichtung ein Betriebspraktikum machen kann.

Frau Uhle: Das ist grundsätzlich möglich, aber ich verbinde dich mit unserer Chefin, Frau Beier. Sie kann dir darüber mehr sagen.

Leon: Das ist sehr freundlich, vielen Dank.

Frau Beier: Guten Morgen. Was kann ich für dich tun?

Leon: Guten Tag, Frau Beier. Mein Name ist Leon Seiler. Ich besuche die 8. Klasse der Friedrich-Schiller-Schule und wollte mich erkundigen, ob ich in Ihrer Einrichtung ein Betriebspraktikum machen kann.

Frau Beier: Ja, selbstverständlich. Vielen Dank für dein Interesse. Für wann ist das Praktikum geplant?

Leon: Vom 10. März bis zum 29. März.

Frau Beier: Ja, das passt gut. Kennst du unsere Einrichtung schon?

Leon: Nein, aber sie liegt auf meinem Schulweg.

Frau Beier: Dann würde ich dich gern persönlich kennen lernen. Kannst du am Donnerstag um 14 Uhr vorbeikommen?

Leon: Ja, selbstverständlich.

Frau Beier: Bring bitte dein Bewerbungsschreiben und einen Lebenslauf mit.

Leon: Ja, gern. Vielen Dank, Frau Beier! Auf Wiederhören!

Frau Beier: Auf Wiederhören, Leon!

b Tragt zusammen, worauf man bei Telefongesprächen achten sollte.

- *Zettel und Stift für Notizen bereitlegen*
- ...

c Bereitet ein Telefongespräch nach dem Muster aus Aufgabe a vor. Spielt es in der Klasse vor und bewertet euch gegenseitig.

MK **8** Lina sucht per E-Mail nach einer Praktikumsmöglichkeit.

a Lies ihre E-Mail an ein Hotel und nenne wichtige Merkmale.

An:	hotel.stadtwappen@beispiel.de
Betreff:	Anfrage Betriebspraktikum

Sehr geehrte Damen und Herren,

mein Name ist Lina Weber. Ich besuche zurzeit die 8. Klasse der Friedrich-Schiller-Schule. Für den März nächsten Jahres steht ein Betriebspraktikum auf dem Lehrplan. Aus diesem Grund wollte ich mich erkundigen, ob es möglich ist, bei Ihnen ein Praktikum zu absolvieren.
Ich würde mich über eine Rückmeldung bis zum 10. November freuen.
Sie können mich auch gern telefonisch kontaktieren. Meine Rufnummer ist 0162 2083640.

Mit freundlichen Grüßen
Lina Weber

b Verfasse deine eigene E-Mail-Anfrage. Schreibe sie am Computer, sodass du sie bei Bedarf wiederverwenden kannst.

MK **9** Lina bekommt Antwort vom Hotel.

a Lies die Antwort.

An:	lina.weber@beispiel.de
Betreff:	AW: Anfrage Betriebspraktikum

Liebe Lina,

vielen Dank für dein Interesse an einem Betriebspraktikum in unserem Haus.
Unsere Einrichtung bietet die Möglichkeit an, in unterschiedlichen Arbeitsbereichen eingesetzt zu werden.
Bitte schicke uns deine Bewerbung und einen tabellarischen Lebenslauf zu.
Einzelheiten werden wir dann in einem persönlichen Gespräch klären.

Mit freundlichen Grüßen
Peter Siebart (Personalbüro)

b Stelle dir vor, du bist Lina, und bedanke dich per E-Mail für die Rückmeldung. Kündige auch deine Bewerbungsunterlagen an.

Bewerbungen schreiben

Zu den **Bewerbungsunterlagen** gehören ein **Bewerbungsschreiben** und ein **tabellarischer Lebenslauf**. Ob man weitere Unterlagen, wie zum Beispiel Zeugniskopien, einreichen soll, muss erfragt werden.
Das **Bewerbungsschreiben** sollte Folgendes enthalten:
- Bewerbungssatz,
- Vorstellung der eigenen Person,
- Gründe für die Bewerbung,
- Bitte um ein persönliches Gespräch.

Ein Bewerbungs-schreiben untersuchen

1 Lina hat ein Bewerbungsschreiben verfasst. Lies das Bewerbungsschreiben und überprüfe mithilfe des Merkkastens, ob es den Anforderungen entspricht.

Lina Weber
Musterstraße 78
99441 Mellingen
lina.weber@beispiel.de
Tel.: 0162 2083640

Hotel „Stadtwappen"
Herrn P. Siebart
Marktplatz 1
99423 Weimar

Mellingen, 12.11.20..

Bewerbung um einen Praktikumsplatz

Sehr geehrter Herr Siebart,

mit Bezug auf Ihre Mail vom 10. November bewerbe ich mich bei Ihnen um einen Praktikumsplatz. Das Betriebspraktikum soll nächstes Jahr in der Zeit vom 10. bis 29. März 20.. stattfinden.
Zurzeit bin ich Schülerin der 8. Klasse der Friedrich-Schiller-Schule in Weimar. Ich bin kontaktfreudig und aufgeschlossen und möchte gern die Arbeitsabläufe im Hotel kennen lernen. Besonders interessiert mich zum Beispiel, was zu den Aufgaben einer Fachkraft für Gastronomie gehört.

Über eine Einladung zu einem persönlichen Gespräch würde ich mich freuen. Bitte geben Sie mir Bescheid, falls noch Unterlagen fehlen.

Mit freundlichen Grüßen
Lina Weber
Lina Weber

Anlage: Lebenslauf

Ein Bewerbungsschreiben verfassen

2 Entwirf dein eigenes Bewerbungsschreiben nach dem Muster aus Aufgabe 1. Schreibe den Entwurf am Computer.

a Öffne eine neue Datei in deinem Textverarbeitungsprogramm und gestalte den Briefkopf.

> Ein **Bewerbungsschreiben** sollte wie ein **offizieller Brief** gestaltet sein: Absender und Adresse oben links, Ort und Datum oben rechts, Betreffzeile. Außerdem sollte man auf folgende **formale Gestaltung** achten:
> - eine Standardschrift wie Arial, Times New Roman oder Calibri nutzen,
> - eine Schriftgröße zwischen 10 und 12 pt wählen,
> - fette oder kursive Schrift für Gliederungspunkte sparsam einsetzen.
>
> In vielen Textverarbeitungsprogrammen und im Internet gibt es **Vorlagen für Bewerbungsschreiben**. Man muss sie gründlich **prüfen**, bevor man sie nutzt, denn auch hier gilt: Sie sollten formal korrekt und sachlich sein und auf überflüssige Gestaltungsmittel verzichten (z. B. grelle Farben, auffällige Grafiken oder Bildelemente u. Ä.).
> Soll das Schreiben ausgedruckt verschickt werden, darf die **persönliche Unterschrift** nicht fehlen. In digitalen Dokumenten kann man eine digitale oder gescannte Unterschrift einfügen.

b Formuliere den Brieftext. Beginne mit der Anrede und einem Bewerbungssatz.

Sehr geehrte Frau ... / Sehr geehrter Herr ...,

hiermit bewerbe ich mich in Ihrer Firma / in Ihrem Unternehmen um ...

c Stelle dich vor und informiere über deine aktuelle Tätigkeit. Nenne deine Eigenschaften, die für den Praktikumsplatz wichtig sind.

d Nenne Gründe, warum du für diesen Praktikumsplatz geeignet bist.

e Formuliere am Schluss die Bitte um ein persönliches Gespräch und eine höfliche Grußformel.

f Lest eure Bewerbungsschreiben und gebt euch gegenseitig Tipps für die Überarbeitung. Orientiert euch dabei an folgender Checkliste.

- Alle Angaben enthalten?
- Sachlich, knapp und höflich formuliert?
- Rechtschreibung, Grammatik korrekt?
- Formale Gestaltung korrekt?

g Überarbeite dein eigenes Bewerbungsschreiben gründlich und erstelle die Endfassung. Nutze gegebenenfalls ein Textverarbeitungsprogramm zur Korrektur. Speichere dein Bewerbungsschreiben ab, sodass du es immer wieder anpassen und verwenden kannst.

Einen Lebenslauf untersuchen

3 Zu einer Bewerbung gehört in der Regel auch ein tabellarischer Lebenslauf. Lies im Merkkasten, was ein Lebenslauf enthalten sollte. Untersuche anschließend Linas Lebenslauf und prüfe, ob alle Angaben enthalten sind.

Der **tabellarische Lebenslauf** enthält in kurzer und übersichtlicher Form alle persönlichen Angaben und Informationen, die für das Betriebspraktikum von Bedeutung sind, z. B.: Name, Adresse, Telefonnummer, E-Mail-Adresse, Geburtsdatum, Schulbildung, Kenntnisse und Interessen.
Ein Passfoto sowie Angaben zu Eltern und Geschwistern sind freiwillig. Man kann die Berufe der Eltern angeben, wenn sie aussagekräftig für die Bewerbung sind.

Lebenslauf

persönliche Daten

Name	Lina Weber
Adresse	Musterstraße 78 99441 Mellingen
Telefon	0162 2083640
E-Mail	lina.weber@beispiel.de
Geburtsdatum	12. März 2010
Familie	Vater: Alexander Bauer, Hotelkaufmann Mutter: Sylvia Weber, Frisörin

Schulbildung

seit 08/2020	Friedrich-Schiller-Schule Weimar
08/2016–07/2020	Grundschule Mellingen

Kenntnisse

Sprachen	Englisch (1. Fremdsprache, Schulnote 1) Spanisch (2. Fremdsprache, Schulnote 2)
IT-Kenntnisse	MS Word, Excel, PowerPoint (sehr gute Kenntnisse)

Hobbys und Interessen

Volleyball	seit 2020 SV Eintracht Mellingen

Mellingen, 12. November 20..

Lina Weber

Einen Lebenslauf verfassen

4 Verfasse deinen eigenen tabellarischen Lebenslauf nach dem Muster aus Aufgabe 3 mithilfe eines Textverarbeitungsprogramms am Computer. Achte auf alle wichtigen Angaben und eine übersichtliche Formatierung. Nutze zum Beispiel Tabulatoren oder eine Tabelle mit unsichtbaren Linien.

Einige Firmen bitten um eine **Bewerbung per E-Mail**. Dabei gelten die gleichen Richtlinien wie bei einem Brief. Folgendes sollte man beachten:
- die E-Mail-Adresse der Empfängerin bzw. des Empfängers prüfen,
- die eigene E-Mail-Adresse gegebenenfalls in eine seriöse ändern, z. B.: *Name.Vorname@maildomain.de*,
- in die Betreffzeile schreiben: *Bewerbung um einen Praktikumsplatz*,
- das Bewerbungsschreiben als Text der E-Mail verfassen oder als Dokument in den Anhang geben,
- den Namen in getippter Form und eventuell als digitale oder als gescannte Unterschrift unter das Schreiben setzen,
- auf Smileys o. Ä. verzichten,
- den Lebenslauf und weitere Unterlagen als Anhänge in gängigen Dateiformaten (Word, PDF, RTF) versenden (Größe der Anhänge nicht mehr als 1 MB).

Um die Vollständigkeit und korrekte Formatierung der Bewerbung zu prüfen, sollte man die Mail zunächst an eine Freundin bzw. einen Freund oder sich selbst schicken.

Eine Bewerbung per E-Mail verfassen

5 Stelle dir vor, du würdest dich gern per E-Mail um einen Praktikumsplatz bei einer der folgenden Firmen bewerben.

a Entwirf den Text des Bewerbungsschreibens für die E-Mail in deinem Textverarbeitungsprogramm. Speichere die Datei, dann kannst du den Text später bearbeiten und wiederverwenden.

Tischlerei J. Muthal
Holzarbeiten von Meisterhand
Woltergasse 23, Leipzig
Jan.M@beispiel.de

Hairstyle, Beauty & Body
Inh. Svenja Kehl
Kehl@hair-beispiel.de
Müllerstr. 17, Rostock

b Überarbeite dein Bewerbungsschreiben. Prüfe die Rechtschreibung und Grammatik sowie die Gestaltung deines Schreibens.

c Kopiert den Text in eine E-Mail, ergänzt die fehlenden Angaben. Hängt euren Lebenslauf als Anhang an die E-Mail und schickt sie euch gegenseitig.

Tipp
Ihr könnt die E-Mail auch an Familienmitglieder schicken.

d Bitte die Empfängerin bzw. den Empfänger um eine Rückmeldung (ein Feedback) zu Form, Sprache und Inhalt der E-Mail und des Anhangs. Überarbeite gegebenenfalls alles noch einmal.

●●● **6** Stelle dir vor, du willst dein Bewerbungsschreiben als Anhang (Dokument) zu einer E-Mail verschicken. Was sollte dann in der E-Mail stehen? Verfasse den Text der E-Mail und versende sie mit allen Anhängen an eine Freundin, einen Freund oder ein Familienmitglied. Bitte um ein Feedback.

Praktikumsberichte schreiben

1 Tragt zusammen, welche Funktionen und Formen von Berichten ihr bereits kennt. Besprecht auch, welche Gemeinsamkeiten und Unterschiede bei verschiedenen Berichten zu beachten sind.

2 Welche Informationen gehören in einen Praktikumsbericht? Stellt Vermutungen darüber an und vergleicht eure Ergebnisse mit dem folgenden Merkkasten.

In einem **Praktikumsbericht** dokumentiert man Ziele, Aufgaben, Verlauf und Ergebnisse eines Praktikums. Folgende **Bestandteile** sollten in einem Praktikumsbericht mindestens enthalten sein:

- Deckblatt: Praktikumszeit, Schule, Name, Klasse, betreuende Fachlehrkraft, Betrieb,
- Einleitung: Genaueres zum Praktikumsbetrieb und zur Praktikumszeit, Begründung der Wahl des Praktikumsplatzes,
- Hauptteil: Ziele, Aufgaben, Verlauf und Besonderheiten des Praktikums,
- Schluss: Ergebnisse und Gesamteinschätzung des Praktikums.

3 Nutze das folgende Muster und erstelle ein Deckblatt für deinen Praktikumsbericht.

Mein Betriebspraktikum
vom: … bis …
Schule: …
Name: … Klasse: …
betreuende Fachlehrkraft: …
Praktikumsbetrieb: … *(Name, Adresse, Telefon oder E-Mail)*

Tagesberichte untersuchen

4 Anton hat zwei Berichte über seinen Praktikumstag geschrieben.

a Lies die beiden Berichte und vergleiche sie miteinander.

Tagesbericht vom 13. März (4. Praktikumstag)

08:00	Arbeitsbeginn, Erhalten der Arbeitsaufträge
08:15–09:30	Reparatur einer Fahrradlampe (Austausch einer Glühlampe)
09:30–09:45	Frühstückspause
09:45–11:30	Beendigung der Reparatur einer Fahrradlampe (Fehlersuche, Befestigung eines Kabels)
11:30–12:00	Mittagspause
12:00–15:30	Reifenwechsel bei zwei Rädern, Ölen der Fahrradketten
15:30–15:45	Aufräumen der Werkstatt
15:45	Feierabend

Tagesbericht vom 13. März (4. Praktikumstag)

Pünktlich um 8 Uhr kam ich in die Werkstatt. Ich hatte noch Zeit, mich umzuziehen und kurz mit dem Azubi Sebastian zu quatschen. Er ist in seinem zweiten Ausbildungsjahr zum Zweiradmechaniker. Ich wusste noch nicht, was heute auf dem Plan stand, und wartete auf den Meister, Herrn Langer. Der kam dann auch schon aus seinem Büro mit einer kurzen Liste von Aufgaben. Die Liste überreichte er mir nach einer kurzen Begrüßung.

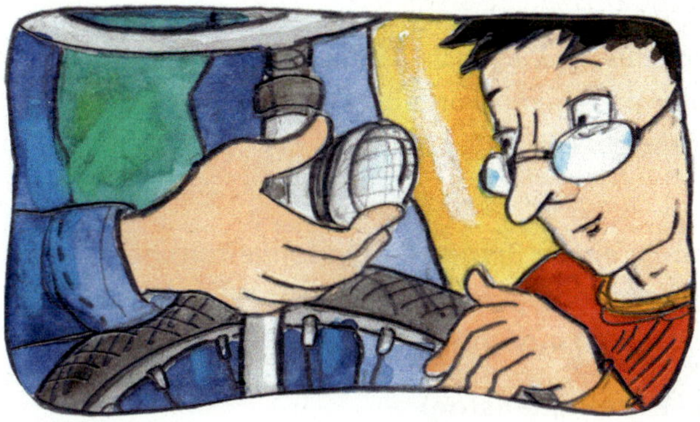

Als Erstes musste die Lampe eines Fahrrades repariert werden. Die gleiche Arbeit hatte Sebastian gestern an einem anderen Rad durchgeführt, er ließ mich dabei zusehen. Zuerst schraubte ich also mit einem Schraubendreher die beiden Schrauben raus, um das Gehäuse der Lampe abzumontieren. Darunter befand sich eine kleine Glühlampe, die ich herausnahm und in der Restmülltonne entsorgte. Nachdem ich die neue Glühlampe angebracht hatte, wollte ich natürlich checken, ob ich alles richtig gemacht hatte. Ich drehte am Rad, aber die Lampe leuchtete nicht. Ich fragte Sebastian, ob er kurz helfen kann. Der bemerkte gleich, dass sich das Kabel gelockert hatte. Um das zu erkennen, braucht man eben Erfahrung! Mit dieser Erkenntnis und einem hungrigen Magen ging es in die Frühstückspause. Wir machten draußen Pause, weil es nach einer längeren Zeit wieder ein sonniger Tag war. Nach 15 Minuten ging ich wieder rein.

Nach der Pause brachten Sebastian und ich die Arbeit zu Ende. Dabei sah ich ihm zu und lernte wieder etwas. Bis zur Mittagspause war die Lampe repariert. Nach dem Mittag stand ein Reifenwechsel bei zwei Damenrädern auf dem Plan. Das hatte ich schon am ersten Tag gelernt und konnte die Arbeit ohne Schwierigkeiten bis 15:30 Uhr erledigen. Während ich die Fahrradketten noch ölte, kam Herr Langer und prüfte die ausgewechselten Reifen. Er hatte zum Glück nichts zu beanstanden!

Nach dem Aufräumen der Werkstatt war es auch schon 15:45 Uhr. Ich fand die Arbeit heute sehr interessant. Die Zeit verging wie im Flug!

b Tauscht euch darüber aus, welche Vor- und welche Nachteile beide Berichtsformen haben.

c Untersuche, welche Informationen aus Antons ausführlichem Bericht man weglassen kann.

d Überarbeite Antons ausführlichen Tagesbericht, indem du Überflüssiges weglässt und sprachliche Verbesserungen vornimmst. Orientiere dich dazu am Merkkasten auf S. 98.

→ **S. 329:** Merkwissen: Schreibkonferenz

e Führt eine Schreibkonferenz durch. Vergleicht und besprecht eure Textfassungen und überarbeitet sie gegebenenfalls noch einmal.

In einem **Tagesbericht** werden der **Ablauf** und die **Ergebnisse** eines Arbeitstages dokumentiert. Man berichtet möglichst genau, sachlich und chronologisch (in der richtigen zeitlichen Abfolge) sowie unter Verwendung von **Fachwortschatz**. Der Tagesbericht kann kurz und übersichtlich als Tabelle oder ausführlich als zusammenhängender Text gestaltet sein. Sprachliche Wiederholungen sollten durch Verwendung unterschiedlicher sprachlicher Mittel der **Satzverknüpfung** vermieden werden:
- Pronomen, z. B.: *sie, diese, das,*
- Adverbien, z. B.: *zuerst, anschließend, danach, daraufhin, deshalb,*
- bedeutungsähnliche Wörter aus einem Wortfeld, z. B.: *Praktikumsbetrieb, Unternehmen, Geschäft.*

Tagesberichte schreiben

5 Aylin absolviert ein Praktikum in einem Betrieb für Gartengestaltung. Sie hat einen Tagesbericht in tabellarischer Form geschrieben. Schreibe mithilfe ihrer Notizen einen ausführlichen Tagesbericht.

Tagesbericht vom 10. März (1. Praktikumstag)

08:00–08.15	Begrüßung im Praktikumsbetrieb
08:15–08:30	Fahrt zum Kunden
08:30–08:40	Ausladen der Geräte aus dem Kleintransporter
08:40–10:30	Aufräumen des Gartens (Äste und Laub auf dem Komposthaufen entsorgen, Boden mit dem Sauzahn lockern, Unkraut jäten)
10:30–10:45	Frühstückspause
10:45–12:15	Fahrt zum Baumarkt (Kauf von Pflanzen, Obstbäumen, Blumenzwiebeln, Dünger)
12:15–13:00	Mittagspause
13:00–14:30	Umgraben, Bodenauflockerung (Spaten, Grabegabel)
14:30–15:15	Bäume einpflanzen, düngen, beschriften
15:15–15:45	Blumenzwiebeln pflanzen (mit dem Setzholz Löcher stechen, Blumenzwiebeln stecken, düngen)
15:45–16:00	Rückfahrt in den Praktikumsbetrieb, Feierabend

Heute war mein erster Praktikumstag. Um 8 Uhr wurde ich ...

MK **6** Verfasse einen tabellarischen Tagesbericht über einen eigenen Praktikumstag. Überlege, ob du den Computer nutzen möchtest. Wähle Aufgabe a oder b.

●○○ **a** Überlege, welche Tätigkeiten du an einem Praktikumstag ausgeführt hast. Lege eine Tabelle an. Schreibe in die linke Spalte die Zeiten und in die rechte Spalte die Tätigkeiten, die du ausgeführt hast.

●●○ **b** Überlege, welche Tätigkeiten du an einem Praktikumstag ausgeführt hast. Schreibe nach dem Muster aus Aufgabe 5 einen tabellarischen Tagesbericht.

In einem **Abschlussbericht** werden die wichtigsten Erkenntnisse und Erfahrungen aus dem gesamten Praktikum zusammengefasst. Dabei sollte man folgende **Fragen** beantworten:
- Warum wurde dieses Praktikum absolviert?
- Welche Tätigkeiten wurden ausgeführt?
- Welche Kenntnisse konnten erworben werden?
- War die Betreuung angemessen? (Begründung)
- Wie gestaltete sich der Umgang mit Vorgesetzten und Kolleginnen bzw. Kollegen?
- Wie wirkte sich das Praktikum auf den Berufswunsch aus?
- Kann der Praktikumsbetrieb weiterempfohlen werden? (Begründung)
- Entsprach das Praktikum insgesamt den Erwartungen? (Begründung)

Abschlussberichte untersuchen

7 Jan hat ein Praktikum in einem Supermarkt absolviert.

a Lies Jans Abschlussbericht.

Abschlussbericht

Ich hatte mich in dem Supermarkt „Kauf schnell" beworben, weil ich nach der Schule eine Ausbildung zum Einzelhandelskaufmann beginnen möchte. Die erste Zeit durfte ich Regale auffüllen und bei der Inventurdurchführung helfen. Der Arbeitsalltag war anfangs etwas schwierig, aber ich gewöhnte mich schon nach ein paar Tagen an den Rhythmus. Ich hatte immer viel zu erledigen, sodass die Zeit sehr schnell verging und mir nie langweilig wurde. Frau Kaiser, meine Chefin, war sehr geduldig und half mir bei der Orientierung.

Ein paar Tage stand ich auch an der Kundeninformation und habe lustige Momente erlebt. Man glaubt nicht, was die Kundschaft alles im Einkaufswagen vergisst!

Besonders interessant fand ich den Kontakt zu den Kundinnen und Kunden. Die kurzen Gespräche mit den älteren Kundinnen waren sehr interessant. Leider fehlte meistens die Zeit, um ausführlichere Gespräche über Zubereitungen von Geburtstagstorten oder Tierfutter zu führen.

Die Zusammenarbeit und die Arbeitsatmosphäre fand ich sehr angenehm. Die Mitarbeiterinnen waren sehr freundlich und hilfsbereit. Ich konnte erleben, wie abwechslungsreich, aber auch herausfordernd die Arbeit in einem Supermarkt ist. Im Rückblick würde ich auf keine einzige Erfahrung meines Praktikums verzichten wollen. Es war eine tolle Gelegenheit, um Einblicke in das Berufsfeld „Einzelhandel" zu bekommen.

b Beurteile den Abschlussbericht mithilfe des Merkkastens oben und begründe deine Meinung.

c Überarbeite den Abschlussbericht mithilfe der Fragen im Merkkasten oben. Achte auch auf eine genaue und sachliche Darstellung.

Abschlussberichte schreiben

Tipp
Denke dir ggf. geeignete Fakten aus.

8 Schreibe selbst einen Abschlussbericht. Wähle Aufgabe a, b oder c.

●○○ **a** Stelle dir vor, du hast ein Praktikum im Fahrradgeschäft oder Supermarkt beendet (Aufgaben 4 und 7, S. 96 und 99). Schreibe den Abschlussbericht zum Praktikum. Gehe dazu die folgenden Schritte.

1 Sammle Stichpunkte für den Bericht.
- Erkläre zuerst, warum du dieses Praktikum gewählt hast.
- Notiere danach die Tätigkeiten, die du im Praktikum ausgeführt hast.
- Nenne die neuen Kenntnisse, die du erworben hast.
- Beurteile, ob die Betreuung angemessen war. Begründe deine Meinung.
- Schätze ein, wie der Umgang mit anderen war.
- Bewerte, wie sich das Praktikum auf deinen Berufswunsch auswirkt.
- Schätze ein, ob du den Praktikumsbetrieb weiterempfehlen kannst. Begründe deine Meinung.
- Beurteile, ob das Praktikum insgesamt deinen Erwartungen entsprach. Begründe deine Meinung.

2 Entwirf den Abschlussbericht und schreibe ihn am Computer.
3 Überarbeite den Abschlussbericht. Achte auf eine genaue und sachliche Darstellung und abwechslungsreiche sprachliche Verknüpfungsmittel.
4 Schreibe die Endfassung deines Abschlussberichts.

●●○ **b** Stelle dir vor, du hast ein Praktikum im Fahrradgeschäft, Gartenbaubetrieb oder Supermarkt beendet (Aufgaben 4 bis 7, S. 96–99). Schreibe den Abschlussbericht zum Praktikum. Orientiere dich an der Schrittfolge.

So kannst du einen Abschlussbericht fürs Praktikum schreiben
1. Denke über die Schreibaufgabe nach: Wem berichtest du worüber? Zu welchem Zweck?
2. Bringe die Fakten in eine sinnvolle Reihenfolge, z. B.:
   - Begründung für dieses Praktikum
   - Nennung der ausgeführten Tätigkeiten und erworbenen Kenntnisse
   - Einschätzung der Betreuung (Begründung)
   - Beurteilung des Arbeitsklimas
   - Einschätzung der Auswirkung des Praktikums auf den Berufswunsch
   - Bewertung des Praktikumsbetriebs (Begründung)
   - Bewertung des Praktikums insgesamt (Begründung)
3. Schreibe einen Entwurf. Lass einen breiten Rand zum Korrigieren.
4. Überarbeite den Entwurf und schreibe die Endfassung.

●●● **c** Stelle dir vor, du hast ein Betriebspraktikum deiner Wahl beendet. Schreibe einen Abschlussbericht. Orientiere dich dazu am Merkkasten auf S. 99.

9 Wenn du bereits ein Betriebspraktikum beendet hast, schreibe einen Abschlussbericht zu deinem Praktikum.

Nils Mohl

traumfliegerei

fort von meinem hochhausbalkon
hebt mich im traum ein luftballon

barfuß und in pyjamakluft
geht's hoch hinauf in die luft

vorbei am fabrikkamin
ich überhole einen zeppelin

durchsteche wattewolkenflausch
was ist das nur – ein höhenrausch?

ich kann's natürlich nicht erklären
doch ich fliege durch die sphären

verrückt: mein leben hängt ja nur
an einer lächerlichen schnur

schrumpfend: der blaue erdenball
so drifte ich hinaus ins all

kurs sichelmond und mondspitze
mit ballon – *na schöne grütze!*

was wenn das ding die ecke kratzt?
ja willst du dass mein traum so platzt?

Michael Hammerschmid

auf den Fels sollte man hinauf

auf den Fels
sollte man hinauf
in die Wiese
sollte man hinein
was am Boden liegt
das hebt man auf
und ein Lied
sollte gesungen sein
was man angreifen kann
das greift man an
was für später ist
nimmt man jetzt dran
was verboten ist
probiert man aus
und was man träumt
lässt man nicht aus.

1 Lest die Gedichte mehrfach. Tauscht euch darüber aus, was für euch die zentralen Themen der Gedichte sind.

2 Überlegt, ob und wie sich die einzelnen Aussagen der Gedichte auf euer Leben beziehen lassen. Begründet eure Meinungen.

3 Wähle eins der beiden Gedichte aus und verfasse ein Parallelgedicht, das in Inhalt und Form nahe am Original bleibt.

Anlagenmechaniker/-in für Sanitär-, Heizungs- und Klimatechnik

Berufstyp:	Anerkannter Ausbildungsberuf
Ausbildungsart:	Duale Ausbildung in Industrie und Handwerk (geregelt durch Ausbildungsverordnung)
Ausbildungsdauer:	3,5 Jahre
Lernorte:	Ausbildungsbetrieb und Berufsschule (duale Ausbildung)

Was macht man in diesem Beruf?

Anlagenmechaniker/-innen für Sanitär-, Heizungs- und Klimatechnik installieren Wasser- und Luftversorgungssysteme, bauen Waschbecken, Duschkabinen, Toiletten und sonstige Sanitäranlagen ein und schließen diese an. Als nachhaltige Ver- und Entsorgungssysteme installieren sie unter anderem Anlagen zur Regen- und Brauchwassernutzung. Sie montieren auch Heizungssysteme, stellen Heizkessel auf und nehmen sie in Betrieb. Bei ihren Tätigkeiten bearbeiten sie Rohre, Bleche und Profile aus Metall oder Kunststoff mit Maschinen oder manuell. Zudem bauen sie energieeffiziente und umweltschonende Systeme wie z. B. Solaranlagen, Wärmepumpen und Holzpelletsanlagen in Gebäude ein. Nach der Montage prüfen sie, ob die Anlagen einwandfrei funktionieren und optimal eingestellt sind. Sie installieren Gebäudemanagementsysteme [...] und wenden gerätespezifische Software an, z. B. Apps. Sie beraten Kunden [...] und weisen sie in die Bedienung von Geräten und Systemen ein.

Wo arbeitet man?

Beschäftigungsbetriebe: [...]
- in versorgungstechnischen Installationsbetrieben
- bei Heizungs- und Klimaanlagenbauern

Arbeitsorte: [...]
- bei verschiedenen Kundinnen/Kunden bzw. auf Baustellen
- in Werkstätten

Welcher Schulabschluss wird erwartet?

Rechtlich ist keine bestimmte Schulbildung vorgeschrieben. In der Praxis stellen Handwerksbetriebe überwiegend Auszubildende mit Hauptschulabschluss oder mittlerem Bildungsabschluss ein, Industriebetriebe wählen vor allem Auszubildende mit mittlerem Bildungsabschluss aus.

Worauf kommt es an?

Anforderungen:
- Handwerkliches Geschick und Auge-Hand-Koordination (z. B. beim Bohren der Löcher für Rohrbefestigungen oder Biegen von Kupferrohren)
- Sorgfalt (z. B. beim Einbauen von Sanitäranlagen und den dazugehörigen Armaturen)

- Körperbeherrschung und Schwindelfreiheit (z. B. beim Arbeiten auf Leitern und Gerüsten)
- Technisches Verständnis (z. B. Planen und Warten von Anlagen der Gebäudeversorgungstechnik)
- Teamfähigkeit und gute körperliche Konstitution (z. B. beim Transportieren schwerer Anlagenteile)

Schulfächer:
- Werken/Technik (z. B. beim Erlernen von Metallbearbeitungs- und -verbindungstechniken)
- Mathematik (z. B. um den Bedarf an Rohren für eine Heizungsanlage zu berechnen)
- Physik (z. B. für die Kenntnis vom Verhalten von Flüssigkeiten)
- Deutsch (z. B. um Kunden über die Produkte des Betriebes zu informieren)

[...]*

Erzieher/-in

Berufstyp:	Aus- bzw. Weiterbildungsberuf
Ausbildungsart:	Schulische Aus- bzw. Weiterbildung an Fachschulen (landesrechtlich geregelt)
Ausbildungsdauer:	2–6 Jahre (Vollzeit/Teilzeit)
Lernorte:	Fachschule/Fachakademie/Berufskolleg und Praktikumsbetrieb

Was macht man in diesem Beruf?

Erzieher/-innen nehmen Betreuungs-, Erziehungs- und Bildungsaufgaben in Einrichtungen für Kinder, Jugendliche und junge Erwachsene wahr. Ihre Arbeitsschwerpunkte liegen dabei auf sozialpädagogischen Aufgaben in der Kinder- und Jugendarbeit, in Kindertageseinrichtungen und Schulen oder in Einrichtungen für Menschen mit Behinderung. Sie beobachten das Verhalten, Befinden sowie den Entwicklungsstand der Kinder und Jugendlichen, erstellen Erziehungspläne und wenden altersgerechte pädagogische Methoden an, z. B. für das Erlernen bestimmter Fähigkeiten oder Verhaltensweisen. Um die körperliche und geistige Entwicklung zu fördern, motivieren sie beispielsweise zu kreativen Aktivitäten, zu freiem und gelenktem Spiel oder zu Bewegung. Darüber hinaus bereiten Erzieher/-innen Speisen zu, behandeln leichte Verletzungen und halten die Kinder zu Körperpflege und Hygiene an. Sie reflektieren ihre erzieherische Arbeit im Team mit den Kolleginnen und Kollegen und arbeiten, je nach Einrichtung, mit Fachleuten aus Medizin, Psychologie und Therapie zusammen. Zu Eltern bzw. Erziehungsberechtigten halten sie engen Kontakt und stehen ihnen informierend und beratend zur Seite. Die Gestaltung und Weiterentwicklung der pädagogischen Arbeit an Bildungseinrichtungen kann ebenfalls zu ihren Aufgaben gehören.

Wo arbeitet man?

Beschäftigungsbetriebe: […]

- in Kindertagesstätten und Familienzentren, Kinder- und Jugendwohnheimen, Tagesstätten oder Wohnheimen für Menschen mit Behinderung
- an Schulen (Ganztagsbetreuung)
- in Familien- und Suchtberatungsstellen
- in Erholungs- und Ferienheimen

Arbeitsorte: […]

- in Spiel-, Ess-, Schlaf- und Aufenthaltsräumen, in Klassenzimmern und Gymnastikräumen
- im Freien, z. B. auf Spiel- und Sportflächen oder in der Natur

Welcher Schulabschluss wird erwartet?

Für die Aus- bzw. Weiterbildung wird i. d. R. ein mittlerer Bildungsabschluss vorausgesetzt, entweder in Verbindung mit einer abgeschlossenen einschlägigen Ausbildung oder einer entsprechenden mehrjährigen Berufstätigkeit.

Worauf kommt es an?

Anforderungen:

- Verantwortungsbewusstsein (z. B. beim Beaufsichtigen von Kindern auf einem Klettergerüst)
- Einfühlungsvermögen und Konfliktfähigkeit (z. B. im Umgang mit traurigen oder verhaltensauffälligen Kindern, Jugendlichen oder jungen Erwachsenen)
- Kommunikationsfähigkeit (z. B. bei Gesprächen mit Erziehungsberechtigen, Teambesprechungen)
- Psychische Stabilität (z. B. zum Wahren einer professionellen Distanz)
- Beobachtungsgenauigkeit (z. B. Verhalten der Kinder, Jugendlichen bzw. jungen Erwachsenen beobachten)

Schulfächer:

- Deutsch (z. B. um Kindern und Jugendlichen erste Lese- und Schreibkenntnisse zu vermitteln)
- Kunst (z. B. beim Anleiten zum Basteln und Malen)
- Musik (z. B. beim Singen und Musizieren)
- Pädagogik/Psychologie (z. B. um Kinder angemessen betreuen und fördern zu können)
- Hauswirtschaftslehre (z. B. beim Zubereiten der Mahlzeiten) […]*

1 Wähle einen der beiden Berufe aus und lies die Beschreibung erneut. Interessiert dich der Beruf? Begründe deine Meinung.

MK 2 Wähle einen anderen Beruf und suche im Internet nach Informationen. Orientiere dich an den Beschreibungen oben und erstelle einen ähnlichen Überblick.

Marie-Aude Murail

Über kurz oder lang (Auszug)

Der „Salon Marielou" ist ein altmodischer und familiärer Friseurladen. Und auch wenn der 14-jährige Louis am Anfang kaum weiß, was er da soll, so zeigt ihm dieses Praktikum schon bald, wofür er wirklich Talent hat: zum Haareschneiden!

Das Praktikum

„Ein Praktikum!", rief Monsieur Feyrières. „Was sind das denn schon wieder für Erfindungen? Die Kinder können keine drei korrekten Sätze aneinanderreihen, aber müssen ein Praktikum machen. Und überhaupt: Was für ein Praktikum?"
Er wandte sich seinem Sohn am anderen Ende des Tisches zu.
„Weiß ich doch nicht", brummelte Louis. „Is' unser Problem, hat die Lehrerin gemeint."
„‚Is' unser Problem'", äffte sein Vater ihn nach. „Geh zu den Straßenkehrern, da werden sie dich nehmen. Nein, nicht Straßenkehrer, heute heißt das ja bestimmt *Pfleger des öffentlichen Raumes.*" Monsieur Feyrières lachte höhnisch. Er selbst war Chirurg. Ein stattlicher Mann mit kräftiger Stimme, der schon ganz allein das Esszimmer ausfüllte. Und doch saßen da noch vier weitere Personen am Tisch: Floriane, sieben, Louis, vierzehn, Madame Feyrières sowie Großmama.
„Wenn es nur um eine Woche geht, könnte ich vielleicht etwas für ihn auftreiben", sagte diese.
Monsieur Feyrières setzte seiner Schwiegermutter gegenüber eine Grimasse auf, die ein ermutigendes Lächeln sein sollte.
„Meine Friseurin nimmt Lehrlinge", fuhr Großmama fort. „Ein Praktikant ist doch im Grunde auch nichts anderes."
Monsieur Feyrières riss die Augen auf.
„Ein Friseurpraktikum? Für Louis?"
„Oh jaa! Super!", flüsterte Floriane. „Ich will Friseurin werden, wenn ich groß bin."
Madame Feyrières warf ihrer Jüngsten, die ihren schulfreien Mittwoch damit verbrachte, ihre Rapunzel-Barbie zu frisieren, einen nachsichtigen Blick zu. Dann wandte sie sich an ihre Mutter.
„Weißt du, Mama, ich weiß nicht recht, was Louis in einem Friseursalon tun sollte."
„Kein Beruf ist schlechter als der andere", erwiderte Großmama, die mit sechzehn im Backgewerbe angefangen hatte.
„Das wäre doch fantastisch", schnaubte Monsieur Feyrières und tat, als bewundere er ein Ladenschild auf der gegenüberliegenden Wand: „LOUIS, Damenfriseur."

Aber da niemandem eine andere Idee für ein Praktikum einfiel, versprach Großmama, mit Marielou darüber zu sprechen, der Chefin des Friseursalons. „Ist dir das auch nicht unangenehm?", fragte Madame Feyrières besorgt. „Mir egal", knurrte Louis.

Als sie im Schlafzimmer waren, fürchtete Madame Feyrières einen Wutanfall ihres Mannes. Bestimmt würde er sich über die verrückten Ideen von Großmama beklagen.
„Im Grunde ist so ein Praktikum keine schlechte Sache", sagte er [...]. „Louis wird lernen, was Arbeit bedeutet, er wird fegen, aufräumen, stundenlang stehen. Ich mach dir keine Vorwürfe, Véra, aber du verwöhnst den Jungen zu sehr. Es wird Zeit, dass er die Realität kennen lernt!"
Monsieur Feyrières redete laut und mit weit ausholenden Gesten, als wäre er umringt von seinen Studenten.
„Eine handwerkliche Arbeit hat auch ihre Tugenden", bemerkte seine Frau mit leiser Stimme.
Monsieur Feyrières warf ihr einen mitleidigen Blick zu: „Ja, nämlich die große Tugend, dass man begreift, wie wichtig es ist, etwas für seine Schulbildung zu tun."
An eben diese Schulbildung dachte Louis in seinem Zimmer. Er kam in Mathe kaum mit, begriff nicht, was die Französischlehrerin eigentlich von ihm wollte, schlief im Deutschunterricht ein. Von Zeit zu Zeit gab er sich einen Ruck, ein bisschen aus Selbstachtung, ein bisschen, weil er Angst vor seinem Vater hatte. Er verstaute die Hausaufgaben und Kopien in den Tiefen seines Rucksacks. Dann versank er wieder in einem Sumpf aus Träumen und unklaren Gedanken.

Der Tag war noch nicht richtig angebrochen, als Louis sich am nächsten Morgen zur Schule aufmachte. Er hatte Lust, einen Umweg durch die Fußgängerzone zu gehen. Großmamas Friseur, der *Salon Marielou,* lag in der Rue de la Cerche, gegenüber einer Bäckerei. Als er vor dem Schaufenster vorbeikam, ging Louis langsamer. *9:00 bis 20:00 Uhr* stand als Öffnungszeit am Eingang, aber im Inneren blinkte bereits ein blasses Neonlicht. Eine Frau in Pantoffeln wischte mit einem Lappen den Fliesenboden. Sie richtete sich auf, eine Hand im Rücken, und blickte auf die Straße hinaus. Louis sah, dass sie ihn gesehen hatte. Er wurde rot und verdrückte sich. Diese von der Erschöpfung überwältigte Frau verfolgte ihn den ganzen Vormittag. War sie *Marielou,* die Besitzerin des Friseursalons?
„Ich hab einen Praktikumsplatz bei *Radio Vibrations* gefunden", erzählte Ludovic stolz in der Schulkantine. „Der Moderator ist endcool, du kannst die Stars sehen und so. Letzte Woche hatten sie L5 im Studio."
Der Vater von Ludovic Janson war Anästhesist und arbeitete häufig mit Monsieur Feyrières zusammen. Dieser hatte daher beschlossen, dass Louis und Ludovic Freunde sein sollten und dass Floriane und Melissa, die beiden jüngeren Schwestern, sich vergöttern würden. Durch einen glücklichen Zufall

waren Ludovic und Louis (wie ähnlich doch schon ihre Vornamen waren!) dieses Jahr in dieselbe neunte Klasse gekommen.

„Was machst du als Praktikum?“

Louis sah seinen Klassenkameraden an und knackte mit den Fingern. Er begriff immer noch nicht, warum Ludovic sich im Unterricht neben ihn und in der Kantine ihm gegenübersetzte. Manchmal hatte er das Bedürfnis, ihm zu sagen: Ach, übrigens, weißt du was? Du bist mir scheißegal.

„Mir scheißegal“, knurrte Louis.

Und er entlockte seinen Fingergelenken ein klangvolles Knacken.

„Ja, aber was sagst du dann der Französischlehrerin?“

Ludovic war ein guter, leicht gestresster Schüler.

„Ich mach ein Praktikum in einem Friseursalon“, erklärte Louis, um die Wirkung zu testen.

„Willst du mich verarschen?“

Louis dachte *ja* und antwortete:

„Nein.“

„Hast du keine Angst? Friseure sind doch alle schubidubidu ...“

Ludovic setzte ein feminines Gesicht auf und schlenkerte mit dem Handgelenk.

„Täuschend echt“, gratulierte Louis. „Aber im *Salon Marielou* gibt's nur Friseurinnen.“

In Gedanken sah er wieder die Frau mit dem Scheuerlappen vor sich.

„Da ist eine, eine Blondine, wenn die sich zum Haarewaschen vorbeugt, siehst du alles.“

Ludovic war für den Rest des Tages sprachlos. [...]*

1 Nenne mehrere Gründe, warum sich Louis für ein Praktikum im Friseursalon *Marielou* entscheidet.

2 Stellt zusammen, welche Auffassungen zum Berufsleben die einzelnen Figuren vertreten.

3 Stellt euch vor, Louis entscheidet sich für eine Ausbildung zum Friseur. Wie könnte er das seinem Vater, dem erfolgreichen Chirurgen, gegenüber begründen? Gestaltet einen Dialog und spielt ihn in der Klasse vor.

Iva Procházková

Die Nackten (Auszug)

Im Roman „Die Nackten“ sind fünf Jugendliche auf dem Weg ins Leben. Sie erfahren und fühlen vieles zum ersten Mal und noch haben sie sich keine dicken Schutzschichten zugelegt, sie sind gleichsam nackt und somit verletzbar. Zum Beispiel Filip, der in einem Einkaufszentrum jobbt.

Der Nachmittag verläuft ruhig. Der tätowierte Verkäufer ist nicht da und sonst hat niemand das Bedürfnis, die Ferienjobber zu schikanieren. Filip arbeitet vor allem in der Abteilung „Balkon und Garten“. Er räumt Dutzende Paletten mit Astern und Geranien aus, die aussehen, als wären sie aus Plastik, es aber nicht sind, schiebt Säcke mit Erde in die Regale sowie Sägen, Baumscheren, die *den höchsten Anforderungen entsprechen,* bunte Hängematten, Sonnenschirme. „Haben Sie auch nicht Ihre kleinen gefiederten Freunde vergessen?“, zwitschert eine Frauenstimme aus dem Lautsprecher. „Verwöhnen Sie Ihre Wellensittiche, Kanarienvögel und anderen Lieblinge mit unserem Premium Vogelfutter …“ […]
Filip legt die letzten zwei Pakete „Der kleine Gärtner“ ins Regal, richtet sich auf und schiebt den leeren Einkaufswagen langsam in den Mittelgang. Er hat genug. Er fühlt keine Müdigkeit, sondern eher Abgestumpftheit. Als er sich für diese Ferienarbeit entschied, dachte er, sie würde ihn vor allem körperlich fordern. Das Schlimmste daran aber war die Mattscheibe, die sie im Kopf hinterlässt. Alles erscheint unklar, entfernt, wie aus dem Jenseits. Filip ist nicht fähig, sich auf etwas zu konzentrieren. Er verwechselt die Tage, denn einer ist wie der andere – inhaltslos. Das Buch, das er immer dabeihat, bleibt auch nach der Schicht zugeklappt, wenn er mit dem Bus heimfährt. Er schaut in die ausgedorrte Landschaft, nimmt sie aber nicht wahr. Vor seinem geistigen Auge marschieren die Leben der Verkäufer, Lagerarbeiter und Kassierer vorbei. Er trägt das Einkaufszentrum in sich.

„Kennen Sie schon den besten Rasensprenger? Wissen Sie, dass Sie ihn in unserer Sonderaktion unverbindlich anschauen können?“ Die Werbeangestellte steht unter einem geblümten Sonnenschirm. Mit immer gleichen Slogans animiert sie die Kundschaft, an ihrem Pult stehen zu bleiben, immer und immer wieder erklärt sie die Vorzüge des Produktes, unzählige Male schraubt sie die Spritzdüsen auf, zieht Filter heraus, demonstriert die große Auswahl an Einstellungen, verabschiedet sich mit einem Standardlächeln: „Warten Sie nicht zu lange, unser Angebot läuft nur bis Ende August ...“

Nach ein paar Stunden hat Filip unbändige Lust, sie mit dem Gartenschlauch zu erwürgen. Um diese Regung zu unterdrücken, versucht er, sich in die Verkäuferin hineinzuversetzen. Er stellt sich vor, wie es ist, auf diese Weise lange Monate, unendliche Jahre, das ganze Leben zu verbringen. Jeden Morgen in den Firmenkittel zu schlüpfen, das Firmengesicht aufzusetzen, vor Freude zu zittern, wenn es gelingt, irgendeines der angepriesenen Produkte an den Mann zu bringen, Prozente vom Verkauf oder Anteile an den Firmenerfolgen zu berechnen, abends den Kittel wieder auszuziehen ... und? Wie auch immer er sich in das fremde Leben einzufühlen bemüht, das Einzige, was er dabei empfinden kann, ist seelische Verkümmerung. Teilnahmslose Leere. Ein grauer Schleier. [...]*

1. Gib Filips Eindrücke wieder, wie er seinen Ferienjob im Einkaufscenter empfindet.

2. Überlege, wie du den Ferienjob finden würdest. Begründe deine Meinung.

3. Tauscht euch in der Klasse darüber aus, welche Vor- und Nachteile ein Ferienjob haben kann.

4. Überlegt euch, wie Filip Freude an seinem Ferienjob finden könnte.

5. Recherchiere weitere Informationen zum Jugendroman „Die Nackten“. Falls dein Interesse geweckt ist, besorge dir das Buch und lies es.

Kriminalgeschichten hören und lesen

Die Handlung einer Erzählung erschließen

1 Kennst du berühmte Kriminalgeschichten oder -filme?

Tipp
Recherchiere ggf. im Internet.

a Lies folgende Texte genau und suche nach Spuren, die Hinweise auf die abgebildeten Personen geben. Ordne sie zu.

1. Er ist ein britischer Filmregisseur, Drehbuchautor und Filmproduzent. Der Engländer drehte in Amerika viele Thriller. Seine wichtigsten Filme waren „Psycho", „Die Vögel" und „Der unsichtbare Dritte". Viele Kriminalromane tragen seinen Namen, obwohl er selbst kein Autor war.
2. Bei dieser Person handelt es sich um eine englische Dame. Die Engländerin gilt als die erfolgreichste Kriminalschriftstellerin der Welt. Sie erfand die Detektivfiguren Miss Marple und Hercule Poirot. Ihre berühmtesten Werke sind „Mord im Orient-Express" und „Tod auf dem Nil".
3. Der englische Krimiautor wuchs in den Armenvierteln von London auf und starb als reicher Mann. Er gehört zu den erfolgreichsten englischsprachigen Kriminalschriftstellern und gilt als Erfinder des modernen Thrillers. Berühmte Werke sind zum Beispiel „Die toten Augen von London" und „Der Hexer".

b Welche weiteren Kriminalgeschichten, Detektive oder berühmten Figuren kennst du? Stelle sie kurz in der Klasse vor.

In **Kriminalgeschichten** (Krimi: *Abkürzung für* Kriminalgeschichte oder -film) wird von Verbrechen und deren Aufklärung erzählt. Oft steht bis zum Schluss nicht fest, wer schuldig ist, damit man miträtseln und mitsuchen kann. Verzögerungen, falsche Zeugenaussagen oder irreführende Spuren sorgen für Spannung.
Eine Sonderform der Kriminalliteratur ist die **Detektivgeschichte**, wo weniger die Tat als vielmehr deren Aufdeckung (*engl.* to detect – aufdecken) durch hartnäckige Ermittlerinnen oder Ermittler im Mittelpunkt steht, zum Beispiel durch den klug kombinierenden Detektiv Sherlock Holmes oder die gut beobachtende Detektivin Miss Marple.

2 Zu den bekanntesten Kriminalgeschichten der Welt gehören die über Sherlock Holmes.

a Lies den folgenden Auszug aus einem der ersten Fälle des berühmten Detektivs.

Arthur Conan Doyle

Ein Skandal in Bohemia (Auszüge)

I

[…] Eines Abends – es war der 20. März 1888 – kam ich von einem Besuch bei einem Patienten zurück (denn ich hatte meinen Praxisbetrieb wieder aufgenommen), und mein Weg führte mich durch die Baker Street. Als ich an der mir wohlbekannten Tür vorüberging […], ergriff mich der drängende Wunsch, Holmes wiederzusehen und in Erfahrung zu bringen, wie er seine außergewöhnlichen Fähigkeiten einsetzte. Seine Zimmer waren hell erleuchtet, und als ich emporsah, erblickte ich seine große dünne Gestalt zweimal als dunklen Umriss hinter der Gardine. Er hastete unaufhörlich hin und her, den Kopf auf die Brust gesenkt und die Arme auf dem Rücken verschränkt. Mir, der ich jede seiner Stimmungen und Gewohnheiten kannte, erzählten seine Haltung und das Benehmen ihre eigene Geschichte. Er war wieder an der Arbeit. […] Ich zog die Glocke und wurde nach oben gewiesen, in das Zimmer, das ich früher selber mit bewohnt hatte.

Sein Benehmen war nicht überschwänglich. Das gab es bei ihm selten; aber ich glaube, er war froh, mich zu sehen. […]. Er stand vorm Feuer und musterte mich in seiner prüfenden Art.

„Die Ehe bekommt Ihnen", bemerkte er. „Mir scheint, Watson, Sie haben seit dem letzten Mal siebeneinhalb Pfund zugelegt."

„Sieben", antwortete ich.

„Wirklich, ich hätte ein bisschen höher geschätzt. Nur ein ganz kleines bisschen, glaube ich, Watson. Und Sie praktizieren wieder, wie ich feststellen kann. Sie haben mir nichts davon gesagt, dass Sie wieder im Geschirr gehen.[1]"

„Woher wissen Sie es denn?"

„Ich sehe es, ich schlussfolgere es. Woher wüsste ich sonst, dass Sie vor Kurzem erst sehr nass geworden sind und dass Sie ein äußerst ungeschicktes und nachlässiges Dienstmädchen haben."

„Mein lieber Holmes", sagte ich, „das ist zu viel. Sie wären sicherlich verbrannt worden, hätten Sie ein paar Jahrhunderte früher gelebt. Es stimmt, dass ich am Donnerstag einen Spaziergang über Land gemacht habe und in einem schrecklichen Zustand nach Hause gekommen bin; aber da ich die Kleider gewechselt habe, kann ich mir nicht vorstellen, wie Sie darauf schließen. Und was Mary Jane angeht: Sie ist unverbesserlich, und meine Frau hat

1 *im Geschirr gehen:* sich sehr anstrengen, hart arbeiten

ihr gekündigt. Aber wieder weiß ich nicht, wie Sie das herausbekommen haben."

Er lachte in sich hinein und rieb sich die langen nervösen Hände.

„Nichts ist einfacher als das", sagte er. „Meine Augen sagen mir, dass auf der Innenseite Ihres linken Schuhs dort, wo das Licht des Feuers ihn streift, sieben fast parallele Schnitte eingekerbt sind. Offensichtlich sind die Schnitte von jemandem verursacht worden, der sehr unvorsichtig den Sohlenrand abgekratzt hat, um getrockneten Schlamm zu entfernen. Daher, mein Lieber, meine zweifache Schlussfolgerung, dass Sie erstens in schlechtes Wetter geraten sind und dass Sie zweitens ein besonders bösartiges, schuhzerschneidendes Exemplar aus der Londoner Dienerschaft hatten. Und was Ihre Praxis angeht: Wenn ein Herr ins Zimmer kommt und nach Jodoform[2] riecht, einen schwarzen Fleck vom Silbernitrat am rechten Zeigefinger hat und seitlich am Hut eine Beule, die verrät, wo er sein Stethoskop untergebracht hat, müsste ich wirklich dumm sein, wenn ich ihn nicht als praktizierendes Mitglied der ärztlichen Zunft ansprechen würde."

Ich musste über die Leichtigkeit lachen, mit der er den Prozess seiner Schlussfolgerungen erklärte. „Wenn Sie das Ergebnis Ihrer Beobachtungen vortragen", bemerkte ich, „so bin ich jedes Mal im ersten Augenblick verblüfft. Aber wenn Sie mich dann den Gang Ihrer Beweisführung hören lassen, dann erscheint mir alles so lächerlich einfach, dass ich selber hätte darauf kommen können. Und doch glaube ich, dass meine Augen so gut sind wie die Ihren."

„Ganz recht", antwortete er [...]. „Sie sehen, aber Sie beobachten nicht. Der Unterschied liegt klar zutage. Zum Beispiel haben Sie doch häufig die Stufen gesehen, die von der Halle herauf in dieses Zimmer führen."

„Ja, häufig."

„Wie oft?"

„Nun, einige hundert Male."

„Wie viele sind es denn?"

„Wie viele? Ich weiß es nicht."

„Das ist es! Sie haben nicht beobachtet. Und doch haben Sie gesehen. Darauf kommt es an. Nun, ich weiß, dass es siebzehn Stufen sind, weil ich gesehen und beobachtet habe. Übrigens: Da Sie sich für solche kleinen Probleme erwärmen und da Sie so freundlich waren, über eine oder zwei meiner unbedeutenden Erfahrungen zu berichten, könnten Sie sich möglicherweise hierfür interessieren."

Er reichte mir ein Blatt schweren, rosafarbenen Briefpapiers, das offen auf dem Tisch gelegen hatte. „Es ist mit der letzten Post gekommen", sagte er. „Lesen Sie laut."

Der Brief war undatiert, hatte weder Unterschrift noch Adresse.

[2] *das Jodoform:* eine jodhaltige Flüssigkeit zur Wundbehandlung

‚Heute Abend Viertel vor acht', stand da, ‚wird ein Herr bei Ihnen vorsprechen, der in einer Sache von äußerster Wichtigkeit Ihren Rat einholen möchte. Ihre neulich einem der Königshäuser Europas geleisteten Dienste haben erwiesen, dass man Ihnen bedenkenlos Angelegenheiten anvertrauen kann, deren Wichtigkeit nicht hoch genug anzusetzen ist. Dieser Ihr Ruf wurde uns von allen Seiten bestätigt. Seien Sie zu der angegebenen Zeit in Ihrem Zimmer und nehmen Sie keinen Anstoß daran, wenn Ihr Besucher eine Maske trägt.' […]*

b Tauscht euch über eure ersten Eindrücke von Sherlock Holmes und Dr. Watson aus.

c Untersuche, aus wessen Perspektive im Text aus Aufgabe a erzählt wird.

Das sichtbare Geschehen in einem erzählenden Text nennt man **äußere Handlung**. Hier wird erzählt, wie Figuren handeln und sprechen. Um einen **erzählenden Text** zu **erschließen**, untersucht man die Handlung. Dazu beantwortet man folgende Fragestellungen:
- **Wann** und **wo** spielt die Handlung?
- **Wer** sind die handelnden Figuren?
- **Welches Problem** müssen sie lösen?
- **Wie** lösen sie dieses Problem? Welche Faktoren spielen dabei eine Rolle (die Gesellschaft, eine Figur oder der Zufall)?

3 Untersuche die Handlung des Textauszugs.

a Lies den Textauszug in Aufgabe 2 a noch einmal. Untersuche die äußere Handlung. Notiere Stichpunkte zum Handlungsablauf untereinander in dein Heft.

- *Wann? 20. März 1888, abends*
- *...*

b Übertrage die Tabelle in dein Heft. Lies den Text noch einmal. Ergänze Holmes' Beobachtungen in der linken Spalte. Ergänze seine Schlussfolgerungen in der rechten Spalte.

Beobachtungen	Schlussfolgerung
– Dr. Watson riecht nach Jodoform – er hat beschädigte Schuhe – …	– Dr. Watson praktiziert wieder – er hat ein ungeschicktes Dienstmädchen – …

c Begründe, weshalb Beobachtungsgabe die wichtigste Eigenschaft eines erfolgreichen Detektivs ist.

d Stelle dir vor, du bist Sherlock Holmes. Lies den Brief aus dem Text in Aufgabe 2a (S. 111, Z. 77–84) noch einmal. Schreibe auf, welche Hinweise er liefert und was man daraus schlussfolgern kann. Ergänze deine Tabelle aus Aufgabe b.

Beobachtungen	Schlussfolgerung
– schweres, rosafarbenes Briefpapier – …	– kostbar → wohlhabende Person – …

4 Untersuche einen weiteren Textauszug.

a Lies, wie die Geschichte weitergeht.

[…] Ein langsamer, schwerer Schritt, den wir schon von der Treppe und vom Korridor gehört hatten, hielt unmittelbar vor der Tür. Es folgte lautes, herrisches Klopfen.

„Herein!", sagte Holmes.

Ein Mann, der kaum weniger als sechs Fuß und sechs Inches[3] groß war und die Brust und die Gliedmaßen eines Herkules besaß, betrat das Zimmer. Seine Kleidung war prunkvoll, von einer Pracht, die man in England bereits für etwas ansieht, das schlechtem Geschmack sehr nahe kommt. Die Vorderteile und die Manschetten seiner zweireihigen Jacke waren breit mit Astrachanpelz[4] besetzt, und der über die Schultern geworfene tiefblaue, mit flammendfarbener Seide gefütterte Umhang wurde am Hals mit einer Brosche zusammengehalten, die aus einem einzigen feurigen Beryll[5] bestand. Stiefel, die bis zur halben Wade reichten und am oberen Rand mit dichtem braunem Pelz eingefasst waren, vervollständigten den Eindruck barbarischen Reichtums, den die ganze Erscheinung aufdrängte. Der Besucher trug in der Hand einen breitrandigen Hut und über dem oberen Teil des Gesichts bis auf die Backenknochen eine schwarze Maske, die er vermutlich soeben erst aufgesetzt hatte, denn er nestelte noch beim Eintreten an ihr herum. Dem unteren Teil des Gesichts nach zu schließen, schien er ein Mann von starkem Charakter, mit einer dicken hängenden Unterlippe und einem langen kräftigen Kinn, das eine Entschlossenheit andeutete, die an Eigensinn grenzte.

„Haben Sie meinen Brief erhalten?", fragte er mit einer tiefen rauen Stimme in stark ausgeprägtem deutschem Akzent. „Ich habe Sie wissen lassen, dass ich Sie besuchen würde." Er sah zwischen Holmes und mir hin und her, unsicher, wen er ansprechen sollte.

„Bitte, nehmen Sie Platz", sagte Holmes. „Das ist mein Freund und Kollege Dr. Watson, der manchmal so freundlich ist, mir bei meinen Fällen zu helfen. Mit wem habe ich die Ehre?"

[3] *sechs Fuß und sechs Inches:* etwa 2 Meter

[4] *der Astrachanpelz:* ein Persianer, ein Pelz aus dem Fell des Karakulschafes

[5] *der Beryll:* eine Sammelbezeichnung für verschiedene Edelsteine

„Sie können mich als Grafen von Kramm anreden, einen Adligen aus Bohemia. Ich halte diesen Herrn, Ihren Freund, für einen Mann von Ehre und Diskretion, dem ich in einer Angelegenheit von äußerster Wichtigkeit vertrauen kann. Anders würde ich es vorziehen, mit Ihnen allein zu tun zu haben."

Ich erhob mich, um zu gehen, aber Holmes fasste mich am Handgelenk und schob mich in den Sessel zurück.

„Entweder mit beiden oder mit keinem", sagte er. „Vor diesem Herrn können Sie alles äußern, was Sie mir sagen wollen."

Der Graf zuckte die breiten Schultern. „Dann muss ich damit beginnen", sagte er, „Sie beide auf zwei Jahre zu absolutem Stillschweigen zu verpflichten; nach Ablauf dieser Zeit wird die Angelegenheit unwichtig geworden sein. Für jetzt ist es nicht zu viel gesagt, wenn ich behaupte, sie hat ein solches Gewicht, dass sie Einfluss auf die europäische Geschichte nehmen könnte."

„Ich bin einverstanden", sagte Holmes.

„Ich auch."

„Sie werden die Maske entschuldigen", fuhr unser Besucher fort. „Die erlauchte Person, die mich beauftragt hat, wünscht, dass ihr Agent Ihnen unbekannt bleibt, und ich kann Ihnen auch gleich gestehen, dass der Titel, unter dem ich mich vorstellte, nicht ganz der ist, den ich trage."

„Das habe ich erwartet", sagte Holmes trocken.

„Die Umstände sind sehr delikat, und keine Vorsichtsmaßregel darf außer Acht gelassen werden, damit nicht womöglich ein unerhörter Skandal entsteht, der zu einer ernstlichen Kompromittierung einer der ersten Herrscherfamilien Europas führen könnte. Um es klar zu sagen: Die Sache betrifft das berühmte Haus von Ormstein, der Erbkönige von Bohemia."

„Auch das habe ich erwartet", murmelte Holmes, ließ sich in seinen Sessel nieder und schloss die Augen.

Unser Besucher blickte in offensichtlichem Staunen auf die schlaff dasitzende Gestalt des Mannes, der ihm zweifellos als der schärfste Denker und tatkräftigste Agent von ganz Europa beschrieben worden war. Holmes schlug die Augen wieder auf und sah seinen hünenhaften Klienten ungeduldig an. „Wenn Eure Majestät sich herablassen würden, Ihren Fall vorzutragen", bemerkte er, „wäre ich besser in der Lage, Rat zu erteilen."

Der Mann sprang vom Stuhl und durchmaß das Zimmer in unkontrollierter Erregung. Dann, mit einer Geste der Verzweiflung, riss er sich die Maske vom Gesicht und warf sie zu Boden. „Sie haben recht", rief er. „Ich bin der König. Warum sollte ich versuchen, es zu verbergen?"

„Ja, warum eigentlich?", murmelte Holmes. „Eure Majestät hatten noch kein Wort gesprochen, als mir schon bewusst war, dass ich es mit Wilhelm Gottsreich Sigismond von Ormstein, Großherzog von Cassel-Falstein und erblichem König von Bohemia zu tun habe."

„Aber Sie werden wohl verstehen", sagte unser seltsamer Besucher, setzte sich wieder und strich mit der Hand über die hohe weiße Stirn, „Sie werden verstehen, dass ich nicht gewohnt bin, solche Geschäfte persönlich zu erledigen. Aber dieses ist so heikel, dass ich es keinem Mittelsmann anvertrauen konnte, ohne mich in seine Macht zu begeben. Ich bin inkognito von Prag gekommen, um mich mit Ihnen zu beraten."

„Dann bitte, beraten Sie sich", sagte Holmes und schloss wieder die Augen.

„Die Tatsachen sind kurz die: Vor ungefähr fünf Jahren, während einer längeren Reise nach Warschau, lernte ich die bekannte Abenteurerin Irene Adler kennen. Der Name wird Ihnen zweifellos etwas sagen."

„Bitte, Doktor, sehen Sie in meinem Verzeichnis nach", murmelte Holmes, ohne die Augen zu öffnen. Seit vielen Jahren besaß er ein umfangreiches Dokumentationssystem für alle Artikel, die Menschen und Dinge betrafen, sodass es schwierig war, einen Gegenstand oder eine Person zu nennen, über die er sich nicht sofort zu informieren vermochte. In diesem Fall fand ich das Gewünschte zwischen der Biografie eines Rabbi und der eines Stabsoffiziers, welcher eine Monografie über Tiefseefische geschrieben hatte.

„Mal sehen", sagte Holmes. „Hm! Geboren in New Jersey, 1858. Altistin – hm. La Scala, hm! Primadonna an der kaiserlichen Oper zu Warschau – ja! Von der Opernbühne zurückgezogen – ha! Lebt in London – so, so! Eure Majestät haben sich also, wie ich es verstehe, mit dieser jungen Person eingelassen, haben ihr einige kompromittierende[6] Briefe geschrieben und sind nun begierig, diese Briefe zurückzubekommen."

„Genau so. Aber wie …"

„Gab es eine heimliche Heirat?"

„Keine."

„Gesetzliche Papiere oder Urkunden?"

„Keine."

„Dann verstehe ich Eure Majestät nicht. Wenn die junge Person die Briefe für Erpressungen oder Ähnliches verwendet, wie sollte sie ihre Echtheit beweisen können?"

„Aber es gibt da doch die Handschrift."

„Pah, pah! Fälschung."

„Und mein privates Briefpapier."

„Gestohlen."

„Und mein Siegel."

„Nachgemacht."

„Meine Fotografie."

„Gekauft."

„Wir sind beide auf der Fotografie."

„Oh! Das ist sehr schlimm! Eure Majestät haben wirklich eine Unbedachtsamkeit begangen."

„Ich war von Sinnen – verrückt."

„Sie haben sich ernstlich kompromittiert."

[6] *kompromittierend:* bloßstellend, eine Blamage bedeutend

„Ich war damals noch Kronprinz. Ich war jung. Ich bin jetzt erst dreißig."

„Wir müssen das Bild zurückbekommen."

„Wir haben es versucht, es ist fehlgeschlagen." [...]

Holmes lachte. „Das ist wirklich ein nettes kleines Problem", sagte er.

„Aber für mich ein sehr ernstes", entgegnete der König vorwurfsvoll.

„In der Tat sehr ernst. Und was hat sie mit der Fotografie vor?"

„Sie will mich ruinieren."

„Aber wie?"

„Ich stehe vor der Hochzeit."

„Das hörte ich."

„Mit Clotilde Lothmann von Saxe-Meningen, der zweiten Tochter des Königs von Scandinavia. Sie werden vielleicht von den strengen Prinzipien der Familie erfahren haben. Sie selber ist die Feinfühligkeit in Person. Der Schatten eines Zweifels an meinem Vorleben würde die Verbindung enden lassen."

[...]*

b Hättest du den maskierten Besucher auch gleich erkannt? Begründe, warum oder warum nicht.

c Lies den Text noch einmal und stelle Vermutungen an, woran Sherlock Holmes den Besucher sofort erkannt hat.

d Nenne den Grund für den Besuch bei Sherlock Holmes. Welches Problem muss gelöst werden und warum?

5 Untersuche, wie in dem Textauszug erzählt wird.

a Lies den Text noch einmal und beschreibe, welche Stimmung für dich von dem Text ausgeht.

b Notiere sprachliche Mittel, die die besondere Stimmung erzeugen.

anschauliche Adjektive: ... *treffende Verben: ...*
bildhafte Vergleiche: ... *Satzbau und Satzverknüpfung: ...*

→ **S. 309:** Merkwissen: erzählerisches Mittel

c Untersuche den Textauszug daraufhin, ob er Mittel der Zeitgestaltung enthält. Notiere Beispiele in deinem Heft.

Zeitdehnung: ... *Zeitraffung: ...*
Rückblende: ... *Vorausdeutung: ...*

6 Wie könnte die Geschichte weitergehen?

a Stellt Überlegungen an, wie Holmes das Problem lösen wird. Was könnte er eurer Meinung nach tun, um die Fotografie zurückzuholen?

b Lest den Textauszug in Aufgabe 3 a (S. 119). Überprüft, ob eure Vermutungen stimmen.

Figuren charakterisieren

Literarische Figuren werden **charakterisiert**, damit andere sich eine Vorstellung von ihnen machen können oder um sich mit der Figur auseinanderzusetzen. Um das Aussehen einer Figur zu beschreiben, benennt man ihre **äußeren Merkmale** (Gesamterscheinung, Einzelheiten, Besonderheiten) möglichst genau.
Um eine Figur zu charakterisieren, stellt man neben der Beschreibung deren Lebensumstände, Gedanken, Gefühle, Verhaltensweisen, ihr Verhältnis zu anderen u. Ä. dar. Diese **inneren Merkmale** machen den Charakter der Figur deutlich.

Eine literarische Figur untersuchen

Tipp
Versuche, die Figur zu zeichnen.

1 Untersuche die Figur des maskierten Besuchers im Textauszug aus Aufgabe 4 b (S. 114).

a Lies den Textauszug noch einmal. Notiere dabei die äußeren Merkmale des maskierten Besuchers in Stichpunkten.

- *kaum weniger als sechs Fuß und sechs Inches groß (Z. 89)*
- *...*

b Überlege, welche Merkmale den Charakter des maskierten Besuchers kennzeichnen. Suche Textstellen und notiere deine Gedanken in Stichpunkten.

- *Mann von starkem Charakter (Z. 103–104)*
- *...*

Eine Figurencharakterisierung schreiben

2 Verfasse eine Charakterisierung des Besuchers.

a Wähle Wörter und Wendungen aus, die zu deinen Vorstellungen von dem Besucher passen. Ordne sie den äußeren und inneren Merkmalen zu.

aufgeweckt / ruhig / gelassen / selbstsicher / still / unruhig / nervös / natürlich / schweigsam / gut gelaunt / reich / schüchtern / ehrlich / stolz

b Ergänze eigene Wörter und Wendungen.

c Schreibe einen Entwurf deiner Charakterisierung. Beginne mit dem Formulieren der Einleitung.

In Arthur Conan Doyles Kriminalgeschichte „Ein Skandal in Bohemia" ...

d Verfasse den Hauptteil der Charakterisierung. Überlege, ob du zuerst die äußeren oder die inneren Merkmale der Figur beschreibst.

e Formuliere den Schluss der Charakterisierung. Fasse zusammen, wie du die Figur siehst.

f Überarbeite den Entwurf. Achte besonders auf anschauliche Bezeichnungen.

Eine Figur charakterisieren

3 Verfasse eine Charakterisierung von Sherlock Holmes.

a Lies zunächst noch einmal, wie die Geschichte weitergeht, und beschreibe, wie Holmes herausfindet, wo die Fotografie versteckt ist.

Holmes vermutet das Versteck der Fotografie in der Villa von Irene Adler. Er verkleidet sich als Geistlicher, um in die Villa zu gelangen.

II

[...]
Während er sprach, bogen die Seitenlichter eines Wagens um die Straßenecke. Sie gehörten zu einem schmucken kleinen Landauer, der vor die Tür [...] ratterte. Er hielt, und einer von den an der Ecke lungernden Männern sprang hinzu, die Tür zu öffnen, in der Hoffnung, ein paar Münzen zu verdienen, aber er wurde von einem anderen Lungerer, der in gleicher Absicht herbeieilte, beiseitegestoßen. Ein wilder Streit brach los, den die beiden Soldaten, die für den ersten Bummler Partei ergriffen, und der Scherenschleifer, der sich genauso heiß für die andere Seite einsetzte, noch verschlimmerten.
Der erste Schlag fiel, und im Nu befand sich die aus dem Wagen gestiegene Dame inmitten eines kleinen Knäuels erhitzter kämpfender Männer, die mit Fäusten und Stecken wüst aufeinander einhieben. Holmes warf sich hinein, um die Dame zu beschützen; aber gerade als er sie erreicht hatte, schrie er auf und fiel zu Boden, und Blut rann ihm in Strömen übers Gesicht. In dem Moment nahmen die Soldaten die Beine in die Hand und flohen in die eine und die Lungerer in die andere Richtung, während eine Anzahl besser gekleideter Leute, die der Rauferei, ohne sich einzumischen, zugesehen hatten, herandrängte, um der Dame zu helfen und dem Verwundeten beizustehen. Irene Adler [...] lief die Vortreppe hinauf; aber oben auf dem Absatz blieb sie stehen, ihre herrliche Gestalt zeichnete sich ab gegen die Lichter der Halle. Sie blickte zurück auf die Straße.
„Ist der arme Herr sehr verletzt?", fragte sie.
„Er ist tot!", schrien verschiedene Stimmen.
„Nein, nein", rief einer, „es ist noch Leben in ihm, aber er wird sterben, ehe er das Hospital erreicht."
„Er ist ein tapferer Mann", sagte eine Frau. „Wenn er nicht gewesen wäre, hätten sie die Tasche und die Uhr der Dame erbeutet. Das war eine Bande, und brutal noch dazu. Ah, jetzt atmet er."
„Er kann nicht auf der Straße liegen. Dürfen wir ihn hineinbringen, Madam?"
„Gewiss. Tragen Sie ihn in den Salon. Da steht eine bequeme Couch. Bitte, hier hinein."
Langsam und feierlich wurde Holmes ins Haus getragen und in das große Zimmer gelegt; ich konnte die Vorgänge von meinem Posten am Fenster verfolgen. Die Lampen wurden angezündet, aber die Jalousie blieb oben, sodass ich Holmes auf der Couch sah. Ich weiß nicht, ob ihn Gewissensbisse plagten, weil er eine solche Rolle spielte, aber ich weiß, dass ich mich nie

mehr geschämt habe als in diesem Augenblick, da ich die Anmut und Freundlichkeit erblickte, mit der das herrliche Geschöpf, gegen das ich mit im Komplott war, den verletzten Mann pflegte. Und doch wäre es schwärzester Verrat an Holmes gewesen, hätte ich mich jetzt aus der Rolle gestohlen, die er mir anvertraut hatte. Ich verhärtete mein Herz und zog die Rauchrakete aus dem Ulster[7]. Schließlich, dachte ich, verletzen wir sie ja nicht. Wir hinderten sie nur, jemanden anders zu verletzen.

[7] *der Ulster:* ein Mantel

Holmes hatte sich aufgesetzt, und ich sah, wie er sich bewegte, als ob er nach Luft ränge. Ein Dienstmädchen lief durch den Raum und stieß das Fenster auf. Im selben Moment sah ich ihn die Hand heben, und auf das Signal hin warf ich die Rakete ins Zimmer und schrie „Feuer!". Das Wort war kaum aus dem Mund, als die ganze Zuschauermenge, ob gut oder schlecht gekleidete Leute, Herren oder Pferdeknechte und Dienstboten, in einen allgemeinen Schrei „Feuer!" einstimmte. Dicke Rauchwolken füllten das Zimmer und wälzten sich zum Fenster hinaus; ich sah die Umrisse eilender Gestalten und hörte einen Augenblick später Holmes' Stimme aus dem Hausinnern, die allen versicherte, es sei ein falscher Alarm. Ich schlüpfte durch die schreiende Menge und ging zur Straßenecke, und zehn Minuten später fühlte ich zu meiner Freude den Arm des Freundes in dem meinen und konnte mich von der Szene des Aufruhrs hinwegbegeben. Er ging einige Minuten schnell und schweigend neben mir her, bis wir in eine der ruhigen Straßen eingebogen waren [...].

„Das haben Sie sehr gut gemacht, Doktor", bemerkte er. „Es hätte nicht besser gehen können. Alles ist in Ordnung."

„Sie haben die Fotografie!"

„Ich weiß, wo sie ist."

„Und wie haben Sie das herausbekommen?"

„Sie hat es mir gezeigt. Ich sagte Ihnen doch, dass sie es tun würde."

„Ich tappe noch im Dunkeln."

„Ich möchte kein Geheimnis daraus machen", sagte er lachend. „Die Sache war ganz einfach. Sie haben natürlich gesehen, dass alle auf der Straße zum Komplott gehörten. Sie waren für den Abend engagiert."

„So viel habe ich angenommen."

„Als der Tumult ausbrach, hatte ich ein bisschen flüssige rote Farbe in der Hand. Ich stürzte vor, fiel, schlug die Hand vors Gesicht und wurde so Gegenstand des Mitleids. Das ist ein alter Trick."

„Auch das konnte ich ahnen."

„Dann trug man mich hinein. Sie war verpflichtet, mich aufzunehmen. Was sollte sie sonst tun? Und geradewegs in ihren Salon, in den Raum, auf den ich es abgesehen hatte. Das Bild musste entweder hier sein oder in ihrem Schlafzimmer; ich war entschlossen, es herauszubekommen. Man legte mich auf eine Couch, ich schnappte nach Luft, wodurch man veranlasst wurde, das Fenster zu öffnen. Und da war die Gelegenheit für Sie."

„Wie konnte Ihnen das helfen?"

„Es war das Allerwichtigste! Wenn eine Frau denkt, ihr Haus steht in Flammen, trägt ihr Instinkt sie sofort zu dem Gegenstand, den sie am meisten schätzt. Das ist ein ganz überwältigender Impuls, und er war für mich mehr als einmal von Vorteil. [...] Nun war mir klar, dass unsere Dame nichts Wertvolleres im Haus hatte als das, wonach wir suchen. Sie würde also hinstürzen, um es in Sicherheit zu bringen. Der Feueralarm war bewundernswert gelungen. Der Rauch und das Geschrei hätten ausgereicht, um Nerven von Stahl zu erschüttern. Sie reagierte herrlich. Die Fotografie befindet sich in einem Gelass hinter einem beweglichen Paneel gerade über dem Klingelzug. Im Nu war sie dort, und ich konnte einen Blick auf das Bild werfen, wie sie es halb herauszog. Als ich ihr zurief, es sei ein falscher Alarm, schob sie es zurück, besah sich die Rakete, lief aus dem Zimmer, und seitdem habe ich sie nicht mehr gesehen. Ich erhob mich, entschuldigte mich und entwich aus dem Haus. Ich zögerte, ob ich versuchen sollte, die Fotografie sofort sicherzustellen; aber der Kutscher war hereingekommen, und da er mich musternd ansah, schien es mir geraten, zu warten. Eine kleine Übereiltheit kann alles verderben."

„Und jetzt?", fragte ich.

„Unser Auftrag ist faktisch beendet. Ich werde morgen zusammen mit dem König bei ihr vorsprechen, und mit Ihnen, wenn Ihnen daran liegt. Man wird uns in den Salon führen, damit wir dort auf die Dame warten; aber es ist wahrscheinlich, dass sie, wenn sie kommt, weder uns noch die Fotografie vorfinden wird. Es könnte eine Genugtuung für Seine Majestät sein, das Bild persönlich wiederzuerlangen."

„Und wann werden wir vorsprechen?"

„Um acht Uhr morgens. Sie wird noch nicht auf sein, sodass wir freie Bahn haben. [...] Jetzt muss ich ohne Verzögerung dem König telegrafieren."

Wir waren in der Baker Street angekommen und standen vor der Haustür. Holmes suchte noch in seinen Taschen nach dem Schlüssel, als jemand vorüberkam und sagte: „Gute Nacht, Mr. Sherlock Holmes."

Zu dieser Zeit waren verschiedene Leute auf der Straße, aber der Gruß schien von einem schlanken, jungen Mann gekommen zu sein, der einen Ulster trug und schnell weitergegangen war.

„Ich habe die Stimme schon einmal gehört", sagte Holmes und starrte die schlecht beleuchtete Straße hinunter. „Ich frage mich, wer das, verflixt noch mal, gewesen sein kann?"*

b Oft erfährt man in literarischen Texten nicht viel über das Äußere von Figuren und muss eigene Vorstellungen entwickeln. Lies den Textauszug noch einmal und notiere, welche äußeren Merkmale von Holmes beschrieben sind.

c Überlege, welche Vorstellungen diese Beschreibungen bei dir auslösen. Formuliere, wie man sich das Aussehen von Holmes vorstellen könnte.

d Notiere jetzt innere Merkmale von Holmes, die sich aus dem Text ableiten lassen.

Tipp
Orientiere dich am Merkkasten auf S. 118.

e Überlege, wie du deine Charakterisierung gliedern willst. Schreibe einen Entwurf deiner Charakterisierung.

f Überarbeite den Entwurf. Achte besonders auf abwechslungsreiche Satzverknüpfungen.

4 Charakterisiere eine weitere literarische Figur. Wähle Aufgabe a, b oder c.

●○○ **a** Lies noch einmal den Textauszug aus Aufgabe 2 a (S. 111). Charakterisiere Dr. Watson. Gehe dazu vor wie in den Aufgaben 3 b bis f.

Dr. Watson, Freund und Helfer von Sherlock Holmes, ist die zweite Hauptfigur und zugleich der Erzähler in Arthur Conan Doyles Kriminalgeschichte „Ein Skandal in Bohemia". Er …

●●○ **b** Wähle eine literarische Figur aus den Lesestoffen (S. 136–144) aus und charakterisiere sie. Nutze die Schrittfolge.

So kannst du eine Person oder Figur charakterisieren

1. Denke über die Schreibaufgabe nach: Für wen schreibst du? Zu welchem Zweck?
2. Beschreibe die äußeren Merkmale einer Figur (Gesamterscheinung, Einzelheiten, besondere Merkmale).
3. Beschreibe danach die inneren Merkmale einer Figur (Lebensumstände, Gedanken, Gefühle, Verhaltensweisen, ihr Verhältnis zu anderen).
4. Fasse die Merkmale zusammen.
5. Schreibe einen Entwurf. Lass einen breiten Rand zum Korrigieren.
6. Überarbeite den Entwurf und schreibe die Endfassung.

●●● **c** Wähle eine Figur aus einem deiner Lieblingsbücher aus und charakterisiere sie. Stelle das Buch und die Figur in der Klasse vor.

3 c Nutze zum Beispiel die folgenden Formulierungen.
vermutlich / vielleicht / wahrscheinlich

3 d Nutze zum Beispiel die folgenden Formulierungen.
aufmerksam / ruhig / gelassen / selbstsicher / still / nervös / ehrlich / klug / professionell / arrogant / hochintelligent / ehrgeizig / achtsam

Inhaltsangaben zu literarischen Texten verfassen

In einer **Inhaltsangabe** gibt man in möglichst sachlicher und knapper Darstellungsweise den wesentlichen Inhalt eines literarischen Textes, eines Films, einer Fernsehsendung oder eines Theaterstücks wieder. Dabei sollte man immer berücksichtigen, **für wen** und **warum** die Inhaltsangabe verfasst wird. Inhaltsangaben werden in der Regel im Präsens geschrieben.
Die Inhaltsangabe enthält folgende **Bestandteile**:
- Einleitung: Angaben zu Autorin bzw. Autor, Textsorte, Titel, ggf. Erscheinungsjahr, Quelle, Thema,
- Hauptteil: knappe Darstellung der Figuren, der Handlungsorte und -zeiten, des zentralen Themas oder Problems und der wichtigsten Handlungsschritte zur Lösung des Problems,
- Schluss: Besonderheiten des Textes (z. B. offene Fragen, Lehre, Bezug zur Überschrift), Überleitung zum eigenen Anliegen.

1 Sherlock Holmes und Dr. Watson machen sich mit dem König auf den Weg, um die Fotografie aus ihrem Versteck zu holen.

a Lies nun das Ende der Detektivgeschichte.

III

[…] Die Tür […] war offen, und eine ältere Frau stand auf den Stufen. Sie beobachtete uns mit hämischen Blicken, als wir aus dem Brougham[8] stiegen.
„Mr. Sherlock Holmes?“, fragte sie.
„Ich bin Mr. Holmes“, antwortete mein Gefährte und sah sie fragend und ziemlich erstaunt an.
„Tatsächlich! Meine Herrin hat mir gesagt, dass Sie wahrscheinlich kommen würden. Sie ist heute Morgen mit ihrem Gatten nach dem Kontinent abgereist […].“
„Was!“ Sherlock Holmes taumelte zurück, blass vor Ärger und Überraschung.
„Heißt das, sie hat England verlassen?“
„Um nie zurückzukehren.“
„Und die Fotografie?“, fragte der König heiser. „Alles ist verloren!“
„Wir werden sehen.“ Holmes schob sich an der Dienerin vorbei und stürzte in den Salon, gefolgt vom König und mir. Die Möbel waren in wüster Unordnung, die Regale leer, die Schubladen standen offen, als ob die Dame sie vor ihrer Flucht in aller Eile geplündert hätte. Holmes schoss auf den Klingelzug zu, schob eine kleine Klappe auf, steckte die Hand in eine Höhlung und zog eine Fotografie und einen Brief hervor. Das Bild zeigte Irene Adler im Abendkleid, auf dem Brief stand: „An Mr. Sherlock Holmes […], persönlich auszuhändigen.“
Mein Freund riss den Brief auf, und wir drei lasen ihn. Er trug das Datum von zwölf Uhr der vergangenen Nacht und hatte folgenden Wortlaut:

[8] *der Brougham:* eine Kutsche

Mein lieber Mr. Sherlock Holmes,
das haben Sie wirklich sehr gut gemacht. Sie haben mich völlig überzeugt. Bis nach dem Feueralarm hegte ich keinen Verdacht. Aber dann, als ich dahintergekommen war, wie ich mich getäuscht hatte, begann ich nachzudenken. Man hatte mich vor Monaten schon vor Ihnen gewarnt. Man hatte mir erzählt, wenn der König einen Agenten anstellt, dann wären Sie es mit Sicherheit. Und man hatte mir Ihre Adresse gegeben. Und dennoch haben Sie mich dazu gebracht, zu entdecken, was Sie wissen wollten. Sogar noch nachdem ich Verdacht geschöpft hatte, war es mir kaum möglich, von einem so liebenswürdigen alten Geistlichen Schlechtes zu denken. Aber, wie Sie wissen, habe auch ich eine Schauspielausbildung genossen. Männliche Verkleidung bedeutet für mich nichts Neues. Ich habe mich oft der Freiheit, die sie verleiht, bedient. Ich beauftragte John, den Kutscher, Sie zu beobachten, lief die Treppe hinauf, warf mich in meinen, wie ich es nenne, Straßenanzug, und kam zurück, als Sie gerade weggingen.
Nun, ich bin Ihnen bis zu Ihrer Haustür gefolgt und wusste nun sicher, dass ich wirklich Gegenstand des Interesses des berühmten Sherlock Holmes war. Dann wünschte ich Ihnen ziemlich unvorsichtig eine gute Nacht und ging weiter zum Temple, um meinen Gatten zu treffen. Wir beide fanden, die beste Lösung sei Flucht, da wir ja von einem so schrecklichen Gegenspieler verfolgt werden; darum finden Sie das Nest leer, wenn Sie morgen vorsprechen. Was die Fotografie angeht, so mag Ihr Klient ruhig schlafen. Ich liebe einen besseren Mann als ihn und werde geliebt. Der König mag tun, was er will, ohne daran von jemandem, dem er grausam Unrecht getan hat, gehindert zu werden. Ich behalte das Bild nur, um mich zu sichern und eine Waffe zu haben, die mich immer schützen wird vor allen Schritten, die er in Zukunft unternehmen mag. Ich hinterlasse eine Fotografie, an deren Besitz ihm vielleicht liegt, und verbleibe, lieber Mr. Sherlock Holmes, als Ihre aufrichtige

Irene Norton, née[9] Adler.

„Was für eine Frau, oh, was für eine Frau!", rief der König von Böhmen [...]. „Habe ich Ihnen nicht erzählt, wie rasch und energisch sie ist? Würde sie nicht eine bewundernswürdige Königin abgegeben haben? Ist es nicht ein Jammer, dass sie nicht meines Ranges ist?"
„Nach dem, was ich von der Dame erlebt habe, scheint sie wirklich von einem ganz anderen Rang als Eure Majestät zu sein", sagte Sherlock Holmes kühl. „Es tut mir leid, dass ich die Sache Eurer Majestät nicht zu einem erfolgreicheren Schluss habe bringen können."
„Im Gegenteil, mein lieber Herr", rief der König. „Es hätte nicht erfolgreicher ausgehen können. Ich weiß, dass ihr Wort unerschütterlich ist. Die Fotografie ist jetzt so sicher, als wäre sie im Feuer."
„Ich bin froh, Eure Majestät so reden zu hören."

[9] *née:* geborene

„Ich stehe zutiefst in Ihrer Schuld. Bitte, sagen Sie mir, auf welche Weise ich Sie belohnen kann. Dieser Ring ..."

Er zog einen Schlangenring mit einem Smaragd vom Finger und hielt ihn auf der ausgestreckten Hand hin.

„Eure Majestät besitzen etwas, das ich sogar noch höher schätze", sagte Holmes.

„Sie brauchen es nur zu nennen."

„Diese Fotografie!"

Der König starrte ihn höchst erstaunt an.

„Irenes Fotografie!", rief er. „Gewiss, wenn Sie sie wünschen."

„Ich danke Eurer Majestät. Dann gibt es in der Sache wohl nichts mehr zu tun. Ich habe die Ehre, Ihnen einen sehr schönen guten Morgen zu wünschen." Er verbeugte sich und wandte sich um, ohne die Hand zu beachten, die der König ihm hinstreckte, und machte sich in meiner Begleitung auf den Weg zu seiner Wohnung. [...]*

b Tauscht euch darüber aus, wie das Problem des Königs gelöst wurde.

c Besprecht, was Holmes und Watson von dieser Lösung halten könnten.

Eine Inhaltsangabe planen

2 Stelle dir vor, du sollst für ein Projekt zum Thema „Berühmte Kriminalliteratur" eine Inhaltsangabe zur Geschichte „Ein Skandal in Bohemia" schreiben.

a Lies zuerst noch einmal alle Auszüge aus der Geschichte (S. 111–125). Beantworte folgende Fragen in Stichpunkten in deinem Heft.

1. Worum geht es in der Geschichte? Was ist das zentrale Thema und das zentrale Problem, das gelöst werden soll?
2. Wann (z. B. in welchem Jahrhundert, in welcher Jahreszeit) spielt die Geschichte? Welchen Zeitraum umfasst die Handlung (z. B. einige Stunden, Tage, Wochen usw.)?
3. Wo findet die Handlung statt?
4. Wer erzählt?
5. Welche Figuren treten auf? In welchem Verhältnis stehen sie zueinander?
6. Wie ist der Handlungsverlauf (zur Lösung des Problems)?

b Notiere Stichpunkte zu Merkmalen und Charaktereigenschaften der Figuren.

c Entwirf die Einleitung deiner Inhaltsangabe.

Die Detektivgeschichte „Ein Skandal in Bohemia" von Arthur Conan Doyle ...

Tipp
Orientiere dich am Merkkasten auf S. 123.

d Überlege, wie du den Schluss gestalten willst, und entwirf ihn.

Somit ist diese Erzählung eine typische ...

→ S. 194:
Verben: Modusformen

Beim Schreiben von Inhaltsangaben sollte man einige **sprachliche Besonderheiten** beachten:
- den Inhalt mit eigenen Worten wiedergeben (in der Regel ohne Zitate),
- knappe, sachliche Sprache verwenden, meist ohne eigene Gefühle,
- direkte Rede in indirekte Rede umwandeln,
- im Präsens oder Perfekt (Vorzeitigkeit) schreiben.

Den Entwurf schreiben und überarbeiten

e Schreibe nun einen Entwurf deiner Inhaltsangabe zur Detektivgeschichte „Ein Skandal in Bohemia“. Lass einen breiten Rand für die Überarbeitung.

f Überarbeite deinen Entwurf und schreibe die Endfassung. Achte besonders auf knappe Formulierungen, Zeitformen und indirekte Rede.

3 Besprecht in der Klasse eure Erfahrungen beim Schreiben der Inhaltsangabe. Was ist euch leichtgefallen, was ist euch schwergefallen und warum?

4 Schreibe eine weitere Inhaltsangabe. Wähle Aufgabe a oder b.

●●○ **a** Stelle dir vor, du möchtest die Auszüge aus dem Roman „SCHWARZE LÜGEN“ (Lesestoffe, S. 140–144) für einen Vorlesetag an eurer Schule vorschlagen. Schreibe dafür eine Inhaltsangabe zu den Auszügen. Nutze die Schrittfolge.

So kannst du eine Inhaltsangabe schreiben
1. Denke über die Schreibaufgabe nach: Für wen und zu welchem Zweck fasst du den Inhalt zusammen?
2. Nenne in der Einleitung die Autorin bzw. den Autor, den Titel und die Textsorte, eventuell das Erscheinungsjahr, die Quelle und das Thema.
3. Stelle im Hauptteil dar, wer erzählt, nenne die Hauptfiguren, eventuell wichtige Nebenfiguren, wichtige Handlungsorte und -zeiten. Formuliere das zentrale Problem und die Handlungsschritte zu dessen Lösung.
4. Fasse zum Schluss die Besonderheiten des Textes zusammen.
5. Schreibe einen Entwurf. Lass einen breiten Rand zum Korrigieren.
6. Überarbeite den Entwurf und schreibe die Endfassung.

●●● **b** Schreibe für eine Buchvorstellung eine Inhaltsangabe zu einem für dich interessanten Buch, das du zum Lesen empfehlen möchtest.

Was habe ich gelernt?

5 Überprüfe, was du über Inhaltsangaben weißt. Ordne folgende Inhalte sinnvoll. Orientiere dich an Einleitung, Hauptteil und Schluss.

Besonderheiten des Textes / Aussageabsicht oder Botschaft / Titel / Textsorte / Figuren / Ort und Zeit / Autorin bzw. Autor / Thema / Grundzüge der Handlung

4a Nutze zum Beispiel den folgenden Beginn für deine Inhaltsangabe.
Die Auszüge aus Kirsten Boies Roman „SCHWARZE LÜGEN“ erzählen von einer Situation, in der sich die Hauptfiguren in großer Gefahr befinden. Man erfährt, dass … / Erzählt wird von … / Ein Er-Erzähler schildert … / Die Handlung beginnt mit …

Lesen als Spurensuche I – Literarische Texte erschließen

Lesen ist Entdecken. Lesen ist Spurensuche in Texten. Schrittweises Vorgehen und bestimmte Methoden können dabei helfen.
Beim **Erschließen (Analysieren) literarischer Texte** muss man ihren **Inhalt** und ihre **Form** untersuchen, um daraus Aussagen und mögliche **Deutungen (Interpretationen)** abzuleiten. Dazu betrachtet man:
- die **Handlung**, indem man:
  - das zentrale Thema bzw. das (zu lösende) Problem ermittelt,
  - Abschnitte bildet und Teilüberschriften findet,
  - Handlungsorte und Handlungszeiten ermittelt,
- die **Figuren**, indem man:
  - äußere Merkmale (Gesamterscheinung, Einzelheiten, Besonderheiten),
  - innere Merkmale (Gedanken, Gefühle, Verhaltensweisen) ermittelt.
- die **Gestaltungsmittel**.

Die Gestaltungsmittel untersucht man, indem man:
- die **Erzählperspektive** ermittelt, z. B.: ob eine *Ich*-Erzählerin bzw. ein *Ich*-Erzähler oder eine *Sie*-Erzählerin bzw. ein *Er*-Erzähler spricht,
- die **zeitliche Gestaltung** untersucht, z. B.:
  - die zeitliche Abfolge der Handlung (Rückblende, Vorausdeutung),
  - die Erzählgeschwindigkeit (Zeitraffung, Zeitdehnung),
- die **sprachlichen Mittel** bestimmt, z. B.:
  - bildhafte Vergleiche und Bezeichnungen, z. B.: *kalt wie Eis, Hütte,*
  - Metaphern, z. B.: *ein Blumenmeer,*
  - abwechslungsreiche und genaue Bezeichnungen (Synonyme, Verben, Adjektive), z. B.: *schnell – hastig – eilig, flüstern, murmeln, riesig,*
  - Personifizierungen, z. B.: *Freude ergriff von ihm Besitz.*

1 Lies die Textauszüge „SCHWARZE LÜGEN" aus den Lesestoffen (S. 140–144).

a Untersuche die Handlung. Ermittle das zentrale Problem und die wichtigsten Handlungsschritte. Notiere sie in Form von Teilüberschriften.

b Bestimme die Zeit und die Orte der Handlung. Erkläre, welche Bedeutung sie für das Geschehen haben und welche Wirkung von ihnen ausgeht.

c Untersuche und charakterisiere die Figuren. Deute ihr Verhältnis zueinander.

d Bestimme die Erzählperspektive. Beschreibe, wie sie auf dich wirkt.

e Untersuche die zeitliche Gestaltung der Textauszüge. Nenne Beispiele und beschreibe, welche Wirkung sie auf Leserinnen und Leser haben.

f Untersuche die sprachliche Gestaltung der Textauszüge. Nenne besonders wirksame sprachliche Mittel und erkläre, welche Wirkung sie haben.

Kurzgeschichten hören und lesen

Über Kurzgeschichten sprechen – Kurzgeschichten erschließen

Als **Kurzgeschichten** bezeichnet man (in Anlehnung an die amerikanischen *Short Stories)* kurze und prägnante Erzählungen mit folgenden typischen **Merkmalen**:
- Es werden einzelne alltägliche Ereignisse oder Erlebnisse beleuchtet.
- Es treten wenige Figuren auf.
- Die Geschichte beginnt oft unvermittelt.
- Das Ende ist meist offen, mitunter überraschend.
- Die Handlungszeit ist begrenzt (meist nur wenige Stunden oder Tage).
- Die Handlungsorte sind begrenzt (oft nur einer).
- Es wird eine knappe, alltägliche Sprache verwendet, häufig mit anschaulicher Wortwahl und Metaphern.

1 Kurzgeschichten sind oft nicht einfach zu verstehen. Ein Austausch mit anderen kann helfen, verschiedene Deutungsmöglichkeiten zu erkennen.

a Bildet einen Sitzkreis und lest die folgende Geschichte zunächst still. Formuliert direkt im Anschluss eure ersten (spontanen) Eindrücke, Gedanken und Fragen zur Geschichte.

Wolfgang Borchert (1921–1947)

Die Kirschen

Nebenan klirrte ein Glas. Jetzt isst er die Kirschen auf, die für mich sind, dachte er. Dabei habe ich das Fieber. Sie hat die Kirschen extra vors Fenster gestellt, damit sie ganz kalt sind. Jetzt hat er das Glas hingeschmissen. Und ich hab das Fieber.

Der Kranke stand auf. Er schob sich die Wand entlang. Dann sah er durch die Tür, dass sein Vater auf der Erde saß. Er hatte die ganze Hand voll Kirschsaft.

Alles voll Kirschen, dachte der Kranke, alles voll Kirschen. Dabei sollte ich sie essen. Ich hab doch das Fieber. Er hat die ganze Hand voll Kirschsaft. Die waren sicher schön kalt. Sie hat sie doch extra vors Fenster gestellt für das Fieber. Und er isst mir die ganzen Kirschen auf. Jetzt sitzt er auf der Erde und hat die ganze Hand davon voll. Und ich hab das Fieber. Und er hat den kalten Kirschsaft auf der Hand. Den schönen kalten Kirschsaft. Er war bestimmt ganz kalt. Er stand doch extra vorm Fenster. Für das Fieber.

Er hielt sich am Türdrücker. Als der quietschte, sah der Vater auf.

Junge, du musst doch zu Bett. Mit dem Fieber, Junge. Du musst sofort zu Bett.

Alles voll Kirschen, flüsterte der Kranke. Er sah auf die Hand. Alles voll Kirschen.

Du musst sofort zu Bett, Junge. Der Vater versuchte aufzustehen und verzog das Gesicht. Es tropfte von seiner Hand.

Alles Kirschen, flüsterte der Kranke. Alles meine Kirschen. Waren sie kalt?, fragte er laut. Ja? Sie waren doch sicher schön kalt, wie? Sie hat sie doch extra vors Fenster gestellt, damit sie ganz kalt sind. Damit sie ganz kalt sind.

Der Vater sah ihn hilflos von unten an. Er lächelte etwas. Ich komme nicht wieder hoch, lächelte er und verzog das Gesicht. Das ist doch zu dumm, ich komme buchstäblich nicht wieder hoch.

Der Kranke hielt sich an der Tür. Die bewegte sich leise hin und her von seinem Schwanken. Waren sie schön kalt?, flüsterte er, ja?

Ich bin nämlich hingefallen, sagte der Vater. Aber es ist wohl nur der Schreck. Ich bin ganz lahm, lächelte er. Das kommt von dem Schreck. Es geht gleich wieder. Dann bring ich dich zu Bett. Du musst ganz schnell zu Bett.

Der Kranke sah auf die Hand.

Ach, das ist nicht so schlimm. Das ist nur ein kleiner Schnitt. Das hört gleich auf. Das kommt von der Tasse, winkte der Vater ab. Er sah hoch und verzog das Gesicht. Hoffentlich schimpft sie nicht. Sie mochte gerade diese Tasse so gern. Jetzt hab ich sie kaputt gemacht. Ausgerechnet diese Tasse, die sie so gern mochte. Ich wollte sie ausspülen, da bin ich ausgerutscht. Ich wollte sie nur ein bisschen kalt ausspülen und deine Kirschen da hineintun. Aus dem Glas trinkt es sich so schlecht im Bett. Das weiß ich noch. Daraus trinkt es sich ganz schlecht im Bett.

Der Kranke sah auf die Hand. Die Kirschen, flüsterte er, meine Kirschen?

Der Vater versuchte noch einmal hochzukommen. Die bring ich dir gleich, sagte er. Gleich, Junge. Geh schnell zu Bett mit deinem Fieber. Ich bring sie dir gleich. Sie stehen noch vorm Fenster, damit sie schön kalt sind. Ich bring sie dir sofort.

Der Kranke schob sich an der Wand zurück zu seinem Bett. Als der Vater mit den Kirschen kam, hatte er den Kopf tief unter die Decke gesteckt.

b Lest die Geschichte noch einmal und tauscht euch darüber aus, welche Stimmung für euch von der Situation ausgeht. Begründet eure Meinungen.

c Lest euch Teile der Geschichte gegenseitig vor. Überlegt, wie die Figuren eurer Meinung nach sprechen könnten. Erprobt, wie sich die Stimmung durch die Art des Vorlesens verändern kann.

MK **d** Recherchiert eine Hörfassung der Geschichte im Internet. Hört sie euch an und vergleicht die Art des Vorlesens mit euren Varianten aus Aufgabe c. Besprecht auch, ob die Art des Vorlesens eure Vorstellungen von der Situation und den Figuren beeinflusst.

Eine Kurzgeschichte untersuchen

→ S. 309: Merkwissen: Erzählperspektive

2 Untersucht die Kurzgeschichte aus Aufgabe 1 a (S. 128) jetzt genauer.

a Weist mithilfe des Merkkastens auf S. 128 nach, dass es sich bei dem Text aus Aufgabe 1 a um eine Kurzgeschichte handelt.

b Bestimmt, aus welcher Perspektive die Geschichte erzählt wird. Tauscht euch darüber aus, wie diese Erzählperspektive auf euch wirkt.

c Besprecht, wann und wie lange die Geschichte spielen könnte.

d Untersucht, welche Figuren auftreten. Was erfährt man über sie und was erfährt man nicht? Wie wirken die Figuren auf euch und warum?

e Besprecht, in welchem Verhältnis die Figuren zueinander stehen könnten. Woran wird dieses Verhältnis deutlich? Was bleibt unklar?

f Bewertet die Handlungsweise der Figuren.

g Untersucht die Sprache der Geschichte. Besprecht Beispiele für besonders wirksame sprachliche Mittel. Beachtet zum Beispiel die Wortwahl, die Dialoggestaltung, den Satzbau und die Zeichensetzung.

MK **h** Wolfgang Borchert gehört zu den bekanntesten deutschen Verfassern von Kurzgeschichten. Recherchiert seinen Lebenslauf und lest ihn. Besprecht anschließend, ob und wie das eure Deutung der Geschichte verändert.

3 Tauscht euch in der Klasse darüber aus, wie euch die Gruppengespräche beim Erschließen der Geschichte aus Aufgabe 1 a geholfen haben. Haben sich eure Eindrücke und Deutungen durch den Austausch mit anderen verändert?

4 Untersuche die folgende Kurzgeschichte.

a Lies die Geschichte.

Anna Drawe

Im Warenhaus

Betty Warner war eine gute Seele, aber sie hatte Hunger, und die Brieftasche, die aus der Hosentasche des Mannes hervorlugte, der im großen Warenhaus vor ihr herging, reizte ihre Begierde. Ihr war auch sehr kalt, ihre Kleider waren nur dünn, einen Mantel besaß sie nicht mehr. Zudem war sie eben an vielen Stellen gewesen, wo sie sich vergeblich um Arbeit bemüht hatte.
Sie war nicht ins Warenhaus gekommen, um Einkäufe zu machen, sondern nur, um sich zu wärmen, sie fror bis ins Innerste. Sie bemühte sich, nicht auf die Brieftasche zu schauen, aber die blickte so verführerisch zwischen den Rockschößen des Mannes hervor, und sie sah es dem Herrn an, dass er schon einmal eine Brieftasche verlieren konnte. Denn das, was allein sein Anzug kostete, hätte ihr monatelang zum Lebensunterhalt genügt.

Sie ging dichter hinter der Brieftasche und schaute die Leute ringsum an: eine freundlich aussehende, kleine alte Frau in Schwarz, zwei junge Mädels, die lebhaft miteinander plauderten. Wenn nicht ein Augenblick gekommen wäre, in dem die kleine, alte Frau nach einem Taschentuch herumsuchte und die Mädels verschwunden wären, so hätte Betty die Brieftasche nicht genommen. In diesem Augenblick fiel jede Scheu und Hemmung von ihr ab. Sie nahm die Brieftasche mit einer hastigen Bewegung und ließ sie in ihrer Handtasche verschwinden.

Dieser fürchterliche Augenblick war nun vorüber, und sie war wieder das nette, rosige junge Mädchen, das in ihrem ganzen Leben kaum etwas wirklich Schlechtes begangen hatte. Sie blieb stehen und tat so, als ob sie sich seidene Strümpfe anschaute. Am selben Ladentisch stand die kleine alte Frau. War sie Betty absichtlich gefolgt?

„Sie sehen müde aus“, sprach die kleine, alte Frau, „warum gehen Sie nicht in den Damenwarteraum und ruhen sich aus?“

„Ich – ich kann nicht, ich ... muss gehen“, stammelte das Mädchen. In der warmen Luft wurde ihr, die schon lange nichts mehr gegessen hatte, schwindelig, sie taumelte und ließ ihr Handtäschchen fallen. Die kleine alte Frau hob es auf und reichte es ihr. „Trotzdem sollten Sie erst ein wenig ausruhen.“

Aber Betty hörte es nicht. Sie hielt sich am Ladentisch, sie zitterte vor Angst. Über den Köpfen der Menge hin, die durch die Gänge des Warenhauses wogte, hatte sie das besorgte Gesicht des Besitzers der Brieftasche wahrgenommen und neben ihm schimmerte eine Schutzmannsuniform. Die Leute im Warenhaus erschienen Betty alle wie sehr entfernte, kleine schwarze Punkte, so aufgeregt war sie.

„Gehn Sie nicht weg von mir“, bat Betty, „– gehen Sie nicht fort!“ Die kleine alte Frau gab keine Antwort. Sie sah den Schutzmann an. Denn er berührte eben Betty an der Schulter.

„Dieser Herr“, sagte er grob, „– hat seine Brieftasche verloren.“

Das Mädchen stammelte ein paar Worte, die ihr selbst fremd klangen. Dem Besitzer der Brieftasche schien sie leidzutun. Er begann: „Ich sage ja nicht, dass Sie die Brieftasche genommen haben, aber Sie waren ganz dicht hinter mir, als es geschah. Sie ging zuerst vor mir“, sagte er zum Schutzmann, „dann blieb sie zurück und eine Sekunde später war die Tasche fort.“

Betty glaubte, in den Erdboden zu versinken. Sie starrte besinnungslos vor sich hin, während der Schutzmann die Handtasche öffnete. Sie starrte noch immer, als er die Tasche auf den Ladentisch warf und zu dem Herrn sagte: „Das junge Mädchen hat sie nicht!“

Sie sah die beiden Männer fortgehen, aber ihre vor Angst stumpfen Sinne fassten es nicht.

„Ich habe natürlich die Brieftasche herausgenommen“, sagte die kleine alte Frau, indem sie das Mädchen zum Ausgang führte.

„Der Schutzmann wird die Adresse des Herrn haben, und ich will dafür sorgen, dass er die Tasche zurückerhält. Sind Sie hungrig?"
„Ja, sehr."
„Sie mussten Ihren Mantel verkaufen aus Not, nicht wahr? Sie scheinen stellenlos zu sein und ohne Geld?"
„Ja."
„Hm – das hab' ich mir doch gedacht."
„Warum – warum haben Sie das für mich getan?"
„Weil ich solche Fälle kenne. Es war das erste Mal, dass Sie so etwas machten?"
„Ja."
„Versprechen Sie mir, es niemals wieder zu tun?"
„Ach ja, nie … nie wieder!"
„Sehen Sie", sagte die alte Frau, „darum hab ich's getan. Und jetzt, Kind, wollen wir etwas essen gehen."
„Wer … wer sind Sie?", fragte das Mädchen.
Die kleine alte Frau lächelte: „Ich bin nur die Warenhausdetektivin", sagte sie.

b Wie gefällt dir die Geschichte? Begründe kurz deine Meinung.

Mir gefällt der Text (nicht), weil …

c Untersuche die Figuren. Was erfährst du über sie? Wie wirken sie auf dich?

d Bewerte die Handlungsweise der Figuren. Nenne Gründe, die Betty Warner zum Stehlen bringen. Überlege, warum die Kaufhausdetektivin die junge Frau laufen lässt.

e Bestimme die Erzählperspektive. Wer könnte hier erzählen? Und wie wirkt diese Erzählweise auf dich?

f Untersuche die Sprache der Geschichte. Notiere Beispiele für die verwendeten sprachlichen Mittel.

Wortwahl: …
Satzbau und Zeichensetzung: …
Dialoge: …
weitere Besonderheiten: …

g Weise mithilfe des Merkkastens auf S. 128 nach, dass es sich bei dem Text aus Aufgabe 4 a um eine Kurzgeschichte handelt.

→ **S. 317:** Merkwissen: literarisches Gespräch

5 Tauscht euch in der Klasse oder in Gruppen über die Kurzgeschichte „Im Warenhaus" (Aufgabe 4 a, S. 130) aus. Führt ein literarisches Gespräch über die Geschichte.

a Lest zuerst den Merkkasten auf S. 134 und fasst zusammen, welche Vorteile das Sprechen über Literatur hat.

b Überlegt auch, welche Schwierigkeiten in solchen Gesprächen über Literatur auftreten können. Bezieht eure Erfahrungen ein.

c Lest im Merkkasten noch einmal genau nach, wie ein literarisches Gespräch aufgebaut sein sollte. Erklärt, was mit „Blitzlichtrunde" gemeint ist.

d Erprobt ein literarisches Gespräch zur Geschichte „Im Warenhaus". Orientiert euch an den Aufgaben 1 a bis e auf der *Gewusst-wie*-Seite (S. 134).

6 Untersuche eine weitere Kurzgeschichte. Wähle Aufgabe a oder b.

●●○ **a** Lies den Text „Das Fenster-Theater" (Lesestoffe, S. 136–137). Weise mithilfe des Merkkastens auf S. 128 nach, dass er eine Kurzgeschichte ist.

●●● **b** Recherchiere selbst eine Kurzgeschichte und stelle sie vor. Begründe deine Auswahl.

7 Bereitet eine Kurzgeschichte zum Vorlesen vor.

a Wählt eine der Kurzgeschichten aus dem Kapitel (S. 128–133) oder den Lesestoffen (S. 136–137) aus oder nutzt eine selbst gewählte Kurzgeschichte.

b Begründet eure Auswahl kurz.

Wir haben uns für die Geschichte entschieden, weil ...

c Teilt die Geschichte in Abschnitte ein und einigt euch, wer welche Teile vorlesen wird.

Tipp
Nutzt eine Kopie des Textes und tragt Lesehilfen ein.

d Bereitet eure Lesevorträge gründlich vor und übt sie mehrfach. Überlegt jeweils, welche Sprechweisen zur Handlung und zu den Figuren passen. Erprobt Vorlesevarianten und tauscht euch darüber aus.

8 Stellt eure in Aufgabe 7 vorbereiteten Lesungen in der Klasse vor. Tauscht euch darüber aus. Besprecht zum Beispiel die folgenden Punkte.

- Wurde flüssig und fehlerfrei gelesen?
- Wurde deutlich und laut genug gelesen?
- Waren die Sprechweise und die Stimmlage der Geschichte angepasst?
- Wurde die Lautstärke passend zur Stimmung oder Handlung variiert?
- Wurde das Lesetempo passend zur Stimmung oder Handlung variiert?
- Wurden Pausen genutzt, um etwas zu verdeutlichen?
- Welche Wirkung ging jeweils von den Gestaltungsmitteln aus?
- Warum wurden die Texte bzw. einzelne Textstellen so vorgelesen?
- Wie und warum könnten die Texte bzw. einzelne Textstellen anders vorgelesen (gedeutet/interpretiert) werden?
- Welche Musik könnte die Geschichte umrahmen oder begleiten?

Was habe ich gelernt?

9 Fasse zusammen, was du über Kurzgeschichten gelernt hast. Fertige eine Mindmap zu den Merkmalen von Kurzgeschichten an.

Lesen als Spurensuche II – Mit anderen über Texte sprechen

Lesen ist Entdecken. Lesen ist Spurensuche in Texten. Das **Sprechen über Literatur** kann dabei helfen. Es ist eine gute Möglichkeit, **Texte** zu **erschließen** und zu **deuten** (zu **interpretieren**). Man geht im Text auf Spurensuche und tauscht sich mit anderen (in der Gruppe oder Klasse) darüber aus, welche Gedanken und Gefühle, aber auch welche Fragen und Irritationen beim Lesen oder Hören von Texten und Textstellen entstehen. Das trägt dazu bei, mögliche Deutungen (Interpretationen) zu erkennen, zu überdenken, ggf. zu verändern oder zu erweitern.
In einem **literarischen Gespräch** geht man am besten so vor:

- **Einstieg:** Gesprächsatmosphäre herstellen, Regeln verdeutlichen,
- **Textbegegnung:** ein- oder mehrmaliges Lesen oder Hören von Texten bzw. Textteilen,
- **Blitzlichtrunde:** spontane Äußerung erster Eindrücke, Gedanken, Gefühle, Fragen, Irritationen,
- **offenes Gespräch:** genaues Lesen von Texten und Textstellen und offener Austausch über mögliche Verstehensweisen, Perspektiven und Deutungen (Interpretationen),
- **Schlussrunde:** Äußerung gewonnener Einsichten, weiterführender Überlegungen und offen gebliebener Fragen,
- **Abschluss und Reflexion:** Einschätzung der Ergebnisse und des Gesprächsverlaufs.

1 Führt in der Klasse ein literarisches Gespräch zu einer Kurzgeschichte.

a Lest zuerst folgenden Text still oder lasst ihn euch vorlesen.

Wolfdietrich Schnurre (1920–1989)

Beste Geschichte meines Lebens

Beste Geschichte meines Lebens. Anderthalb Maschinenseiten vielleicht. Autor vergessen; in der Zeitung gelesen. Zwei Schwerkranke im selben Zimmer. Einer an der Türe liegend, einer am Fenster. Nur der am Fenster kann hinaussehen. Der andere keinen größeren Wunsch, als das Fensterbett zu erhalten. Der am Fenster leidet darunter. Um den anderen zu entschädigen, erzählt er ihm täglich stundenlang, was draußen zu sehen ist, was draußen passiert. Eines Nachts bekommt er einen Erstickungsanfall. Der an der Tür könnte die Schwester rufen. Unterlässt es; denkt an das Bett. Am Morgen ist der andere tot; erstickt. Sein Fensterbett wird geräumt; der bisher an der Tür lag, erhält es. Sein Wunsch ist in Erfüllung gegangen. Gierig, erwartungsvoll wendet er das Gesicht zum Fenster. Nichts; nur eine Mauer.

b Tauscht euch in einer Blitzlichtrunde über eure ersten (spontanen) Eindrücke, Gedanken, Gefühle und Fragen zum Text aus.

c Lest nun den Text und bestimmte Textstellen genau. Tauscht euch darüber aus, wie ihr den Text versteht. Besprecht zum Beispiel die folgenden Fragen.

- Habt ihr mit diesem Ausgang der Geschichte gerechnet?
- Warum ist das Ende überraschend?
- Was erfährt man über die Figuren?
- Wie stellt ihr euch die Figuren vor?
- Wie ist die Handlungsweise der Figuren zu bewerten?
- Wie stellt ihr euch den Handlungsort vor und warum ist er wichtig?
- Wann könnte die Handlung stattfinden und wie lange dauert sie an?
- Wie wirkt die Geschichte? Welche sprachlichen Mittel tragen dazu bei?
- Wer könnte die Geschichte erzählen und mit welcher Sicht auf die Handlung?
- Warum spricht hier jemand von der besten Geschichte seines Lebens?
- Welche typischen Merkmale einer Kurzgeschichte erkennt ihr?

d Sprecht in der Schlussrunde darüber, welche Fragen im Text für euch offen geblieben sind. Welche Erkenntnisse habt ihr im Gespräch gewonnen?

e Tauscht euch darüber aus, wie das Gespräch verlaufen ist. Seid ihr mit den Ergebnissen des Gesprächs zufrieden? Welche Textstellen habt ihr verstanden und welche noch nicht so richtig?

2 Führt ein weiteres literarisches Gespräch zu einem Erzähltext.

a Entscheidet, ob ihr das Gespräch in der Klasse oder in Kleingruppen führen wollt.

b Wählt einen der folgenden Texte aus den Lesestoffen aus.

- Susan Kreller: Schneeriese (S. 48–53)
- Anna Woltz: Hundert Stunden Nacht (S. 82–85).
- Lena Hach: Grüne Gurken (S. 262–263)

c Lest den Text oder lasst ihn euch vorlesen. Tauscht euch im Anschluss darüber aus. Orientiert euch zur Gestaltung eures Gesprächs am Merkkasten auf S. 134.

3 Erprobt ein literarisches Gespräch zu einem Gedicht. Wählt ein Gedicht aus dem Sprach- und Lesebuch aus und erschließt es gemeinsam. Orientiert euch zur Gestaltung eures Gesprächs am Merkkasten auf S. 134.

Ilse Aichinger (1921–2016)

Das Fenster-Theater

Die Frau lehnte am Fenster und sah hinüber. Der Wind trieb in leichten Stößen vom Fluss herauf und brachte nichts Neues. Die Frau hatte den starren Blick neugieriger Leute, die unersättlich sind. Es hatte ihr noch niemand den Gefallen getan, vor ihrem Haus niedergefahren zu werden. Außerdem wohnte sie im vorletzten Stock, die Straße lag zu tief unten. Der Lärm rauschte nur mehr leicht herauf. Alles lag zu tief unten. Als sie sich eben vom Fenster abwenden wollte, bemerkte sie, dass der Alte gegenüber Licht angedreht hatte. Da es noch ganz hell war, blieb dieses Licht für sich und machte den merkwürdigen Eindruck, den aufflammende Straßenlaternen unter der Sonne machen. Als hätte einer an seinen Fenstern die Kerzen angesteckt, noch ehe die Prozession die Kirche verlassen hat. Die Frau blieb am Fenster. Der Alte öffnete und nickte herüber. Meint er mich?, dachte die Frau. Die Wohnung über ihr stand leer und unterhalb lag eine Werkstatt, die um diese Zeit schon geschlossen war. Sie bewegte leicht den Kopf. Der Alte nickte wieder. Er griff sich an die Stirne, entdeckte, dass er keinen Hut aufhatte, und verschwand im Innern des Zimmers.

Gleich darauf kam er in Hut und Mantel wieder. Er zog den Hut und lächelte. Dann nahm er ein weißes Tuch aus der Tasche und begann zu winken. Erst leicht und dann immer eifriger. Er hing über die Brüstung, dass man Angst bekam, er würde vornüberfallen. Die Frau trat einen Schritt zurück, aber das schien ihn nur zu bestärken. Er ließ das Tuch fallen, löste seinen Schal vom Hals – einen großen bunten Schal – und ließ ihn aus dem Fenster wehen. Dazu lächelte er. Und als sie noch einen weiteren Schritt zurücktrat, warf er den Hut mit einer heftigen Bewegung ab und wand den Schal wie einen Turban um seinen Kopf. Dann kreuzte er die Arme über der Brust und verneigte sich. Sooft er aufsah, kniff er das linke Auge zu, als herrsche zwischen ihnen ein geheimes Einverständnis. Das bereitete ihr so lange Vergnügen, bis sie plötzlich nur mehr seine Beine in dünnen, geflickten Samthosen in die Luft ragen sah. Er stand auf dem Kopf. Als sein Gesicht gerötet, erhitzt und freundlich wieder auftauchte, hatte sie schon die Polizei verständigt. Und während er, in ein Leintuch gehüllt, abwechselnd an beiden Fenstern erschien, unterschied sie schon drei Gassen weiter über dem Geklingel der Straßenbahnen und dem gedämpften Lärm der Stadt das Hupen des Überfallautos. Denn ihre Erklärung hatte nicht sehr klar und ihre Stimme erregt geklungen. Der alte Mann lachte jetzt, sodass sich sein Gesicht in tiefe Falten legte, streifte dann mit einer vagen Gebärde darüber, wurde ernst, schien das Lachen eine Sekunde lang in der hohlen Hand zu halten und warf es dann hinüber. Erst als der Wagen schon um die Ecke bog, gelang es der Frau, sich von seinem Anblick loszureißen.

Sie kam atemlos unten an. Eine Menschenmenge hatte sich um den Polizeiwagen gesammelt. Die Polizisten waren abgesprungen und die Menge kam

hinter ihnen und der Frau her. Sobald man die Leute zu verscheuchen suchte, erklärten sie einstimmig, in diesem Hause zu wohnen. Einige davon kamen bis zum letzten Stock mit. Von den Stufen beobachteten sie, wie die Männer, nachdem ihr Klopfen vergeblich blieb und die Glocke allem Anschein nach nicht funktionierte, die Tür aufbrachen. Sie arbeiteten schnell und mit einer Sicherheit, von der jeder Einbrecher lernen konnte. Auch in dem Vorraum, dessen Fenster auf den Hof sahen, zögerten sie nicht eine Sekunde. Zwei von ihnen zogen die Stiefel aus und schlichen um die Ecke. Es war inzwischen finster geworden. Sie stießen an einen Kleiderständer, gewahrten den Lichtschein am Ende des schmalen Ganges und gingen ihm nach. Die Frau schlich hinter ihnen her.

Als die Tür aufflog, stand der alte Mann mit dem Rücken zu ihnen gewandt noch immer am Fenster. Er hielt ein großes weißes Kissen auf dem Kopf, das er immer wieder abnahm, als bedeutete er jemandem, dass er schlafen wolle. Den Teppich, den er vom Boden genommen hatte, trug er um die Schultern. Da er schwerhörig war, wandte er sich auch nicht um, als die Männer schon knapp hinter ihm standen und die Frau über ihn hinweg in ihr eigenes finsteres Fenster sah.

Die Werkstatt unterhalb war, wie sie angenommen hatte, geschlossen. Aber in die Wohnung oberhalb musste eine neue Partei eingezogen sein. An eines der erleuchteten Fenster war ein Gitterbett geschoben, in dem aufrecht ein kleiner Knabe stand. Auch er trug sein Kissen auf dem Kopf und die Bettdecke um die Schultern. Er sprang und winkte herüber und krähte vor Jubel. Er lachte, strich mit der Hand über das Gesicht, wurde ernst und schien das Lachen eine Sekunde lang in der hohlen Hand zu halten. Dann warf er es mit aller Kraft den Wachleuten ins Gesicht.

1 Hat dich das Ende überrascht? Begründe, warum oder warum nicht.

2 Lest den Text noch einmal genauer und überlegt, warum das Ende Leserinnen und Leser überraschen kann. Tauscht euch über eure Überlegungen aus.

3 Untersucht und charakterisiert die beiden Hauptfiguren. Tauscht euch darüber aus, was man über sie erfährt, wie ihr sie euch vorstellt und warum.

4 Aus dem Text kann man gleich mehrere Lehren ableiten. Formuliere, welche Lehren du aus dem Text ableitest.

5 Weise nach, dass es sich bei dem Text um eine Kurzgeschichte handelt.

Wolfgang Ecke (1927–1983)

Das Nachtgespenst

Im Hotel „Alpenhof" herrschte in der Nacht vom Sonntag zum Montag ziemliche Aufregung.

Gegen 2 Uhr war die Baronin von Mannsberg von einem eigenartigen Geräusch erwacht. Das Geräusch entpuppte sich bei näherem Hinsehen als ein männliches Wesen in einem langen weißen Nachthemd.

Das Nachtgespenst war gerade dabei, das Appartement der Baronin durch das Fenster zu verlassen.

Nach einer Schrecksekunde entsann sich die adlige Dame ihrer Stimmbänder und gebrauchte diese so ausgiebig, dass es bereits um 2 Uhr 08 kaum noch einen einzigen Schläfer im ganzen „Alpenhof" gab.

2 Uhr 15 wusste die Baronin, dass das Nachtgespenst nicht nur ihr Bargeld, sondern auch den gesamten Schmuck mitgenommen hatte.

Gegen 3 Uhr traf der tüchtige Kommissar Belling ein und begann mit der Untersuchung des Falles.

Als es 4 Uhr schlug, stand Folgendes fest: Aufgrund der beiden Tatsachen, dass

a) der Dieb das Fenster als Tür benutzte, kamen

b) nur drei Hotelgäste als vermutliche Täter in Betracht.

Das wiederum lag an der Architektur des Hauses.

Kommissar Belling und sein Assistent Dormann statteten den drei Verdächtigen nacheinander einen Besuch ab.

Während Belling fragte, stand Dormann still in der Ecke und stenografierte alles mit. Diese Methode praktizierten die beiden Beamten seit Jahren mit allergrößtem Erfolg. Hauptsächlich die vielen nebensächlichen Fragen waren es, die die Verhörten immer wieder irritierten. Nach einer Stunde war alles vorbei.

Belling und Dormann saßen im Direktionszimmer, und der Kommissar forderte seinen Assistenten auf: „Also, dann mal los!"

Dormann schlug sein Buch auf und begann: „Ich fange mit Wickler, dem Golfspieler, an. Behauptete, das Rufen der Baronin gehört zu haben. Hat sich nicht darum gekümmert, weil er angeblich eigene Probleme hatte. Kennt die Baronin. Hat nicht aus dem Fenster gesehen. Ist angeblich nicht schwindelfrei. Bezweifelt, ob die Angaben der Baronin stimmen. Hat am Abend vorher noch spät gebadet. Raucht, ist Whisky-Trinker."

Dormann schlug die nächste Seite auf und erläuterte: „Jetzt Herr Bock aus Wesel!"

Der Kommissar nickte: „Der mit den Schlaftabletten!"

Dormann fuhr fort: „Bock öffnete im rot gestreiften Pyjama. Auf Ihre erste Frage, ob er in der Nacht verdächtige Wahrnehmungen gemacht habe, antwortete er wörtlich: ‚Ich habe gegen 23 Uhr eine Schlaftablette

genommen und bis eben durchgeschlafen. Ich habe niemanden rufen gehört. Sie können gern mein Zimmer durchsuchen.' Ihre Frage, Herr Kommissar, ob er die Baronin kenne, beantwortete er mit ,nein'. Bock arbeitet in der Ex- und Import-Branche. Er ist unverheiratet und war einige Zeit Motorrad-Rennfahrer."

Wieder schlug Kriminalassistent Dormann eine Seite um: „Lothar Werner ist der Dritte im Bunde. Lebensmittelkaufmann aus Wuppertal. Schimpfte laut und nannte uns nächtliche Ruhestörer. Werner meinte, dass die Baronin ohnehin nur falschen Schmuck getragen habe. Hat ihre Rufe angeblich im Halbschlaf gehört. Dachte zunächst an einen Traum, ging später jedoch zum Fenster und sah hinaus. Konnte nichts erkennen. Behauptete ferner, kein Nachthemd zu besitzen."

In diesem Augenblick klopfte es, und ein weiterer Beamter trat ein.

„Wir haben die drei Zimmer durchsucht, Herr Kommissar. Weder Schmuck noch Nachthemd." Der Kommissar bestätigte: „Wie nicht anders zu erwarten war. Der Dieb hat die Beute in das Nachthemd verknotet und dann einem wartenden Komplizen hinuntergeworfen. Schlage vor, dass wir uns jetzt ein wenig ausführlicher mit dem Nachtgespenst unterhalten. Kommen Sie ...!"

Mit wem wollte sich der Kommissar jetzt näher unterhalten?
Wen von den dreien hielt er für das diebische Nachtgespenst?

1 Wen verdächtigst du spontan und warum? Begründe deinen ersten Verdacht.

2 Lies den Text noch einmal genauer und fertige Steckbriefe zu den Verdächtigen an.

→ **S. 344:** Lösung

3 Triff deine Entscheidung auf der Basis der Fakten: Wer von den dreien ist das diebische Nachtgespenst? Begründe deine Entscheidung.

MK 4 Weitere „Kriminalfälle zum Selberlösen" findest du in dem Buch „Club der Detektive" von Wolfgang Ecke. Wenn du Freude am Detektivspiel hast, besorge dir das Buch und lies weitere Rätselkrimis.

Kirsten Boie

SCHWARZE LÜGEN (Auszüge)

Nach einem Streit mit dem Stiefvater reißt die 15-jährige Melody von zu Hause aus und landet in einem Dorf an der Ostsee. Gleichzeitig wird ihr Bruder des Bankraubs beschuldigt und ihre kleine Schwester gerät in höchste Gefahr. Was Melody nicht weiß: Die verschwundene Beute befindet sich in ihrer Tasche.

32.

[...] Mit einem kleinen Ruck kam der Wagen zum Halt, dann wurde die Fahrertür geöffnet.

Der Junge, der jetzt ausstieg, ohne den Motor auszuschalten, war nicht viel älter als sie. Seine Haare, deren Schnitt sicher teuer gewesen war, hingen ihm ungewaschen und strähnig ins Gesicht, und sogar hier, zehn Schritte entfernt hinter dem Strauch, glaubte Melody einen scharfen Geruch nach ungewaschenem T-Shirt und tagealtem Schweiß wahrzunehmen.

War das Lukas? Sie konnte sich nicht erinnern, ihn auf dem Schulhof schon einmal gesehen zu haben. Aber bestimmt hatte er da auch anders ausgesehen. Teure Klamotten, frisch geduscht, die Haare gegelt. Die Augen nicht so tief in den Höhlen. Nicht so – verzweifelt.

Von hinten war die Taschenlampe beim Wagen angekommen. „Alarmanlage ist aus?", fragte eine leise Stimme. Wie konnte eine einzige kleine Frage so drohend klingen. Die Stimme war eisig. „Tor ist auf?"

Der Junge nickte. War er wirklich derjenige, mit dem sie vor zwei Tagen zusammengestoßen war? Der Bankräuber? Soppys[1] Entführer?

Melody spürte seine Angst. Der Mann aus dem Dunkel hatte die Hände in den Taschen seines Jacketts vergraben. Über seiner rechten Schulter hing die rote Tasche, farblos in der Dunkelheit. Also hatten sie noch nicht hineingesehen. Also glaubten sie noch, dass sie das Lösegeld hatten. Also würde für Soppy alles gut werden.

Vielleicht hatte Kenneth recht und sie sah zu viele alberne Filme. Aber dieser Mann tat das dann ganz bestimmt auch. Und jetzt setzte er alles daran, wie ein eiskalter Gangster auszusehen. Melody wusste nicht, welchen Film er gerade kopierte; aber dass er in seinem Kopf ein anderer war, eiskalt, überlegen, unbesiegbar und böse, musste ihr niemand erklären. Das machte ihn gefährlich.

„Dann holst du jetzt die Kleine!", sagte er. „Stopf ihr was in den Mund, dass die hier nicht alles zusammenbrüllt. Worauf wartest du? Argon geht mit."

Erst jetzt, als er aus dem Schatten des Hauses trat, sah Melody, dass es hinter ihm noch einen Dritten gab. Und dass auch er irgendeinen Film kopierte, alle Thriller der Welt, sah man schon daran, dass er eine Pistole in der Hand hielt. In der anderen war die Taschenlampe noch immer auf den schwarzen Granit der Platten gerichtet.

1 *Soppy:* die kleine Schwester von Melody

Der Junge, der wahrscheinlich Lukas war, schien zu schwanken. Mit dem Lauf der Pistole im Rücken machte er sich auf den Weg um das Haus herum, dorthin, von wo eben der Taschenlampenschein gekommen war.
Melody hatte ein Gefühl, als würde sie jeden Augenblick zusammensacken. Sie hatte nicht gewusst, dass Panik sich so anfühlte. Wirkliche Panik. Dabei würden die beiden hinter dem Haus doch gleich Soppy bringen. Und es konnte keinen Zweifel geben, wozu der Wagen aus der Garage gefahren, das Tor geöffnet worden war. Für Soppy. Sie hatten das Lösegeld bekommen, jetzt würden sie Soppy im Austausch freilassen, irgendwo, wo sie sie gefahrlos aussetzen konnten. Sie hatten ihr Spiel gespielt, eine Weile hatten sie sich wie echte Gangster fühlen dürfen. Nun war es vorbei.
Alles war doch gut! Melody verstand nicht, warum die Panik nicht nachlassen wollte. Ihre Zähne begannen, aufeinanderzuschlagen. Sie presste eine Hand vor den Mund. Sie durften sie nicht hören.

33.

[...] Melody hörte Soppys Rufen, ihr Schreien gedämpft durch den Knebel, als der Taschenlampenschein sich wieder näherte. Sie kamen zurück.
Der Gangster neben der Garage hatte die Zeit genutzt, eine Zigarette zu rauchen [...].
„Was für eine kleine Hexe!", sagte er. Melody hörte das Glucksen in seiner Stimme. Soppys aussichtsloser Kampf machte ihm Spaß.
Es war Lukas, der sie trug; verzweifelt versuchte er, ihre Arme festzuhalten, indem er sie an sich presste. Er war mehr als zehn Jahre stärker als sie; aber ihre Beine waren nicht gefesselt, und Soppy strampelte und trat nach ihm; und hätte er ihre Arme nicht gehalten wie im Schraubstock, Melody war sicher, sie hätte auch noch geboxt.
Oh, Soppy!, dachte Melody. Hör doch auf damit! Du tust dir doch nur selber weh! Gleich ist es doch vorbei, gleich bist du im Auto, gleich fahren sie dich irgendwohin, wo sie dir das Taschentuch aus dem Mund nehmen oder was immer sie dir da reingestopft haben, und dann bist du wieder frei. Oh, Soppy, hör doch auf!
Lukas schrie auf, dann war er sofort wieder still. Natürlich, die Nachbarn durften nichts mitbekommen. Mit den Füßen hatte Soppy ihn getroffen, er klappte zusammen, fast wäre sie ihm entwischt.
Warum waren sie nur so dumm? Wenn sie Soppy erklärt hätten, dass sie sie jetzt zu ihrer Mama bringen würden, dass sie nach Hause durfte, dass sie ganz, ganz leise sein musste, damit die armen Nachbarn nicht aufwachten, jetzt mitten in der Nacht, die wollten doch schlafen – bestimmt wäre Soppy dann mitgegangen wie ein Lamm.
„In den Kofferraum!", sagte der Mann mit der roten Tasche.
Warum in den Kofferraum? Da hatte Soppy doch Angst! Da würde sie doch nur noch mehr trampeln und durch den Knebel zu schreien versuchen. Warum setzten sie sie nicht einfach auf die Rückbank und ...

[...] Durch den Knebel hörte Melody sie weinen. Wie lange wollte sie noch zusehen? Die konnten Soppy doch nicht so einfach ...
Sie wollte aus dem Schatten springen, diesen Lukas dorthin treten, wo Soppy ihn offenbar nicht hart genug getroffen hatte; sie wollte Soppy aus dem Kofferraum heben, sie konnte doch nicht zusehen, wie ihre Schwester ...
„Mach zu“, sagte der Gangster.
Aber sie waren zu dritt, und einer hatte eine Pistole. Es wäre Wahnsinn gewesen. Es hätte Soppy auch nicht geholfen, im Gegenteil. Gleich war sie ohnehin frei.
„Fahrt ihr mit?“, fragte Lukas. Seine Stimme war so voller Angst, dass Melody sich einen Augenblick fast stark fühlte.
Es wäre Wahnsinn gewesen, und außerdem lag Soppy doch jetzt nur kurz in diesem Kofferraum, weil sie sie freilassen wollten. Gleich würden sie sie irgendwo aussteigen lassen, irgendwo, wo es einsam war und dunkel; und Soppy würde Angst haben, schreckliche Angst, weil sie immer Angst hatte in der Dunkelheit; aber sie wäre frei.
„Hast du das immer noch nicht begriffen?“, sagte der Gangster. „Wir nehmen unsere Maschine, keine Sorge, wir kommen mit! Aber keine Faserspuren in deinem Wagen; und ganz bestimmt keine Faserspuren an der Leiche.“
Später fragte Melody sich, wieso sie nicht sofort begriffen hatte, was die Situation bedeutete. Wieso sie immer noch hatte glauben wollen, der Weg durch das geöffnete Tor sollte Soppys Weg in die Freiheit werden. Wieso es ihr nicht einmal bei dem letzten Wort wie Schuppen von den Augen gefallen war.
Der Grund war, dass es Dinge gab, die waren so furchtbar, dass man sie sich nicht vorstellen konnte. Nicht für sich selbst, nicht im eigenen Leben. Nicht in der Wirklichkeit. Es gab Dinge, die konnte es nicht geben.
Aber Kenneth hatte begriffen. Seine Schwester war Soppy nicht, Kenneth durfte begreifen. Als der Motor lauter wurde und der Wagen im Schritttempo rückwärts auf das Tor zurollte, während der Mann mit der Pistole die ganze Zeit nebenherlief, die Pistole auf das Fahrerfenster gerichtet, sprang Kenneth vor. Natürlich war sein Versuch, die Kofferraumklappe aufzureißen, auch nichts anderes als Wahnsinn, und trotzdem liebte Melody ihn dafür. Mit einem Satz war der Kerl mit der Pistole neben ihm. Kenneth sackte lautlos zusammen, als die Pistole ihn irgendwo zwischen Hals und Schulter traf; genau da, wo Melody noch vor kurzer Zeit seine weiche Haut an ihrer Wange gespürt hatte. Dann lag er reglos auf dem Weg.
Nur Millimeter vor ihm kam der Wagen zum Stehen.
[...]
[...] Der Magere mit der Pistole ließ den Lichtstrahl der Taschenlampe über Kenneth gleiten, der begann, kleine wimmernde Geräusche auszustoßen. Mit einem Satz war Melody bei ihm. „Kenneth!“, flüsterte sie. Er lebte. Er hatte Schmerzen, er regte sich nicht, aber er lebte. „Kenneth, ich bin da!“
Wie dumm das war.

Der im Anzug tat, als nähme er sie nicht einmal wahr. „Hast du nicht gehört!", sagte er zu seinem Kompagnon. Seine Stimme klang schrill. „Du sollst ihn nach hinten bringen, aber schnell! Willst du, dass einer ihn sieht?"
Der Magere zögerte. „Aber die Faserspuren?", sagte er, als hätte er vorhin gerade etwas begriffen; und nun sollte es schon nicht mehr gelten.
„Jetzt haben wir wichtigere Probleme!", schrie der im Anzug. Wahrscheinlich war er der Chef. „Los! – Und du gehst vor ihm her!"
Es war keine Frage, wen er meinte. „Und wenn du versuchst abzuhauen, Mausi, hast du schneller eine Kugel in der Birne, als du Halleluja sagen kannst!"
Melody stand auf.
Lukas war aus dem Wagen gestiegen. „Und soll ich trotzdem ...?", fragte er.
„Nein, verdammt!", brüllte der Chef. Offenbar spielte die Angst, dass sie gehört werden könnten, keine Rolle mehr. Er hatte sich nicht mehr unter Kontrolle. Er war so wütend, dass er nicht mehr denken konnte. Wenn er vorher gefährlich gewesen war, war er jetzt unberechenbar. „Bring die Kleine wieder nach hinten, Idiot! Ich muss nachdenken!" [...]
Vor einem kleinen Gebäude, das halb hinter Sträuchern verborgen ganz auf der Rückseite des Grundstücks lag, hielten sie an.
„Gib den Schlüssel!", sagte der mit der Pistole. Er fuchtelte damit herum, fast wunderte Melody sich, dass sich bisher kein Schuss gelöst hatte. „Scheiße, Mann, hast du mich nicht gehört?"
„Rechte Tasche", sagte Lukas zwischen zusammengebissenen Zähnen. Soppy strampelte so, dass er den Schlüssel unmöglich selbst herausziehen konnte. [...]

Hinter der geöffneten Tür lag ein kahler, rundum gefliester Raum, ein Schwimmbad, das erkannte Melody sofort. Der Chef trat von innen nach der Tür, sie fiel hinter ihm wieder ins Schloss. Der Magere ließ Kenneth aus seinen Armen auf die Fliesen rutschen und schaltete wieder die Taschenlampe an.
„Was machen wir jetzt, Justin?", fragte er, und Melody begriff, dass er nur deshalb nicht so panisch war wie sein Kumpel, weil er daran gewöhnt war, dass der immer für alles die Lösung fand. [...]
Melody wunderte sich, dass sie sich auf einmal so ruhig fühlte. Vielleicht war ruhig nicht das richtige Wort: So, als wäre sie nicht sie selbst. Als stünde sie neben sich und betrachtete das alles mit den gleichgültigen Augen, mit denen man einen Film ansieht. Weil es einfach zu viel ist, dachte sie verblüfft. Weil keine Angst der Welt für das hier ausreichen könnte. Weil ich es nicht glauben kann.

Aber gleichzeitig spürte sie, wie ihr Herz noch immer so schnell schlug, als wollte ein Schlag den nächsten überholen. Wenigstens ihr Herz spürte immer noch, dass es jetzt Angst haben sollte.

Würde es helfen, wenn sie versuchte, ganz ruhig zu bleiben und die Situation zu analysieren? Sie wusste nicht, wer die beiden waren, aber irgendwie steckten sie mit Lukas unter einer Decke. Trotzdem hatte Lukas Angst vor ihnen, fürchterliche Angst, das war doch vorhin ganz klar geworden.

„Vielleicht könnten wir einen Deal mit denen ...?“, flüsterte er mit weit aufgerissenen Augen. „Die haben schließlich selbst die Kohle ...“

Sofort zeigte die Mündung der Pistole auf ihn. „Fresse, hab ich gesagt!“, brüllte der Chef. „Ich muss nachdenken, hab ich gesagt!“ Er ging auf und ab, auf und ab, so schnell, dass es eher ein Rennen war. „Jetzt reicht es nicht mehr, wenn du die Kleine hinmachst. Die haben uns beobachtet, Mann! Was glaubst du, wie lange die Bullen brauchen, um uns zu finden, wenn die beiden Scheißer dahin gehen?“

Melody hatte Soppy kurz zugewinkt, dann hatte sie sich neben Kenneth auf den Boden gekniet. „Wir gehen nicht zur Polizei!“, sagte sie beschwörend. „Das haben wir doch bisher auch nicht getan! Die glauben doch, dass mein Bruder und ich ...“

„Für wie blöde hältst du uns?“, schrie der mit der Pistole. [...] Jetzt traf sein Fuß auch sie.

Und natürlich hatte er recht, das wusste Melody, ohne darüber nachdenken zu können. Der Weg zur Polizei wäre doch das Erste gewesen, wenn sie eine Chance gehabt hätte freizukommen. Außerdem brauchte Kenneth einen Arzt, einen Rettungswagen vielleicht, und damit wäre die Polizei automatisch im Spiel gewesen. [...]

Gleichzeitig wusste sie, dass es im Augenblick eigentlich um etwas ganz anderes ging. Egal, wie sehr sie versuchte, nicht melodramatisch zu werden: Es ging für sie alle um Leben und Tod.*

1. Melody fühlt sich während des Geschehens an Filme erinnert. Geht es euch ähnlich? Tauscht euch darüber aus, woran euch die im Text dargestellten Ereignisse und Figuren erinnern.

2. Woran erkennt man, dass Melody große Angst hat? Nenne Textstellen.

3. Untersuche die Figur Melody genauer und verfasse eine Charakterisierung.

4. Kindesentführung ist eine schwere Straftat. Sucht Informationen darüber, was man darunter versteht und welche Strafe es dafür laut Strafgesetzbuch (StGB) § 235 gibt.

Literarische Epochen kennen lernen

Die Epoche des Expressionismus

1 Betrachtet die folgenden Abbildungen.

a Überlegt, was die Abbildungen über das Leben und die Empfindungen der Menschen aussagen.

1

2

3

4

b Formuliert für jedes Bild eine passende Bildunterschrift.

c Betrachtet einzelne Bilder genauer und beschreibt, was euch daran besonders anspricht oder besonders irritiert. Besprecht auch, woran das liegt.

d Stellt Vermutungen an, zu welcher Zeit diese Bilder entstanden sein könnten. Begründet eure Vermutungen.

2 Was ist eine Epoche?

a Lies den folgenden Merkkasten.

> Die Geschichte der Menschheit, der Kunst oder der Literatur lässt sich in **Epochen** (*griech.:* Zeitabschnitt) gliedern. Prägend für eine Epoche sind bestimmte gesellschaftliche, historische oder politische Entwicklungen. Diese beeinflussten das Leben und Denken der Menschen.
> Die Einteilung der Literatur in **Literaturepochen** kann hilfreich bei der Orientierung in der Literaturgeschichte sein. So behandeln literarische Texte einer Literaturepoche ähnliche Themen oder spiegeln Stimmungen und Konflikte der Zeit wider. Gemeinsamkeiten lassen sich auch in der Sprachverwendung und in bevorzugten Gattungen finden.

b Überlegt, welche Literaturepochen ihr bereits kennt und was ihr über sie wisst.

3 Informiere dich über die Epoche des Expressionismus.

a Lies den folgenden Text.

Die Epoche des Expressionismus wird für den Zeitraum zwischen dem ersten Jahrzehnt des 20. Jahrhunderts und 1925 angesetzt. Dies war für die Menschen eine schwierige Zeit aufgrund der zunehmenden Industrialisierung und der herannahenden Kriegsgefahr des Ersten Weltkriegs (1914–1918). Viele Menschen – insbesondere in den schnell wachsenden Städten – fühlten sich einsam und verloren. Anonymität, Orientierungslosigkeit und Angst prägten ihr Leben.

Ernst Ludwig Kirchner: Der Rote Turm in Halle

Der Name *Expressionismus* leitet sich vom lateinischen Wort *expressio* ab und bedeutet *Ausdruck.* Die Kunst dieser Zeit, zum Beispiel Dichtung, Malerei, Bildhauerei, will nicht die Wirklichkeit widerspiegeln, sondern die Gefühle der Künstlerinnen und Künstler ausdrücken. Eine bedeutende Künstlervereinigung dieser Epoche war die „Brücke" in Dresden. Sie wurde 1905 von Ernst Ludwig Kirchner, Fritz Bleyl, Erich Heckel und Karl Schmidt-Rottluff gegründet und 1913 in Berlin aufgelöst. Weitere wichtige Künstlerinnen und Künstler des Expressionismus waren Emil Nolde, Franz Marc, Wassily Kandinsky, Gabriele Münter und Marianna Werjowkina.

Die Lyrik ist die wichtigste literarische Gattung dieser Zeit. Die Sprache soll das Empfinden ausdrücken und verzichtet auf Harmonie und vordergründige Schönheit. Metaphern werden verwendet und mit dem Satzbau wird experimentiert. Themen wie Stadt, Arbeitswelt, Krieg und Krise finden sich in den Gedichten. Wichtige literarische Vertreter sind Jakob van Hoddis, Georg Heym, Paul Boldt und Else Lasker-Schüler.

b Übertrage die Tabelle in dein Heft. Schreibe wichtige Informationen aus dem Text in Aufgabe a heraus.

Epoche	Expressionismus
Zeitraum	...
wichtige historische Ereignisse	...
Lebensgefühl der Menschen	...
Motive und Themen in Kunst und Literatur	...
Besonderheiten in der Sprachverwendung	...
bevorzugte literarische Gattungen	...
wichtige Vertreterinnen und Vertreter	...

4 Im Jahre 1911 erschien eines der berühmtesten Gedichte des Expressionismus.

a Lies das Gedicht.

Jakob van Hoddis (1887–1942)

Weltende

Dem Bürger fliegt vom spitzen Kopf der Hut,
In allen Lüften hallt es wie Geschrei.
Dachdecker stürzen ab und gehn entzwei
Und an den Küsten – liest man – steigt die Flut.

Der Sturm ist da, die wilden Meere hupfen
An Land, um dicke Dämme zu zerdrücken.
Die meisten Menschen haben einen Schnupfen.
Die Eisenbahnen fallen von den Brücken.

b Überlege, welche Abbildung aus Aufgabe 1 a (S. 145) man dem Text zuordnen kann. Begründe deine Meinung.

c Das lyrische *Ich* des Gedichts scheint Schlagzeilen vorzutragen, die den kommenden Weltuntergang belegen. Formuliere die Verse in mögliche Schlagzeilen um.

Vers 1: fliegt vom spitzen Kopf der Hut – schwerer Sturm über der Stadt
...

d Tauscht euch darüber aus, in welchem Bezug die einzelnen Verse zum Titel des Gedichts stehen. Welche Wirkung wird so erzielt?

e Besprecht, was euch an der sprachlichen Gestaltung auffällt. Untersucht die Verben und den Satzbau.

f Beurteilt abschließend, wie Jakob van Hoddis der Weltuntergangsstimmung in dieser Zeit gegenüberstand.

5 Das folgende Gedicht verfasste der Leipziger Dichter Wilhelm Klemm, der 1914 als Soldat an die Front musste. Das Gedicht erschien am 27. Februar 1915 in der bekannten expressionistischen Zeitschrift „Die Aktion".

a Lies das Gedicht und formuliere deinen ersten Leseeindruck.

Wilhelm Klemm (1881–1968)

Stellung

Die Nacht arbeitet ununterbrochen. Schüsse jagen
Vorüber. Klatschen ein, oder seufzen davon,
Poltern fern wie Steingeröll. Vergähren. Ein Geschütz brüllt auf –
Die Gespenster der Vernichtung schnattern. Stunden versickern.

Über der Brustwehr – Zackenkamm des Gebirges –
Stockt ein Himmel ohne Götter. Rede leise!
An schlüpfriger Wand lehnen die Graumäntel
Zwischen Schlaf und Wachen. Lichter schleichen gebückt.

Gewunden und eng wie ein Darm! Leuchtstern geht auf
Majestätisch und klar. Das Feld ist weiß wie Mehl
Sekundenlang. Dann wieder Nacht. Bis des Scheinwerfers Geisterfinger
Abtastet zum tausendsten Male die Zone des Todes.

b Betrachte das Foto und erkläre den Titel des Gedichts. Nutze dazu die folgende Erklärung aus einem Wörterbuch.

Stel|lung, die, **1.** bestimmte Körperhaltung, **2.** Art und Weise, in der etwas steht, eingestellt, angeordnet ist; Stand, Position […], **3.** Platz, den man beruflich einnimmt; Amt, Posten, **4.** Grad des Ansehens, der Bedeutung von jemandem, etwas innerhalb einer vorgegebenen Ordnung o. Ä.; Rang, Position […], **5.** Einstellung (zu jemandem, etwas), **6.** ausgebauter und befestigter Punkt, Abschnitt im Gelände, der militärischen Einheiten zur Verteidigung dient, **7.** *österr.* Musterung (Wehrpflichtiger)

6 Das lyrische *Ich* beschreibt im Gedicht von Aufgabe 5 a seine Wahrnehmungen und Empfindungen während eines Gefechts.

a Untersuche, welche Sinneswahrnehmungen die erste Strophe beschreibt. Beachte besonders die Verben.

b Übertragt die Tabelle in eure Hefte. Notiert die Verse, in denen das lyrische *Ich* das Ausharren im Graben beschreibt. Erklärt eure Deutung.

Textstellen	Bedeutung	Deutung
[...] Stunden versickern. (V. 4)	tröpfchenweise verschwinden (Flüssigkeiten)	Die Zeit vergeht sehr langsam.
...	...	...

Tipp
Recherchiere den Begriff *Enjambement* in einem Online-Wörterbuch und höre dir an, wie er gesprochen wird.

c Die Verse 11 und 12 sind durch einen Zeilensprung (Enjambement) verbunden. Wiederhole mithilfe des Merkkastens, was ein Zeilensprung ist.

Der **Zeilensprung** (das Enjambement, *franz., sprich:* ãʒã(bə)'mã:) ist ein **Gestaltungsmittel** in **Gedichten**. So bezeichnet man in der Lyrik den Übergang eines Satzes oder Teilsatzes in den nächsten Vers. Das kann ein Innehalten der Leserin bzw. des Lesers am Zeilenende bewirken.

d Erkläre, wie du die Verse 11 und 12 verstehst und welche Wirkung sie auf dich haben.

e Lest das Gedicht laut. Sucht weitere Zeilensprünge (Enjambements) und entscheidet, ob ihr beim Vortrag eine kurze Pause macht oder über das Zeilenende hinweglest.

7 Lest die Auszüge aus dem Briefwechsel zwischen Wilhelm Klemm und seiner Ehefrau.

a Tauscht euch darüber aus, was euch in den Briefen auffällt.

Leipzig, 8.9.1914: [...] Ich freue mich wirklich, dass Du alles miterleben kannst. Wie minderwertig ist es, wenn man jetzt zu Hause sitzt und die ganze große Zeit als Mann hinterm Ofen verbringt. [...]

Leipzig, 10.9.1914: [...] Der Jubel über den neuen Erfolg der Einnahme von Maubeuge am 7.9. war hier kolossal, alle Straßen voller Fahnen. [...]

St. Marie 20.9.1914: Wir liegen nun den 4. Tag auf unserem Acker im nassen Feld und frieren. Vorn 3–4 km vor uns steht schon die Infanterie in ihren Schützengräben. Der Kampf hört nie auf. [...]*

b Überlegt, warum Wilhelm Klemm, der mit Begeisterung in den Krieg gezogen ist, Gedichte wie das in Aufgabe 5a (S. 148) schreibt und in Deutschland veröffentlichen lässt.

MK ●●● **c** Recherchiert zur Biografie des Dichters. Bereitet einen kurzen Vortrag vor.

8 Das folgende Gedicht von 1911 wendet sich einem anderen Thema zu.

a Lasst euch das Gedicht von eurer Lehrerin oder eurem Lehrer vortragen.

Paul Zech (1881–1946)

Fabrikstraße tags

Nichts als Mauern. Ohne Gras und Glas
zieht die Straße den gescheckten Gurt
der Fassaden. Keine Bahnspur surrt.
Immer glänzt das Pflaster wassernass.

Streift ein Mensch dich, trifft sein Blick dich kalt
bis ins Mark; die harten Schritte haun
Feuer aus dem turmhoch steilen Zaun,
noch sein kurzes Atmen wolkt geballt.

Keine Zuchthauszelle klemmt
so in Eis das Denken wie dies Gehn
zwischen Mauern, die nur sich besehn.

Trägst du Purpur oder Büßerhemd –:
immer drückt mit riesigem Gewicht
Gottes Bannfluch: *uhrenlose Schicht*.

b Besprecht, welche Eindrücke durch dieses Gedicht vermittelt werden.

c Untersucht, welche Aussagen des Gedichts konkret und gut verständlich sind. Notiert eure Deutungen.

Vers 1: nur Fabrikhallen, kein Licht, kein Grün, ...

d Notiert Aussagen, die sich nicht erschließen lassen oder schwer verständlich sind. Tauscht euch über mögliche Bedeutungen in der Klasse aus.

e Nutzt Wörterbücher, um die Bedeutung(en) unbekannter Wörter zu ermitteln. Entscheidet dann, welche Bedeutung sinnvoll in den Text passt.

der Purpur: 1. violetter Farbstoff, 2. prächtiges Gewand (Bedeutung ...)
...

f Die ersten beiden Strophen beschreiben einerseits die Stadt, andererseits die Menschen, die darin leben. Erklärt die Wechselwirkung.

8b Nutzt dazu zum Beispiel die folgenden Begriffe.
Arbeit / Natur / Hast / Entspannung / Einsamkeit / Fabrik

Die Epoche des Barock

1 Informiere dich über die Epoche des Barock.

a Lies den folgenden Text.

Der Dreißigjährige Krieg (1618–1648) war das zentrale Ereignis des 17. Jahrhunderts. Die deutsche Bevölkerung litt unter den verheerenden Folgen des Krieges. Gleichzeitig drohte aber mit der Pest eine andere Gefahr. Der Tod war allgegenwärtig. Die Menschen lebten zumeist in Armut und Elend, während die absolutistischen Fürsten in den mehr als hundert Kleinstaaten in Prunk und Luxus lebten.
Das Denken der Menschen war durch Gegensätze und Widersprüche gekennzeichnet. Leben und Tod, Schönheit und Vergänglichkeit, Diesseits und Jenseits sind Beispiele dafür.

Peter Paul Rubens: Landschaft mit Regenbogen

Die barocke Kunst nahm ihren Anfang in Italien, von dort aus verbreitete sie sich in die ganze Welt. In der Kunst wurden im Auftrag der Herrscher und der Kirche Szenen aus Religion und Mythos dargestellt. Bedeutende Maler dieser Epoche sind Peter Paul Rubens, Rembrandt van Rijn und Jan Vermeer van Delft.
Die Literatur dieser Epoche (1600–1720) orientiert sich streng an Regelbüchern (Poetiken), sie dient der Unterhaltung des Adels bei Hofe oder der sittlichen Erziehung der Bevölkerung. Vor allem Gedichte und Dramen werden verfasst. Als wichtige Folge dieser Epoche gilt die Herausbildung einer einheitlichen deutschen Literatursprache. Wichtigste Vertreter sind Andreas Gryphius, Paul Fleming und Martin Opitz.

b Übertrage die Tabelle in dein Heft und ergänze sie mithilfe des Textes.

Epoche	Barock
Zeitraum	...
wichtige historische Ereignisse	...
Lebensgefühl der Menschen	...
Motive und Themen in Kunst und Literatur	...
Besonderheiten in der Sprachverwendung	...
bevorzugte literarische Gattungen	...
wichtige Vertreter	...

2 Lies das folgende Gedicht aus dem Jahr 1654.

a Untersuche, welches Thema der Dichter in den Mittelpunkt stellt.

Friedrich von Logau (1605–1655)

Des Krieges Buchstaben

Kummer, der das Mark[1] verzehret,
Raub, der Hab und Gut verheeret,
Jammer, der den Sinn verkehret,
Elend, das den Leib beschweret,
Grausamkeit, die Unrecht fähret[2],
Sind die Frucht, die Krieg gewähret.

[1] *das Mark:* das Knochenmark

[2] *fähret: hier:* herbeiführt

b Dieses Gedicht ist ein Akrostichon, das heißt ein Gedicht, in dem die Anfangsbuchstaben der Verse ein Wort ergeben. Erkläre den Titel und was das für die Gestaltung des Gedichts bedeutet.

c Suche aus dem Text heraus, welche Kriegsfolgen beschrieben werden.

d Tauscht euch darüber aus, welche Absicht der Dichter gehabt haben könnte und welche Wirkung er vermutlich erzielen wollte.

3 Paul Fleming wendet sich in seinem Gedicht aus dem Jahr 1641 einem anderen zentralen Problem der Barockzeit zu.

a Lies die erste Strophe. Untersuche, welche Haltung das lyrische *Ich* hat.

Paul Fleming (1609–1640)

An sich

Sei dennoch unverzagt[1], gib dennoch unverloren,
Weich keinem Glücke nicht, steh höher als der Neid,
Vergnüge dich an dir und acht es für kein Leid,
Hat sich gleich wider dich Glück, Ort und Zeit verschworen.
[...]*

[1] *unverzagt:* ohne Angst

b Der Dichter hat im ersten Vers eine eigene Formulierung gefunden: „[...] gib dennoch unverloren". Tauscht euch darüber aus, was sie bedeuten könnte.

c Das Gedicht verdeutlicht das Denken in Gegensätzen. Schreibe die Gegensatzpaare auf.

Glück – ...

d Überlegt, wie sich „Glück, Ort und Zeit" (V. 4) gegen einen Menschen verschwören können. Sucht Beispiele.

●●● **4** Untersuche das folgende Gedicht von 1650.

a Lies das Gedicht, wenn möglich lass es dir vortragen.

Andreas Gryphius (1616–1664)

Abend

Der schnelle Tag ist hin / die Nacht schwingt ihre Fahn /
Vnd führt die Sternen auff. Der Menschen müde Scharen
Verlassen Feld und Werck / Wo Thier und Vögel waren
　Traurt itzt die Einsamkeit. Wie ist die Zeit verthan!
　Der Port naht mehr und mehr sich / zu der Glider Kahn.
Gleich wie diß Licht verfil / so wird in wenig Jahren
Ich / du / und was man hat / und was man siht / hinfahren.
　Diß Leben kömmt mir vor als eine Renne-Bahn.
Laß höchster Gott / mich doch nicht auff dem Lauffplatz gleiten /
Laß mich nicht Ach / nicht Pracht / nicht Lust nicht Angst verleiten!
　Dein ewig heller Glantz sey vor und neben mir /
Laß / wenn der müde Leib entschläfft / die Seele wachen
Vnd wenn der letzte Tag wird mit mir Abend machen /
　So reiß mich aus dem Thal der Finsternüß zu dir.

b Prüfe, welche der folgenden Aussagen mit deinem ersten Leseeindruck übereinstimmt. Begründe.

1 In dem Gedicht beschreibt das lyrische *Ich*, wie es nach einem anstrengenden Arbeitstag den Feierabend genießt.
2 Das lyrische *Ich* ist am Abend traurig, weil es tagsüber die Zeit nicht genutzt hat.
3 Das lyrische *Ich* beschreibt, wie schnell das Leben vorbeigeht. Es bittet Gott, sich seiner Seele anzunehmen.

c Nenne sprachliche Besonderheiten, die im Vergleich zum heutigen Deutsch auffallen.

d Suche aus dem Gedicht alle Wörter zum Wortfeld *Zeit* heraus und notiere sie untereinander in dein Heft. Erkläre die Bedeutung der Wörter.

Abend – letzter Teil des Tages, hier auch: Lebensabend
...

e Gryphius verwendet eine Reihe sprachlicher Bilder. Sucht drei Beispiele und erklärt ihre Bedeutung im Gedicht.

f Seht euch noch einmal die Tabelle zum Barock aus Aufgabe 1 b (S. 151) an. Entscheidet, ob es sich um ein typisches Gedicht dieser Epoche handelt.

Gedichte analysieren

1 Um sich gründlich mit einem Gedicht auseinanderzusetzen und Deutungsmöglichkeiten zu erschließen, kann man es schrittweise analysieren.

a Lies im folgenden Merkkasten, worauf es bei einer Gedichtanalyse ankommt.

Gedichte sind lyrische Texte, die sich durch eine besondere Gestaltung von Inhalt, Sprache und Form auszeichnen. In einer Gedichtanalyse muss man deshalb den Inhalt und die Form des Textes untersuchen.
Folgende Fragen können bei der **Analyse** helfen:
- Worum geht es **inhaltlich** in dem Gedicht? Was ist das **Thema**?
- Welche **Stimmung** geht von dem Gedicht aus?
- Wer ist das **lyrische *Ich*** (auch **lyrische Sprecherin** bzw. **lyrischer Sprecher**)?
- Wie ist das Gedicht **formal** gestaltet?
- Wie ist das Gedicht **sprachlich** gestaltet?
- Was ist über die **Entstehungszeit** des Gedichts und die **Biografie** der Dichterin bzw. des Dichters bekannt?

Hinsichtlich der **Form** und **Sprache** untersucht man zum Beispiel:
- Verse und Strophen, z. B.: Anzahl, Gestaltung bzw. Form, Zeilensprünge (Enjambement),
- Reime, z. B.: Paarreim (a a b b), Kreuzreim (a b a b), umarmender Reim (a b b a),
- sprachliche Bilder, anschauliche Ausdrücke, z. B.: *leuchtende Augen*,
- Metaphern, z. B.: *ein Blätterdach*,
- Vergleiche, z. B.: *hell wie das Licht*,
- Personifizierungen, z. B.: *der Himmel weint*,
- Besonderheiten in Satzbau und Zeichensetzung, z. B.: *Im Herbst die Blätter bunt fallen*.

b Wende das Wissen aus dem Merkkasten an. Bestimme Strophen, Verse und Reimschema in folgendem Gedicht.

Viola Oehme

Abendlüge

Haben gelacht
Haben gesungen
Haben gedacht
Das Dunkel der Nacht

Lässt sich vertreiben –
Wollten nur leben
Ganz uns hingeben
Wollten nur bleiben

→ S. 318, 322: Merkwissen: Metapher, Personifizierung

c Wiederhole mithilfe des Merkwissens, was Metaphern und Personifizierungen sind. Notiere mindestens je ein eigenes Beispiel.

Metapher: ... *Personifizierung: ...*

2 Analysiere das folgende Gedicht, das am 31. Juli 1912 in der bekannten expressionistischen Zeitschrift „Die Aktion" erschienen ist.

a Lies das Gedicht. Untersuche und beschreibe, in welcher Situation und Stimmung sich das lyrische *Ich* befinden könnte.

Paul Boldt (1885–1921)

Nacht für Nacht

Wie helle Raupen kriechen die Chausseen
Aus Wäldern über Berge in die Tale.
Gestrandet liegen Wolken, groß wie Wale,
Still in der Abendröte blanken Seen.

Der Tag versiegt. Bis ihn die Frühen speisen,
Quillt schwarze Nacht aus allen Himmelsbronnen.
Die Sterne scheinen, kleine, ferne Sonnen.
Der Teich im Hofe glänzt wie dunkles Eisen.

Der Mond steht, wie ein Junge in der Pfütze,
Hell über jedem Garten. Und wie Gaze
Schimmert der Wald, des Berges blaue Mütze.

Aus einer Kleinstadt ragt des Kirchturms Vase
Verschnörkelt aus der Giebeldächer Nippes. –
Schlaf hält die Menschen fest, steif, wie in Gips.

b Untersuche, worum es in dem Gedicht geht. Formuliere das Thema.

Tipp
Versuche, unbekannte Wörter zu erschließen, oder schlage sie nach.

c Untersuche die Reimwörter und bestimme das Reimschema.

d Übertrage die folgende Tabelle in dein Heft. Suche aus dem Text sprachliche Bilder heraus und ergänze die Tabelle.

Vers	sprachliches Mittel	Erklärung, Deutungsmöglichkeiten
wie helle Raupen (V. 1)	Vergleich	sich schlängelnde Straßen sind gut sichtbar
kriechen die Chausseen (V. 1)	Personifizierung	…
…	…	…

e Erklärt, warum der Dichter so viele sprachliche Bilder verwendet.

3 Wähle ein Gedicht aus den Lesestoffen (S. 158–162) und analysiere es.

Kreatives Schreiben

1 Die Barockliteratur ist für ihre Figuren- bzw. Bildgedichte bekannt und hat in der Nachfolge viele Dichterinnen und Dichter inspiriert.

a Betrachtet dieses Gedicht aus dem Jahr 1685. Überlegt, warum das Gedicht diesen Titel haben könnte.

Theodor Kornfeld (1636–1698)

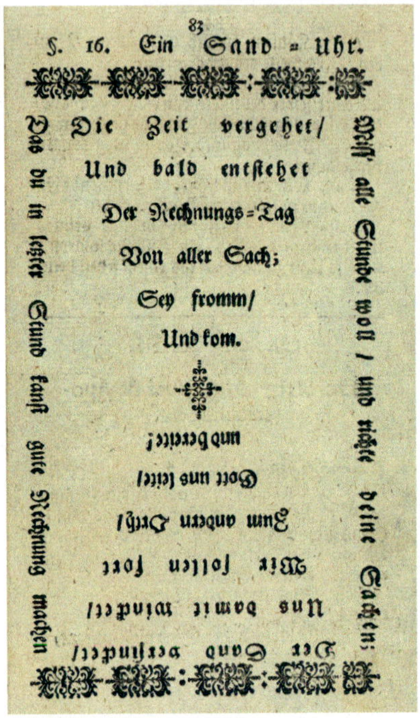
83

§. 16. Ein Sand-Uhr.

Die Zeit vergehet/
Und bald entstehet
Der Rechnungs-Tag
Von aller Sach;
Sey fromm/
Und kom.

Der Sand versinket/
Uns damit winket/
Wir sollen fort
Zum andern Ort/
Gott uns leite/
und bereite!

Das du in letzter Stund kanst gute Rechnung machen

Miß alle Stunde wol / und richte deine Sachen;

Eine Sanduhr

Die Zeit vergehet
Und bald entstehet
Der Rechnungs-Tag
Von aller Sach;
Sei fromm
Und komm.

Der Sand versinket
Uns damit winket
Wir sollen fort
Zum andern Ort
Gott uns leite
und bereite!

Dass du in letzter Stund kannst gute Rechnung machen

Miss alle Stunde wohl und richte deine Sachen

b Formuliert in zwei Sätzen, welche Verbindung zwischen dem Inhalt und der äußeren Gestaltung des Gedichts besteht.

c Besprecht, was Form und Inhalt über das lyrische *Ich* aussagen könnten.

d Wie könnte das lyrische *Ich* sprechen? Lest das Gedicht laut, erprobt Sprechweisen und tauscht euch darüber aus.

●●● **e** Beschreibt den Aufbau des Gedichts genauer. Betrachtet die Verse. Ermittelt jeweils die Anzahl der Sprechsilben.

f Tauscht euch darüber aus, ob das Thema des Gedichts für euch heute noch eine Rolle spielt.

> Beim **kreativen Schreiben** schreibt man aus sich selbst heraus, um Gedanken, Gefühle, Wünsche, Träume oder Hoffnungen festzuhalten oder um sich gestaltend mit ihnen auseinanderzusetzen, zum Beispiel in Form eines Tagebucheintrags, eines Gedichts oder einer Erzählung.

2 Verfasse selbst ein Bildgedicht.

a Sammelt in der Klasse Themen, die euch zum Schreiben motivieren.

Natur, Liebe, ...

b Sammle mögliche Sinneseindrücke zu einem der Themen. Was siehst, hörst, riechst oder spürst du? Notiere Wörter, sprachliche Bilder oder Vergleiche.

c Verfasse ein Bildgedicht. Stelle deine persönlichen Gedanken und Empfindungen dar. Schreibe einen Entwurf, lass ihn ein paar Tage liegen und überarbeite ihn.

3 Ein Akrostichon ist ein Gedicht, in dem die Anfangsbuchstaben der Verse ein Wort ergeben. Es wurde im Barock geschätzt und ist bis heute sehr beliebt.

a Lest das Gedicht und sagt, wovon das lyrische *Ich* in diesem Gedicht spricht.

Nächte am See
Allein oder mit dir,
Tanze ich am
Ufer entlang –
Reine Freude.

b Überlege, wozu du ein Akrostichon verfassen willst. Du kannst folgende Ideen nutzen.

Trotz deiner ...	**Z**ähl nicht ...	**T**...
A...	**A**...	**A**...
N...	**U**...	**L**...
D...	**B**...	**I**...
E...	**E**...	**S**...
M...	**R**...	**M**...
		A...
		N...

c Gestalte dein Gedicht. Du kannst einzelne Wörter ergänzen, aber auch längere Verse.

d Verwende in deinem Gedicht auch Zeilensprünge (Enjambements).

e Tauscht euch über eure Gedichte aus. Benennt, was gelungen ist oder weniger passend erscheint. Überarbeitet eure Fassungen.

f Gestaltet die Endfassungen eurer Gedichte und stellt sie in geeigneter Form aus. Gebt euch gegenseitig Feedback.

Franz Werfel (1890–1945)

Der rechte Weg (Traum)

Ich bin in eine große Stadt gekommen.
Vom Riesenbahnhof trat den Weg ich an,
Besah Museen und Plätze, habe dann
Behaglich eine Rundfahrt unternommen.

Den Straßenstrom bin ich herabgeschwommen
Und badete im Tag, der reizend rann.
Da! Schon so spät!? Ich fahre aus dem Bann.
Herrgott, mein Zug! Die Stadt ist grell erglommen.

Verwandelt alles! Tausend Auto jagen,
Und keines hält. Zweideutige Auskunft nur
Im Ohr durchkeuch' ich das Verkehrs-Gewirre.

Der Bahnhof?! Wo?! Gespenstisch stummt mein Fragen.
Die Straßen blitzen endlos, Schnur um Schnur,
Und alle führen, alle, in die Irre.

1 Welche Erinnerungen oder Vorstellungen löst das Gedicht bei dir aus? Beschreibe, welche Bilder du im Kopf hast.

2 Tragt zusammen, was das lyrische *Ich* in diesem Gedicht von 1911 erlebt und empfindet.

3 Entwirf Illustrationen zu diesem Gedicht. Achte besonders auf die Farbwahl.

Expressionismus in der bildenden Kunst

Den Expressionismus gab es nicht nur in der Literatur, sondern auch in der bildenden Kunst. Dies ist ein Oberbegriff für alle Künste, in denen etwas gestaltet wird, was man ansehen kann, zum Beispiel Gemälde oder Skulpturen.
Künstler und Gelehrte setzten sich ab 1890 sehr kritisch mit der althergebrachten Kunst und Kultur des Kaiserreichs auseinander. Sie forderten Veränderungen und entwickelten neue Formen und neue Stile. Gleichzeitig hatte die mit dem Beginn des 20. Jahrhunderts entstehende Psychologie Einfluss auf das Denken vieler Künstler. So wollten die Expressionisten mit ihren Werken vor allem emotional ansprechen. Sie versuchten auch, das Unterbewusste oder Träume zu ergründen. Dies drückte sich in starker Farbigkeit oder in perspektivisch verzerrten Formen aus. Motive sind die Großstadt, aber auch eine ausgeprägte Sehnsucht nach Natur. Viele Maler prangerten die schrecklichen Folgen des Krieges an, zum Beispiel Otto Dix oder George Grosz.

Karl Schmidt-Rottluff: Herbstlandschaft in Oldenburg

Die am 7. Juni 1905 von den vier Architekturstudenten Ernst Ludwig Kirchner, Erich Heckel, Karl Schmidt-Rottluff und Fritz Bleyl in Dresden gegründete Künstlervereinigung „Die Brücke" gehört zu den bekanntesten Gruppen des deutschen Expressionismus. Sie fühlten sich als Avantgarde in der Gesellschaft.
Eine andere Gruppe bildete sich 1911 um Wassily Kandinsky in München: „Der blaue Reiter". Dazu gehörten Franz Marc, August Macke oder Paul Klee. Sie organisierten gemeinsam Ausstellungen oder veröffentlichten ihre Ansichten in Zeitschriften. Eine solche Zeitschrift war „Der Sturm", der ab 1910 in Berlin erschien. Auch Dichter und Journalisten veröffentlichten hier Aufsätze und Gedichte. Auch einige wenige Frauen, wie Gabriele Münter, Paula Modersohn-Becker und Marianna Werjowkina, waren im Expressionismus vertreten.

1 Suche Gemeinsamkeiten zwischen den Gedichten und den Werken der bildenden Kunst in der Zeit des Expressionismus.

MK 2 Viele Museen und Galerien kann man heute digital besuchen. Recherchiere im Internet und stelle Kunstwerke aus der Zeit des Expressionismus in der Klasse vor.

3 Wähle einzelne Gemälde aus und betrachte sie. Welche Motive werden dargestellt? Wie wirken die Bilder auf dich?

Theodor Storm (1817–1888)

Die Stadt

Am grauen Strand, am grauen Meer
Und seitab liegt die Stadt;
Der Nebel drückt die Dächer schwer,
Und durch die Stille braust das Meer
Eintönig um die Stadt.

Es rauscht kein Wald, es schlägt im Mai
Kein Vogel ohn' Unterlass;
Die Wandergans mit hartem Schrei
Nur fliegt in Herbstesnacht vorbei,
Am Strande weht das Gras.

Doch hängt mein ganzes Herz an dir,
Du graue Stadt am Meer;
Der Jugend Zauber für und für
Ruht lächelnd doch auf dir, auf dir,
Du graue Stadt am Meer.

1. Hättest du Lust, in dieser grauen Stadt zu sein? Formuliere und begründe deine ersten Gedanken dazu.

2. Untersuche, welche Beziehung das lyrische *Ich* zu der dargestellten Stadt hat. Erkläre dies mit Textbelegen.

3. MK Recherchiere zum Lebenslauf von Theodor Storm. Ziehe biografische Informationen zur Deutung des Gedichts heran.

Erich Kästner (1899–1974)

Besuch vom Lande

Sie stehen verstört am Potsdamer Platz.
Und finden Berlin zu laut.
Die Nacht glüht auf in Kilowatts.
Ein Fräulein sagt heiser: „Komm mit, mein Schatz!"
Und zeigt entsetzlich viel Haut.

Sie wissen vor Staunen nicht aus und nicht ein.
Sie stehen und wundern sich bloß.
Die Bahnen rasseln. Die Autos schrein.
Sie möchten am liebsten zu Hause sein.
Und finden Berlin zu groß.

Es klingt, als ob die Großstadt stöhnt,
weil irgendwer sie schilt.[1]
Die Häuser funkeln. Die U-Bahn dröhnt.
Sie sind das alles so gar nicht gewöhnt.
Und finden Berlin zu wild.

Sie machen vor Angst die Beine krumm.
Und machen alles verkehrt.
Sie lächeln bestürzt. Und sie warten dumm.
Und stehn auf dem Potsdamer Platz herum,
bis man sie überfährt.

[1] *schilt:* schimpft, tadelt

1 Kennst du Berlin oder eine andere Großstadt? Erkläre, was dir an einer Stadt gefällt oder nicht gefällt.

2 Lies das Gedicht aus dem Jahr 1929 noch einmal und erkläre, was den „Besuch vom Lande" in Berlin verstört.

3 Tauscht euch darüber aus, wie es Touristinnen und Touristen heute ergehen mag, wenn sie nach Berlin reisen.

Aldona Gustas (1932–2022)

wie die Katze
um den heißen Brei
ortete ich
den Potsdamer Platz
Glaseigenschaften folgend
schaute ich auf die Sonyhöhe
bis Augen sich einquartierten
in Zeltformen
denk ich mir nun Berlin
in der Wüste als Oase

Tanja Dückers (geb. 1968)

Weihnachten am Alexanderplatz

Ein zwei drei Punks kommen
mir auf der Rolltreppe entgegen
der größte ein schlaksiger
Typ mit blonden Zotteln
und Nasenring sieht mich
für einen Moment aus hellen
rotgeäderten Augen an
Ich liebe dich johlt er plötzlich
Ich dich auch rufe ich so
leichthin über die Schulter
Echt? vernehme ich noch
dann bin ich in der S-Bahn
und er unten verschwunden

Dirk von Petersdorff (geb. 1966)

Über Berlin

Als der Zug durch die Stadt fuhr,
war das die Szene:
Nebel am Morgen, daraus
ragten Kräne.
Alle Farben und Größen, Berlin
ist ein Bauplatz geworden –
zeigen wie Finger
nach Westen
und Norden,
auch ostwärts.
Einer dreht sich im Kreis,
zweimal vor, dann zurück,
weiß
nicht wohin –
dreht nach rechts,
schöner Schwung,
ein Mädchen muss kichern.
Die schwingende Nadel,
unter dem Himmel,
über der weißen Decke,
Berlin. Dann bog
der Zug um die Ecke.

1. Die Großstadt Berlin hat Menschen zu verschiedenen Zeiten und bis heute immer wieder auf irgendeine Weise berührt. Überlege, warum das so ist.

2. Welches der drei Berlin-Gedichte spricht dich am meisten an? Begründe deine Meinung.

3. Lies die Gedichte noch einmal und überlege, wie das lyrische *Ich* die Stadt jeweils empfindet. Belege deine Deutungen mithilfe von Textstellen.

4. Wähle eines der Gedichte aus und erprobe verschiedene Vortragsweisen.

Dramenszenen hören und lesen

Die Handlung einer Dramenszene erschließen

1 Eines der berühmtesten Dramen der Welt ist Friedrich Schillers „Wilhelm Tell" von 1804.

a Hast du schon einmal von Wilhelm Tell gehört? Erzähle der Klasse, was du bereits weißt.

b Sieh dir die Cover verschiedener Buchausgaben zum Drama „Wilhelm Tell" an. Stelle Vermutungen an, warum sie so unterschiedlich ausfallen. Welche Eindrücke hast du davon?

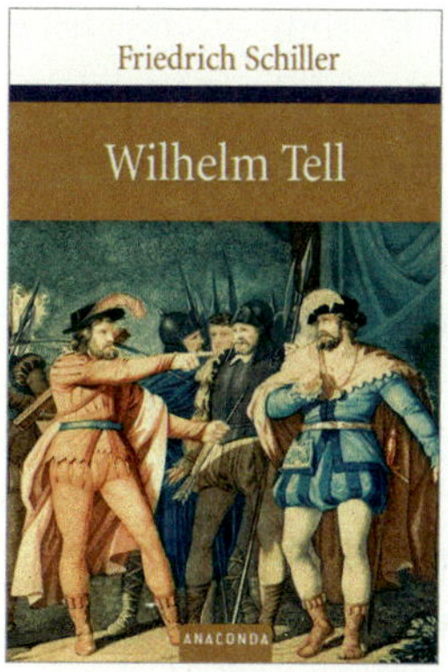

c Lies in den Lesestoffen (S. 176–178) nach, wovon das Drama handelt.

2 Lies und erschließe Auszüge aus Schillers Drama „Wilhelm Tell".

a Du kennst bereits Theaterstücke, szenische Texte, Rollenspiele, Hörspiele und andere dramatische Formen. Lies zunächst den Merkkasten und wiederhole dir bekannte Fachbegriffe.

> Ein **Drama** ist ein literarischer Text der Gattung **Dramatik**, der für die Aufführung auf einer Bühne verfasst ist. Es handelt sich also um ein Bühnenstück.
> Der **dramatische Text** ist deshalb in **Aufzüge** (oder **Akte**) eingeteilt, die wiederum aus **Szenen** bestehen. Der dramatische Text besteht im **Haupttext** aus wörtlicher Rede, d. h. aus **Monologen** (Selbstgesprächen) und **Dialogen** (Zwiegesprächen) von Figuren. Zusätzlich gibt es oft **Regieanweisungen**, die Hinweise auf Ort und Zeit des Geschehens, die Gestaltung der Bühne und Requisiten sowie Handlungen und Sprechweise der Figuren geben. Regieanweisungen sind als **Nebentext** meist schräg gedruckt oder auf andere Weise vom Haupttext abgehoben.
> Oft werden in Dramen **Konflikte** und deren Lösung behandelt.

b Tauscht euch in der Klasse darüber aus, woran man bei einer Aufführung eines Dramas, zum Beispiel im Theater, die einzelnen Aufzüge (Akte) und Szenen erkennen kann.

c Oft werden am Beginn eines dramatischen Textes die handelnden Figuren genannt. Lies, welche wichtigen Figuren in Schillers Drama auftreten.

Friedrich Schiller (1759–1805)

Wilhelm Tell

Personen (Auswahl)

Herrmann Geßler	*Reichsvogt in Schwyz und Uri*
Werner Stauffacher Itel Reding Hans auf der Mauer	*Landleute aus Schwyz*
Walter Fürst Wilhelm Tell Rösselmann, *der Pfarrer* Petermann, *der Sigrist*[1]	*aus Uri*
Arnold von Melchthal Konrad Baumgarten Meier von Sarnen Struth von Winkelried	*aus Unterwalden*
Berta von Brunek	*eine reiche Erbin*
Mechthild Elsbet Hildegard	*Bäuerinnen*
Walter	*Tells Knabe*
Frießhardt Leuthold	*Söldner*
Rudolf der Harras	*Geßlers Stallmeister**

[1] *der Sigrist:* der Kirchendiener

d Besprecht in der Klasse, woran man schon anhand der Figurenliste erkennt, dass es sich um einen historischen Stoff handelt.

e Lies nun in folgender Zusammenfassung, was in der ersten Szene des ersten Aufzugs passiert. Stelle Vermutungen an, welcher Konflikt sich hier anbahnt.

In Altorf im Kanton Uri werden die Schwyzer dazu gezwungen, eine Burg für den Landvogt[2] Geßler zu errichten. Im Ort wird der Hut Geßlers auf eine Stange gesteckt. Die Schwyzer sollen dem Hut beim Vorübergehen die Ehre erweisen und niederknien.

[2] *der Landvogt,* auch: *Reichsvogt:* ein vom König eingesetzter Verwalter eines Bezirkes

[3] *der Prospekt:* der gemalte Hintergrund einer Bühne

[4] *der Anger:* der Dorfplatz

[5] *der Popanz:* etwas, das Furcht und Einschüchterung hervorruft

[6] *der Flecken:* der Ort

[7] *der Pfaff, der Rösselmann:* der Pfarrer Rösselmann

[8] *die Monstranz: hier:* etwas, das während einer religiösen Prozession verehrt wird

[9] *traun: gehoben, veraltet für* ungelogen

f Lies den folgenden Auszug aus dem dritten Aufzug.

Dritter Aufzug, dritte Szene

Wiese bei Altorf. Im Vordergrund Bäume, in der Tiefe der Hut auf einer Stange. Der Prospekt[3] *wird begrenzt durch den Bannberg, über welchem ein Schneegebirg emporragt*

(Frießhardt und Leuthold halten Wache)

Frießhardt: Wir passen auf umsonst. Es will sich niemand
Heranbegeben und dem Hut sein' Reverenz
Erzeigen. 's war doch sonst wie Jahrmarkt hier,
Jetzt ist der ganze Anger[4] wie verödet,
Seitdem der Popanz[5] auf der Stange hängt.

Leuthold: Nur schlecht Gesindel lässt sich sehn und schwingt
Uns zum Verdrieße die zerlumpten Mützen.
Was rechte Leute sind, die machen lieber
Den langen Umweg um den halben Flecken[6],
Eh sie den Rücken beugten vor dem Hut.

Frießhardt: Sie müssen über diesen Platz, wenn sie
Vom Rathaus kommen um die Mittagstunde.
Da meint' ich schon, 'nen guten Fang zu tun,
Denn keiner dachte dran, den Hut zu grüßen.
Da sieht's der Pfaff, der Rösselmann[7] – kam just
Von einem Kranken her – und stellt sich hin
Mit dem Hochwürdigen, grad vor die Stange –
Der Sigrist musste mit dem Glöcklein schellen,
Da fielen all aufs Knie, ich selber mit,
Und grüßten die Monstranz[8], doch nicht den Hut. –

Leuthold: Höre, Gesell, es fängt mir an zu deuchten,
Wir stehen hier am Pranger vor dem Hut,
's ist doch ein Schimpf für einen Reitersmann,
Schildwach zu stehn vor einem leeren Hut –
Und jeder rechte Kerl muss uns verachten.
– Die Reverenz zu machen einem Hut,
Es ist doch traun[9]! ein närrischer Befehl!

Frießhardt: Warum nicht einem leeren, hohlen Hut?
Bückst du dich doch vor manchem hohlen Schädel.
(Hildegard, Mechthild und Elsbet treten auf mit Kindern und stellen sich um die Stange)

Leuthold: Und du bist auch so ein dienstfertger Schurke,
Und brächtest wackre Leute gern ins Unglück.
Mag, wer da will, am Hut vorübergehn,
Ich drück die Augen zu und seh nicht hin.

Mechthild: Da hängt der Landvogt – Habt Respekt, ihr Buben. [...]*

g Tauscht eure ersten Gedanken darüber aus, was in diesem Szenenausschnitt passiert.

3 Die Sprache Schillers kann anfänglich schwierig erscheinen.

a Sucht heraus, welche Textstellen des Dramenauszugs in Aufgabe 2 f (S. 165) ihr möglicherweise nicht versteht. Besprecht, was sie bedeuten könnten.

b Untersucht die Gestaltung des Dramenauszugs mithilfe des Merkkastens auf S. 163. Benennt die einzelnen Elemente des Dramentextes.

c Der Haupttext (die Figurenrede) ist in Versform gestaltet. Tauscht euch darüber aus, ob und wie dadurch das Lesen beeinflusst wird. Begründet eure Meinungen.

d Der Dramentext ist auch mit ungewöhnlicher Zeichensetzung versehen. Besprecht, welche Funktion die einzelnen Satzzeichen haben könnten.

4 Erschließt die Handlung des Szenenausschnitts auf S. 165 jetzt genauer.

a Lest den Auszug erneut und beantwortet die folgenden Fragen.

- Wann und wo spielt die Handlung?
- Wer sind die handelnden Figuren?
- Welches Problem haben sie bzw. müssen sie lösen?
- Wie lösen sie dieses Problem oder welche Lösungsmöglichkeiten deuten sich an?
- Welche Faktoren spielen dabei eine Rolle?

b Besprecht, wie ihr euch den Handlungsort vorstellt. Begründet eure Meinungen mithilfe von Textstellen.

c Besprecht, wie ihr euch die auftretenden Figuren vorstellt. Begründet eure Meinungen mithilfe von Textstellen.

5 Ein dramatischer Text ist für die Aufführung verfasst. Deshalb kann man ihn oft leichter erfassen, wenn man ihn laut liest. Wählt Aufgabe a oder b.

●○○ **a** Lest den Szenenausschnitt aus Aufgabe 2 f (S. 165) mehrfach laut in verteilten Rollen. Bestimmt auch, wer den Nebentext liest. Achtet auf mögliche Sprechweisen, das Sprechtempo und Pausen. Besprecht eure Lesungen und begründet jeweils, warum ihr an bestimmten Stellen Sprechweisen ändert oder Pausen setzt.

●●○ **b** Lest den gesamten Szenenausschnitt (Haupt- und Nebentexte) auf S. 165 zunächst mehrfach, jede bzw. jeder für sich selbst. Versucht dabei, die einzelnen Figuren und Handlungselemente zu unterscheiden. Lest euch den Ausschnitt anschließend gegenseitig vor und begründet eure Sprechweisen, euer Sprechtempo und eure Sprechpausen.

Die Figuren einer Dramenszene analysieren

1 Vater Wilhelm Tell und sein Sohn Walter unterhalten sich.

a Lies die Fortsetzung der dritten Szene des dritten Aufzugs.

(Tell mit der Armbrust tritt auf, den Knaben an der Hand führend. Sie gehen an dem Hut vorbei […], ohne darauf zu achten)

Walter *(zeigt nach dem Bannberg)* […] *(nach einigem Besinnen)*:
Gibt's Länder, Vater, wo *nicht* Berge sind?

Tell: Wenn man hinuntersteigt von unsern Höhen,
Und immer tiefer steigt, den Strömen nach,
Gelangt man in ein großes ebnes Land,
Wo die Waldwasser nicht mehr brausend schäumen,
Die Flüsse ruhig und gemächlich ziehn,
Da sieht man frei nach allen Himmelsräumen,
Das Korn wächst dort in langen, schönen Auen,
Und wie ein Garten ist das Land zu schauen.

Walter: Ei, Vater, warum steigen wir denn nicht
Geschwind hinab in dieses schöne Land,
Statt dass wir uns hier ängstigen und plagen?

Tell: Das Land ist schön und gütig wie der Himmel,
Doch die's bebauen, *sie* genießen nicht
Den Segen, den sie pflanzen.

Walter: Wohnen sie
Nicht frei wie du auf ihrem eignen Erbe?

Tell: Das Feld gehört dem Bischof und dem König. […]
Dort darf der Nachbar nicht dem Nachbarn trauen.

Walter: Vater, es wird mir eng im weiten Land,
Da wohn ich lieber unter den Lawinen.

Tell: Ja wohl ist's besser, Kind, die Gletscherberge
Im Rücken haben als die bösen Menschen.
(Sie wollen vorübergehen)

Walter: Ei, Vater, sieh den Hut dort auf der Stange.

Tell: Was kümmert uns der Hut? Komm, lass uns gehen. […]*

b Besprecht, was man aus dem Gespräch über die Beziehung von Vater und Sohn schließen kann. Begründet eure Meinungen mithilfe von Textstellen.

c Überlege, welche Eigenschaften man den beiden Figuren zuschreiben kann. Notiere deine Gedanken dazu.

d Besprecht eure Überlegungen aus Aufgabe c und begründet sie mithilfe von Textstellen.

1c Wähle zum Beispiel aus folgenden Adjektiven aus.
(un-)erfahren / heimatverbunden / naiv / trotzig / neugierig / unabhängig / mahnend / aufmerksam / unwissend / frei / besorgt / misstrauisch

e Lest den Dialog zwischen Wilhelm und Walter Tell aus Aufgabe a mit verteilten Rollen laut. Achtet auf die Art und Weise, wie die Figuren etwas sagen, und erprobt mögliche Sprechweisen.

2 Die Apfelschuss-Szene ist die wahrscheinlich bekannteste Szene des Dramas.

a Lies, wie die Handlung weitergeht.

Tell möchte mit seinem Sohn weitergehen, wird aber von Frießhardt angehalten. Dieser will ihn gefangen nehmen. Der Sohn ruft um Hilfe und sofort kommen einige Leute zusammen, u. a. der Schwiegervater Tells Walter Fürst, der Sigrist, Pfarrer Rösselmann und einige Landmänner. Frießhardt gelingt es vorerst nicht, Tell festzunehmen.

[…] *(Man hört Jagdhörner)*
Weiber: Da kommt der Landvogt!
[…]
Walter Fürst:
Da ist der Vogt! Weh uns, was wird das werden!
(Geßler zu Pferd, den Falken auf der Faust, Rudolf der Harras, […], ein großes Gefolge von bewaffneten Knechten, welche einen Kreis von Piken[10] *um die ganze Szene schließen)*
Rudolf der Harras:
Platz, Platz dem Landvogt!
Geßler: Treibt sie auseinander!
Was läuft das Volk zusammen? Wer ruft Hilfe?
(Allgemeine Stille)
Wer war's? Ich will es wissen.
(Zu Frießhardt) *Du* tritt vor!
Wer bist du und was hältst du diesen Mann?
(Er gibt den Falken einem Diener)
Frießhardt: Gestrenger Herr, ich bin dein Waffenknecht
Und wohlbestellter Wächter bei dem Hut.
Diesen Mann ergriff ich über frischer Tat,
Wie er dem Hut den Ehrengruß versagte.
Verhaften wollt ich ihn, wie du befahlst,
Und mit Gewalt will ihn das Volk entreißen.
Geßler *(nach einer Pause)*:
Verachtest du so deinen Kaiser, Tell,
Und *mich*, der hier an seiner Statt gebietet,
Dass du die Ehr versagst dem Hut, den ich
Zur Prüfung des Gehorsams aufgehangen?
Dein böses Trachten hast du mir verraten.

[10] *die Pike:* der Spieß

Tell: Verzeiht mir, lieber Herr! Aus Unbedacht,
Nicht aus Verachtung Eurer ist's geschehn,
Wär ich besonnen, hieß ich nicht der Tell,
Ich bitt um Gnad, es soll nicht mehr begegnen.
Geßler *(nach einigem Stillschweigen)*:
Du bist ein Meister auf der Armbrust, Tell,
Man sagt, du nähmst es auf mit jedem Schützen?
Walter Tell:
Und das muss wahr sein, Herr – 'nen Apfel schießt
Der Vater dir vom Baum auf hundert Schritte.
Geßler: Ist das dein Knabe, Tell?
Tell: Ja, lieber Herr. [...]
Geßler:
Nun, Tell! weil du den Apfel triffst vom Baume
Auf hundert Schritte, so wirst du deine Kunst
Vor mir bewähren müssen – Nimm die Armbrust –
Du hast sie gleich zur Hand – und mach dich fertig,
Einen Apfel von des Knaben Kopf zu schießen –
Doch will ich raten, ziele gut, dass du
Den Apfel treffest auf den ersten Schuss,
Denn fehlst du ihn, so ist dein Kopf verloren.
(Alle geben Zeichen des Schreckens)
Tell: Herr – Welches Ungeheure sinnet Ihr
Mir an – Ich soll vom Haupte meines Kindes –
– Nein, nein doch, lieber Herr, das kömmt Euch nicht
Zu Sinn – Verhüt's der gnäd'ge Gott – das könnt Ihr
Im Ernst von einem Vater nicht begehren!
Geßler: Du wirst den Apfel schießen von dem Kopf
Des Knaben – Ich begehr's und will's.
Tell: Ich soll
Mit meiner Armbrust auf das liebe Haupt
Des eignen Kindes zielen – Eher sterb ich!
Geßler:
Du schießest oder stirbst *mit* deinem Knaben. [...]*

b Nenne die wichtigen handelnden Figuren dieser Szene. Lies in Aufgabe 2 c (S. 164) noch einmal genauer nach, wer hier auftritt.

c Tauscht euch darüber aus, worin der Konflikt in dieser Szene besteht.

d Lies, wie die Handlung weitergeht. Achte beim Lesen besonders auf die Figuren Geßler und Tell.

Geßler: [...]
(greift nach einem Baumzweige, der über ihn herhängt)
Hier ist der Apfel.
Man mache Raum – Er nehme seine Weite,
Wie's Brauch ist – Achtzig Schritte geb ich ihm –
Nicht weniger, noch mehr – Er rühmte sich,
Auf ihrer hundert seinen Mann zu treffen –
Jetzt, Schütze, triff und fehle nicht das Ziel!
[...]

Walter Fürst *(wirft sich vor ihm nieder)*:
Herr Landvogt, wir erkennen Eure Hoheit,
Doch lasset Gnad vor Recht ergehen, nehmt
Die Hälfte meiner Habe, nehmt sie ganz,
Nur dieses Grässliche erlasset einem Vater!

Walter Tell: Großvater, knie nicht vor dem falschen Mann!
Sagt, wo ich hinstehn soll, ich fürcht mich nicht,
Der Vater trifft den Vogel ja im Flug,
Er wird nicht fehlen auf das Herz des Kindes.
[...]

Geßler *(zeigt auf den Knaben)*:
Man bind ihn an die Linde dort!

Walter Tell: Mich binden!
Nein, ich will nicht gebunden sein. Ich will
Stillhalten, wie ein Lamm und auch nicht atmen.
Wenn ihr mich bindet, nein, so kann ich's nicht,
So werd ich toben gegen meine Bande.

Rudolf der Harras:
Die Augen nur lass dir verbinden, Knabe.

Walter Tell: Warum die Augen? Denket Ihr, ich fürchte
Den Pfeil von Vaters Hand? Ich will ihn fest
Erwarten, und nicht zucken mit den Wimpern.
– Frisch, Vater, zeig's, dass du ein Schütze bist,
Er glaubt dir's nicht, er denkt uns zu verderben –
Dem Wütrich zum Verdrusse, schieß und triff.
(Er geht an die Linde, man legt ihm den Apfel auf) [...]
(Tell steht in fürchterlichem Kampf, mit den Händen zuckend und die rollenden Augen bald auf den Landvogt, bald zum Himmel gerichtet. – Plötzlich greift er in seinen Köcher, nimmt einen zweiten Pfeil heraus und steckt ihn in seinen Goller[11]. Der Landvogt bemerkt alle diese Bewegungen)

Walter Tell *(unter der Linde)*:
Vater, schieß zu, ich fürcht mich nicht.

[11] *der Goller:* ein loser Kragen

Tell: Es muss!
(Er rafft sich zusammen und legt an) [...]
Stauffacher *(ruft)*: Der Apfel ist gefallen! [...]
Rösselmann: Der Knabe lebt!
Viele Stimmen: Der Apfel ist getroffen!
(Walter Fürst schwankt und droht zu sinken, Berta hält ihn)
Geßler *(erstaunt)*: Er hat geschossen? Wie? der Rasende!
Berta: Der Knabe lebt! kommt zu euch, guter Vater!
Walter Tell *(kommt mit dem Apfel gesprungen)*:
Vater, hier ist der Apfel – Wusst ich's ja,
Du würdest deinen Knaben nicht verletzen. [...]
Geßler: Tell, höre!
Tell *(kommt zurück)*: Was befiehlt Ihr, Herr?
Geßler: Du stecktest
Noch einen zweiten Pfeil zu dir – Ja, ja,
Ich sah es wohl – Was meintest du damit? [...]
Tell: Wohlan, o Herr,
Weil Ihr mich meines Lebens habt gesichert,
So will ich Euch die Wahrheit gründlich sagen.
(Er zieht den Pfeil aus dem Goller und sieht den Landvogt mit einem furchtbaren Blick an)
Mit diesem zweiten Pfeil durchschoss ich – Euch,
Wenn ich mein liebes Kind getroffen hätte,
Und Eurer – wahrlich! hätt ich nicht gefehlt.
Geßler: Wohl, Tell! Des Lebens hab ich dich gesichert,
Ich gab mein Ritterwort, das will ich halten –
Doch weil ich deinen bösen Sinn erkannt,
Will ich dich führen lassen und verwahren,
Wo weder Mond noch Sonne dich bescheint,
Damit ich sicher sei vor deinen Pfeilen.
Ergreift ihn, Knechte! Bindet ihn! [...]*

e Tauscht euch darüber aus, was ihr über das Verhalten des Landvogts Geßler denkt.

f Tauscht euch darüber aus, was ihr über das Verhalten von Tell denkt.

→ **S. 118:** Figuren charakterisieren

3 Analysiert eine der beiden Figuren genauer: Geßler oder Tell.

a Lest die Textauszüge (Aufgaben 2a und d, S. 168–171) noch einmal genau. Tragt zusammen, was man über die äußeren Merkmale der Figur erfährt. Nutzt dazu Beschreibungen, Handlungen und Regieanweisungen.

Gesamterscheinung: ...
Einzelheiten: ...
Besonderheiten: ...

b Lest die Textauszüge (Aufgaben 2 a und d, S. 168–171) ein drittes Mal. Tragt zusammen, was man über die inneren Merkmale der Figur erfährt. Nutzt dazu Beschreibungen, Handlungen und Regieanweisungen.

Lebensumstände: ... *Verhalten: ...*

c Überlegt, was man aus den Gedanken, Gefühlen und Handlungen der Figur schließen kann. Begründet eure Vorstellungen mithilfe von Textstellen.

d Untersucht, was man aus der Sprache der Figur schließen kann. Übertragt die folgende Tabelle in eure Hefte und ergänzt sie.

Figur: Geßler	
Textstelle	**Deutung**
(Geßler zu Pferd, ...) (Z. 75–77)	herrschaftliches Auftreten
...	...

Um **Dramenszenen** zu **erschließen**, muss man die **Figuren** genau untersuchen. Dazu sollte man den **dramatischen Text** mehrmals lesen und sich fragen: Was erfährt man (nicht) über

- **äußere Merkmale der Figur** (Aussehen, Alter, Kleidung usw.),
- **innere Merkmale der Figur**, z. B.:
  - die **Lebensumstände** (Freunde, Familie, Wohnung, Schule usw.),
  - das **Verhalten** (zu Hause, bei Freunden, in bestimmten Situationen usw.),
  - **Gedanken und Gefühle**, Interessen usw.,
  - die **Sprache** (Wortwahl, Ausdrucksweise, Sprechweise)

und welche **Eigenschaften** lassen sich jeweils daraus ableiten?
Bei der Analyse kann man sich am **Nebentext** und am **Haupttext (Figurenrede)**, also an **beschreibenden Aussagen** der Figuren, orientieren, z. B.:
Geßler *[...]: Du bist ein Meister auf der Armbrust, Tell* (Z. 104)
Er rühmte sich, / Auf ihrer hundert seinen Mann zu treffen – (Z. 138–139)
→ Tell ist ein guter Schütze.
Man kann Eigenschaften einer Figur auch aus ihren Handlungen ableiten, z. B.:
Walter Fürst *(wirft sich vor ihm nieder)*:
[...] nehmt
Die Hälfte meiner Habe, nehmt sie ganz,
Nur dieses Grässliche erlasset einem Vater! (Z. 142–146)
→ Walter Fürst ist verzweifelt und versucht, Geßler umzustimmen.
Oft gibt ein Text keine eindeutigen Auskünfte. Man muss **eigene Vorstellungen entwickeln**. Am besten gelingt das, wenn man sich **im Gespräch mit anderen** darüber austauscht.

4 Untersuche jetzt eine weitere Figur aus der Apfelschuss-Szene (Aufgaben 2a und d, S. 168–171). Wähle Aufgabe a, b oder c.

●○○ **a** Untersuche die Figurenrede und die Regieanweisungen und stelle äußere und innere Merkmale der Figur zusammen.

äußere Merkmale:
– ...
innere Merkmale:
– Lebensumstände: ...
– Verhalten: ...
– Gedanken und Gefühle: ...
– Sprache: ...

●●○ **b** Untersuche Haupt- und Nebentext und stelle äußere und innere Merkmale der Figur zusammen. Nutze dazu den Merkkasten auf S. 172.

→ **S. 118:** Figuren charakterisieren

●●● **c** Stelle äußere und innere Merkmale zusammen und charakterisiere die Figur.

5 Lest den Szenenausschnitt aus Aufgabe 2d (S. 170) mit verteilten Rollen.

a Lest den Szenenausschnitt noch einmal und überlegt, was für die sprecherische Gestaltung aus den Regieanweisungen abzuleiten ist.

b Überlegt, wie die Figuren sprechen könnten, damit ihr Charakter deutlich wird.

c Formuliert eigene Regieanweisungen zur Sprechweise der Figuren, zum Beispiel zu Tonfall, Lautstärke und Sprechtempo.

d Erprobt das szenische Lesen mehrfach und tauscht euch darüber aus.

6 Stellt euch vor, ihr wärt Regisseurinnen bzw. Regisseure und wollt Szenen des Dramas „Wilhelm Tell" im Theater aufführen.

Tipp
Nutzt eure Ergebnisse aus den Aufgaben 4 und 5.

a Besprecht, wie ihr die Hauptrollen Geßler und Wilhelm Tell sowie Walter Tell besetzen würdet. Entwerft dazu Rollenbiografien.

Rollenbiografie: Geßler
Ich bin Landvogt. ...

Rollenbiografie: Wilhelm Tell
Ich bin der beste Schütze. ...

Rollenbiografie: Walter Tell
Ich bin der Sohn des besten Schützen Tell. ...

b Entwickelt Ideen, wie die Figuren auf der Bühne aussehen, wie sie sprechen und wie sie sich bewegen könnten. Entwerft genaue Regieanweisungen zu jeder Figur.

Dramenszenen gestaltend erschließen

In eine **Rolle** schlüpfen, die Gefühle einer Figur darstellen oder eine ganze Szene spielen – all das kann man lernen. Oft hilft es, mit **Mimik** (Gesichtsausdruck) und **Gestik** (Körpersprache) ausdrucksstark zu spielen.

1 Versucht, die Gefühle von Figuren durch Mimik und Gestik auszudrücken.

a Versucht, Wilhelm und Walter Tells Gefühle in der Apfelschuss-Szene (Aufgaben 2a und d, S. 168–171) durch Mimik und Gestik auszudrücken.

b Gestaltet ein Standbild zu dem Moment, als Tell schießt.

MK **c** Recherchiert im Internet nach Szenenbildern von Theateraufführungen des Dramas „Wilhelm Tell". Tauscht euch über die Mimik und Gestik dort dargestellter Figuren aus.

2 Stellt die folgenden Szenen nun zu zweit oder in kleinen Gruppen dar.

a Spielt die Szenen zunächst nur pantomimisch (mit Mimik und Gestik).

1. Wilhelm Tell läuft mit seinem Sohn Walter durch die Natur und zeigt auf die Berge.
2. Tell und sein Sohn sehen den Hut auf der Stange und laufen weiter.
3. Die Söldner Leuthold und Frießhardt fordern Wilhelm Tell auf, den Hut zu grüßen.
4. Der Landvogt Geßler stellt Wilhelm Tell vor die Wahl, entweder seinem Sohn den Apfel vom Kopf zu schießen oder zu sterben.
5. Walter Tell steht mit dem Apfel auf dem Kopf vor dem Baum, Wilhelm Tell legt an.

b Setzt jetzt eure Sprache ein und spielt die Szenen aus Aufgabe a frei nach. Überlegt jeweils, was die Figuren sagen könnten und wie sie das tun.

3 Bühnenbilder sind für eine Theateraufführung sehr wichtig. Bevor man ein Stück probt, sollte man eine Vorstellung vom Bühnenbild haben.

a Tauscht euch darüber aus, wie ihr euch die Umgebung in der Apfelschuss-Szene vorstellt.

b Fertigt Skizzen an, die die Anordnung der Figuren und Objekte zeigen.

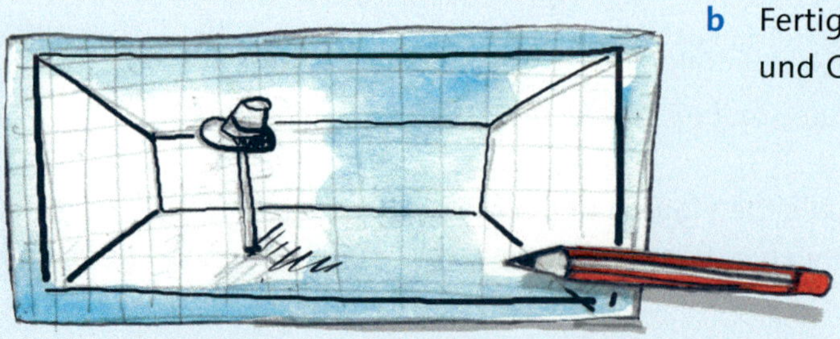

c Überlegt, welche Informationen zur Umgebung man in den Skizzen ergänzen könnte.

- Wo stehen die Figuren?
- Wohin bewegen sie sich?
- Wer tritt auf oder ab?
- Wo stehen Figuren, die gerade nichts sagen oder nicht handeln?
- Wie kommt die Linde ins Bild? usw.

d Fertigt weitere Skizzen bis zum Szenenende an.

4 Bereitet eine Aufführung der Apfelschuss-Szene in der Klasse vor.

Tipp
Nutzt eure Ergebnisse aus den Aufgaben 5 und 6 (S. 173).

a Verteilt die Rollen und Aufgaben (Regie, Musik, Geräusche, Licht, Technik, Bühnengestaltung).

b Lernt die Texte. Probt Sprechweisen, Mimik, Gestik und Bewegungen der Figuren.

c Baut das Bühnenbild. Überlegt, wie ihr Ort, Zeit und Stimmung mit einfachen oder auch künstlerischen Mitteln darstellen könnt.

d Überlegt euch, welche Kostüme die Figuren tragen. Fertigt die Kostüme an oder besorgt euch passende Kostüme.

e Überlegt und entscheidet, wie Licht eingesetzt werden kann, um Ort, Zeit und Stimmung zu verdeutlichen. Probiert verschiedene Varianten aus.

f Überlegt und entscheidet, wie Musik bzw. Geräusche eingesetzt werden können. Probt den Einsatz von Musik und Geräuschen und besprecht deren jeweilige Wirkung.

g Probt eure Aufführung mehrfach. Gebt euch gegenseitig Hinweise
- zu den Figurenauftritten,
- zum Einsatz von Licht und Geräuschen,
- zum Bühnenbild.

h Führt eine Generalprobe durch. Eine Generalprobe ist die letzte Probe vor dem großen Auftritt, in der alles zusammen geprobt wird.

Tipp
Denkt auch an die Einladungen.

i Führt die Szene vor Publikum auf, zum Beispiel auf einem Elternabend.

j Schätzt euer Theaterprojekt abschließend ein. Besprecht, wie die Vorbereitungen und die Aufführung geklappt haben und was ihr beim nächsten Mal ändern würdet.

Andreas Fiedler

Die Tell-Sage – Ein Mythos als Hintergrund für Schillers Drama

Wilhelm Tell ist ein Schweizer Freiheitskämpfer. Über die Grenzen der Schweiz hinweg ist er zu einem Symbol für den Freiheitskampf geworden. Auch von der Freiheitsbewegung in Frankreich wurde Tell während der Französischen Revolution als Held verehrt, was den Schweizern wegen der blutigen Exzesse dieser Revolution übel aufstieß. Tells Geschichte wird auf das Jahr 1307 datiert.

Anfang des 13. Jahrhunderts wurde der Gotthardpass eröffnet. Die Region um den Vierwaldstättersee gewann hierdurch strategische und wirtschaftliche Bedeutung. Die Habsburger wollten ihren Einfluss daher auch auf die Region der Waldstätten Uri, Schwyz und Unterwalden ausdehnen und sandten Vögte, die dort Steuern eintreiben sollten. Die Waldstätten bestanden jedoch auf den vom Kaiser verbürgten Freiheitsbrief. Daher formierte sich Widerstand. In dieser Zeit soll auch Wilhelm Tell gelebt haben. Erstmals belegt wurde die Tell-Geschichte im „Weissen Buch von Sarnen" im Jahre 1470. Ob Tell wirklich existiert hat, ist bis heute unklar.

Inhalt der Tell-Sage

Die Sage von Wilhelm Tell besteht aus vier Kernthemen:

- Apfelschuss,
- Tell-Sprung,
- Tyrannenmord und
- Rütlischwur.

Die Tell-Sage erzählt vom Landvogt Geßler, der in Uri für die Grafen von Habsburg Steuern eintreibt. Um den Herrschaftsanspruch der Habsburger zu verdeutlichen, steckt Geßler auf dem Dorfplatz in Altdorf seinen Hut auf einer Stange auf und verlangt von den Vorbeigehenden, sie sollen den Hut grüßen. Tell verweigert den Gruß. Geßler stellt Tell vor die Wahl, entweder einen Apfel vom Kopf seines Sohnes zu schießen oder selbst zu sterben. Tell hatte zwei Pfeile. Mit dem zweiten Pfeil, so gibt Tell auf Nachfrage von Geßler zu, hätte er auf den Vogt geschossen, hätte er seinen Sohn getroffen. Geßler nahm Tell erneut in Gefangenschaft, weil er eine Gefahr für ihn darstellte. Tell sollte auf Geßlers Burg gebracht werden. Bei der Überfahrt über den Vierwaldstättersee jedoch kam ein Sturm auf. Tell wurde losgebunden, um das kleine Boot zu steuern. Er steuerte es zu einer Klippe, sprang dort an Land und floh. Zu Lande begibt sich Tell nun nach Küssnacht. Er versteckt sich in der „Hohlen Gasse“, die vom See zu Geßlers Burg führt. Als Geßler hier eintrifft, erschießt Tell den Landvogt mit einem Pfeil, der den Vogt mitten ins Herz trifft.

Die Tat Tells ging dem Freiheitskampf der Schweizer gegen die Tyrannei der Habsburger voran und wurde mit dem Rütlischwur besiegelt. Die „Urkantone“ Uri, Schwyz und Unterwalden schworen sich im Rütlischwur ewige Treue und gelobten, dass sie niemals mehr von fremden Mächten beherrscht werden wollen.

Wilhelm Tell – Der Mythos

Die Existenz von Wilhelm Tell ist historisch keineswegs verbürgt. Auch die Tell-Sage selbst hat ihren Ursprung nicht in der Schweiz. In Skandinavien gibt es verschiedene Sagen, die einen Apfelschuss und einen Tyrannenmord nach abenteuerlicher Flucht behandeln und zeitlich vor der Schweizer Gründungszeit datiert sind. Frühe Zeugnisse finden sich zu Beginn des 13. Jahrhunderts in den Gesta Danorum („Geschichte der Dänen“) des Saxo Grammaticus. In der altnordischen Thidreks-Saga tritt das Apfelschuss-Thema ebenfalls auf. Es liegt also nahe, dass Wilhelm Tell ein Mythos ist und eine skandinavische Sage ihren Weg in die Schweiz gefunden hatte, wo sie auf einen Freiheitskämpfer mit dem Namen Tell übertragen wurde. […]*

1 Tauscht euch darüber aus, ob die Tell-Sage Wahrheit oder Mythos ist. Begründet eure Meinungen.

MK 2 Im Text werden einige historische und regionale Fakten angesprochen. Recherchiere im Internet, wenn du mehr darüber wissen möchtest.

Winfried Dolderer

Am Anfang stand der „Rütlischwur"

[...]

„Wir wollen frei sein, wie die Väter waren,
Eher den Tod, als in der Knechtschaft leben."

So schildert es Friedrich Schiller in seinem Drama „Wilhelm Tell", das den Kampf der Eidgenossen gegen ihre habsburgischen Bedrücker[1] verherrlicht. Doch an der Geschichte ist manches ungereimt, sogar das Datum. Noch Schiller hat den Rütlischwur im Jahr 1307 vermutet. Ende des 19. Jahrhunderts dann erklärte die Regierung in Bern: Es war der 1. August 1291, der fortan als Nationalfeiertag zu gelten hatte. Was nach den Worten des Historikers André Holenstein auch damit zu tun hatte, dass die erst 1848 gegründete moderne Schweiz einer identitätsstiftenden Erzählung bedurfte. [...]

Immerhin gab es einen dokumentarischen Anhaltspunkt. Eine auf „Anfang August 1291" datierte Urkunde, mit der sich Schwyz, Uri und Unterwalden wegen der unsicheren Zeiten nach dem Tod des deutschen Königs Rudolf von Habsburg zu einem Bündnis zusammentaten. Allerdings wohl kaum auf dem Rütli.

„Es ist eher unwahrscheinlich, dass die auf einer Rodungswiese an einem Seeufer ausgestellt wurde, sondern man muss eher davon ausgehen, dass sie von einem Schreiber in einer Schreibstube in einer Kanzlei verfasst worden ist", meint Holenstein über die Urkunde, die abweichend von der Regel keine Ortsangabe enthält. Von einem Freiheitskampf ist auch keine Rede.

„Das ist ja ein Landfriedensbündnis. Die drei Kommunen sichern sich gegenseitig Unterstützung zu, aber wenn man den Text nüchtern liest, ist da nichts von einer Staatsgründung, ist da nichts von einem revolutionären Aufstand zu lesen." [...]

Von einem Freiheitskampf unterdrückter Schweizer Bauern gegen habsburgische Tyrannei war jedenfalls erst 180 Jahre nach dem angeblichen Ereignis die Rede. Im „Weißen Buch von Sarnen", einer um 1470 verfassten Chronik, wurde auch erstmals das Rütli als Versammlungsort erwähnt. [...]

„Man muss sich auf der Karte anschauen, wo dieses Rütli liegt. Es ist eine Rodungswiese am Urner See. Die drei Länder Uri, Schwyz und Unterwalden stoßen dort gewissermaßen aneinander." [...]

Nicht von ungefähr wurde das Rütli zum patriotischen Sehnsuchtsort. [...]*

[1] *habsburgische Bedrücker:* die Habsburger, ein Fürstengeschlecht, das nach seiner Stammburg im heutigen Schweizer Kanton Aargau benannt ist

1. Gib mit eigenen Worten wieder, wie sich die Staatsgründung ereignet haben soll.

2. Beschreibe, wie du dir die Atmosphäre anlässlich der Ereignisse zur damaligen Zeit vorstellst.

Friedrich Schiller (1759–1805)

Wilhelm Tell

In Schillers Drama ist der berühmte Rütlischwur, mit dem sich die Schwyz, Uri und Unterwalden verbünden, im zweiten Aufzug dargestellt.

Zweiter Aufzug, zweite Szene

[...]

Winkelried: Hört ihr? Sie kommen. Hört das Horn von Uri!
(Rechts und links sieht man bewaffnete Männer mit Windlichtern die Felsen herabsteigen)

Auf der Mauer: Seht! Steigt nicht selbst der fromme Diener Gottes,
Der würd'ge Pfarrer mit herab? Nicht scheut er
Des Weges Mühen und das Graun der Nacht,
Ein treuer Hirte für das Volk zu sorgen.

Baumgarten: Der Sigrist folgt ihm und Herr Walter Fürst,
Doch nicht den Tell erblick ich in der Menge.
(Walter Fürst, Rösselmann der Pfarrer, Petermann der Sigrist [...] und noch [...] andere Landleute, alle zusammen, dreiunddreißig an der Zahl, treten vorwärts und stellen sich um das Feuer)

Walter Fürst: So müssen wir auf unserm eigenen Erb
Und väterlichem Boden uns verstohlen
Zusammenschleichen wie die Mörder tun,
Und bei der Nacht, die ihren schwarzen Mantel
Nur dem Verbrechen und der sonnenscheuen
Verschwörung leihet, unser gutes Recht
Uns holen [...].

Melchthal: Lasst's gut sein. Was die dunkle Nacht gesponnen,
Soll frei und fröhlich an das Licht der Sonnen.

Rösselmann: Hört, was mir Gott ins Herz gibt, Eidgenossen!
Wir stehen hier statt einer Landsgemeinde,
Und können gelten für ein ganzes Volk,
So lasst uns tagen nach den alten Bräuchen
Des Lands, wie wir's in ruhigen Zeiten pflegen,
Was ungesetzlich ist in der Versammlung,
Entschuldige die Not der Zeit. Doch Gott
Ist überall, wo man das Recht verwaltet,
Und unter seinem Himmel stehen wir.

Stauffacher: Wohl, lasst uns tagen nach der alten Sitte,
Ist es gleich Nacht, so leuchtet unser Recht.

Melchthal: Ist gleich die Zahl nicht voll, das *Herz* ist hier
Des ganzen Volks, die *Besten* sind zugegen. [...]

Sigrist: Es sind der Völker dreie. Welchem nun
Gebührt's, das Haupt zu geben der Gemeinde?

Meier: Um diese Ehr mag Schwyz mit Uri streiten,
Wir Unterwaldner stehen frei zurück. [...]
Stauffacher: So nehme Uri denn das Schwert, sein Banner
Zieht bei den Römerzügen uns voran.
Walter Fürst: Des Schwertes Ehre werde Schwyz zuteil,
Denn seines Stammes rühmen wir uns alle.
Rösselmann:
Den edeln Wettstreit lasst mich freundlich schlichten,
Schwyz soll im Rat, Uri im Felde führen.
Walter Fürst *(reicht dem Stauffacher die Schwerter)*:
So nehmt!
Stauffacher: Nicht mir, dem Alter sei die Ehre. [...]
Steht nicht Herr Reding hier, der Altlandammann?[1]
Was suchen wir noch einen Würdigern?
Walter Fürst: Er sei der Ammann und des Tages Haupt!
Wer dazu stimmt, erhebe seine Hände.
(Alle heben die rechte Hand auf)
Reding *(tritt in die Mitte)*:
Ich kann die Hand nicht auf die Bücher legen,
So schwör ich droben bei den ew'gen Sternen,
Dass ich mich nimmer will vom Recht entfernen.
(Man richtet die zwei Schwerter vor ihm auf, der Ring bildet sich um ihn her, Schwyz hält die Mitte, rechts stellt sich Uri und links Unterwalden. Er steht auf sein Schlachtschwert gestützt)
[...]
Was soll der Inhalt sein des neuen Bunds,
Den wir hier unterm Sternenhimmel stiften?
Stauffacher *(tritt in den Ring)*:
Wir stiften keinen neuen Bund, es ist
Ein uralt Bündnis nur von Väter Zeit,
Das wir erneuern! Wisset, Eidgenossen!
Ob uns der See, ob uns die Berge scheiden,
Und jedes Volk sich für sich selbst regiert,
So sind wir *eines* Stammes doch und Bluts,
Und *eine* Heimat ist's, aus der wir zogen.
Winkelried: So ist es wahr, wie's in den Liedern lautet,
Dass wir von fernher in das Land gewallt?
O, teilt's uns mit, was Euch davon bekannt,
Dass sich der neue Bund am alten stärke.
Stauffacher: Hört, was die alten Hirten sich erzählen.
– Es war ein großes Volk, hinten im Lande
Nach Mitternacht, das litt von schwerer Teurung.
In dieser Not beschloss die Landsgemeinde,
Dass je der zehnte Bürger nach dem Los

1 *der Altlandammann:* der frühere Chef einer Kantonsregierung in der Schweiz

Der Väter Land verlasse – das geschah!
Und zogen aus, wehklagend, Männer und Weiber,
Ein großer Heerzug, nach der Mittagsonne,
Mit dem Schwert sich schlagend durch das deutsche Land,
Bis an das Hochland dieser Waldgebirge.
Und eher nicht ermüdete der Zug,
Bis dass sie kamen in das wilde Tal,
Wo jetzt die Muotta zwischen Wiesen rinnt –
Nicht Menschenspuren waren hier zu sehen,
Nur eine Hütte stand am Ufer einsam,
Da saß ein Mann, und wartete der Fähre –
Doch heftig wogete der See und war
Nicht fahrbar; da besahen sie das Land
Sich näher und gewahrten schöne Fülle
Des Holzes und entdeckten gute Brunnen,
Und meinten, sich im lieben Vaterland
Zu finden – Da beschlossen sie zu bleiben,
Erbaueten den alten Flecken *Schwyz*,
Und hatten manchen sauren Tag, den Wald
Mit weitverschlungenen Wurzeln auszuroden –
Drauf als der Boden nicht mehr G'nügen tat
Der Zahl des Volks, da zogen sie hinüber
Zum schwarzen Berg, ja bis ans Weißland hin,
Wo, hinter ew'gem Eiseswall verborgen,
Ein andres Volk in andern Zungen spricht. [...]
Doch blieben sie des Ursprungs stets gedenk,
Aus all den fremden Stämmen, die seitdem
In Mitte ihres Lands sich angesiedelt,
Finden die Schwyzer Männer sich heraus,
Es gibt das Herz, das Blut sich zu erkennen.
(Reicht rechts und links die Hand hin)

Auf der Mauer: Ja, wir sind eines Herzens, eines Bluts!

Alle *(sich die Hände reichend)*:
Wir sind *ein* Volk, und einig wollen wir handeln. [...]*

1 Beschreibt eure Eindrücke von dieser Szene.

2 Lest die Szene noch einmal und achtet besonders auf die Nebentexte. Besprecht, wie sie eure Vorstellung von der Situation und den Figuren beeinflussen.

3 Lest die Szene nun mit verteilten Rollen. Lasst eure Vorstellungen von der Atmosphäre in den Vortrag der Rolle mit einfließen.

Barbara Kindermann

Wilhelm Tell

[…] Walter Fürst […] öffnete die Tür. Werner Stauffacher trat ins Zimmer. Erleichtert begrüßte Walter Fürst seinen Gast: „*Ihr, Herr Werner!*[1] Seid herzlich willkommen! *Was führt Euch her? Was sucht Ihr hier in Uri?*"
„Ich suche die guten, alten Zeiten und die alte Schweiz", brach es aus Stauffacher heraus. „Überall herrscht Not. Seit Menschengedenken waren wir Schweizer frei, was müssen wir hier plötzlich erdulden! Jetzt hat sich auch noch in Unterwalden Schreckliches ereignet."
Walter Fürst horchte auf: „In Unterwalden? Sagt an, was ist geschehen?"
„Aus reiner Bosheit ließ der Vogt dem jungen Melchthal die Ochsen vom Pflug abspannen. Da schlug dieser entrüstet auf die Kriegsknechte ein und floh …"
„Und wie geht es dem Vater?", stieß Walter Fürst in höchster Spannung hervor. Er wusste, dass Melchthal im Nebenzimmer alles mit anhörte.
„Den Vater ließ der Vogt sofort holen, und auch die Folterknechte", antwortete Stauffacher düster. „Weil der Sohn nicht greifbar war, traf der Zorn des rachsüchtigen Vogtes den armen Vater – wutentbrannt befahl er, dem alten Mann das Augenlicht zu nehmen!"
Da flog die Tür auf und Melchthal stürzte ins Zimmer: „Das Augenlicht, sagt Ihr?"
Heftig packte er Stauffacher bei den Schultern. „Mein Vater ist also blind? Durch meine Schuld wird er das Licht der Sonne niemals wieder sehen?" Verzweifelt schlug er die Hände vor die Augen und sprach mit tränenerstickter Stimme weiter: „Wie feige war ich, dass ich nur an meine eigene Sicherheit gedacht habe und nicht an seine. Doch jetzt liegt mir nichts mehr an meinem Leben! Ich werde die Hirten im Gebirge zusammenrufen und mit ihnen die Burgen dieser Gewalttäter stürmen."
„Er hat recht", sagte Stauffacher entschlossen. „Wir müssen etwas unternehmen. […]
„*Hört meine Meinung*", sagte Walter Fürst, „links am See liegt eine Wiese versteckt im Wald, das Volk der Hirten nennt sie das Rütli. Dort treffen Schwyz, Uri und Unterwalden zusammen. Dorthin kommt bei Nachtzeit auf geheimen Pfaden und bringt vertraute Männer mit, *die herzeinig sind mit uns.* Dann können wir unsere Sache gemeinsam beraten und beschließen."
„So sei es!", pflichtete Stauffacher bei. „Reicht mir Eure rechte Hand. So, wie wir drei Männer jetzt hier die Hände zusammenflechten, so sollen die drei Länder Uri, Schwyz und Unterwalden auf Tod und Leben zusammenstehen."
„*Auf Tod und Leben*", wiederholten Walter Fürst und Melchthal einstimmig.
[…] Wie geheimnisvoll das Rütli in jener Nacht wirkte! Wie verschwörerisch die hohen Felsen die Bergwiese überragten und wie geisterhaft der dunkle Wald den Platz umgab! Aus allen Richtungen näherten sich Lichterzüge dem Treffpunkt. […]

[1] Zitate aus Schillers „Tell" sind schräg gedruckt

Als Erster traf Melchthal mit einigen bewaffneten Männern auf der Rütliwiese ein und bald stießen auch Stauffacher und Walter Fürst mit Gleichgesinnten dazu.

Fürsts Stimme klang bekümmert, als er seine Freunde begrüßte: „So treffen wir uns also wieder, wie sonnenscheue Verbrecher, in Nacht und Dunkelheit, auf unserem eigenen, väterlichen Boden."

„Wohl wahr!", meinte Stauffacher. „Doch jetzt sind alle hier, wir können beginnen!"

Schweigend rammten die Männer ihre Schwerter in den Boden und bildeten einen Ring um das Feuer.

Stauffacher, Fürst und Melchthal traten vor und legten feierlich die Hände auf das Schwert in ihrer Mitte.

„Wir drei Völker aus Uri, Schwyz und Unterwalden haben uns hier versammelt", erhob Stauffacher seine Stimme, „um ein uraltes Bündnis aus unserer Väter Zeit zu erneuern. Ob uns der See, ob uns die Berge trennen, wir sind doch ein Volk!"

„*Wir haben uns stets die Freiheit bewahrt*", fuhr Stauffacher fort. „Wir beugen unsere Knie nicht vor fremden Fürsten. Uns gehört der Boden durch tausendjährigen Besitz. Und jetzt sollen Vögte kommen und uns Ketten schmieden? *Auf unserer eigenen Erde? Nein!* Wir verteidigen unser Land, wir beschützen unsere Frauen, unsere Kinder!"

Da griffen alle an ihre Schwerter, hoben die rechte Hand und gelobten: „Wir verteidigen unser Land, wir beschützen unsere Frauen, unsere Kinder!"

Die ganze Nacht über berieten die Männer und nach mehreren Stunden fassten sie folgenden Plan: Am Weihnachtstag sollten die Burgen gestürmt und die Feinde vertrieben werden. Zum Zeichen des Sieges würden auf allen Bergen Höhenfeuer angezündet.

Als es zu tagen begann, verkündete Stauffacher feierlich den Eid des neuen Bundes: „*Wir wollen sein ein einzig Volk von Brüdern, in keiner Not uns trennen und Gefahr. Wir wollen frei sein, wie die Väter waren*, und eher den Tod erdulden als in Knechtschaft leben."

Alle hoben die Hände und sprachen diesen Schwur andächtig nach.

Dann trennten sich die Verbündeten und gingen voller Zuversicht auseinander. […]*

1. Beschreibe deine Eindrücke von dieser Szene. Welche Gedanken und Gefühle löst die Szene bei dir aus?

2. Vergleiche den Textauszug mit dem Auszug aus Schillers Drama „Wilhelm Tell" (S. 179–181). Nenne Gemeinsamkeiten und Unterschiede.

3. Was haltet ihr von dem Bündnis der drei Länder? Formuliert Meinungen und diskutiert sie in der Klasse.

Wortarten und Wortformen

Die Wortarten im Überblick

1 Wiederholt, welche Wortarten ihr kennt.

a Lest dazu den folgenden Text, der 29 Wörter und acht Wortarten enthält.

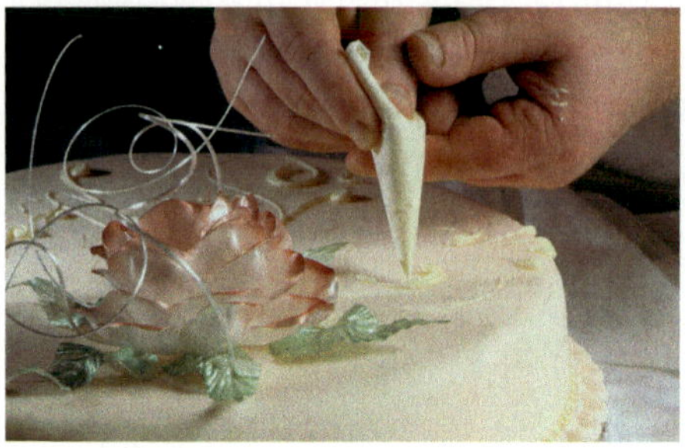

Weltmeisterschaften kennen wir heutzutage für die ungewöhnlichsten Disziplinen. Wenn junge Konditorinnen und Konditoren in einer gläsernen Backstube ihre Torten oder Figuren herstellen, entscheidet eine Jury dann über den WM-Titel.

Tipp
Prüft, ob die Wörter artikelfähig, deklinierbar, konjugierbar oder steigerungsfähig sind.

b Bestimmt die Wortarten der Wörter im ersten Satz. Nennt mindestens eine Begründung für eure Entscheidung (Funktion, Form, Veränderbarkeit).

c Wiederholt mithilfe des folgenden Merkkastens, was ihr über die Formenbildung der Wortarten wisst.

> Jedes Wort lässt sich einer **Wortart** zuordnen. Jede Wortart erfüllt ihre Funktion im Satz. Einige Wortarten ändern ihre Form im Satz und andere nicht.
> **Veränderbare (flektierbare) Wortarten** kann man
> - **deklinieren** (Nomen/Substantive, Pronomen, Artikel, Adjektive), z. B.: *mit dem Mehl, auf dem Kuchen, die Glasur der leckeren Kuchen,*
> - **konjugieren** (Verben), z. B.: *er bäckt, sie verziert,*
> - **komparieren** (Adjektive), z. B.: *gut – besser – am besten, lieb – lieber – am liebsten.*
>
> Zu den **unveränderbaren (nicht flektierbaren) Wortarten** gehören Adverbien, Präpositionen, Konjunktionen und Interjektionen, z. B.:
> *Er isst immer* (Adverb) *Kuchen und gern* (Adverb) *Torten mit* (Präposition) *Obst, aber* (Konjunktion) *ohne* (Präposition) *Sahne. Aha!* (Interjektion).

2 Veränderbar oder unveränderbar? Wähle Aufgabe a oder b.

●○○ a Suche aus dem Text der Aufgabe 1 a drei veränderbare und drei unveränderbare Wörter heraus.

●●○ b Suche aus dem Text der Aufgabe 1 a für jede veränderbare (flektierbare) bzw. unveränderbare (nicht flektierbare) Wortart jeweils ein Beispiel heraus.

1 b Ordnet die Wörter den folgenden Wortarten zu.
Nomen/Substantiv / Verb / Pronomen / Artikel / Präposition / Adverb

3 Bestimmt die Wortart der Wörter im zweiten Satz der Aufgabe 1 a. Orientiert euch dazu an folgendem Merkkasten.

lateinische Bezeichnung	**deutsche Bezeichnung**	**Art der Veränderung**	**Beispiele**
veränderbare (flektierbare) Wortarten			
Nomen/Substantiv	Hauptwort, Sachwort	deklinierbar	*Hund, Hütte, Kind*
Artikel	Geschlechtswort	deklinierbar	*der, die, das; ein, eine, ein*
Pronomen	Fürwort	deklinierbar	
• Personalpronomen	• persönliches Fürwort		*ich, du, er/sie/es; wir, ihr, sie*
• Possessivpronomen	• besitzanzeigendes Fürwort		*mein, dein, sein/ihr; unser, euer, ihr*
• Relativpronomen	• bezügliches Fürwort		*der, die, das, welcher, welche, welches*
• Demonstrativ-pronomen	• hinweisendes Fürwort		*dieser, diese, dieses, jener, jene, jenes*
• Interrogativ-pronomen	• Fragefürwort		*Wer? Was für ein? Welcher? Was?*
• Indefinitpronomen	• unbestimmtes Fürwort		*jeder, man, etwas*
• Reflexivpronomen	• rückbezügliches Fürwort		*sich, uns, mich*
Adjektiv	Eigenschaftswort	deklinierbar, komparierbar	*klug, freundlich, liebevoll*
Verb • Vollverb • Hilfsverb • Modalverb	Tätigkeitswort, Zeitwort	konjugierbar	 *sprechen, lieben* *haben, sein* *dürfen, können*
unveränderbare (nicht flektierbare) Wortarten			
Präposition	Verhältniswort		*an, auf, ohne, für*
Adverb	Umstandswort		*gern, dort, immer*
Konjunktion	Bindewort		*und, oder, weil*
Interjektion	Empfindungswort, Ausrufewort		*ah, ach, oh weh*

Nominalisierungen/Substantivierungen

1 Nomen/Substantive gehören zu den veränderbaren (flektierbaren) Wortarten. Untersuche die Nomen im Text. Wähle Aufgabe a oder b.

●○○ a Bestimme Zahl und Geschlecht der unterstrichenen Nomen.

Ihre <u>High Heels</u> und <u>Handtaschen</u> kann man essen. Aus <u>Kuchenteig</u> stellt Miriam M. diese <u>Produkte</u> her, eine <u>Gitarre</u> für die Rolling Stones, einen Ferrari für Justin Bieber. In New York hat die junge Deutsche das <u>Hobby</u> zum Beruf gemacht.

●●○ b Untersuche alle Nomen im Text von Aufgabe a. Bestimme Zahl und Geschlecht und erkläre, woran du beides jeweils erkennst.

Nomen/Substantive schreibt man mit **großem Anfangsbuchstaben**. Sie bezeichnen Lebewesen, Gegenstände, Orte, Ereignisse, Gefühle usw. und haben ein grammatisches **Geschlecht** (Genus: maskulin, feminin, neutrum) und eine **Zahl** (Numerus: Singular, Plural). Sie lassen sich **deklinieren**, d. h., sie ändern ihren **Fall** (Kasus: Nominativ, Genitiv, Dativ, Akkusativ). Nomen treten oft mit **Begleitwörtern** (Artikel, Pronomen, Präposition, Zahlwort, Adjektiv) auf. Über den Fall der Nomen entscheiden **Verben** und **Präpositionen**, z. B.:
Miriam <u>bäckt</u> ihre berühmten Torten. Sie bestehen <u>aus</u> vielen Schichten.

2 Ersetze die Fragewörter durch die passenden Nomen im richtigen Fall.

a Wähle die Nomen in Klammern im richtigen Fall aus und begründe deine Wahl. Nenne das Wort, das den jeweiligen Fall fordert.

1 Zuerst bäckt *(Wer?)* Blöcke aus *(Woraus? Aus wem?)*.
(ihr Team / die Mitarbeiterinnen
dünne Teigschichten / dünnen Teigschichten)
2 *(Wen? Was?)* bearbeiten sie danach mit *(Womit? Mit wem?)*.
(der Kuchenblock / den Kuchenblock
Messer und Sägen / Messern und Sägen)
3 *(Wer? Was?)* entscheiden über *(Worüber? Über wen?)*.
(der Aufwand / Zeit und Aufwand
dem Preis / den Preis)

b Ermittle die Begleitwörter der Nomen und bestimme deren Wortart.

1. ihr Team (Possessivpronomen), … 2. …

3 Vergleicht die unterstrichenen Wörter. Erklärt den Unterschied in der Wortart.

1 Sie bearbeiten Torten mit Sägen. – Das Bearbeiten mit Sägen ist ungewöhnlich.
2 Ihre Kuchen sind einmalig. – Das Einmalige hat seinen Preis.

Jedes Wort kann im Deutschen **als Nomen/Substantiv gebraucht**, also **nominalisiert/substantiviert** werden. Dann wird es mit **großem Anfangsbuchstaben** geschrieben und wie ein Nomen **dekliniert** (gebeugt). Eine **Nominalisierung/Substantivierung** lässt sich mit **Begleitwörtern** wie Artikel, Pronomen, Präposition, Zahlwort oder Adjektiv zu einer **nominalen Wortgruppe** erweitern. Die Nominalisierung steht immer am Ende einer nominalen Wortgruppe. Deshalb hilft die **Erweiterungsprobe**, sie zu erkennen, z. B.:

beim Verzieren	*die Süße*
beim fantasievollen Verzieren	*die herbe Süße*
beim beeindruckend fantasievollen Verzieren	*die künstlich herbe Süße*

4 Untersuche die nominalen Wortgruppen.

a Ermittle in folgenden Sätzen die nominalen Wortgruppen. Nenne jeweils die Nominalisierungen/Substantivierungen und die Begleitwörter. In den ersten beiden Sätzen ist die Nominalisierung unterstrichen.

1 Rafaela ist bekannt für das Herstellen witziger Torten.
2 Ihre Figurentorten strahlen etwas unheimlich Freches aus.
3 Zum Zubereiten ihrer Tortencreme verwendet sie Marshmallows.
4 Ihr vollständiges Schmelzen braucht Zeit.
5 Alles Wichtige zur Tortenherstellung hat sie in Online-Kursen gelernt.

b Bestimme, ob in den Sätzen der Aufgabe a jeweils ein nominalisiertes Verb oder Adjektiv den Kern der nominalen Wortgruppe bildet.

●●● c Bestimme die Wortarten der Begleitwörter.

5 Verb oder Nominalisierung? Setze die Verben in Klammern in der richtigen Wortart ein. Schreibe die Nominalisierungen mit ihrem Begleitwort in dein Heft.

1 Mit einer Zuckermasse kann Marie L. ihre Figuren ___. (modellieren)
2 Eine Zuckermasse nutzt sie zum ___ ihrer Figuren. (modellieren)
3 Essbare Lebensmittelfarbe verwendet sie für das ___ der Handtaschen-Torten. (dekorieren)
4 Mit essbarer Lebensmittelfarbe wird sie ihre Handtaschen-Torten ___. (dekorieren)

Verben

Zeitformen (Tempusformen)

1 Verben bilden Zeitformen (Tempusformen). Untersucht, was die unterstrichenen Zeitformen ausdrücken: Gegenwart, Vergangenheit, Zukunft oder Abgeschlossenes, noch Andauerndes, immer Gültiges.

Der 14-jährige Pit lebt in Kanada. Er erzählt: „Ahornsirup gieße ich zum Frühstück über die Pfannkuchen, die ich gebacken habe. Meine Eltern essen den Sirup sogar zu Würstchen, Bohnen und Spiegelei, wie sie es in ihrer Kindheit gelernt haben. Und viele Kanadierinnen und Kanadier machen das ebenso. Mein Großvater wuchs in der Provinz Québec auf. Von den Ahorn-Farmen hat er oft erzählt. Er beschrieb mir, wie er den Saft in Eimern auffing, nachdem er den Ahornstamm angebohrt hatte. Im Sommer werde ich auf einer solchen Farm aushelfen. Das habe ich ihm versprochen."

2 Wiederholt, welche Zeitformen ihr kennt, und nennt Beispiele aus dem Text.

Verben bilden mithilfe finiter (gebeugter) und infiniter (ungebeugter) Verbformen **Zeitformen** (Tempusformen). Die Zeitformen drücken aus, wann Vorgänge bzw. Handlungen ablaufen und ob sie noch andauern, schon abgeschlossen oder immer gültig sind.
Die wichtigsten Zeitformen sind:

einfache Zeitformen (finite Verbform)

Präsens	*Er kocht Tee.* *Ich fahre gern Rad.* *Ich fahre morgen später.*	Gegenwart (andauernd) (immer gültig) Zukunft
Präteritum	*Er kochte Tee.* *Ich fuhr Rad.*	Vergangenheit (abgeschlossen)

zusammengesetzte Zeitformen (mindestens zwei Verbformen: finite + infinite Verbform, z. B.: Infinitiv, Partizip II)

Perfekt	*Er hat Tee gekocht.* *Ich bin Rad gefahren.*	Vergangenheit (abgeschlossen)
Plusquamperfekt	*Er hatte Tee gekocht.* *Ich war Rad gefahren.*	Vergangenheit (vorher abgeschlossen)
Futur I	*Er wird Tee kochen.* *Ich werde Rad fahren.*	Zukunft

Tipp
Bestimmt dazu die finiten und die infiniten Verbformen.

3 Bestimmt die Zeitformen der unterstrichenen Verben in Aufgabe 1 (S. 188). Begründet jeweils, ob es eine einfache oder eine zusammengesetzte Zeitform ist.

4 Ergänze das Verb in Klammern in der geforderten Zeitform.

1 Salem ___ gern Fladenbrot und Fuul zum Frühstück. (essen, Präsens)
2 Er ___ Saubohnen zu Fuul, einem sämigen Brei, ___. (kochen, Perfekt)
3 Diese Zubereitung ___ ihm seine Schwester ___. (zeigen, Plusquamperfekt)
4 Sylvie ___ sich gerade Kakao in ein Glas ___. (gießen, Perfekt)
5 Ihr Croissant ___ sie gleich in den heißen Kakao ___. (tunken, Futur)

Die **Zeitformen** können auch signalisieren, ob zwei Handlungen bzw. Vorgänge zur gleichen Zeit (**Gleichzeitigkeit**) oder nacheinander (**Nachzeitigkeit**) stattfinden. In diesen Fällen wird dieselbe Zeitform verwendet, z. B.:

Ich höre Musik, während ich frühstücke. (Präsens)
Als ich frühstückte, klingelte es. (Präteritum)
Bevor ich mein Rad hole, frühstücke ich. (Präsens)

Unterschiedliche Zeitformen verwendet man bei **Vorzeitigkeit**, wenn eine Handlung schon abgeschlossen ist, bevor eine andere beginnt.

- Spricht oder schreibt man im **Präsens**, nutzt man das **Perfekt** für Handlungen, die zuvor abgeschlossen sind (Vorzeitigkeit), z. B.:
  Ich hole mein Rad, nachdem ich gegessen habe.
- Spricht oder schreibt man im **Präteritum**, nutzt man das **Plusquamperfekt** für die Handlung, die zuvor abgeschlossen war (Vorzeitigkeit), z. B.:
  Nachdem ich gegessen hatte, holte ich mein Rad.

Mit den **Konjunktionen** *während, wenn, als* betont man Gleichzeitigkeit, mit *nachdem, bevor, ehe* Vor- bzw. Nachzeitigkeit.

Tipp
Orientiere dich am Merkkasten (S. 189).

5 Entscheide, ob die Handlungen gleichzeitig oder nacheinander stattfinden. Ergänze das Verb in der passenden Zeitform.

1 Nachdem ich ___ ___, setze ich mich an den Laptop. (frühstücken)
2 Als mich Alma gestern abholte, ___ ich noch beim Frühstück. (sitzen)
3 Manchmal ___ ich noch meine Mails, während Alma ___. (checken, warten)

6 Überlege, welche Zeitformen gebraucht werden. Wähle Aufgabe a oder b.

a Ergänze die Verben in Klammern in der passenden Zeitform und bestimme sie.

1 Seitdem Jan zur Schule geht, ___ er Müsli zum Frühstück. (essen)
2 Als Jan noch in die Kita ging, ___ er kein Müsli essen. (wollen)
3 Nachdem man Diabetes bei ihr ___ ___, stellte sie ihre Ernährung um. (diagnostizieren)
4 Wenn Ying auf der Arbeit ___, darf ich ihr Tablet benutzen. (sein)
5 Seitdem wir ___ ___, esse ich Mittag in der Schule. (umziehen)

b Entscheide, ob du Gleichzeitigkeit, Vorzeitigkeit oder Nachzeitigkeit ausdrücken musst. Ergänze die Verben in Klammern in der passenden Zeitform und bestimme sie.

1 Seitdem Jan zur Schule ___, ___ er Müsli zum Frühstück. (gehen, essen)
2 Als Jan noch in die Kita ___, ___ er kein Müsli essen. (gehen, wollen)
3 Als man Diabetes bei ihr ___, ___ sie ihre Ernährung. (diagnostizieren, ändern)
4 Wenn Ying auf der Arbeit ___, ___ ich ihr Tablet benutzen. (sein, dürfen)
5 Seitdem wir ___ ___, ___ ich Mittag in der Schule. (umziehen, essen)

7 Wiederholt, welche infiniten Verbformen ihr kennt und was ihr über ihre Bildung und Verwendung wisst.

a Lest dazu den folgenden Text.

Habt ihr schon einmal vom „Tag der Süßigkeiten“ gehört? Der National Candy Day wird am 4. November in den USA gefeiert. Den Tag der Jelly Beans kann man am 22. April begehen, den der Vollmilchschokolade am 28. Juli. Der Verband der Süßwarenhersteller der USA hat diese neu eingeführten, zum Kauf anregenden Feiertage erfunden.

b Die im Text der Aufgabe a unterstrichenen Verbformen sind infinite Verbformen. Bestimmt sie mithilfe des Merkkastens auf S. 191 genauer.

6a Wähle aus den folgenden Verbformen aus.
isst / umgezogen waren / wollte / diagnostizierte / hat gegessen / war / diagnostiziert hatte / ist / umgezogen sind / will

Infinitiv und die Partizipien I und II sind **infinite (ungebeugte) Verbformen.**
- **Infinitiv** und **Partizip II** benötigt man zur Bildung zusammengesetzter Zeitformen (Tempusformen), z. B.:
  er hat gekocht (Perfekt), sie hatte gesungen (Plusquamperfekt), er wird kochen (Futur).
- Das **Partizip II** braucht man auch zur Bildung von Passivformen, z. B.:
  Zuckerwasser wird gekocht. Zuckerwasser ist gekocht worden.
- Das **Partizip I** bezeichnet Handlungen und Zustände, die gleichzeitig zu den Handlungen des übergeordneten Satzes ablaufen, z. B.:
  Das Zuckerwasser kochend wartet Kim, bis der Zucker karamellisiert ist. Kim wartete geduldig, das Zuckerwasser kochend.
- Die **Partizipien I** und **II** kann man auch wie Adjektive verwenden, z. B.:
  Bonbons aus karamellisiertem Zucker (Partizip II) *stellt Kim mit kochendem Zuckerwasser* (Partizip I) *her.*

8 Ergänze die infinite Verbform in den zusammengesetzten Zeitformen. Wähle Aufgabe a oder b.

●○○ **a** Setze in folgenden Sätzen die Verben in Klammern im Infinitiv oder als Partizip II ein.

1 Von Schokoküssen hatten schon meine Großeltern ___. (schwärmen)
2 Die ersten Schokoküsse hat man vermutlich in Frankreich ___. (produzieren)
3 Im 19. Jahrhundert hatten sich Konditoren diese Süßigkeit ___. (ausdenken)
4 Die Schaummasse werde ich aus Zuckersirup und Eiweiß ___. (herstellen)
5 Tanja hat kürzlich ihr Rezept für Schokoküsse ___. (posten)
6 Sie hat die Waffeln durch Kekse ___. (ersetzen)

●●○ **b** Setze in den folgenden Sätzen die Verben in Klammern als zusammengesetzte Zeitformen ein und bestimme die infiniten Verbformen.

Tipp
Es gibt mehrere Lösungen.

1 Die ersten Schokoküsse ___ man vermutlich in Frankreich ___. (produzieren)
2 Im 19. Jahrhundert ___ sich Konditoren diese Süßigkeit ___. (ausdenken)
3 Kein Hersteller ___ seine Rezeptur ___. (verraten)
4 Früher ___ man den weißen Schaum in eine Fettglasur ___. (tauchen)
5 Tanja ___ kürzlich ihr Rezept für Schokoküsse ___. (posten)
6 Sie ___ die Waffeln durch Kekse ___. (ersetzen)
7 Ich ___ meine Familie morgen mit Schokoküssen ___. (überraschen)
8 Die ___ ihnen bestimmt gut ___. (schmecken)
9 Solche Schokoküsse ___ sie sicherlich noch nie ___. (essen)

Tipp
Es gibt mehrere Lösungen.

9 Verwende die Partizipien I und II wie Adjektive. Entscheide, welche infinite Verbform wie ein Adjektiv verwendet werden kann. Wähle das passende Verb aus und setze es in der richtigen Form ein.

begehren / erbittern / herausragen / eröffnen / produzieren / fragen / lohnen / vorherrschen

1 Zucker und Salz waren früher … Kostbarkeiten.
2 Die Perser erfanden eine … Methode, um Zucker aus Zuckerrohr zu gewinnen.
3 Zucker aus Übersee war früher unter Begüterten ein … Geschenk.
4 Im 19. Jahrhundert wurde auf dem europäischen Zuckermarkt ein … Kampf geführt.
5 Ein deutscher Chemiker machte 1747 die … Entdeckung, dass auch die heimische Runkelrübe Zucker enthält.
6 Mit einer 1801 in Schlesien … Fabrik begann die Herstellung von Rübenzucker.
7 Zuckerrohr und Zuckerrübe wurden zu den … Pflanzen für die Zuckerproduktion.
8 Heute stammen 85 % des … Zuckers in Europa von der heimischen Zuckerrübe.

10 Wiederholt, was ihr über Modalverben wisst.

a Die unterstrichenen Verbformen sind Modalverben. Tauscht euch darüber aus, welche Bedeutung sie der Satzaussage jeweils geben.

1 Schokolade kann süchtig machen.
2 Schokolade soll man deshalb in Maßen genießen.
3 Müssen Diabetiker auf Süßes verzichten?
4 Bitterschokolade darf man essen.
5 Wer will denn Edelbitterschokolade essen!
6 Meine Tante möchte das tun.
7 Viele Menschen wollen lieber Milchschokolade.
8 Manche können ganz auf Schokolade verzichten.

b Vergleicht eure Ergebnisse aus Aufgabe a mit folgendem Merkkasten.

Modalverben drücken aus, wie man eine Tätigkeit, einen Vorgang, einen Umstand meint:

wollen (Absicht), z. B.:	*Ich will Konditorin werden.*
sollen (Aufforderung), z. B.:	*Ich soll Konditorin werden.*
dürfen (Erlaubnis), z. B.:	*Ich darf Konditorin werden.*
können (Fähigkeit, Möglichkeit), z. B.:	*Ich kann Konditorin werden.*
müssen (Notwendigkeit, Verpflichtung), z. B.:	*Ich muss Konditorin werden.*
mögen (Wunsch), z. B.:	*Ich möchte Konditorin werden.*

11 Setzt das zur Bedeutung passende Modalverb als finite Verbform ein.

Tipp
Orientiert euch am Merkkasten.

1. ___ weiße Schokolade überhaupt Schokolade genannt werden?
2. Reine Schokolade ___ anteilig Kakaobutter und Kakaopulver enthalten.
3. Für weiße Schokolade ___ nur Kakaobutter verwendet werden.
4. Auf Kakaopulver ___ man verzichten, wenn man weiße Schokolade herstellen ___.
5. Laut Verordnung ___ weiße Schokolade mindestens 20 % Kakaobutter enthalten.

Modalverben verwendet man meist mit einem Vollverb. Dann bilden die Modalverben im **Präsens** und **Präteritum** die finite Verbform, z. B.:
Er soll ein Handwerk erlernen. (Präsens)
Sie wollte als Konditorin arbeiten. (Präteritum)
Im **Perfekt** und **Plusquamperfekt** treten Modal- und Vollverb im Infinitiv auf, z. B.:
Er hat ein Handwerk erlernen sollen. (Perfekt)
Sie hatte als Konditorin arbeiten wollen. (Plusquamperfekt)
Als Vollverb gebraucht, bildet das Modalverb im Perfekt und im Plusquamperfekt das Partizip II, z. B.:
Sie hat diesen Beruf gewollt. (Perfekt)

12 Verwende Modalverben. Setze die Modalverben in Klammern in der geforderten Zeitform ein.

1. ___ du dich an das Schokoladenmuseum in Dresden ___? (erinnern können, Präsens)
2. Na klar! Erst ___ ich doch gar nicht ___. (mitkommen wollen, Präteritum)
3. Aber du ___ mich ja überreden ___ ___. (überreden können, Perfekt)
4. Dass die erste Dresdner Schokolade 1839 mit Eselsmilch hergestellt worden war, das ___ ich ___ ___. (raten müssen, Perfekt)
5. Woher ___ wir ___, dass Dresden um 1870 eine Schokoladenhochburg war? (wissen sollen, Präteritum)
6. Und dann ___ wir viele Pralinen ___. (essen dürfen, Präteritum)
7. Einige von uns mögen keine Süßigkeiten und ___ nichts ___ ___. (kosten wollen, Perfekt)
8. Andere ___ gar nicht genug ___. (bekommen können, Präteritum)
9. Alle ___ diesen Museumsbesuch ___. (weiterempfehlen wollen, Präsens)

Modusformen

1 Wiederholt, welche Modusformen ihr kennt und was ihr darüber wisst.

a Lest den Auszug aus einem Zeitungsartikel und entscheidet, was die unterstrichenen Verbformen bezeichnen: eine Tatsache, Aufforderung, Vorstellung, einen Wunsch oder die indirekte (nicht wörtliche) Rede.

Ein Teller mit Pralinen steht auf dem Tisch. „Greift zu!", sagt Dr. Sina S. Schon eine Praline hebe die Stimmung, erklärt die Genussmittelforscherin. Frauen und Männer naschen gern. Schokolade mache glücklich, so begründen viele ihre Naschattacken. „Schokolade", erklärt Dr. S., „enthält zwei Inhaltsstoffe, die das Potenzial dazu hätten." Tryptophan wandele der menschliche Körper zum „Glückshormon" Serotonin um. Und Theobromin habe eine anregende Wirkung auf das menschliche Nervensystem wie Koffein. Gehe man nach den Verkaufszahlen, gäbe es in Deutschland nur glückliche Menschen, so die Genussmittelforscherin. „Das wäre schön!"

b Nennt Beispiele für alle Modusformen. Orientiert euch dazu am Merkkasten.

> Verben bilden **Modusformen** (Formen der Aussageweise):
> - Verbformen im **Indikativ** (Wirklichkeitsform) verwendet man, um Tatsachen und direkte (wörtliche) Rede wiederzugeben, z. B.:
>   *Schokolade ist ein Genussmittel. „Deutsche essen 8 kg Schokolade pro Jahr", sagt Sina S.*
> - Verbformen im **Konjunktiv I** (Möglichkeitsform) verwendet man, um Äußerungen anderer Personen als indirekte (nicht wörtliche) Rede wiederzugeben, v. a. im offiziellen Sprachgebrauch, z. B.:
>   *Man esse durchschnittlich 8 kg pro Jahr, erklärte Sina S. im Interview.*
> - Mit Verbformen im **Konjunktiv II** (Möglichkeitsform) lassen sich Wünsche, Vorstellungen, Ratschläge oder Empfehlungen ausdrücken, z. B.:
>   *Ich wäre gern Konditor. Dann könnte ich Tortenrezepte ausprobieren.*
> - Mit dem **Imperativ** (Befehlsform) gibt man Aufforderungen, Befehle, Bitten oder Warnungen wieder, z. B.:
>   *Stelle den Herd aus! Passen Sie bitte auf! Sei vorsichtig! Seid leise!*

Konjunktiv I

2 Gebt die folgenden Äußerungen von Frau Dr. Sina S. als indirekte (nicht wörtliche) Rede wieder. Verwendet die Verben in Klammern im Konjunktiv I.

1 Theoretisch ___ Schokolade das Zeug zum Glücklichmachen. (haben)
2 Eine Tafel Schokolade ___ jedoch zu wenig von diesen Stoffen. (enthalten)
3 Das ___ auch für die Anteile an Inhaltsstoffen, die eine Sucht auslösen. (gelten)
4 Denn manche behaupten, Schokolade ___ süchtig. (machen)

1. Theoretisch habe Schokolade …

3 Wiederhole mithilfe des Merkkastens, wie man den Konjunktiv I bildet.

Die Formen des **Konjunktivs I** (Möglichkeitsform) werden von der 1. Person Plural des Indikativs (Präsens, Perfekt bzw. Futur, ohne *-en)* abgeleitet, die Personalendungen enthalten ein *-e*, z. B.:

Indikativ Präsens	**Konjunktiv I**
er liebt Schokolade (wir lieb-en)	*er lieb-e Schokolade*
ihr habt Bonbons gekauft (wir hab-en)	*ihr hab-et Bonbons gekauft*
das wird schmecken (wir werd-en)	*das werd-e schmecken*

Das Verb *sein* hat eigene Konjunktiv-I-Formen:
ich/er/sie/es sei, du seiest; wir/sie seien, ihr seiet.

4 Bilde den Konjunktiv I zu den unterstrichenen Verben.

a Gib die folgenden Sätze in indirekter (nicht wörtlicher) Rede mithilfe der Verbformen im Konjunktiv I wieder.

Er sagt, er mag keine Schokolade, er isst überhaupt nur selten Süßigkeiten. Kakao allerdings, sagt er, gehört für ihn zu jedem Frühstück. Auch etwas Schokosoße auf dem Eis ist in Ordnung. Es darf aber nicht zu viel sein, betont er, damit es ihm noch schmeckt. Lieber hat er Fruchtsoße, das passt besser.

b Tauscht euch darüber aus, wie sich die Wirkung der Sätze durch den Konjunktiv I verändert. Besprecht auch, in welchen Sätzen man den Indikativ beibehalten könnte und warum.

Indirekte (nicht wörtliche) **Rede** kann man auch mit dem **Indikativ** in einem **Nebensatz mit *dass*** wiedergeben, z. B.:
Er sagt, er nasche gern. → *Er sagt, dass er gern nascht.*
Er sagt, er habe genascht. → *Er sagt, dass er genascht hat.*

5 Gebt die folgenden Äußerungen in indirekter Rede wieder. Notiert jeweils Varianten und besprecht, welche ihr bevorzugt. Begründet eure Entscheidung.

1. Manche sagen: „Schokolade wirkt leistungssteigernd."
2. „Das stimmt", erklärt Dr. Sina S., „und es stimmt auch nicht."
3. „Der Kakaobaum enthält Bitterstoffe, die Fressfeinde abwehren sollen."
4. „Diese Bitterstoffe erweitern die Blutgefäße im Gehirn eines Menschen."
5. Sie sagt: „Die Forschenden sind sich einig, diese Stoffe schärfen die Wahrnehmung."
6. „Aber auch hier gilt", betont Dr. S., „die Dosis der Bitterstoffe ist in der Schokolade viel zu gering."

1. Manche sagen, Schokolade wirke ... – Manche sagen, dass ...

Konjunktiv II

Tipp
Bildet dazu Indikativ, Konjunktiv I und II.

6 Untersucht die Modusformen der folgenden Verben.

a Sucht die Formen des Konjunktivs II heraus und begründet eure Wahl.

1 es fällt auf
2 es fiele auf
3 sie las
4 er hatte gefragt
5 ich hätte gepostet
6 ich sei gefahren
7 er wäre gefahren
8 er fährt
9 er sei angekommen
10 er wäre angekommen
11 ich habe vorgeschlagen
12 man hätte verstanden
13 ich liefe
14 ihr sagt

b Wiederholt mithilfe des Merkkastens, wie man die Formen des Konjunktivs II bildet.

Die **Formen des Konjunktivs II** bildet man vom Indikativ Präteritum (bzw. Plusquamperfekt), in der Regel mit einem Umlaut und ggf. mit Personalendungen mit einem *-e*, z. B.:

Indikativ Präteritum	Konjunktiv II
sie wusste	*sie wüsste*
sie ging	*sie ging-e*
ihr schriebt	*ihr schrieb-et*
wir hatten Eis gekauft	*wir hätt-en Eis gekauft*
es war gegangen	*es wär-e gegangen*
sie wurden	*sie würden*

Einige Verbformen im Konjunktiv II werden nur noch selten gebraucht, andere stimmen formal mit dem Indikativ überein. Dann ersetzt man sie durch ***würde* + Infinitiv,** z. B.:
sie kannte → *sie kennte* (ungebräuchlich) → *sie würde kennen,*
er sagte → *er sagte* (Konjunktiv II = Indikativ) → *er würde sagen.*

7 Bildet den Konjunktiv II zu folgenden Indikativformen. Tauscht euch auch darüber aus, bei welchen Verben ihr die Form *würde* + Infinitiv bevorzugt.

Tipp
Bei sechs Verben empfiehlt sich die *würde*-Form.

1 es begann
2 sie nutzte
3 wir erfuhren
4 sie aß
5 ich sprang
6 wir hatten gekocht
7 sie zeigten
8 wir waren gewesen
9 ich nannte
10 sie verstand
11 wir schwammen
12 wir redeten

1. es begann – es begänne
2. sie nutzte – sie nutzte – sie würde …

8 Lies, worüber Fritzi nachdenkt. Wähle Aufgabe a oder b.

●○○ **a** Entscheide, was die unterstrichenen Verbformen ausdrücken: eine Tatsache, eine Vorstellung, eine Empfehlung oder einen Wunsch.

1 Ich liebe Schokolade.
2 Am liebsten würde ich schon zum Frühstück eine Tafel essen.
3 Meine Tante meint, ich sollte vielleicht Schokoladenproduzentin werden.
4 Dann könnte ich Schokolade mit weniger Kalorien kreieren.
5 Das wäre doch toll!

●●○ **b** Bestimme in den folgenden Sätzen die Modusformen der Verben und ihre Bedeutung.

1 Ich liebe Schokolade.
2 Am liebsten würde ich schon zum Frühstück eine Tafel essen.
3 Meine Tante meint, ich sollte vielleicht Schokoladenproduzentin werden.
4 Dann könnte ich Schokolade mit weniger Kalorien kreieren.
5 Vielleicht sollte ich dunkle Schokolade probieren?
6 Sie hat einen Kakaoanteil von 40%.
7 Kakao enthält Stoffe, zum Beispiel Antioxidantien, die sich positiv auf die Gesundheit auswirken.
8 Könnte Edelbitterschokolade mit einem Kakaoanteil ab 65% gesünder sein als Vollmilchschokolade?
9 Zwei Stückchen pro Tag dürfte ich naschen.
10 Wegen des herben Geschmacks würde ich auch gar nicht mehr essen wollen.

> Mit Verbformen im **Konjunktiv II** (Möglichkeitsform) drückt man Wünsche, Vorstellungen, Ratschläge oder Empfehlungen aus, z. B.:
> *Veganes Eis würde ich probieren. Das könnte mir schmecken.*
> Mit dem Konjunktiv II lassen sich irreale Vorgänge in der Vergangenheit ausdrücken, z. B.:
> *Konditor wäre er geworden, wenn er die Prüfung bestanden hätte.*

9 Alles wäre anders gekommen, wenn … Wähle Aufgabe a oder b.

●○○ **a** Formuliere die folgenden Sätze um. Schreibe sie in dein Heft und unterstreiche die Formen des Konjunktivs II.

Tipp
Es gibt mehrere Lösungen.

1 Ich hatte keine Zeit, deshalb bin ich nicht mehr vorbeigekommen.
2 Der Kuchen ist misslungen, weil ich mich nicht ans Rezept gehalten habe.
3 Der Kuchen ist zu süß geworden, weil ich zu viel Zucker verwendet habe.

1. Wenn ich Zeit gehabt hätte, wäre ich …
2. …

●●○ **b** Formuliere die folgenden Sätze um. Schreibe einen Satz in dein Heft und markiere den Konjunktiv II.

1 Ich hatte keine Zeit, deshalb bin ich nicht mehr vorbeigekommen.
2 Der Kuchen ist misslungen, weil ich mich nicht ans Rezept gehalten habe.
3 Der Kuchen ist zu süß geworden, weil ich zu viel Zucker verwendet habe.
4 Es sind leider keine Kekse mehr da, denn ich habe sie nicht gut vor meinen Geschwistern versteckt.
5 Der Kuchen schmeckt nicht so fruchtig, weil ich zu wenig Obst verwendet habe.

1. Wenn ich Zeit gehabt hätte, wäre ich ... *2. ...*

Imperativ

10 Oft wird man zu etwas aufgefordert.

a Lies die folgenden Sätze. Wie sind die Aufforderungen formuliert? Bestimme die Modusformen der Verben.

1 Kau nicht, wenn ich mit dir spreche!
2 Schmatzt doch nicht so!
3 Spuck den Kaugummi nicht auf die Straße!
4 Passen Sie auf!
5 Tritt nicht in die Pfütze!
6 Hör doch mal zu!

b Wiederhole die Funktion und Bildung von Imperativformen mithilfe des Merkkastens.

> Zu den **Modusformen** zählen auch die **Imperativformen** von Verben. Sie drücken eine Aufforderung, einen Befehl, eine Bitte oder eine Warnung aus.
> Den Imperativ bildet man von den Indikativformen:
>
> | | | |
> |---|---|---|
> | 2. Person Singular: | *du schreibst* | *Schreib!* |
> | 2. Person Plural: | *ihr schreibt* | *Schreibt!* |
> | 1. Person Plural: | *wir schreiben* | *Schreiben wir!* |
>
> Der Umlaut entfällt: *du läufst los, du fährst los* → *Lauf los! Fahr los!*
> Verben, deren Stammvokal in der 2. Person Präsens von *e* zu *i* wechselt, weisen auch im Imperativ Singular diesen Wechsel auf, z. B.:
> *nehmen (du nimmst): Nimm! Nehmt! Nehmen Sie!*
> *lesen (du liest): Lies! Lest! Lesen Sie!*
> Verben, deren Wortstamm auf *-d, -t, -m* oder *-n* endet, behalten in der 2. Person Singular in der Regel das *-e*, z. B.:
>
> | | | | |
> |---|---|---|---|
> | *du redest* – | *Rede!* | *du wartest* – | *Warte!* |
> | *du atmest* – | *Atme!* | *du öffnest* – | *Öffne!* |
>
> Bei anderen Verben kann die Endung *-e* angefügt werden, z. B.:
> *Denk(e) daran! Schreib(e) das auf!*

c Entscheide, ob in den Sätzen aus Aufgabe a eine oder mehrere Personen angesprochen werden. Schreibe alle drei Imperativformen in dein Heft.

1. Kau! Kaut! Kauen Sie! *2. ...*

11 Formuliere Ratschläge und Empfehlungen.

Tipp
Häufig vorkommende Imperativformen sollte man sich einprägen.

a Die angesprochene Person ist in deinem Alter. Bilde von den Verben in Klammern den Imperativ und setze die Formen in die Lücken ein.

1 ___ nicht, die Tür zuzuschließen! (vergessen)
2 ___ was Schönes! (unternehmen)
3 ___ an dem Konzert ___! (teilnehmen)
4 ___ bitte diesen interessanten Artikel ___! (durchlesen)
5 ___ mal über meinen Vorschlag ___! (nachdenken)
6 ___ bitte keine Blumen ___! (abreißen)

1. Vergiss nicht, ...! *2. ...*

b Sprich mehrere Personen in deinem Alter an. Bilde von den Verben in Aufgabe a den Imperativ und setze die Formen in die Lücken ein.

1. Vergesst nicht, ... *2. ...*

c Sprich eine erwachsene, dir nicht vertraute Person an. Bilde von den Verben in Aufgabe a den Imperativ und setze die Formen in die Lücken ein.

1. Vergessen Sie nicht, ... *2. ...*

12 Man kann Aufforderungen und Ratschläge auch anders ausdrücken.

a Lest folgende Sätze und bestimmt, welche Verbformen dafür genutzt werden.

1 Vor einem Ausflug sollte man auch an Proviant denken.
2 Es wäre leichtsinnig, die Trinkflaschen nicht wieder aufzufüllen.
3 Mit Trockenfrüchten kannst du deine Energiereserven aufladen.
4 An ihrer Stelle würde ich ein paar Müsliriegel einpacken.
5 Aus Erfahrung rate ich, Nüsse, Rosinen oder Apfelringe als Powersnacks mitzunehmen.

b Formuliert die Sätze um und verwendet Imperativformen.

1. Denkt ... *2. ...*

c Tauscht euch darüber aus, welche Form höflicher und welche energischer klingt.

Aktiv- und Passivformen

1 Vergleiche die Fotos und Bildunterschriften und beschreibe, was sie unterscheidet.

a Benenne, ob und auf welche Weise in den Sätzen unter den Fotos die Handelnden genannt werden.

Kakaofrüchte werden per Hand mit Macheten und Bambusstangen geerntet.

In Costa Rica schneiden Bauern die reifen Kakaofrüchte vom Stamm.

b Bestimme, ob die Verbformen in den Bildunterschriften Aktivformen oder Passivformen sind.

c Wiederhole mithilfe des Merkkastens, was du über Aktiv- und Passivformen, ihre Funktion und ihre Bildung weißt.

Von den meisten Verben kann man eine **Aktivform** und eine **Passivform** bilden. Will man ausdrücklich betonen, wer handelt, verwendet man die **Aktivform**, z.B.:
Vera kocht Kakao. Sie hat Kakao gekocht.
Ist unwichtig oder unbekannt, wer handelt, verwendet man die **Passivform**. Passivformen sind immer **zusammengesetzte Verbformen**. Sie bestehen aus einer finiten Verbform des Hilfsverbs ***werden*** **+ Partizip II** eines anderen Verbs. Im Präsens oder Präteritum kann man auch eine finite Verbform eines **Modalverbs + Partizip II +** ***werden*** verwenden, z. B.:

Präsens:	*Kakao wird gern getrunken.*
	Er kann heiß getrunken werden.
Präteritum:	*Kakao wurde gesüßt.*
	Er musste gesüßt werden.
Perfekt:	*Kakao ist immer getrunken worden.*
Plusquamperfekt:	*Kakao war immer getrunken worden.*
Futur:	*Kakao wird immer getrunken werden.*

2 Kennt ihr euch mit Schokolade aus?

Tipp
Recherchiert im Internet.

a Wählt zu den folgenden Fragen die richtigen Antworten aus.

1 Welche Schokoladensorte wird weltweit am liebsten gegessen?
A weiße Schokolade **B** Vollmilch **C** Zartbitter
2 Wo wurde 1875 die Milchschokolade erfunden?
A in Deutschland **B** in Mexiko **C** in der Schweiz
3 Wie haben die Eliten der Maya und Azteken Schokolade genossen?
A als Getränk **B** als Praline **C** als Salbe
4 Was ist erstmals 1847 von einer britischen Firma hergestellt worden?
A Kakaopulver **B** Schokoladeneis **C** Schokoladentafeln

b Bestimmt die Verbformen in den Fragen aus Aufgabe a als Aktiv- oder Passivform und begründet.

●●● **c** Untersucht, wie die Handelnde in einem Satz trotz Passivform genannt wird.

3 Wie die Kakaoernte vor sich geht, hat Kofi in Stichpunkten notiert.
Beschreibe den Ablauf mithilfe von Passivformen.
Wähle Aufgabe a oder b.

●○○ **a** Beschreibe den Ablauf mithilfe von Passivformen im Präsens.

1 die Früchte der Kakaobäume zweimal im Jahr ernten
2 die reifen Kakaofrüchte mit Macheten oder Bambusstangen pflücken
3 jede Kakaofrucht aufschneiden müssen
4 das Fruchtfleisch mit den weißen Kakaobohnen aus der Schale kratzen
5 die Bohnen in der Sonne trocknen müssen
6 die Bohnen während des Trocknens regelmäßig kontrollieren müssen

1. Die Früchte der Kakaobäume <u>werden</u> zweimal im Jahr <u>geerntet</u>.
2. ...

●●○ **b** Beschreibe den Ablauf mithilfe von Passivformen im Präsens.

1 die Früchte der Kakaobäume zweimal im Jahr ernten
2 die reifen Kakaofrüchte mit Macheten oder Bambusstangen pflücken
3 jede Kakaofrucht aufschneiden müssen
4 das Fruchtfleisch mit den weißen Kakaobohnen aus der Schale kratzen
5 die Bohnen in der Sonne trocknen müssen
6 während des Trocknens die Bohnen regelmäßig kontrollieren und schlechte Bohnen aussortieren müssen
7 die getrockneten Bohnen nach Größe sortieren und verpacken sollen
8 verpackte Bohnen für den Abtransport bereitstellen müssen
9 Kakaobohnen zur Weiterverarbeitung abholen können

2a Vergleicht mit euren Lösungen.
1 B / 2 C / 3 A / 4 C

4 Entscheide, ob die Nennung der Handelnden aussagekräftig ist. Formuliere anderenfalls die Sätze mithilfe von Passivformen um.

1 Den Großteil der Kakaoproduktion verarbeitet man nicht in den Anbauländern.
2 Zwischenhändler kaufen die Säcke mit den rohen Kakaobohnen und verkaufen sie weiter an die Exporteure.
3 In den Unternehmen des globalen Nordens röstet und mahlt man die Bohnen.
4 Bei Rösttemperaturen von 150° C entwickeln sie die typischen Aromastoffe.
5 Beim Mahlen setzt man das Fett in den Bohnen, das heißt die Kakaobutter, frei.

5 Im Präsens oder Präteritum kommen Passivformen oft auch in Verbindung mit einem Modalverb vor.

→ **S. 322:** Merkwissen: Prädikat

a Untersuche die Bildung der Passivform in folgenden Sätzen. Schreibe dazu die mehrteiligen Prädikate heraus und unterstreiche jeweils das Modalverb.

1 Kakao muss oft gesüßt werden.
2 Allerdings darf nicht zu viel Zucker verwendet werden.
3 Auch in Süßspeisen soll der typische Kakaogeschmack erhalten bleiben.
4 Als Getränk kann Kakao heiß oder kalt genossen werden.

1. muss gesüßt werden *2. …*

Tipp
Orientiere dich am Merkkasten auf S. 200.

b Ermittle und beschreibe jetzt, wie die Passivformen gebildet werden. Ergänze dazu die folgende Formel.

finites Verb (Modalverb) + … + …

c Formuliere folgende Sätze aus dem Aktiv ins Passiv um.

1 Schokolade kann man in verschiedenen Speisen verarbeiten.
2 Für ein gutes Schokoladeneis darf man nicht mit Schokolade sparen.
3 Auch für einen Schokoladenkuchen muss man viel Schokolade verwenden.
4 Schokolade kann man gut erhitzen, zum Beispiel für eine Schokoladensoße.
5 Verflüssigen muss man Schokolade auch, um die beliebten Schokoladenfiguren herzustellen.
6 Und sogar Bratensoßen dürfen wir mit Schokolade verfeinern.

1. Schokolade kann in verschiedenen Speisen verarbeitet werden.
2. …

Adverbien

1 Lest den folgenden Text über eine besondere Süßigkeit.

→ S. 310: Merkwissen: Frageprobe

Tipp
Stellt die Sätze um und untersucht, was mit den Adverbien passiert.

a Weist nach, dass die unterstrichenen Wörter Angaben zu Zeit, Ort, Grund oder Art und Weise machen. Nutzt die Frageprobe.

Lakritze esse ich gern. Neulich las ich einen Artikel darüber. Dort stand, dass manche Leute heute noch glauben, Lakritze würde aus Pferdeblut hergestellt. Möglicherweise lehnen deswegen viele diese besonders herbe Köstlichkeit ab.

b Wiederholt, was ihr über Adverbien wisst. Probiert aus, ob ihr ihre Form in Aufgabe a ändern könnt.

●●● c Bestimmt, welche Satzgliedfunktion die Adverbien im Text in Aufgabe a haben.

Adverbien sind eine unveränderbare (nicht flektierbare) Wortart. Sie geben an, wann, wo, wie und warum etwas geschieht, z. B.:
heute, oft, anderenfalls, dorthin, überall, unten, besonders, allein, sehr, trotzdem, deshalb.
Im Satz treten sie als **Attribut** oder als **Adverbialbestimmung** auf, z. B.:
Diese besonders ausgefallene Süßigkeit kannst du hier kosten.
Einige Adverbien ersetzen ganze Wortgruppen oder Teilsätze, z. B.:
Wegen seiner Krankheit bleibt er zu Hause. → *Deswegen bleibt er zu Hause.*
Weil er krank ist, bleibt er zu Hause. → *Krankheitshalber bleibt er zu Hause.*

2 Untersucht genauer, was Adverbien bezeichnen.

a Sucht die Adverbien aus folgenden Sätzen heraus. Benennt, was sie ausdrücken.

1 Erwiesenermaßen wird Lakritze aus dem Saft der Süßholzwurzel hergestellt.
2 In Kalabrien (Italien) beispielsweise wächst der Süßholzstrauch überaus gut, deshalb gab es früher dort achtzig Lakritzunternehmen.
3 Die Ernte ist sehr mühselig, weil die langen, fingerdicken Wurzeln zunächst per Hand aus der Erde gezogen und danach geschreddert werden müssen.
4 Die Wurzelstückchen galten als Süßigkeit der kleinen Leute, deshalb kauten Jung und Alt früher stundenlang auf ihnen herum.

●●● b Bestimmt, ob die Adverbien als Adverbialbestimmung oder als Attribut auftreten.

3 Überarbeite die folgenden Sätze mithilfe von Adverbien.
Wähle Aufgabe a oder b.

Tipp
Einige Sätze musst du umformulieren.

●●○ **a** Wähle aus den folgenden Adverbien aus und ersetze damit Wortgruppen und Teilsätze. In den ersten drei Sätzen sind die Satzteile unterstrichen, die du durch Adverbien ersetzen kannst.

erstaunlicherweise / deshalb / inzwischen / erwiesenermaßen / seither / trotzdem / damit / möglicherweise / nichtsdestotrotz / dennoch

1 Es ist erstaunlich, dass sich ein Vorurteil über Lakritze noch immer hält.
2 Die dunkle Farbe und klebrige Konsistenz der Rohmasse erinnert an Tierblut. Aus diesem Grund denken manche, Lakritze sei aus Pferdeblut.
3 Es ist möglich, dass Kinder damit abgeschreckt werden sollten.
4 Dass manche wegen der dunklen Farbe und der klebrigen Konsistenz von Rohlakritze an Tierblut denken, ist durchaus möglich.
5 Ungesüßte Lakritze wirkt entzündungshemmend. Das ist erwiesen.
6 Aus diesem Grunde nutzt man es auch für Medikamente.

1. Erstaunlicherweise hält sich ...
2. ...

●●● **b** Drücke die inhaltliche Beziehung zwischen den folgenden Sätzen mit einem passenden Adverb aus.

1 Ein Vorurteil über Lakritze hält sich noch immer. Das ist erstaunlich.
2 Die Farbe und klebrige Konsistenz der Rohmasse erinnert an Tierblut. Manche denken, Lakritze sei aus Pferdeblut.
3 Kinder sollten mit diesem Aberglauben vom Verzehr abgeschreckt werden. Das ist möglich.
4 Lakritze wird aus dem Saft der Süßholzwurzel hergestellt. Der Aberglaube hält sich.
5 Der Saft enthält Stoffe mit entzündungshemmender Wirkung. Das ist erwiesen.
6 Schon in der Antike wurde das „Schwarze Gold" gegen Husten und Gelbsucht eingesetzt. Aus diesem Grunde gilt Lakritze seit dieser Zeit als Medizin.

4 Adverbien können die Bedeutung anderer Wörter verstärken oder abschwächen. Entscheidet, was die Adverbien jeweils ausdrücken, und nennt das Wort, auf das sich das Adverb als Attribut jeweils bezieht.

1 Sie trägt besonders / sehr teure Kleidung.
2 Er hat ziemlich / sehr lange Beine.
3 Sie verkaufen einigermaßen / ausgesprochen frisches Obst.
4 Sie kamen halbwegs / überaus pünktlich an.

Satzbau und Zeichensetzung

Bau des einfachen Satzes

Die Satzglieder im Überblick

→ S. 332: Merkwissen: Umstellprobe

1 Bilde mit den Satzgliedern A bis F einen sinnvollen Satz. Weise mithilfe der Umstellprobe nach, dass es sich um Satzglieder handelt.

A befasst sich
B täglich
C die Kriminalpolizei
D mehr oder weniger erfolgreich
E in großen Städten
F mit der Aufklärung von Verbrechen

2 Bestimme die Satzglieder deines Satzes aus Aufgabe 1. Nutze dazu den Merkkasten.

lateinische Bezeichnung	**deutsche Bezeichnung**	**Frage**	**Beispiel**
Subjekt	Satzgegenstand	Wer? Was?	*Die Kriminalbeamtin*
Prädikat	Satzaussage	Was wird ausgesagt?	*schildert*
Objekt	Ergänzung		
• Dativobjekt	• im 3. Fall	Wem?	*uns*
• Akkusativobjekt	• im 4. Fall	Wen? Was?	*ihren Arbeitsalltag.*
• Präpositionalobjekt	• mit Präposition	Womit? …	*Sie befasst sich mit den Straftaten Jugendlicher.*
• Genitivobjekt	• im 2. Fall	Wessen?	*Sie erinnert sich eines Falles.*
Adverbialbestimmung	Umstandsbestimmung		
• Kausalbestimmung	• des Grundes	Warum? Wozu? …	*Zur Aufklärung des Falls befragt sie*
• Temporalbestimmung	• der Zeit	Wann? Seit wann? …	*heute seit 8:00 Uhr*
• Lokalbestimmung	• des Ortes	Wo? …	*auf dem Revier*
• Modalbestimmung	• der Art und Weise	Wie?	*ohne Pause Zeugen.*
Attribut (Satzgliedteil)	Beifügung	Was für ein (eine)? Welcher (welche, welches)?	*Die Aufklärung des gestrigen Überfalls auf den Kiosk ist wichtig.*

Tipp
Die finite Verbform stimmt mit dem Subjekt des Satzes in Person und Zahl überein.

3 Lies, was der Rechtsmediziner Professor T. in einem Interview sagt. Analysiere die mehrteiligen Prädikate. Wähle Aufgabe a oder b.

●○○ **a** Welcher der unterstrichenen Prädikatsteile ist die finite Verbform? Begründe.

1 An der Berliner Charité <u>müssen</u> wir pro Jahr ca. 2000 Todesfälle <u>untersuchen</u>.
2 Heute <u>habe</u> ich einen tot aufgefundenen jungen Mann <u>obduziert</u>.
3 Passanten <u>hatten</u> ihn gestern Abend in der Nähe des Bahnhofs <u>gefunden</u>.
4 Äußerlich <u>wies</u> der Mann keine Verletzungen durch Stiche oder Tritte <u>auf</u>.
5 Die Todesursache <u>wird</u> von der Gerichtsmedizin <u>untersucht</u>.

●●○ **b** Ermittle das Prädikat und nenne die finite Verbform. Weise nach, dass sie mit dem Subjekt des Satzes in Person und Zahl übereinstimmt.

1 An der Charité Berlin werden pro Jahr ca. 2000 Todesfälle untersucht.
2 Heute habe ich einen tot aufgefundenen jungen Mann obduziert.
3 Er war gestern Abend in Bahnhofsnähe gefunden worden.
4 Äußerlich wies der Mann keine Verletzungen durch Stiche oder Tritte auf.
5 Mit seiner Obduktion konnte ein Gewaltverbrechen ausgeschlossen werden.
6 Die Todesursache wird von der Gerichtsmedizin untersucht.

4 Was macht die Kriminalpolizei? Beantwortet die Fragen. Wählt dazu die passende Information aus. Schreibt die Antworten in eure Hefte.

aus dem Speichel auf der Zigarettenkippe / die Augenzeugen / die Staatsanwaltschaft / die Spuren, z. B. Hautpartikel oder Fingerabdrücke

1 Was muss die Kriminalpolizei an einem Tatort erfassen?
2 Wen befragt die Kriminalpolizei zuerst?
3 Wer muss bei jedem nicht natürlichen Tod informiert werden?
4 Woraus ermittelt das Labor die Erbinformation einer Raucherin oder eines Rauchers?

5 Untersucht die Satzglieder eurer Antwortsätze in Aufgabe 4. Wählt Aufgabe a, b oder c.

●○○ **a** Formuliert die Frage nach dem Subjekt des Satzes. Unterstreicht es.

●●○ **b** Bestimmt die in Aufgabe 4 eingesetzten Satzglieder und ihren Fall.

●●● **c** Bestimmt die in Aufgabe 4 eingesetzten Satzglieder und ihren Fall. Bestimmt, welches Wort im Satz jeweils den Fall fordert.

Tipp
Es gibt mehrere Lösungen.

6 Ergänze die Angaben zu Zeit, Ort, Art und Weise bzw. zum Grund.

am Busbahnhof / gestern / unverzüglich / weiträumig / zunächst / dann / stundenlang / dank ihrer Erfahrung / aus Sicherheitsgründen / komplikationslos

1 Ein Rucksack legte ___ ___ den gesamten Verkehr ___ lahm.
2 ___ musste das Gebiet ___ ___ abgesperrt werden.
3 ___ rückten die Bombenentschärfer der Polizei an.
4 Sie konnten den Sprengsatz ___ ___ entschärfen.

7 In den folgenden Definitionen wurde etwas vertauscht. Korrigiere die Sätze. Wähle Aufgabe a oder b.

●○○ **a** Korrigiere die Sätze und bestimme, was jeweils vertauscht wurde. Orientiere dich am Merkkasten auf S. 205. Das Bezugsnomen ist jeweils unterstrichen.

Tipp
Du kannst *Was für ein?* oder *Welcher?* fragen.

1 Die Ballistik beschäftigt sich mit der <u>Wirkung</u> von geheimen Nachrichten.
2 Tote Briefkästen bezeichnen ein <u>Versteck</u> von Schusswaffen.

●●○ **b** Korrigiere die Sätze und bestimme, was jeweils vertauscht wurde. Orientiere dich am Merkkasten auf S. 205. Nenne jeweils das Bezugsnomen.

1 Die Ballistik beschäftigt sich mit der Wirkung von geheimen Nachrichten.
2 Tote Briefkästen bezeichnen ein Versteck von Schusswaffen.
3 Mit Automechanik befassen sich Personen, die (gelöschte) Daten auf Handys und PCs rekonstruieren.
4 Mit Datenforensik beschäftigen sich Menschen, die Manipulationen an Fahrzeugen ermitteln.

8 Womit befassen sich Brandermittlerinnen und -ermittler?

a Lest den Text und beantwortet die folgenden Fragen.

Polly B. ist Expertin für Brandursachen. Sie lässt Proben von Brandresten im Labor untersuchen. Zur Rekonstruktion des Tatherganges darf die Ingenieurin auch selbst Feuer legen, und zwar an Häuserfassaden der Übungsstadt der Polizei.

1 Was für eine Expertin ist Polly B.?
2 Welche Proben lässt sie im Labor untersuchen?
3 Der Rekonstruktion welchen Sachverhalts dienen ihre Brandversuche?
4 An welchen Häuserfassaden darf sie selbst Feuer legen?

b Weist nach, dass sich die Fragen in Aufgabe a auf Attribute im Text beziehen.

Nachgestellte Erläuterungen

1 Manchmal muss man etwas näher erläutern.

a Lest folgende Sätze laut und mit Sprechpausen anstelle der Kommas.

1 Tatortspuren, zum Beispiel Fingerabdrücke, gelten als Beweis in einem Kriminalfall.
2 Am Mittwoch, dem 1. Februar 1911(,) wurde in den USA erstmalig ein Mörder aufgrund seiner Fingerabdrücke zum Tode verurteilt.
3 Fingerabdrücke macht die Kriminaltechnik, also die Spurensicherung, mit Ruß- und Eisenpulver sichtbar.

b Lies die Sätze noch einmal und überlege, warum man die durch Kommas abgegrenzten Satzteile als nachgestellte Erläuterung bezeichnet. Nenne jeweils das Wort, auf das sie sich beziehen.

c Beschreibt, was euch zur Kommasetzung auffällt.

Mit **nachgestellten Erläuterungen** werden Bezugswörter, meist Nomen/Substantive, näher erklärt. Es gibt:

- **Appositionen**, das heißt nachgestellte Erläuterungen im gleichen Fall wie das Beziehungswort, z. B.:
  Den Zutritt zum Tatort, dem Keller, versperrte die Polizei.
- nachgestellte Erläuterungen, die durch besondere Wörter wie *und zwar, nämlich, besonders, also, unter anderem (u. a.), zum Beispiel (z. B.), vor allem (v. a.), das heißt (d. h.)* eingeleitet werden, z. B.:
  Spuren am Tatort, und zwar seine Fingerabdrücke, überführten den Täter.
- **Datumsangaben**, die auf einen Wochentag folgen. Sie stehen im gleichen Fall wie der Wochentag, auf den sie sich beziehen, z. B.:
  Der Mann wird seit Montag, dem 1. Oktober(,) vermisst.

Nachgestellte Erläuterungen werden durch **Kommas** abgegrenzt.

2 Vervollständigt die nachgestellten Erläuterungen.

Tipp
Es gibt mehrere Lösungen.

a Entscheidet, ob die nachgestellten Erläuterungen durch besondere Wörter eingeleitet werden sollten. Nutzt den Merkkasten.

1 Die DNA, ___ unser genetischer Fingerabdruck, findet sich in jeder Körperzelle, ___ in Haaren, Blut, Speichel oder Hautfetzen.
2 Am Tatort werden deshalb auch die DNA-Träger, ___ benutzte Gläser, Kleidungsstücke oder Zigarettenkippen, sichergestellt.
3 Bei Massenkatastrophen kommen zwei Identifizierungsmethoden, ___ die DNA- und die Zahnbild-Analyse, zum Einsatz.

b Untersucht die nachgestellten Erläuterungen in den Sätzen in Aufgabe a. Benennt, was sie ausdrücken. Wählt aus den folgenden Möglichkeiten aus.

A eine Erklärung bzw. Definition
B die wichtigsten Beispiele
C Beispiele, die beliebig erweitert werden könnten
D die einzig möglichen Beispiele

Tipp
Denke an die Kommasetzung.

3 Verkürze den Satz b zu einer nachgestellten Erläuterung des markierten Nomens im Satz a. Entscheide, ob einleitende Wörter erforderlich sind.

1 a Tatverdächtige dürfen nur anhand von Beweisen verurteilt werden.
b Fingerabdrücke gelten als Beweis.
2 a Schuhabdrücke geben Hinweise auf die Tatverdächtigen.
b Schuhabdrücke verraten ihre ungefähre Größe und das Gewicht.
3 a Bei Verdacht auf Vergiftung zieht die Kriminalpolizei Spezialistinnen und Spezialisten des entsprechenden Fachgebiets zu Rate.
b Die Toxikologie ist das Fachgebiet, das sich mit Giftstoffen und ihrer Wirkung auf den Körper beschäftigt.

1. Tatverdächtige dürfen nur anhand von Beweisen, zum Beispiel von ...

4 Wiederholt, was ihr über die Kommasetzung und den Gebrauch der Fälle bei nachgestellten Datumsangaben wisst. Begründet die Richtigkeit der folgenden Beispiele.

1 Bis Mittwoch, den 3. Mai(,) dauerten die Untersuchungen der Kriminalpolizei.
2 Die Polizei führte am Mittwoch, dem 3. Mai(,) eine Presskonferenz durch.

5 Schreibe die Datumsangaben in dein Heft. Wähle Aufgabe a oder b.

●○○ **a** Ergänze die passende Präposition aus den Klammern im richtigen Fall.

1 In D. wurde ___ Sonntag, dem 4. Oktober(,) ein Tourist getötet. (ab / am)
2 ___ Montag, den 5. Oktober(,) werden die Zeugen befragt. (seit / bis)
3 Der Verdächtige hat ___ Sonntag, den 4. Oktober(,) kein Alibi. (am / für)

●●○ **b** Ergänze die Datumsangaben in Klammern mit dem richtigen Artikel als nachgestellte Erläuterung. Setze auch die Kommas.

1 In D. wurde am Sonntag ein Tourist getötet. (4. Oktober)
2 Seit Montag werden die Zeugen befragt. (5. Oktober)
3 Der Verdächtige hat für Sonntag kein Alibi. (4. Oktober)
4 Für Mittwoch ist eine Pressekonferenz angekündigt. (5. November)
5 Bis Donnerstag darf das Gebäude nicht betreten werden. (6. August)

3 Nutze zum Beispiel die folgenden Wörter zur Einleitung der nachgestellten Erläuterung.
zum Beispiel / wie / und zwar / das heißt / vor allem / unter anderem
4 und 5 *ab, an, am, seit, von, vom, zum* + Dativ
auf, bis, für + Akkusativ

Infinitivgruppen und Partizipgruppen

1 Herr V. arbeitet als Personenschützer beim Landeskriminalamt (LKA).

a Lest die beiden Sätze und nennt den Unterschied.

A Als Personenschützer eines bekannten Politikers ist es meine Aufgabe, dass ich sein Leben und das seiner Familie schütze.
B Als Personenschützer eines bekannten Politikers ist es meine Aufgabe, sein Leben und das seiner Familie zu schützen.

b Untersucht, was in Satz B wegfällt und wie sich das Verb verändert.

Bei **Infinitivgruppen** (erweiterte Infinitive mit *zu*) gelten folgende Kommaregeln: Ein **Komma** muss gesetzt werden,
- wenn sie durch *um, ohne, (an)statt, außer, als* eingeleitet sind, z. B.:
  Bodyguards werden eingesetzt, um Personen zu schützen.
  Statt Polizisten zu beauftragen, setzt man Bodyguards ein.
  Sie greifen ein, ohne zu zögern.
- wenn sie sich auf ein Nomen/Substantiv beziehen, z. B.:
  Die Aufgabe der Bodyguards, Personen zu schützen, ist wichtig.
- wenn sie sich auf Wörter wie *daran, damit, darauf, es* beziehen, z. B.:
  Bodyguards sind damit beauftragt, Personen zu schützen.
  Ihre Aufgabe ist es auch, Prominente zu schützen.

Ist der Infinitiv mit *zu* nicht erweitert, kann man ein Komma setzen, um die Gliederung des Satzes zu verdeutlichen oder um Missverständnisse zu vermeiden, z. B.:
Ich finde es wichtig(,) zu helfen.
Er versprach, uns zu helfen. Er versprach uns, zu helfen.
Fehler lassen sich vermeiden, wenn man beim Infinitiv mit *zu* immer ein Komma setzt.

2 Erläutert die unterstrichenen Nomen der Sätze 1 und 2 durch Infinitivgruppen näher. Orientiert euch an der Frage. Wählt die passenden Sätze A bis F aus und formuliert sie um.

1 Ich erhielt den Auftrag, ___. *(Was für einen Auftrag?)*
2 Die Botschafterin äußerte den Wunsch, ___. *(Was für einen Wunsch?)*
A Ich sollte die Botschafterin begleiten.
B Ich sollte sie zum Konzert fahren.
C Ich sollte ihr unsere Stadt zeigen.
D Sie wollte ein Open-Air-Konzert besuchen.
E Sie wollte mit dem Publikum ins Gespräch kommen.
F Sie wollte an der Preisverleihung teilnehmen.

1. Ich erhielt den Auftrag, die Botschafterin zu begleiten. … 2. …

3 Eine Aussage – zwei Formulierungsvarianten. Wähle Aufgabe a oder b.

●○○ **a** Ersetze die unterstrichenen Nebensätze durch Infinitivgruppen (erweiterte Infinitive mit *zu*). Achte darauf, welche Wörter wegfallen bzw. sich ändern.

1 Für uns Bodyguards ist es wichtig, dass wir gute Teamplayer sind.
2 Wir sind damit beauftragt, dass wir die Schutzperson rund um die Uhr schützen.
3 Wir sind darin geschult, dass wir potenzielle Angriffe erkennen und abwehren.
4 Wir lernen schon in der Ausbildung, dass wir uns nach dem Alltag der Schutzperson richten müssen.

1. Für uns Bodyguards ist es wichtig, gute Teamplayer zu sein.
2. ...

●●○ **b** Formuliere die Nebensätze in Infinitivgruppen (erweiterte Infinitive mit *zu*) um.

Tipp
Achte auf Signalwörter im Hauptsatz wie *es, dabei, darin, dazu.*

1 Für uns Bodyguards ist es wichtig, dass wir gute Teamplayer sind.
2 Wir sind damit beauftragt, dass wir die Schutzperson rund um die Uhr schützen.
3 Es ist unser Auftrag, dass wir eine Entführung der Zielperson verhindern.
4 Wir sind darin geschult, dass wir potenzielle Angriffe erkennen und abwehren.
5 Wir sind darauf trainiert, dass wir Gefahren erkennen, bevor sie eintreten.

4 Braucht man weibliche Bodyguards?

a Lest den Bericht einer Leibwächterin aus Irland. Ergänzt das einleitende Wort und begründet, warum ein Komma gesetzt werden muss.

1 Ich bin nicht Personenschützerin, ___ die Einkäufe meiner Klientinnen zu tragen.
2 Früher war die Branche männerdominiert. Heute werden weibliche Bodyguards gesucht, ___ Politikerinnen und Businessfrauen sowie ihre Familien zu schützen.
3 Angreifer suchen nach Leibwächtern, ___ auf weibliche Bodyguards zu achten.
4 Als Frau kann ich Klientinnen auf die Toilette begleiten, ___ Aufsehen zu erregen.
5 ___ möglichst keine Aufmerksamkeit zu erregen, kleide und bewege ich mich auch unauffällig.

b Begründet, dass die Infinitivgruppen erweiterte Infinitive mit *zu* sind.

c Tauscht euch darüber aus, ob man weibliche Bodyguards braucht. Begründet eure Meinungen.

→ S. 332: Merkwissen: Verb (Partizip)

5 Wozu setzt die Polizei Phantombilder ein?

a Wiederholt, was ihr über Bildung und Gebrauch der Partizipien I und II wisst.

b Lest folgende Sätze. Nennt in den unterstrichenen Wortgruppen das Partizip und bestimmt es als Partizip I oder II.

1 Zeugenaussagen(,) auf genauen Beobachtungen beruhend(,) sind wichtig für die Ermittlungen.
2 Angaben(,) das Äußere von Tatverdächtigen betreffend(,) können sie überführen.
3 Frau T.(,) ausgebildet als Polizistin(,) arbeitet als Phantombildzeichnerin.
4 Angefertigt nach Zeugenaussagen(,) dienen Phantombilder der Ermittlung.
5 Frau T. bearbeitet auch Aufnahmen, aufgezeichnet von Überwachungskameras.
6 Basierend auf Zeugenaussagen(,) werden sie zur Fahndung eingesetzt.

c Untersucht die Kommasetzung in den Sätzen aus Aufgabe b.

> **Partizipgruppen** sind Konstruktionen, in deren Kern ein Partizip enthalten ist, z. B.:
> *Die Polizei nutzt Phantombilder, gezeichnet am Computer.* (Partizip II)
> *Die Polizei verwendet Phantombilder, Gesichtsmuster nutzend.* (Partizip I)
> Nachgestellte Partizipgruppen müssen durch **Komma** abgegrenzt werden. Vorangestellte und eingeschlossene Partizipgruppen können durch Komma abgetrennt werden, z. B.:
> *Gesichtsteile zusammenfügend(,) erstellt Frau T. Phantombilder.*
> *Frau T. erstellt(,) Gesichtsteile zusammenfügend(,) Phantombilder.*
> Man kann Fehler vermeiden, indem man Partizipgruppen immer durch Komma abgrenzt.

6 Schreibe die Sätze in dein Heft, achte dabei auf die Kommasetzung. Wähle Aufgabe a oder b.

●○○ **a** Formuliere die unterstrichenen Nebensätze zu Partizipgruppen um.

1 Alterungsbilder, die man auch Aging-Fotos nennt, modellieren, wie eine Person 10, 20, 30 Jahre später aussehen könnte.
2 So wurde auch Pia, die als 14-Jährige verschwand, gesucht.
3 Pias Gesicht, das auf einem Foto der 14-Jährigen basiert, verändert man so, wie sie heute als 21-Jährige aussehen könnte.

1. Alterungsbilder, auch Aging-Fotos ...   2. ...

6 a Wähle aus den folgenden Partizipien aus.
nennend / genannt / simuliert / simulierend / verschwindend / verschwunden / basierend / basiert

●●○ **b** Formuliere die Nebensätze zu Partizipgruppen um.
Entscheide, ob das Partizip I oder II passt.

Tipp
Es gibt mehrere Lösungen.

1 Alterungsbilder, die man auch Aging-Fotos nennt, modellieren, wie eine Person 10, 20, 30 Jahre später aussehen könnte.
2 Mit einem solchen Foto wurde Pia, die als 14-Jährige verschwand, gesucht.
3 Pias Gesicht, das auf einem Foto der 14-Jährigen basiert, verändert man so, wie sie heute als 21-Jährige aussehen könnte.
4 Für ein Phantombild, das im Gespräch mit Zeuginnen und Zeugen erstellt wird, benötigt eine Phantombildzeichnerin am Computer maximal zwei Stunden.
5 Die Zeichnerin, die mit der Kopfform beginnt, arbeitet sich über die Haare zum Gesicht vor.
6 Auch Jahrzehnte nach der Tat lassen sich ungeklärte Verbrechen, die man Cold Cases nennt, aufklären.
7 Fälle, die seit Jahrzehnten ungeklärt sind, werden dank der DNA-Analyse gelöst.

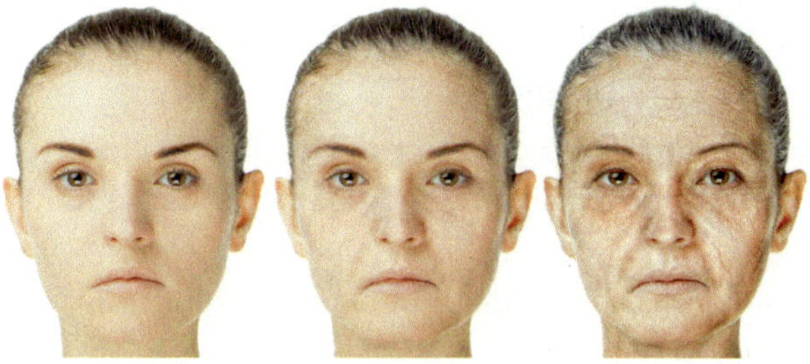

7 Wo kann und wo muss das Komma gesetzt werden? Schreibe die Sätze in dein Heft und setze die fehlenden Kommas. Unterstreiche jeweils die Infinitiv- bzw. Partizipgruppe und markiere die Partizipien oder die Infinitive mit *zu*.

Tipp
Kommas verdeutlichen die Gliederung eines Satzes. Deshalb sollte man sie immer setzen.

Achtung, Fehler!

1 Das LKA in Thüringen arbeitet daran einen sogenannten „Cold Case" zu lösen.
2 Ermittlungsverfahren zu Tötungsdelikten ungeklärt zu den Akten gelegt nennt man in Polizeikreisen „Cold Cases".
3 Die Hoffnung den Täter nach fünfzehn Jahren zu finden hatte man fast aufgegeben.
4 Mord verjährt nicht und der neue Hinweis bot die Chance den Fall zu lösen.
5 Damit wurde ein Jahrzehnte alter Mordfall bereits archiviert wieder aufgerollt.
6 Um den Täter zu überführen wurden die alten Beweismittel vom damaligen Ermittlungsteam sichergestellt und auf seine DNA untersucht.
7 Der Täter sich schon in Sicherheit fühlend wurde dann doch noch vor Gericht gestellt.
8 Dem Gericht gelang es ihn rechtskräftig zu verurteilen.
9 Neue inzwischen zur Verfügung stehende Ermittlungstechniken trugen dazu bei den Täter zu überführen.

1. Das LKA in Thüringen arbeitet daran, einen sogenannten „Cold Case" zu lösen.
2. Ermittlungsverfahren zu Tötungsdelikten(,) ...

Bau des zusammengesetzten Satzes

Zweigliedrige Sätze

1 Untersuche und begründe, welche der Sätze aus zwei Teilsätzen bestehen.

1 Die Polizei weiß, dass sie sich auf Zeugenaussagen nicht verlassen kann.
2 Unsere Erinnerungen sind nicht zuverlässig und ändern sich.
3 Augenzeuginnen und Augenzeugen erinnern sich manchmal falsch, aber in der Regel lügen sie nicht.

Zweigliedrige Sätze bestehen aus zwei Teilsätzen.
Sind beide Teilsätze Hauptsätze und damit gleichrangig, bilden sie eine **Satzreihe** (Satzverbindung). **Hauptsätze** erkennt man daran, dass die finite (gebeugte) Verbform an zweiter Satzgliedstelle steht. Die Hauptsätze lassen sich **unverbunden** aneinanderreihen oder mit einer **Konjunktion** oder einem **Adverb** verbinden, z. B.:
Erinnerungen sind nicht zuverlässig, das weiß die Polizei.
Erinnerungen sind nicht zuverlässig, aber das weiß die Polizei.
Erinnerungen sind nicht zuverlässig, deshalb fragt die Polizistin nach.
Die Hauptsätze werden durch Komma voneinander getrennt, es sei denn, sie sind durch *und* oder *oder* verbunden, z. B.:
Erinnerungen sind nicht zuverlässig(,) und das weiß die Polizei.
Man kann Fehler vermeiden, indem man Teilsätze immer durch **Komma** abgrenzt.

2 Wo muss ein Komma gesetzt werden? Wähle Aufgabe a oder b.

●○○ a Entscheide, wo ein Komma gesetzt werden muss. Ermittle dazu die Teilsätze. Die finiten Verbformen sind unterstrichen.

Achtung, Fehler!

1 Eine Studie wertete 240 Justizirrtümer in den USA aus doch das Ergebnis lässt aufhorchen.
2 In 75% dieser Fälle haben sich die Zeuginnen und Zeugen falsch erinnert und das hat zu falschen Urteilen geführt.
3 Eine Optikerin als Zeugin erinnert sich eher an die Brille aber ein Friseur merkt sich eher die Bartform und den Haarschnitt.

●●○ b Ermittle die Teilsätze und begründe, wo ein Komma gesetzt werden muss.

Achtung, Fehler!

1 Eine Studie wertete 240 Justizirrtümer in den USA aus doch das Ergebnis lässt aufhorchen.
2 In 75% dieser Fälle haben sich die Zeuginnen und Zeugen falsch erinnert und das hat zu falschen Urteilen geführt.
3 Eine Optikerin als Zeugin erinnert sich eher an die Brille aber ein Friseur merkt sich eher die Bartform und den Haarschnitt.

Tipp
Nutze Konjunktionen wie *und, aber, doch, denn.*

3 Bilde Satzreihen. Füge die folgenden Einzelsätze zu einer Satzreihe zusammen. Entscheide, wo ein Komma gesetzt werden muss, und begründe die Kommasetzung.

1 Opfer irren sich bei der Identifizierung der Verdächtigen. Sie vergessen die Gesichter nie.
2 Der Mann hatte 30 kg abgenommen. Er trug einen Bart.
3 Er hatte sein Aussehen stark verändert. Die Frau erkannte ihn trotzdem sofort wieder.
4 Die Frau erkennt Gesichter gut wieder. Sie arbeitet als Recognizerin bei der Polizei.
5 Die Polizei sucht Recognizerinnen und Recognizer. Über diese Begabung verfügen nur wenige.

4 Drücke die inhaltliche Beziehung zwischen den Teilsätzen mit einer Konjunktion oder einem Adverb aus.

a Verbinde die Teilsätze mithilfe von Konjunktionen oder Adverbien und entscheide, ob ein Komma zu setzen ist. In den ersten beiden Sätzen sind die finiten Verbformen unterstrichen.

1 Ein Lügendetektor erkennt keine Lügen ___ er registriert Stresssymptome.
2 Lügendetektoren registrieren Stresssymptome ___ setzt man sie manchmal ein.
3 Beim Lügen erhöht sich der Puls ___ das zeigt ein Lügendetektor an.
4 Die Atemfrequenz steigt beim Lügen ___ der Puls erhöht sich ___ schwitzt man.

●●● b Bestimme, ob die Hauptsätze durch eine Konjunktion oder ein Adverb verbunden sind.

Ein **Satzgefüge** besteht mindestens aus einem **Hauptsatz** (Hs) und einem untergeordneten **Nebensatz** (Ns), die durch **Komma** voneinander getrennt werden. Den **Nebensatz** erkennt man an folgenden Merkmalen:
- er beginnt meist mit einem **Einleitewort**:
  - einer Konjunktion, z. B.: *weil, dass, als, wenn, ob, obwohl,*
  - einem Fragepronomen, z. B.: *wo, wie, was, warum* oder
  - einem Relativpronomen, z. B.: *der, die, das, welcher,*
- die **finite Verbform** steht an letzter Satzgliedstelle, z. B.:

Er erinnert sich, dass er verfolgt wurde.	Hs, Ns.
Warum er verfolgt wurde, wusste er nicht.	Ns, Hs.
An die Person, die ihn verfolgt hat,	Hs (Teil 1), Ns,
erinnert er sich nicht.	Hs (Teil 2).

4a Wähle aus den folgenden Konjunktionen und Adverbien aus.
aber / und / oder / doch / deshalb / damit / darum

5 Hauptsatz oder Nebensatz? Bestimme die Teilsätze in folgenden Sätzen. Orientiere dich am Einleitewort und an der Stellung der finiten Verbform.

1 Es gibt Expertinnen und Experten für Gesichtserkennung, aber es existieren auch verschiedene Formen von Gesichtsblindheit.
2 Weil gesichtsblinde Menschen Personen nicht an ihren Gesichtszügen erkennen, orientieren sie sich an der Brille oder an der Frisur.
3 Schon eine neue Haarfarbe irritiert gesichtsblinde Menschen, denn für sie ist das Erkennungsmerkmal der betreffenden Person gestört.
4 Etwa ein bis zwei Prozent der Bevölkerung leiden unter Gesichtsblindheit, aber das können die Menschen ausgleichen.
5 Nahezu alle Betroffenen entwickeln ihre eigenen Strategien, wie sie Personen doch erkennen können.

1. Es gibt Expertinnen und Experten für Gesichtserkennung, aber es existieren auch … (Hs, Hs.)
2. …

6 Schreibe die Satzgefüge in dein Heft, setze das Komma und unterstreiche die finiten Verbformen doppelt. Wähle Aufgabe a, b oder c.

●○○ **a** Verbinde die Sätze zu Satzgefügen. Verwende dazu die Einleitewörter in Klammern.

Tipp
Überlege jeweils, ob der Nebensatz voran- oder nachgestellt sein soll.

1 Meine Tante erzählte mir Geschichten. Ich war klein. (als)
2 Der Automechaniker weiß es. Die Täterin fuhr einen Ford Baujahr 2007. (dass)
3 Augenzeuginnen und -zeugen erinnern sich falsch. Unbescholtene werden verdächtigt. (weil)
4 Ein Friseur erinnert sich daran. Der Kunde trug einen Kinnbart. (wenn)

1. Als ich klein war, erzählte meine Tante mir Geschichten. / Meine Tante …
2. …

●●○ **b** Verbinde die Sätze zu Satzgefügen. Wähle Einleitewörter aus dem Merkkasten auf S. 215.

Tipp
Es gibt mehrere Lösungen.

1 Meine Tante erzählte mir Geschichten. Ich war klein.
2 Der Automechaniker weiß es. Die Täterin fuhr einen Ford Baujahr 2007.
3 Augenzeuginnen und -zeugen erinnern sich falsch. Unbescholtene werden verdächtigt.
4 Der Friseur erinnert sich daran. Der Kunde trug einen Kinnbart.
5 Niemand kann sich genau erinnern. Trug der Täter Basecap oder Mütze?
6 Eine Lücke entsteht in der Erinnerung. Unser Gedächtnis füllt sie aus.

●●● **c** Formuliere aus den Sätzen von Aufgabe b einen zusammenhängenden Text. Nutze zusammengesetzte Sätze und achte auf sinnvolle Satzverbindungen.

7 Vermeide Wiederholungen. Wähle Aufgabe a oder b.

●○○ **a** Verwende die zweiten Sätze als Relativsätze.

Tipp
Nutze Relativpronomen als Einleitewort.

1 Wir mochten die ausgefallenen Klamotten. Maike trug ausgefallene Klamotten.
2 Ich kenne ihren Hund. Den Hund hatte sie aus dem Tierheim geholt.
3 An den Tag erinnert sich ihr Freund gut. Maike verschwand an dem Tag.
4 Erinnert ihr euch an den Wagen? Sie ist in den Wagen eingestiegen.

1. Wir mochten die ausgefallenen Klamotten, die Maike trug.
2. ...

●●○ **b** Verwende die zweiten Sätze als Relativsätze. Ermittle zusätzlich dasjenige Wort, das den Fall des Relativpronomens bestimmt.

1 Wir mochten die ausgefallenen Klamotten. Maike trug ausgefallene Klamotten.
2 Ich kenne ihren Hund. Den Hund hatte sie aus dem Tierheim geholt.
3 An den Tag erinnert sich ihr Freund gut. Maike verschwand an dem Tag.
4 Erinnert ihr euch an den Wagen? Sie ist in den Wagen eingestiegen.
5 Es war ein Lieferwagen. Den Wagen konnte ein Augenzeuge beschreiben.
6 Der Transporter war ein Mietwagen. In dem Transporter wurden Maikes DNA-Spuren gefunden.

8 Erst das passende Einleitewort ergibt den Satzsinn. Ergänzt ein passendes Einleitewort und lest dann den Satz vor.

Tipp
Es gibt mehrere Lösungen.

1 Kriminologinnen und Kriminologen wissen, ___ Erinnerungen fehleranfällig sind.
2 Wir sind nicht sicher, ___ Erinnerung und Realität übereinstimmen.
3 Zeuginnen und Zeugen schildern manchmal Dinge, ___ sie selbst gar nicht gesehen haben.
4 Du hörst einen Knall, ___ du an der Kreuzung wartest, dann siehst du zwei ineinandergefahrene Autos.
5 Sofort rekonstruierst du einen Unfall, ___ du gar nicht beobachtest hast.

8 Wähle aus den folgenden Einleitewörtern aus.
warum / wieso / ob / weil / während / als / dass / die / das / den

Mehrfach zusammengesetzte Sätze

1 Tatort Text: Was untersuchen Sprachprofilerinnen und -profiler?

a Lest den Wörterbucheintrag und stellt Vermutungen an, was Sprachprofilerinnen und -profiler tun.

> **Pro|fi|ler** [pro'faɪ̯lɐ, 'prɔʊ̯...], der; -s, - <engl.> (Fachmann für die Erstellung eines psychologischen Profils eines gesuchten Täters), **Pro|fi|le|rin**

b Lest den Satz laut vor. Vergleicht seine Aussage mit euren Vermutungen.

Wusstest du, dass Sprachprofiling Schreiberinnen und Schreiber anonymer Drohbriefe anhand ihrer Texte als Tatverdächtige entlarven kann, weil die Sprachbesonderheiten identifiziert werden, die sie einzigartig machen?

c Ermittelt die Anzahl der Teilsätze. Orientiert euch dazu an den finiten Verbformen und eventuell vorhandenen Einleitewörtern.

> Sind drei oder mehr Haupt- und Nebensätze miteinander verbunden, spricht man von **mehrfach zusammengesetzten Sätzen**. Die Teilsätze werden in der Regel durch **Komma** voneinander getrennt, z. B.:
> *99,9 Prozent der Sprache eines Textes lassen keinen Rückschluss zu, wer ihn geschrieben hat, aber es sind die restlichen 0,1 Prozent, die etwas über Alter, Herkunft, Geschlecht und Bildung des Täters bzw. der Täterin verraten.*
> Hs, Ns, Hs, Ns.
> Mehrfach zusammengesetzte Sätze verwendet man vorwiegend in schriftlichen Texten.

2 Untersucht die Struktur der Sätze. Wählt Aufgabe a, b oder c.

●○○ **a** Lest den folgenden Satz laut und mit Sprechpausen anstelle der Kommas. Ermittelt die Teilsätze und begründet.

> **Tipp**
> Die finiten Verbformen sind unterstrichen.

Anonyme Drohbriefe, die Unternehmen erhalten, übergibt die Kriminalpolizei an das Sprachprofiling, weil dort die Fachleute sind, die ermitteln, wer das Schreiben verfasst hat.

●●○ **b** Lest folgende Sätze laut und mit Sprechpausen anstelle der Kommas. Bestimmt die Teilsätze als Haupt- oder Nebensätze.

1 Wenn Unternehmen oder Institutionen anonyme Drohbriefe erhalten, wenden sie sich an die Kriminalpolizei, die die Fachleute des Sprachprofilings einschaltet, damit diese ermitteln, wer das Schreiben verfasst hat.
2 Es geht um typische Besonderheiten der Sprache, die die Schreiberin oder den Schreiber verraten, weshalb man diese auch als „sprachlichen Fingerabdruck" bezeichnet.

●●● c Lest folgende Sätze laut und macht Sprechpausen, wo ein Komma stehen müsste. Ordnet den Sätzen die Satzbilder A bis C zu.

Achtung, Fehler!

1 Wenn Unternehmen oder Institutionen anonyme Drohbriefe erhalten wenden sie sich an die Kriminalpolizei die die Fachleute des Sprachprofilings einschaltet damit diese ermitteln wer das Schreiben verfasst hat.

2 Es geht um typische Besonderheiten der Sprache die die Schreiberin oder den Schreiber verraten weshalb man sie als „sprachlichen Fingerabdruck" bezeichnet wenngleich dieser nicht die Beweiskraft einer DNA-Spur hat.

3 Zu den Sprachspuren zählen Wörter Wortformen oder Satzzeichen die jemand auffällig oft verwendet dazu gehört z. B. eine Vorliebe für Passivformen aber es kann auch ein typischer Rechtschreibfehler sein der die Täterin oder den Täter überführt.

A Hs, Ns, Ns, Ns.
B Ns, Hs, Ns, Ns, Ns.
C Hs, Ns, Hs, Hs, Ns.

3 Schreibe die mehrfach zusammengesetzten Sätze in dein Heft. Entscheide, an welcher Stelle das Komma fehlt. Wähle Aufgabe a oder b.

●○○ a Prüfe, wo ein Teilsatz anfängt bzw. endet. Die finiten Verbformen sind unterstrichen. Setze, wenn nötig, ein Komma zwischen den Teilsätzen.

Achtung, Fehler!

Die Sprachforscherinnen und -forscher <u>betonen</u> dass sie die Sprachanalyse als Methode <u>nutzen</u> denn Tatverdächtige <u>hinterlassen</u> unabsichtlich Spuren weil sie Wörter oder grammatische Formen <u>bevorzugen</u> die sie von anderen <u>unterscheiden</u>.

Die Sprachforscherinnen und -forscher betonen, dass sie …

●●○ b Setze, wenn nötig, ein Komma. Notiere das Satzbild der Sätze.

Achtung, Fehler!

1 Die Sprachforscherinnen und -forscher betonen dass sie die Sprachanalyse als Methode nutzen denn Tatverdächtige hinterlassen unabsichtlich Spuren weil sie Wörter oder grammatische Formen bevorzugen die sie von anderen unterscheiden.

2 Sprachprofiler vergleichen Texte die von ein und derselben Person geschrieben wurden und sie untersuchen sie auf Besonderheiten in der Wortwahl, Satzstruktur und Grammatik die typisch für diese Person sind weshalb sie von der Staatsanwaltschaft als Beweis für die Tat anerkannt werden können.

1. Die Sprachforscherinnen und -forscher betonen, dass sie … (Hs, Ns, …)
2. …

4 Schriftlich formuliert man anders als mündlich. Wähle Aufgabe a oder b.

●○○ **a** Verbinde die folgenden Sätze für einen schriftlichen Text in einen mehrfach zusammengesetzten Satz. Schreibe den Satz in dein Heft.

Die Zahl der Kriminalfälle ist weitgehend konstant geblieben. Die Menge der Daten hat enorm zugenommen. Die Daten müssen ausgewertet werden.

Tipp
Achte auf die Kommasetzung.

●●○ **b** Verbinde die Sätze 1 bis 3 bzw. 4 bis 6 für einen schriftlichen Text jeweils zu einem mehrfach zusammengesetzten Satz. Schreibe die Sätze in dein Heft.

1 Die Zahl der Kriminalfälle ist weitgehend konstant geblieben.
2 Die Menge der Daten hat enorm zugenommen.
3 Die Daten müssen ausgewertet werden.
4 Wir müssen bei der Ermittlung heute Massen an digitalen Daten von potenziellen Tatverdächtigen und Opfern analysieren.
5 Alle hinterlassen digitale Spuren auf dem Computer oder Smartphone.
6 SMS, Messengerdienste und Social Media geben Hinweise.

●●● **5** Überarbeite den Text, den ein Praktikant der Ortszeitung nach einem Telefonat mit Luca Z. verfasst hat. Vermeide Wiederholungen und verknüpfe inhaltlich zusammengehörende Sätze. Schreibe den überarbeiteten Text in dein Heft.

Tipp
Es gibt mehrere Lösungen. Verwende auch nachgestellte Erläuterungen.

In C. gibt es ein erfolgreiches Unternehmen. Das Unternehmen hat Luca Z. gegründet. Der Unternehmer wohnt jetzt auch in C. Gestern erhielt Luca Z. erneut eine anonyme Erpressung per Brief. Dieser Brief ist der dritte innerhalb eines Monats. Luca Z. wandte sich nun an die Polizei. Die Polizei hat die Ermittlungen aufgenommen. Die Sprache der Briefe muss genau analysiert werden. Die Polizei hat eine Sprachprofilerin hinzugezogen.

6 Mehrfach zusammengesetzte Sätze sind oft schwer zu verstehen. Es hilft dann, die Sätze aufzulösen.

a Löse folgenden Satz auf, indem du einfache Sätze bildest.

Sprachprofiler verglichen die Erpressungen per Brief, die vermutlich von ein und derselben Person geschrieben wurden, und untersuchten die Texte auf sprachliche Besonderheiten, die wiederholt vorkamen, somit wichtige Hinweise auf eine Täterin lieferten, die bereits mehrfach aufgefallen war und von der Polizei gesucht wurde, deren Schuld letztlich aber erst mithilfe dieser Beweise nachgewiesen werden konnte.

b Suche in Sach- oder Fachtexten nach mehrfach zusammengesetzten Sätzen, die schwer zu verstehen sind, und löse sie auf.

4a Wähle aus den folgenden Einleitewörtern aus.
aber / jedoch / denn / weil / die

Zeichensetzung

Die Kommasetzung im Überblick

Regel	Beispiel
Die Kommasetzung im einfachen Satz	
Ein Komma steht bei **Aufzählungen** von Wörtern und Wortgruppen, wenn diese nicht durch *und, oder, sowie, sowohl … als auch …* verbunden sind.	*Sowohl Mobbing, Stalking als auch Erpressung sind Formen psychischer Gewalt.*
Nachgestellte Erläuterungen (auch in Form von Appositionen und Datumsangaben) werden durch Komma(s) abgegrenzt.	*Stalking, d. h. das Nachstellen und Belästigen einer Person, ist eine Straftat, erklärt Frau Dr. Lin M., Expertin für Stalking.*
Infinitivgruppen (Infinitive mit *zu)* sollten möglichst immer durch Komma(s) vom Satz abgrenzt werden. Ein Komma muss gesetzt werden,	
• wenn die Infinitivgruppe durch Wörter wie *um, ohne, (an)statt, außer* oder *als* eingeleitet ist,	*Um Stalking zu stoppen, sollte man die Polizei einschalten.*
• wenn sich die Infinitivgruppe auf ein Nomen/ Substantiv bezieht,	*Stalkerinnen und Stalker haben den Plan, das Opfer um jeden Preis zu kontrollieren.*
• wenn sich die Infinitivgruppe auf Wörter wie *daran, darauf* oder *es* bezieht.	*Die Polizei weist darauf hin, Stalking als Straftat anzuzeigen.*
Partizipgruppen müssen durch ein Komma abgetrennt werden, wenn sie als nachgestellte Erläuterungen auftreten. Wenn die Partizipgruppe vorangestellt oder eingeschoben ist, kann man Komma(s) setzen.	*Der Stalker, die Gefühle des Opfers ignorierend, verstärkt seine Belästigungen.* *Ihre Belästigungen verstärkend(,) setzt die Stalkerin ihr Opfer zunehmend unter Druck.*
Die Kommasetzung im zusammengesetzten Satz	
Nebensätze müssen vom Hauptsatz durch Komma abgetrennt werden.	*Stalking kann starke Angstgefühle auslösen, weil die Opfer sich regelrecht verfolgt fühlen.* *Wenn man gestalkt wird, schützt einen die Öffentlichkeit.*
Gleichrangige Hauptsätze einer Satzreihe (Satzverbindung) werden durch Komma abgetrennt. Sind sie durch *und, oder, sowie* verbunden, kann man das Komma weglassen.	*Stalker werden verurteilt, aber es müssen Beweise vorliegen.* *Mails zählen als Beweise(,) oder man speichert die Anrufe auf dem Anrufbeantworter.*

Zeichensetzung bei der direkten (wörtlichen) Rede

1 Wiederholt mithilfe des Merkkastens die Regeln für die Zeichensetzung bei der direkten Rede.

Um wiederzugeben, was jemand wörtlich sagt oder gesagt hat, verwendet man **direkte (wörtliche) Rede**. Man kennzeichnet sie in schriftlichen Texten durch **Anführungszeichen** am Anfang und am Ende. Oft steht vor, zwischen oder nach der direkten Rede ein **Begleitsatz**, der die Sprechenden nennt.
Es gelten folgende Regeln:

- Nach dem **vorangestellten Begleitsatz** steht ein Doppelpunkt, das erste Wort der wörtlichen Rede wird großgeschrieben. Die Satzzeichen innerhalb der direkten Rede bleiben erhalten, z. B.:
  Pia sagte: „Ich wurde gestalkt."
- Im **nachgestellten Begleitsatz** wird das erste Wort kleingeschrieben. Wird die wörtliche Rede durch einen Punkt abgeschlossen, so wird dieser weggelassen. Ein Frage- oder Ausrufezeichen dagegen wird gesetzt. Nach dem schließenden Anführungszeichen steht immer ein **Komma**, z. B.:
  „Woran hast du das bemerkt?", fragten wir. „Ich bekam Anrufe", sagte sie.
- Der **eingeschobene Begleitsatz** wird immer in Kommas eingeschlossen, die Satzzeichen innerhalb der direkten Rede bleiben erhalten, z. B.:
  „Als Beweis", sagte Pia, „habe ich seine Anrufe gespeichert."

2 Warum ist Stalking ein Straftatbestand?

a Lies den Text. Nenne die Zeichen, die an den markierten Stellen fehlen.

1 Klaas gestand ▢ ▢ Ich war überzeugt, dass Evi mich noch liebt ▢ ▢
2 ▢ Belästigt hat er mich ▢ ▢ sagt Evi ▢ ▢ mit Mails und Anrufen jede Nacht ▢ ▢
3 ▢ Verschmähte Liebe ist nur ein Vorwand ▢ ▢ erklärt Stalkingexpertin Dr. Lin M.

b Schreibe die Sätze in dein Heft und ergänze alle fehlenden Satzzeichen.

Achtung, Fehler!

1 Wer sind die Stalker wollen wir von Frau Dr. Lin M. wissen.
2 Das ist eindeutig erklärt sie in der Regel sind es Männer.
3 Es geht um Macht bzw. um Dominanz beschreibt sie das wichtigste Motiv.
4 Aber was ist mit der Person, die terrorisiert wird fragen wir die Expertin.
5 Die Personen sollten den Kontakt zum Stalker sofort abbrechen rät die Fachfrau.
6 Reicht das nicht aus, sollte man unbedingt bei der Polizei Anzeige erstatten warnt sie.
7 Auch viele Prominente werden Opfer von Stalking weiß Lin M.

Zeichensetzung beim Zitieren

1 Kennt ihr die Wendung *sich mit fremden Federn schmücken*?

a Überlegt, was die Wendung bedeuten könnte, und erklärt die Bedeutung an einem Beispiel.

b In schriftlichen Arbeiten muss man Zitate markieren und ihre Textquelle angeben. Was hat das mit der Redewendung zu tun? Tauscht euch darüber aus.

Ein **Zitat** ist die wörtliche Wiedergabe einer Textstelle in einem anderen Text. Zitate müssen buchstabengetreu übernommen und in **Anführungszeichen** gesetzt werden. Auslassungen kennzeichnet man durch eckige Klammern mit drei Punkten, z. B.:
„Forensik [...] bezeichnet den Einsatz wissenschaftlicher Methoden zur Aufklärung von Verbrechen. Dabei kommen diverse Fachgebiete von Chemie über Medizin bis hin zu Entomologie (Insektenkunde) zum Einsatz" (Cooper, 2018, S. 6). (wörtliches Zitat)
In der Forensik werden die Erkenntnisse aus Fachgebieten „von Chemie über Medizin bis hin zu Entomologie (Insektenkunde)" angewendet (Cooper, 2018, S. 6). (teilweise wörtliches Zitat)
Um Herkunft und Wortlaut eines Zitats überprüfbar zu machen, muss man die **Quelle** angeben, innerhalb von Texten oder Präsentationen meist als **Kurzangabe**, das heißt, man nennt nur die Autorin bzw. den Autor, das Jahr der Veröffentlichung des Textes, die Seite.
Immer ist aber auch eine **vollständige Quellenangabe** erforderlich, entweder hinter bzw. unter dem Zitat oder bei längeren Texten bzw. Präsentationen in einem Quellenverzeichnis am Ende.
Bei vollständigen Quellenangaben ist zu unterscheiden:

Zitat aus einem Buch: Name, Vorname: Titel. (evtl. Übersetzung.) Ort: Verlag, Jahr, Seite(n).	*Cooper, Chris: Kriminalistik: Tatort, Spuren, Detektive. Übersetzung von Michael Bär, Michael Schmidt. München: Dorling Kindersley, 2018, S. 6.*
Zitat aus einer Zeitung oder Zeitschrift: Name, Vorname: Titel. Aus: Zeitung/Zeitschrift, Nr. bzw. Datum der Ausgabe, Seite(n).	*Klaußner, Alexandra: Mein Beruf: Staatsanwalt. Aus: Dein Spiegel, 01/2022, S. 24–26.*
Zitat aus dem Internet: (Verfasserin/Verfasser, wenn vorhanden:) Titel. Online im Internet: Internetadresse [Datum des Abrufs].	*Kriminaltechnik. Online im Internet: https://polizei.brandenburg.de/liste/das-aufgabenspektrum-der-kriminaltechnik/73005 [05.04.2022].*

2 Untersucht die Sätze 1 bis 3 und ordnet sie den Beschreibungen A bis C zu.

1 Nick P. sagt: „Die Ballistik untersucht die Flugrichtung und die Wirkung von Geschossen."
2 Laut Nick P. analysiert die Ballistik abgefeuerte Projektile auf ihre Wirkung und ihre Flugrichtung.
3 Die Ballistik ermittelt anhand der Einschlaglöcher und der „Flugrichtung und […] Wirkung von Geschossen", aus welcher Position der Täter gefeuert hat.

A Der Text gibt die Rede einer Person direkt (wörtlich) wieder.
B Der Text gibt indirekt die fremde Rede wieder.
C Der Text zitiert nur Teile einer fremden Rede direkt (wörtlich).

3 Übe die richtige Zeichensetzung bei Quellenangaben.
Wähle Aufgabe a, b oder c.

Tipp
Beachte, dass Quellenangaben immer mit einem Punkt abschließen.

●○○ **a** Untersuche, ob sich die Quellenangaben auf ein Buch, eine Zeitung oder das Internet beziehen. Schreibe sie mit der richtigen Zeichensetzung in dein Heft.

1 Lankers, Katrin ___ Erfindungen: Schusswaffen ___ Online im Internet ___ https://www.planet-wissen.de/technik/erfindungen/schusswaffen/index.html ___ 02.11.2017 ___ ___
2 Tsokos, Michael u. a. ___ Dem Tod auf der Spur: Spannende Fälle des Professor Tsokos ___ Berlin ___ Ullstein Taschenbuchverlag ___ 2017 ___ S. 32 ___

●●○ **b** Schreibe folgende Quellenangaben mit der richtigen Zeichensetzung in dein Heft.

1 Lankers, Katrin / Erfindungen: Schusswaffen / Online im Internet / https://www.planet-wissen.de/technik/erfindungen/schusswaffen/index.html / 02.11.2017
2 Tsokos, Michael u. a. / Dem Tod auf der Spur: Spannende Fälle des Professor Tsokos / Berlin / Ullstein Taschenbuchverlag / 2017 / S. 32.
3 Martin Angler / Auf der falschen Spur / Aus / Süddeutsche Zeitung 09.03.2022 / S. 13

●●● c Bringe die folgenden Angaben in die richtige Reihenfolge. Schreibe die Quellenangaben mit der richtigen Zeichensetzung in dein Heft.

1 Forensische Textanalysen: Ex-Geheimagent jagt jetzt Firmen-Erpresser / www.heise.de/Forensische-Textanalysen-Ex-Geheimagent-jagt-jetzt-Erpresser-4844608.html / Peter Ilg / Online im Internet / 10.05.2022
2 Martin Angler / 09.03.2022 / S. 13 / Süddeutsche Zeitung / Auf der falschen Spur / Aus
3 Irrtum Nr. 8: Verdächtige werden verhört / Michael Tsokos / Schwimmen Tote immer oben?: Die häufigsten Irrtümer über die Rechtsmedizin / München / Droemer Verlag / 2019 / S. 49–54 / Aus

4 Die Zeitschrift „Literaturguide" (LG) hat ein Interview mit der Buchhändlerin Carola W. geführt.

a Lies den folgenden Auszug aus dem Interview.

LG: Wie sind Sie auf die Enola-Krimis aufmerksam geworden?
C. W.: Ich bin ein großer Fan von Sir Arthur Conan Doyle und seinem Detektiv Sherlock Holmes. Freunde erzählten mir, dass Nancy Springer die Welt von Sherlock Holmes um seine kleine Schwester Enola erweitert hat.
LG: Kannten Sie schon Bücher dieser amerikanischen Schriftstellerin?
C. W.: Überhaupt nicht. Aber ich habe sofort ihre Enola-Holmes-Krimis gelesen, auch die Graphic Novel, habe mir den gleichnamigen Film angesehen und war begeistert.
LG: Was fasziniert Sie denn so an der cleveren jungen Detektivin?
C. W.: Enola rebelliert ja nicht nur gegen ihren berühmten Bruder, sondern auch gegen die verknöcherte englische Gesellschaft des 19. Jahrhunderts und sucht dabei ihren eigenen Weg.

b In einem Artikel für die Schülerzeitung über die Enola-Holmes-Krimis möchtest du Zitate aus dem Interview aus Aufgabe a nutzen. Ergänze passende Zitate. Achte auf die Satzzeichen und Auslassungszeichen.

1 Carola W. gefiel, dass Nancy Springer …
2 An Enola Holmes gefällt ihr, …

c Ergänze die Quellenangabe. Nutze dazu die folgenden Angaben.

Finn Braun / S. 9 / Literaturguide / Im Gespräch mit Carola W. / 07/2021

●●● d Stelle dir vor, „Literaturguide" ist eine Online-Zeitschrift und du hast das Interview im Internet gefunden. Gestalte die Quellenangabe entsprechend.

5 Schreibe ein selbst gewähltes Zitat mit vollständiger Quellenangabe in dein Heft. Zitiere zum Beispiel aus einem Jugendbuch oder aus einem Fachtext. Beachte dabei, ob du das Zitat einem Buch, einer Zeitschrift oder dem Internet entnommen hast.

Textgestaltung durch Satzverknüpfung

1 Untersucht, wie die Sätze inhaltlich miteinander verknüpft sind.

a Ermittelt, worauf sich das unterstrichene Wort bzw. die Wortgruppe im vorhergehenden Satz bezieht.

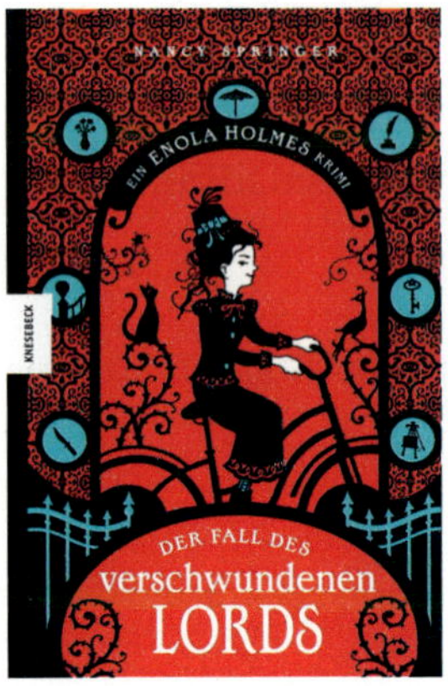

Meisterdetektiv Sherlock Homes hatte eine viel jüngere Schwester. Davon ist Nancy Springer, eine US-amerikanische Autorin, überzeugt. Enola Holmes wird zur Heldin ihrer gleichnamigen Jugend-Krimi-Reihe. Als die Mutter an Enolas 14. Geburtstag verschwindet, wird auch Enola zur Detektivin, und zwar heimlich, damit sich ihr berühmter Bruder nicht einmischt.
Sie ist entschlossen, ohne seine Hilfe auszukommen.
Dies ist nicht immer ganz leicht für die junge Detektivin. Aber genau das macht die Geschichten spannend und begeistert Enolas Fans. Nicht nur die Bücher, sondern auch die Filme über die weibliche Ermittlerin erfreuen sich großer Beliebtheit.

b Wiederholt mithilfe des Merkkastens, mit welchen sprachlichen Mitteln die Sätze verknüpft werden können.

> Die Wirkung und Verständlichkeit von Texten hängt wesentlich von der **Satzverknüpfung** ab. Inhaltliche Zusammenhänge und verschiedene Wirkungen entstehen durch:
> - die **Satzgliedstellung**, z. B.:
>   *Paula ist Polizeifotografin. Sie wird deshalb an jeden Tatort gerufen. / Deshalb wird sie an jeden Tatort gerufen.*
> - spezielle **sprachliche Mittel** wie:
>   - Pronomen, z. B.: *Täter hinterlassen Spuren. Die fotografiert Paula Z.*
>   - Adverbien, z. B.: *Dort sichert die Kriminaltechnik die Spuren. Deshalb …*
>   - bedeutungsähnliche Wörter (Synonyme), z. B.: *die Frau mit der Kamera, die Fotografin, die Polizeifotografin,*
> - die **Verknüpfung von** inhaltlich miteinander verbundenen **Teilsätzen** zu
>   - **Satzreihen** mit nebenordnenden Konjunktionen (*aber, und, oder, denn*) oder Adverbien (*daher, deshalb, trotzdem*), z. B.:
>   *Am Tatort arbeitet die Kriminaltechnik(,) und Paula Z. fotografiert mögliche Spuren. Der Tathergang muss rekonstruiert werden, daher markiert die Kriminaltechnik den Umriss des Opfers.*
>   - **Satzgefügen** mit Relativpronomen (*die, der, das*), Fragewörtern (*wer, wo, warum*) oder unterordnenden Konjunktionen (*als, dass, nachdem*), z. B.:
>   *Die Kriminaltechnik markiert am Tatort den Umriss des Opfers, den Paula Z. fotografiert, weil der Tathergang rekonstruiert werden muss.*

c Nennt Beispiele für die im Merkkasten genannten Arten der Satzverknüpfung aus dem Text von Aufgabe a.

2 Erprobt die Wirkung der Satzgliedumstellung.

a Lest den folgenden Text und beurteilt, ob er sich flüssig liest.

Ihren 14. Geburtstag hatte sich Enola Holmes anders vorgestellt. Ihre Mutter verschwand an diesem Tag spurlos. Sie hinterließ ihrer Tochter ein paar verschlüsselte Notizen. In Enola weckten sie den Detektivgeist. Enola musste allerdings heimlich ermitteln. Ihr berühmter Bruder hätte sich sonst eingemischt. Sie wollte das auf keinen Fall.

b Stellt jeweils dasjenige Satzglied an den Anfang des Folgesatzes, das den Bezug zum Vorgängersatz am besten ausdrückt. Schreibt den Text in eure Hefte.

Ihren 14. Geburtstag hatte sich Enola Holmes anders vorgestellt.
An diesem Tag ...

c Lest eure Texte noch einmal und vergleicht sie mit dem Text der Aufgabe a. Was stellt ihr fest?

3 Mit Synonymen (bedeutungsähnlichen Wörter) lassen sich Wortwiederholungen vermeiden.

→ **S. 331:** Merkwissen: Synonym

a Wiederholt, was ihr über Synonyme wisst.

b Ordnet die Synonyme in drei Gruppen.

die Knarre / der Kundschafter / der Schnüffler / der Colt /
die Kanone / der Detektiv / der Revolver / die Geiselnahme /
die Schurkerei / der Spion / der Menschenraub / der Spitzel /
die Flinte / die Entführung / der Geheimdienstler / die Pistole /
das Kidnapping / das Schießeisen / die Freiheitsberaubung

c Tauscht euch zu den Bedeutungs- oder Verwendungsunterschieden der Synonyme aus Aufgabe b aus.

d Besprecht die Bedeutungsunterschiede der Synonyme in folgenden Sätzen und wählt das passende Wort aus.

1 Enola wird in die Entführung / die Geiselnahme / das Kidnapping eines Lords verwickelt.
2 Die Ermittler schießen nicht mit Pistolen / Flinten / Kanonen auf Verdächtige.
3 Enola muss die Tätigkeit einer Ermittlerin / einer Kundschafterin / einer Detektivin ausführen.
4 Eine Flinte / Kanone / Schusswaffe / Pistole würde sie aber nie zum Einsatz bringen.

3b Die Oberbegriffe lauten:
die Schusswaffe / die Entführung / der Beobachter

Tipp
Es gibt mehrere Lösungen.

4 Arbeite die Beziehung zwischen den Sätzen deutlicher heraus. Nutze Adverbien wie *deshalb, darum,* Pronomen wie *sie, diese,* Konjunktionen wie *denn.* Nutze auch andere Möglichkeiten der Satzverknüpfungen.

Ihren 14. Geburtstag hatte sich Enola Holmes anders vorgestellt. An diesem Tag verschwand ihre Mutter. Die Mutter hat der Tochter verschlüsselte Notizen hinterlassen. Enolas Brüder Sherlock und Mycroft Holmes haben sich als Geburtstagsgäste angekündigt. Die Brüder stören sich an Enolas frechem Verhalten. Sie wollen Enola auf ein Internat schicken. Enola soll ordentliche Manieren lernen. Enola macht sich heimlich auf die Suche nach ihrer Mutter.

Ihren 14. Geburtstag hatte sich Enola anders vorgestellt, denn an diesem Tag verschwand ihre Mutter. ...

Tipp
Es gibt mehrere Lösungen.

5 Lies, warum die Schauspielerin Millie Bobby Brown die Hauptrolle der Enola Holmes im gleichnamigen Film übernommen hat. Überarbeite den Text, indem du die Sätze besser miteinander verknüpfst. Nutze verschiedene Möglichkeiten der Satzverknüpfung.

Ich hatte Nancy Springers Krimis gelesen. Ich wusste es sofort. Die Geschichte von Enola Holmes muss verfilmt werden. Die Heldin akzeptiert die Welt mit ihren Ungerechtigkeiten nicht einfach so. Mein Vater hat meine Idee den Picture Studios vorgetragen. Die Picture Studios haben die Idee aufgegriffen. Ich bekam meine erste Hauptrolle in einem Film. Für die Kampfszenen habe ich richtig trainiert. Das war überhaupt nicht leicht. Ich musste im langen Ballkleid und im Korsett kämpfen.

Ich hatte Nancy Springers Krimis gelesen und wusste sofort, dass ...
Als ich Nancy Springers Krimis gelesen hatte, wusste ich sofort, dass ...

Millie Bobby Brown als Enola Holmes

Wortbildung

→ S. 300, 339: Merkwissen: Ableitung, Zusammensetzung

1 Ableitung oder Zusammensetzung? Entscheide, welche Form der Wortbildung auf die unterstrichenen Wörter zutrifft.

Der alte Mann <u>winkt ab</u>. „Das ist doch nur eine 250-Kilo-Bombe", sagt der <u>Bewohner</u> eines Potsdamer <u>Altenheims</u>, während er darauf wartet, <u>ausquartiert</u> zu werden. 7000 Menschen müssen ihre <u>Wohnungen</u>, Schulen oder <u>Kindergärten</u> <u>verlassen</u>, weil in ihrer <u>Nachbarschaft</u> eine Bombe <u>entschärft</u> werden muss. Der Fund des <u>Blindgängers</u> aus dem Zweiten <u>Weltkrieg</u> hat das Zentrum Potsdams <u>praktisch</u> <u>lahmgelegt</u>. Auch Busse und <u>Regionalzüge</u> werden <u>umgeleitet</u>. Während <u>Polizeihelfer</u> die <u>Gefahrenzone</u> <u>absichern</u>, wird die <u>Detonation</u> von einem <u>Sprengmeister</u> <u>vorbereitet</u>. Um 12:04 Uhr <u>zerreißt</u> ein Knall die Stille. Eine fast 100 Meter hohe <u>Staubfontäne</u> schießt bei der <u>Sprengung</u> in den Himmel. <u>Fensterscheiben</u> in der <u>Umgebung</u> vibrieren.

2 Im Deutschen werden viele Zusammensetzungen gebildet.

a Lest die Beispiele und tauscht euch darüber aus, in welchen Situationen bzw. Texten sie Verwendung finden könnten.

1 die Notlandung
2 die Flugrouten
3 die Zivilluftfahrtbehörde
4 das Passagierflugzeug
5 die Flugsicherheit
6 das Flugsicherheitstraining
7 die Flugzeugabsturzgefahrenvermeidung
8 das Flugbegleiterinnensicherheitstraining

b Zerlege die Zusammensetzungen in ihre Bestandteile.

1. die Not|landung *2. …*

c Notiert Vorschläge, wie man die Wortungetüme vermeiden kann.

Für die **Wortbildung** haben sich im Deutschen zwei Formen bewährt:
- die **Ableitung** mithilfe von Präfixen und Suffixen,
- die **Zusammensetzung** (Bestimmungswort + Grundwort).

Grund- und Bestimmungswort können selbst eine Zusammensetzung oder eine Ableitung sein, z. B.:
Erkältung|s|krankheit: er- + kält + -ung + -s- + krank + -heit.
Mithilfe der **Zerlegeprobe** lassen sich Wörter in ihre Bauteile zerlegen. Dadurch kann man Klarheit über die Schreibung der Wörter bekommen.

Tipp
Achte auf die richtige Groß- bzw. Kleinschreibung.

3 Bilde zusammengesetzte Wörter. Verwende das schräg gedruckte Wort sowohl als Grund- als auch als Bestimmungswort. Markiere alle Fugenelemente.

1 *schnell:* der Blitz / das Boot / der Kochtopf / der Pfeil / die Reinigung
2 *groß:* artig / die Erbse / die Eltern / die Familie / der Riese / die Stadt
3 *Zeit:* das Fenster / frei / das Mahl / nah / die Reise / die Schule / die Uhr
4 *stützen:* ab / das Buch / liegen / der Pfeiler / der Punkt / unter

1. blitzschnell, das Schnellboot, …

4 Untersuche die Schreibung von Eigennamen.

a Schreibe die folgenden Straßennamen und Ortsbezeichnungen ab und unterstreiche das Grundwort. Ergänze eigene Beispiele.

1 Postplatz
2 Altmarkt
3 Schillerstraße
4 Mohammed-Ali-Platz
5 Bahnhofsviertel
6 Fischerweg
7 Marie-Curie-Allee
8 Kurfürstenpark

→ **S. 275:** Die Schreibung von Eigennamen

b Begründe, warum einige Zusammensetzungen in einem Wort und andere mit Bindestrich geschrieben werden.

5 Was ist das? Wähle Aufgabe a oder b.

●○○ **a** Zerlege die folgenden Wörter durch senkrechte Striche in ihre Bestandteile.

1 Feuerwehreinsatz
2 Rauchgasvergiftung
3 Papiermüllcontainer
4 Änderungsschneiderei

1. Feuer|wehr|einsatz *2. …*

●●○ **b** Erkläre die Fachwörter, indem du sie in ihre Hauptbestandteile zerlegst.

1 Feuerwehreinsätze
2 Rauchgasvergiftung
3 Papiermüllcontainer
4 Änderungsschneiderei
5 Klimaschutzgesetz
6 Wasseraufbereitungsanlage

1. Feuerwehreinsätze sind Einsätze, die … *2. …*

→ **S. 186:** Nominalisierungen/ Substantivierungen

●●● **6** Verdichte die folgenden Informationen zu typischen Zeitungsschlagzeilen. Nutze eine geeignete Form der Wortbildung und lass, wenn nötig, Informationen weg.

1 Am Sonntagmorgen ist in Indonesien ein Vulkan ausgebrochen.
2 Es regnete Asche. Das zwang die Bewohnerinnen und Bewohner mehrerer Dörfer am Hang des Vulkans, ihre Häuser zu verlassen und Schutz in Notunterkünften zu suchen.
3 Ärztinnen und Ärzte warnen davor, dass aufgrund mangelhafter Hygiene Krankheiten durch Infektionen ausbrechen können.

7 Untersucht zusammengesetzte Verben.

Tipp
Bildet sinnvolle Wortgruppen oder Sätze.

a Erläutert die Bedeutungsunterschiede anhand von Beispielen.

1 absperren / aussperren / einsperren
2 abbrechen / einbrechen / unterbrechen
3 aussuchen / absuchen / untersuchen
4 auffordern / überfordern / zurückfordern
5 nachstellen / vorstellen / zustellen

→ S. 332: Merkwissen: Verb

b Ordnet die Verben nach fest und unfest zusammengesetzten. Bildet dazu die Leitformen (Stammformen).

8 Bilde zusammengesetzte Verben.

a Bilde aus den folgenden Wörtern zusammengesetzte Verben und schreibe sie in dein Heft.

ab · aus · ein · nach · über
zurück · um · unter · vor · weg
springen · lesen · sprechen · schreiben
stellen · kochen · tragen

b Markiere in deinem Heft alle fest zusammengesetzten Verben.

→ S. 236: Antonyme

9 Wie heißt das Gegenteil? Wähle Aufgabe a, b oder c.

●○○ a Bilde mithilfe der Präfixe *un-* bzw. *miss-* Ableitungen und schreibe die Wörter in dein Heft. Wähle mindestens vier Wörter aus und verwende sie in Sätzen.

1 *un-:* verständlich / klar / haltbar / beabsichtigt / gefährlich / geschickt
2 *miss-:* die Achtung / trauen / verstehen / glücken / fallen / der Erfolg

1. unverständlich, ...
2. die Missachtung, ...

●●○ b Bilde mithilfe eines Präfixes das Gegenteil und schreibe die Wörter in dein Heft. Wähle mindestens vier Wörter aus und verwende sie in Sätzen.

1 verschämt	5 geschickt	9 gefährlich
2 verständlich	6 die Achtung	10 verstehen
3 klar	7 gefallen	11 glücken
4 beabsichtigt	8 trauen	12 das Glück

1. unverschämt
2. ...

●●● c Bilde mithilfe eines Präfixes das Gegenteil und schreibe die Wörter in dein Heft. Wähle einige Wörter aus und verwende sie in Sätzen.

1 verschämt
2 verständlich
3 klar
4 haltbar
5 beabsichtigt
6 die Achtung
7 gefallen
8 trauen
9 gefährlich
10 geschickt
11 verstehen
12 gelingen
13 glücken
14 das Glück
15 beeindruckt
16 billigen

10 Suffixe verändern die Bedeutung von Wörtern. Wählt Aufgabe a oder b.

●●○ a Untersucht die Bedeutung der folgenden Wortpaare. Erläutert die Bedeutungsunterschiede mithilfe von Beispielen.

1 hölzern – holzig
2 kindlich – kindisch
3 mündlich – mündig
4 verständlich – verständig
5 wunderbar – wunderlich
6 krankhaft – kränklich

1. ein hölzernes Boot – holziger Spargel
2. ...

●●● b Erläutert die Bedeutungsunterschiede mithilfe von Beispielen.

1 süß – süßlich
2 kindlich – kindisch
3 mündlich – mündig
4 verständlich – verständig
5 wunderbar – wunderlich
6 hölzern – holzig
7 elektrisch – elektronisch
8 krankhaft – kränklich

11 Mithilfe von Suffixen kann man Verkleinerungsformen bilden.
Wähle Aufgabe a oder b.

●○○ a Bilde von den folgenden Nomen/Substantiven Verkleinerungsformen mit den Suffixen *-lein* oder *-chen* und verwende sie in Sätzen.

Tipp
Achte darauf, dass sächliche Nomen entstehen.

1 *-lein:* der Fisch / der Fuchs / der Vogel / die Ente / der Esel
2 *-chen:* das Huhn / der Hase / die Katze / die Biene / die Blume

1. das Fischlein – Das Fischlein schwimmt im Meer.
2. das Hühnchen – ...

11 a Achte auf die folgenden Regeln.
Bei Wortstämmen mit *a, o, u* entstehen die Umlaute *ä, ö, ü,* z. B.:
das Wort – das Wörtchen, das Buch – das Büchlein.
Bei Nomen, die auf ein unbetontes *-e* enden, fällt diese Endung weg, z. B.:
die Rose – das Röschen, die Krone – das Krönlein.
Bei Nomen, die auf *-l* enden, verschmilzt die Endung mit dem Suffix *-lein,* z. B.:
die Schüssel – das Schüsselein.

●●○ **b** Bilde mithilfe von Suffixen Verkleinerungsformen und verwende sie in Sätzen.

Tipp
Es gibt mehrere Lösungen.

1 der Fuchs	**7** der Sohn	**13** der Mantel
2 der Hase	**8** der Fisch	**14** die Socke
3 die Katze	**9** das Haus	**15** die Hose
4 der Vogel	**10** das Buch	**16** der Bruder
5 das Huhn	**11** die Blume	**17** die Schüssel
6 die Maus	**12** die Mütze	**18** der Mann

1. das Füchslein, das Füchschen
2. ...

12 Leon schreibt Boris eine E-Mail. Das Rechtschreibprogramm markiert fünf Wörter als fehlerhaft. Begründe, warum sie markiert werden, und korrigiere sie.

Achtung, Fehler!

An: boris.m@beispiel.de
Betreff: Verücktes Geschenk!

Hi, Boris,
ich habe ein verücktes Geschenk bekommen – eraten wirst du es nicht! Nämlich ein Kajak! Ich will es am Sonntag ausprobieren. Machst du mit? Ein veregnetes Wochenende ist nicht angekündigt. Entäusche mich nicht und beile dich mit deiner Antwort.
Leon

13 Schreibe die folgenden Wörter in der richtigen Groß- und Kleinschreibung in dein Heft. Wähle Aufgabe a oder b.

●○○ **a** Präfixe und Suffixe, die typisch für bestimmte Wortarten sind, wurden durch senkrechte Striche vom Wortstamm abgetrennt. Entscheide über Groß- oder Kleinschreibung der Wörter.

Achtung, Fehler!

1 er|leb|nis	**5** heil|sam	**9** blätt|chen
2 hek|tik	**6** ähn|lich	**10** neu|heit
3 pass|iv	**7** ver|ord|nung	**11** akt|ion
4 eigen|schaft	**8** be|last|bar	**12** energ|isch

●●○ **b** Achte auf Präfixe und Suffixe, die typisch für bestimmte Wortarten sind. Entscheide über Groß- oder Kleinschreibung der Wörter.

Achtung, Fehler!

1 erlebnis	**7** verordnung	**13** wagnis
2 hektik	**8** belastbar	**14** männlein
3 passiv	**9** blättchen	**15** ähnlichkeit
4 eigenschaft	**10** neuheit	**16** reichtum
5 heilsam	**11** aktion	**17** lästig
6 ähnlich	**12** energisch	**18** enttarnen

Wortbedeutung

Synonyme

1 Manchmal bezeichnen verschiedene Wörter etwas Ähnliches.

a Erläutere die Bedeutung des Wortes *Lärm* in dem Satz unter der Illustration.

Was ist denn das für ein Lärm auf der Straße?

b Sucht weitere Wörter mit ähnlicher oder gleicher Bedeutung und schreibt sie auf.

Lärm, Krach, ...

c Erkläre, welche Art von Lärm folgende Wörter genauer bezeichnen.

Geschrei / Geklapper / Gepolter

d Probiert aus, welche der Wörter aus den Aufgaben b und c in den Satz unter der Illustration in Aufgabe a eingesetzt werden können. Begründet jeweils.

e Beschreibe Situationen, in denen die Wörter aus den Aufgaben b und c verwendet werden können. Bilde dazu mit den Wörtern je einen Satz.

> **Synonyme** sind Wörter einer Wortart mit verschiedener Form (Aussprache, Schreibung), die eine ähnliche (selten gleiche) Bedeutung haben. Sie bezeichnen denselben Gegenstand, dieselbe Handlung oder Eigenschaft, heben dabei aber oft unterschiedliche Merkmale hervor, z. B.:
> *das Essen – die Mahlzeit – das Gelage – das Festmahl.*
> Mit Synonymen, die man zu einem **Wortfeld** zusammenfassen kann, lassen sich Erscheinungen so genau wie möglich benennen und Wortwiederholungen im Text vermeiden.

2 Vergleicht die Synonyme zum Wortfeld *schwach* miteinander. Bildet Beispielsätze für eine sinnvolle Verwendung der Synonyme.

schwach / mitgenommen / machtlos / ohnmächtig / widerstandslos / kraftlos / geschwächt / zerschlagen / gebrochen / erschöpft / hilflos / ausgeliefert

3 Synonyme weisen kleine Bedeutungsunterschiede auf.

a Ermittle, welche der folgenden Synonyme in die Sätze eingefügt werden können, und passe dabei jeweils die Endungen der Adjektive an.

das Auto / der Pkw / der Wagen / die Karre /
der Flitzer / die Kiste / der Schlitten

1 „Nun haben wir uns endlich ein neu___ ___ gekauft“, erzählte uns gestern unser Nachbar.
2 „Unser___ alt___ ___ war wirklich nicht mehr viel wert.
3 Zuerst hatten wir an ein___ schnell___ ___ gedacht. Doch dann haben wir uns für ein___ solid___ Mittelklasse___ entschieden.“
4 Meine Eltern wünschten: „Na, dann gute Fahrt mit eur___ neu___ ___.“

b Begründe deine Lösungen, indem du die unterschiedlichen Bedeutungsmerkmale der jeweils eingesetzten Synonyme nennst.

c Kennst du noch weitere Synonyme zum Wortfeld *Auto?* Stelle sie zusammen, ermittle ihre speziellen Bedeutungsmerkmale und verwende sie in Sätzen.

4 Nutze Synonyme eines Wortfelds zur Textüberarbeitung.

Tipp
Benutze ggf. ein Wörterbuch, das Internet oder ein Textverarbeitungsprogramm.

a Suche Synonyme zu dem Wortfeld *sich erholen*.

sich erholen: ausspannen, gesund werden, ...

b Verwende die Synonyme in dem folgenden Text so, dass die eintönigen Wiederholungen vermieden werden. Schreibe den überarbeiteten Text in dein Heft.

Nach fünf anstrengenden Tagen in der Schule erhole ich mich am Wochenende ausgiebig. Besonders intensiv erhole ich mich vom Lernen, wenn ich sonnabends mit meinen Kumpels Basketball spiele. Gut kann ich mich auch beim Lesen und beim Hören von Musik erholen. Dazwischen erhole ich mich aber auch dadurch, dass ich einfach mal ein Stündchen schlafe.

●●● c Ergänze den Text, indem du weitere Möglichkeiten nennst, wie du dich am Wochenende erholst. Verwende dabei weitere Synonyme aus dem Wortfeld.

5 Untersuche, ob es in einer anderen Sprache, die du sprichst oder gerade lernst, auch Synonyme gibt. Stelle in der Klasse Beispiele vor.

as well – too – also

jardin public – parc

загадка – тайна

dobry – niezły – fajny

Antonyme

1 Wörter können auch Gegensätze ausdrücken.

a Ordne den Wörtern 1 bis 8 die passenden Wörter mit gegensätzlicher Bedeutung A bis H zu.

1	dunkel	**A**	hell
2	Nacht	**B**	groß
3	wenig	**C**	hoch
4	verkaufen	**D**	Tag
5	niedrig	**E**	Ebbe
6	Flut	**F**	trocken
7	klein	**G**	kaufen
8	nass	**H**	viel

1. dunkel – hell
2. ...

b Verwende die gegensätzlichen Wörter jeweils in einer Wortgruppe und unterstreiche sie.

1. die hellen Wolken – eine dunkle Nacht
2. ...

●○○ **c** Bildet mit den Wortpaaren aus Aufgabe b kurze Sätze und stellt sie euch gegenseitig vor.

1. Vor dem Gewitter war es sehr dunkel, danach wurde es ...

> Zu bestimmten Wörtern gibt es Wörter mit gegensätzlicher Bedeutung. Solche Gegensatzwörter heißen **Antonyme**. Sie haben teils gemeinsame, vor allem aber gegensätzliche Bedeutungsmerkmale, z. B.:
> *hell* (Lichtmenge: viel Licht) – *dunkel* (Lichtmenge: wenig Licht),
> *die Nacht* (Tageszeit: wenn es dunkel ist) – *der Tag* (Tageszeit: wenn es hell ist).

2 Sucht selbst Antonyme zu den folgenden Wörtern.

a Verwendet die gefundenen Antonympaare in Wortgruppen.

stark / abnehmen / Anfang / vor / oben / mieten / dick / hineingehen / fröhlich / deklinierbar

stark – schwach: eine starke Mannschaft – ...

b Ermittelt in euren Wortgruppen, welche gemeinsamen und welche gegensätzlichen Merkmale die Antonyme in einem Paar jeweils haben. Tragt eure Ergebnisse der Klasse vor.

→ S. 229: Wortbildung

3 Mithilfe von Ableitung und Zusammensetzung kann man Wörter mit gegensätzlicher Bedeutung bilden.

a Bilde mithilfe der Wortbauteile Antonyme zu den folgenden Wörtern. Achte auch auf das Fugenelement, das eventuell eingesetzt werden muss.

un-/Un- | miss-/Miss- | -haltig | -frei | -voll | -los

1 freundlich
2 ausdrucksvoll
3 glücken
4 kohlensäurehaltig
5 glücklich
6 schwefelhaltig
7 hoffnungsvoll
8 alkoholfrei
9 das Glück
10 trauen
11 kraftvoll
12 das Verständnis

b Schreibe die Antonympaare in dein Heft und kennzeichne alle Wortbildungselemente durch senkrechte Striche.

1. freund|lich – un|freund|lich *2. …*

4 Zu einem Wort kann es verschiedene Antonyme geben.

Tipp
Manchmal könnt ihr mehrere Antonyme finden.

a Schreibt auf, welche Antonyme es zu dem Wort *alt* in den folgenden Wortgruppen gibt.

1 ein alter Mensch
2 ein alter Freund
3 das alte Brot
4 die alte Technik

b Überlegt und besprecht, warum es zu *alt* mehrere Antonyme gibt.

5 Verwende Antonympaare in Sätzen. Wähle Aufgabe a, b oder c.

●○○ **a** Bilde Sätze mit Antonympaaren aus Aufgabe 3 a. Benutze dabei auch entgegenstellende Ausdrücke (Konjunktionen, Adverbien usw.).

●●○ **b** Verwende Antonympaare aus den Aufgaben 1 a, 2 a und 4 a in Sätzen. Benutze dabei auch entgegenstellende Ausdrücke (Konjunktionen, Adverbien usw.).

●●● **c** Wähle ein Thema aus, bei dem du gegensätzliche Erscheinungen darstellen musst, und verfasse einen Text dazu. Benutze Antonympaare und entgegenstellende Ausdrücke.

1 Das Wetter in den vergangenen Wochen
2 Wie verschieden verhalten sich Menschen?

6 Untersuche, ob es in einer anderen Sprache, die du sprichst oder gerade lernst, auch Antonyme gibt. Stelle in der Klasse Beispiele vor.

5 a Wähle aus den folgenden Ausdrücken aus.
nicht nur – sondern auch / sowohl – als auch / einerseits – andererseits / zum einen – zum anderen / erst – dann / teils – teils / oft – selten / vorher – nachher

Homonyme

1 Worauf beruht dieses Missverständnis?

a Lies den folgenden Dialog und erkläre den Grund für das Missverständnis.

A Als wir im Sommer eine Radtour gemacht haben, mussten wir ständig mit den Bremsen kämpfen.
B Waren denn die Bremsen an euren Rädern nicht in Ordnung?
A Unsinn, ich meine doch …

b Untersuche die Aussprache und die Schreibung der Wörter, die Ursache des Missverständnisses sind. Formuliere dein Ergebnis in einem Satz.

c Schreibe die Bedeutung der beiden Wörter in dein Heft.

die Bremse[1]: … *die Bremse[2]: …*

d Tauscht euch darüber aus, ob es einen Zusammenhang zwischen den beiden Bedeutungen gibt.

Wörter, die gleich (bzw. fast gleich) geschrieben und ausgesprochen werden, aber eine unterschiedliche Bedeutung haben, heißen **Homonyme** (gleichnamige Wörter), z. B.:
die Bremse (am Fahrzeug) – *die Bremse* (Insekt).
Als Homonyme werden auch (fast) gleich geschriebene bzw. gesprochene Wörter verstanden, die zu verschiedenen Wortarten gehören, z. B.:
(der) Morgen – morgen.

2 Suche passende Homonyme.

Tipp
Schlage ggf. in einem Wörterbuch nach.

a Schreibe die Homonympaare auf und ergänze kurze Bedeutungsangaben.

1 das Koppel (Gürtel einer Uniform)
2 der Kiefer (Knochen im Mund)
3 das Schloss (Bauwerk)
4 die Bank (Kreditinstitut)
5 der Tor (dummer Mensch)
6 das Gehalt (Einkommen)
7 die Otter (Schlange)
8 der Leiter (Vorgesetzter)

1. das Koppel (Gürtel einer Uniform) – die Koppel (…)
2. …

b Verwende jedes Wort aus Aufgabe a in einem kurzen Satz.

3 Untersuche das grammatische Geschlecht (Genus) der Homonyme.

a Untersuche das grammatische Geschlecht der Homonyme aus Aufgabe 2 a. Formuliere deine Feststellung in einem Satz.

Tipp
Wenn nötig, schlage in einem Wörterbuch nach.

b Bilde die Pluralformen der Homonyme aus Aufgabe 2 a (S. 238). Was stellst du fest?

1. das Koppel, Pl.: die Koppel (Gürtel einer Uniform) – die Koppel, Pl.: …
2. …

4 Homonyme können auch zu verschiedenen Wortarten gehören.

a Suche aus den folgenden Satzpaaren die Homonyme heraus und schreibe sie paarweise in dein Heft.

1 Ich stehe fast jeden Morgen um 6:30 Uhr auf. Aber morgen, am Sonnabend, kann ich länger schlafen.
2 Der Kranke kann nicht alle Speisen essen. Trotzdem muss sein Essen abwechslungsreich sein.
3 Nadelbäume sind zumeist das ganze Jahr über grün. Laubbäume zeigen ihr Grün im Frühjahr und im Sommer.
4 Ich habe dank deiner Hilfe alles geschafft. Für deine Hilfe möchte ich dir herzlichen Dank sagen.

1. der Morgen – … *2. …*

b Bestimme jeweils die Wortart der Homonyme.

1. der Morgen (Nomen) – … (…) *2. …*

5 Bei manchen Homonymen ist die Aussprache bzw. die Schreibung nur fast gleich.

a Untersuche Aussprache und Schreibung der folgenden Paare. Die betonten Vokale sind unterstrichen.

1 mod<u>e</u>rn – m<u>o</u>dern
2 Aug<u>u</u>st – <u>Au</u>gust
3 umf<u>a</u>hren – <u>u</u>mfahren
4 M<u>ee</u>r – m<u>e</u>hr

b Bilde mit jedem Homonym einen Satz und erkläre damit die unterschiedlichen Bedeutungen.

6 Manche Homonyme werden gleich gesprochen, aber nicht gleich geschrieben.

a Untersuche die Aussprache und die Schreibung der folgenden Homonympaare. Wo liegt hier der Unterschied?

1 lehren – leeren
2 malen – mahlen
3 der Wal – die Wahl
4 das Lied – das Lid

b Erläutere die unterschiedlichen Bedeutungen und bilde jeweils einen Satz.

7 Untersuche, ob es in einer anderen Sprache, die du sprichst oder gerade lernst, auch Homonyme gibt. Stelle in der Klasse Beispiele vor.

Metaphern

1 Wörter können in verschiedenen Bedeutungen gebraucht werden.

a Bestimme, was *sauer* im ersten und im zweiten Satz bedeutet.

Die Milch ist sauer.

Julia ist sauer, weil Lea nicht kommt.

b Erkläre, warum man die beiden unterschiedlichen Bedeutungen mit dem Wort *sauer* bezeichnen kann. Suche eine Gemeinsamkeit in den Bedeutungen.

c Überlege, in welchem Beispiel man von *ursprünglicher Bedeutung* und in welchem von *übertragener Bedeutung* sprechen kann.

> Eine **Metapher** ist ein Wort oder ein Ausdruck mit einer übertragenen, bildhaften Bedeutung. Sie entsteht durch Übertragung eines Wortes mit seiner ursprünglichen Bedeutung auf einen anderen Sachbereich. Grundlage dafür ist ein gemeinsames Merkmal der Ähnlichkeit in beiden Bedeutungen, z. B.:
>
> *der Fuß des Menschen* → *am Fuß des Berges*
> (ursprüngliche Bedeutung) (übertragene Bedeutung)
>
> Durch Metaphern wird die Ausdrucksweise eines Textes bildhaft und anschaulich.

2 Untersuche Metaphern.

a Lies die folgenden Beispiele für ursprüngliche Bedeutung (links) und Metapher (rechts). Erkläre, welche gemeinsamen Bedeutungsmerkmale jeweils zur Bildung der Metapher geführt haben.

1 Bett (Möbel) – Bett des Flusses
2 Flügel (Vogel) – Flügel der Lunge, Flügel des Fensters
3 Bein (Mensch) – Bein des Tisches, Bein des Stuhls
4 Kopf (Mensch) – Kopf des Nagels, Kopf des Briefes
5 Krone (König) – Krone des Baumes, Krone auf dem Zahn
6 Rücken (Mensch) – Rücken des Buches

b Manchmal treten Metaphern auch in Form von Zusammensetzungen auf. Bilde Zusammensetzungen zu den Metaphern aus Aufgabe a.

1. Bett des Flusses – Flussbett, *2. ...*

3 Verwende Metaphern.

a Verwende die folgenden Adjektive in Wortgruppen oder Sätzen sowohl in ursprünglicher Bedeutung als auch in übertragener Bedeutung als Metapher. Erläutere beide Bedeutungen.

1 faul (Obst – Ausrede)
2 dick (Mann – Freundschaft)
3 bitter (Medizin – Niederlage)
4 kalt (Luft – Licht)
5 warm (Zimmer – Farbe)
6 falsch (Antwort – Lächeln)

b Suche weitere Beispiele und schreibe sie in dein Heft.

4 Verwende Metaphern. Wähle Aufgabe a oder b.

●○○ a Erkläre bei den folgenden Adjektiven die ursprüngliche Bedeutung und die Bedeutungsmerkmale, die zum Gebrauch als Metapher führen.

1 eine süße Frucht – eine süße Stimme, ein süßes Gesicht
2 ein trüber Himmel – eine trübe Stimmung
3 eine helle Farbe – ein heller Klang
4 ein offenes Fenster – eine offene Frage

●●○ b Erkläre bei den folgenden Adjektiven die ursprüngliche Bedeutung und die Bedeutungsmerkmale, die zum Gebrauch als Metapher führen. Verwende sie in der ursprünglichen und in der übertragenen Bedeutung.

1 süß
2 trüb
3 hell
4 offen
5 kurz
6 hoch

5 Erläutert die folgenden Metaphern. Erfindet dazu jeweils eine kurze Geschichte, in der ihr sie verwenden könnt.

1 Das war für mich ein Kinderspiel.
2 Das war für alle ein steiniger Weg.
3 In den Leistungen der Mannschaft gibt es mehr Licht als Schatten.

●●● 6 Suche eine bekannte Metapher für diese beiden Tiere.

1 Löwe, weil er als Herrscher im Tierreich angesehen wird (auch im Märchen, im Film).
2 Adler, weil er der mächtigste Vogel ist und den Luftraum beherrscht.

7 Untersuche, ob es in einer anderen Sprache, die du sprichst oder gerade lernst, auch Metaphern gibt. Stelle in der Klasse Beispiele vor.

Personifizierungen

1 Sprache kann sehr bildhaft sein.

a Sieh dir folgende Illustrationen an und suche den jeweils gemeinten Ausdruck.

b Erkläre mit eigenen Worten, was der jeweilige Ausdruck bezeichnet.

1. die Sonne lacht – … *2. …*

> Wenn Verhaltensweisen und Eigenschaften, die typisch für Menschen sind, auf unbelebte Gegenstände und Erscheinungen übertragen werden, liegt eine **Personifizierung** vor, z. B.:
> *die Sonne lacht, der Wind bläst, der schweigende Wald.*
> Auch die Personifizierung ist eine bildhafte Ausdrucksweise.

2 Verwende Personifizierungen.

a Setze die folgenden Ausdrücke richtig ein. Schreibe die Sätze in dein Heft und unterstreiche den personifizierenden Ausdruck.

niederpeitschen / einladen / erzählen / ergreifen / heulen / geduldig sein

1 Der Sturm ___ heute Abend besonders laut.
2 Starker Regen und heftiger Wind haben die Sträucher regelrecht ___.
3 Dieses Bild ___ von einem heiteren Naturerlebnis des Malers.
4 Du kannst schreiben, was du willst – Papier ___.
5 Als er die sehr gute Note unter seiner Arbeit sah, ___ ihn ein richtiges Glücksgefühl.
6 Auf unserer Tour hat uns ein Waldsee zur Rast und zum Baden ___.

b Tauscht euch darüber aus, welche Wirkung von den Personifizierungen ausgeht. Probiert aus, ob auch andere bildhafte Verben eingesetzt werden könnten.

1. Der Sturm tobte heute Abend besonders laut.
2. …

3 Personifizierungen werden oft in der Literatur verwendet.

a Heinrich Heine beschreibt in seinem Werk „Die Harzreise" den Fluss Ilse. Lies den Ausschnitt und schreibe alle Personifizierungen heraus.

Es ist unbeschreibbar, mit welcher Fröhlichkeit, Naivität und Anmut die Ilse sich hinunterstürzt [...], sodass das Wasser hier wild emporzischt [...] und unten wieder über die kleinen Steine hintrippelt wie ein munteres Mädchen. Ja, die Sage ist wahr, die Ilse ist eine Prinzessin, die lachend und blühend den Berg hinabläuft. [...] Die hohen Buchen stehen dabei gleich ernsten Vätern, die verstohlen lächelnd dem Mutwillen des lieblichen Kindes zusehen; die weißen Birken bewegen sich tantenhaft vergnügt und doch zugleich ängstlich über die gewagten Sprünge; der stolze Eichbaum schaut drein wie ein verdrießlicher Oheim[1], der das schöne Wetter bezahlen soll [...].*

[1] *der Oheim: veraltet für* der Onkel

b Überprüfe, welche weiteren sprachlichen Mittel der Autor verwendet hat, um seinen Text anschaulich und wirkungsvoll zu gestalten.

4 Auch Gedichte können Personifizierungen enthalten. Wähle eins der folgenden Gedichte aus. Suche aus dem Gedicht Personifizierungen heraus. Erläutere, wie die Personifizierungen auf dich wirken.

Christian Morgenstern (1871–1914)

Der Hügel

Wie wundersam ist doch ein Hügel,
der sich ans Herz der Sonne legt,
indes des Winds gehaltner Flügel
des Gipfels Gräser leicht bewegt.
Mit buntem Faltertanz durchwebt sich,
von wilden Bienen singt die Luft,
und aus der warmen Erde hebt sich
ein süßer, hingegebner Duft.

Joseph von Eichendorff (1788–1857)

Wünschelrute

Schläft ein Lied in allen Dingen
Die da träumen fort und fort,
Und die Welt hebt an zu singen,
Triffst du nur das Zauberwort.

MK 5 Sammelt Artikelüberschriften aus Tageszeitungen, die Personifizierungen enthalten. Stellt die Sammlung eurer Klasse vor, beschreibt die Personifizierungen und ihre Wirkung in Überschriften.

Die Zeit rennt der Mannschaft davon

Das Glück winkte der Siegerin

Sprache im Wandel

Sprachvarianten

Dialekte (Mundarten)

1 Überlege, was ein Dialekt sein könnte. Kennst du Personen, die einen Dialekt sprechen?

> In der heutigen Sprache findet man in vielen Regionen Wörter und Ausdrücke, die nur dort gebraucht werden, und zwar vor allem in der gesprochenen Alltagssprache. Solche Wörter sind typisch für einen **Dialekt** (auch: **Mundart**). Dialektwörter (Mundartwörter) sind zum großen Teil außerhalb ihrer Region nicht bekannt, z. B.:
> *Blembe* (Sachsen: dünner Kaffee), *plietsch* (Mecklenburg: pfiffig, gewitzt),
> *lawwerig* (Sachsen-Anhalt: schlecht gewürzt, übermäßig weich),
> *Bämbeschen* (Thüringen: Kartoffelpuffer),
> *Buchte* (Berlin/Brandenburg: eine kleine Kammer).

2 Erweitere dein Wissen über Dialekte.

a Betrachte die Karte und verschaffe dir einen Überblick, wo in Deutschland welche Dialekte (Mundarten) gesprochen werden.

b Nenne einzelne Dialekte (Mundarten). Beschreibe, wo sie gesprochen werden (in Bezug auf Bundesländer, große Städte oder Landschaften).

c Ermittle, in welchem Mundartgebiet du lebst.

d Untersuche mithilfe der Beispiele in der Tabelle wichtige Unterschiede bei Lauten und Formen zwischen den drei Dialektregionen. Formuliere deine Ergebnisse in zwei bis drei Sätzen.

Niederdeutsch	Mitteldeutsch	Oberdeutsch
ick	ich	ich
Appel	Appel	Apfel
Dorp	Dorp, Dorf	Dorf
dat	dat, das	das

MK ●●● e Suche nach Hörbeispielen für die Dialektregionen, zum Beispiel im Internet. Spiele sie der Klasse vor.

f Tauscht euch in der Klasse darüber aus, welche Ursachen es dafür geben könnte, dass immer weniger Menschen einen Dialekt beherrschen.

Die **Dialekte** (Mundarten) sind die ältesten Erscheinungsformen (Sprachvarianten oder Sprachvarietäten) unserer Sprache. Sie entstanden im 8. Jahrhundert. Heute leben sie nur noch in Resten fort (Wörter, Formen, Laute bzw. Lautkombinationen). Sie werden in einzelnen Regionen unterschiedlich gebraucht: vor allem mündlich, auf dem Land, von älteren Menschen, im Kreis der Familie, unter Freunden und Bekannten und in bestimmten Gesprächssituationen. Man drückt damit aus, dass man sich einer Region zugehörig fühlt und mit den Menschen dort vertraut ist. In vielen Regionen wird die jeweilige Mundart von sprachbewussten, kulturinteressierten und heimatverbundenen Menschen gepflegt.

3 Auch einige häufig gebrauchte Alltagswörter werden regional unterschiedlich gebraucht. Besprecht, welche der folgenden Bezeichnungen euch vertraut sind und welche in eurer Region bevorzugt werden.

1 Rotkraut – Blaukraut – Rotkohl
2 Metzger – Fleischer – Schlachter
3 Stiege – Treppe – Staffel
4 Esse – Schornstein – Kamin – Schlot
5 Erdapfel – Kartoffel – Erdtoffel – Knolle
6 Tischler – Schreiner

4 Kennt ihr die folgenden Dialektwörter?

a Tauscht euch darüber aus, was die Dialektwörter bedeuten könnten.

1 das Motschegiebchen
2 das Reet
3 die Schrippen
4 die Hütes
5 klönen
6 die Husche

b Ersetzt mit den Wörtern aus Aufgabe a die unterstrichenen Ausdrücke.

1 Das war nur ein kurzer Regen.
2 An der Ostseeküste sind Hausdächer oft mit Schilf gedeckt.
3 Ich esse gern Kartoffelklöße.
4 Guck mal – ein Marienkäfer!
5 Hol vom Bäcker schnell noch ein paar Brötchen!
6 Wir sollten uns mal wieder zusammensetzen und uns unterhalten.

MK c Recherchiert im Internet, in welcher Gegend sie jeweils gebraucht werden.

In Deutschland werden drei **Dialektregionen** bzw. Großdialekte unterschieden:
- **Niederdeutsch** (auch: **Plattdeutsch**), z. B.: Mecklenburgisch-Pommersch, Niedersächsisch,
- **Mitteldeutsch**, z. B.: Sächsisch (Obersächsisch), Thüringisch, Hessisch,
- **Oberdeutsch**, z. B.: Bairisch, Alemannisch.

Für die Dialektregionen sind neben besonderen Wörtern auch bestimmte Laute und Lautkombinationen (geschrieben: Buchstaben und Buchstabenkombinationen) sowie bestimmte Formen typisch, z. B.:
Husche (kurzer Regen, Sachsen),
Hütes (Kartoffelklöße, Thüringen),
een (ein, Berlin),
dag (Tag, Mecklenburg-Vorpommern).

5 Es gibt auch Autorinnen und Autoren, die ihre Texte im Dialekt schreiben.

a Lest das folgende Gedicht eines unbekannten Dichters.
Besprecht, wovon das Gedicht handelt.

Ick

Ick sitze da und esse Klops
Uff eemal kloppts
Ick sitze kieke wundre mir
Uff eemal is se uff de Tür
Nanu denk ick ick denk nanu
Jetzt is se uff erst war se zu
Und ick jeh raus und kieke
Und wer steht draußen? Icke!

b Versucht, das Gedicht in allgemein verständliches Deutsch zu übersetzen. Tauscht euch darüber aus, welche Wörter ihr gut verstehen könnt und welche nicht. Woran liegt das?

c Schreibt Besonderheiten der Wörter in eure Hefte.

ick – ich (ck statt ch)

...

6 Es ist interessant, sich mit verschiedenen Dialekten zu beschäftigen.

a Lest den folgenden Text. Versucht, die verschiedenen Mundartteile des Textes in allgemein verständliches Deutsch zu übertragen.

Tipp
Wenn möglich, lasst euch den Text vorlesen.

Lene Voigt (1891–1962)

Sonnenuntergang am Meer – Drei Monologe

Der Berliner

Janz orijinelle Jeschichte det. Wie hinjejossenes Jold. Wär ma nich in Berlin, könnt ma erjriffen sein. Det Sejel da macht sich ooch famos mittenmang in det Joldije rin. So'n Jemälde von die janze Schose für Lottekens Ausstattung wär jar keen schlechta Jedanke. Aber da sitzt jrade keen eenzija Maljingling mit sein Jelumbe mehr ans Jestade, wo ma könnte wat billj in Ufftrag jeben. Unintellijente Jesellschaft det. Keen Jefühl fürs Jeschäft bei die Brüda!

Der Münchner

Teifi, dös hat unser Herrgott wieder amol sauber g'macht! Dös lass i mir g'falln. So a Mordsg'flimmer, wie von fuchzig Sonn' zu selbiger Zeit, die ausanand g'laufen san. Wie a oanzige große Suppen is dös, wo mei Resl recht vüll Eier neing'schlagen hoat. Goar net g'nug einischaugen kann mer da. Nur schad, dass ös nix zu saufen is, dös Nasse do. Allweil bloß so a damisches Wasser. Aan Durscht hätt i grad, oan Durscht – Himmisakra noch amol!

Der Leipziger

Nee is das awer großartch, heh! Jetzt bleib'ch hier angeworzelt schtehn, bis dr ganze Schlamassel voriewer is. Geene zähn Färde bring mich frieher von där Schtelle wägg. Da gomm een doch färmlich glei de Drän geborzelt vor lauter Riehrung. Ei verbibbch, nu habb'ch mer grade heite ahmd gee reenes Schnubbduch eingeschteckt, dass 'ch ohne Verlächenheet rauszärrn gennte. Na da missmer de Drän ähmd in Sand nuntergullern lassen, 's hilft alles nischt. Schließlich gommts ja hier uff ä häbbchen Salzches mähr oder wenncher garnich druffahn.

b Sucht im Internet nach Büchern oder Texten in Dialekten (Mundarten). Wählt ein Fundstück aus und stellt es in der Klasse vor.

Umgangssprache

In vielen Alltagssituationen, zum Beispiel in der Familie, mit Freunden und anderen vertrauten Menschen, wird vor allem mündlich oft **Umgangssprache** gebraucht. Dazu zählen bestimmte Wörter und Wendungen, aber auch unvollständige oder grammatisch fehlerhafte Sätze, z. B.:
kriegen (bekommen), *checken* (verstehen), *eine große Klappe haben*,
Die? Nie gesehen! Kenne ich nicht, weil ich bin neu hier.
Umgangssprache kann aber auch im privaten Schriftverkehr oder in der Literatur (Figurenrede) vorkommen. Die Verwendung umgangssprachlicher Mittel hängt immer von der jeweiligen Situation und den beteiligten bzw. adressierten Personen ab.

1 Lisa und Theo unterhalten sich auf dem Weg nach Hause.

a Lies den folgenden Dialog.

Lisa: Ey, Theo, wann schreiben wir noch mal Mathe?
Theo: Ernsthaft? Herr Zimmer hat den Test doch abgesagt!
Lisa: Was? Echt?
Theo: Ja, das hat er gestern am Anfang der Stunde gesagt, warst wohl wieder am Quatschen mit Lilli.
Lisa: Oh, nerv mal nicht … Aber ja, kann sein … Danke trotzdem!

b Entscheide, welche Ausdrücke aus dem Gespräch du auch mit einem Erwachsenen verwenden würdest und welche eher nicht. Begründe jeweils, warum.

c Welche Besonderheiten fallen dir auf, zum Beispiel beim Satzbau?

d Formuliert die umgangssprachlichen Ausdrücke so um, dass ihr sie in einem Gespräch mit einem Erwachsenen verwenden könnt.

ey – entschuldige, entschuldigen Sie bitte
…

2 Viele Wörter haben Entsprechungen in der Umgangssprache.

a Suche für folgende Wörter umgangssprachliche Entsprechungen.

1 der Ball
2 sehen, schauen
3 der Kopf
4 das Geld
5 das Tor (auf dem Fußballfeld)
6 angeben, prahlen

2a Wähle aus den folgenden Wörtern aus.
die Kohle / die Pille / die Birne / die Kugel / die Rübe / der Kasten / der Schotter / auf den Putz hauen / die Kiste / die Murmel / gucken / gaffen / der Dez / der Zaster / herumprotzen / glotzen / eine große Klappe haben / der Kies / das Leder

b Suche selbst umgangssprachliche Wörter und Wendungen und erläutere ihre Bedeutung.

●●● **c** Bilde Sätze mit den Wendungen aus den Aufgaben a und b. Erläutere, in welchen Situationen du sie verwenden oder bei anderen angemessen finden würdest.

3 Mittel der Umgangssprache findet man oft auch in der Literatur.

a Lies den Beginn des folgenden Jugendbuchs. Darin wird beschrieben, wie die 14-jährige Lotte versucht, sich nach dem Umzug in Berlin einzuleben.

Lena Hach

Grüne Gurken (Auszug)

Die Tür fällt hinter mir ins Schloss. Im gleichen Moment wird mir klar: Ich habe nicht an den Schlüssel gedacht. Der baumelt entspannt am Brett auf der anderen Seite. Natürlich habe ich auch kein Handy dabei. Das ist mal wieder typisch. Zu Hause – und mit *zu Hause* meine ich mein Dorf in Hessen und werde es immer meinen – hätte ich jetzt mehrere Möglichkeiten. Ich könnte zu Daniel fahren. Ich könnte zu Daniel laufen. Oder den Ersatzschlüssel aus dem Blumenkasten buddeln. Aber in diesem Mietshaus gibt es keinen Blumenkasten – nur jede Menge Müllcontainer. Da wird zwar alles reingestopft, aber garantiert kein Zweitschlüssel für das 2. OG rechts.
Leider habe ich keine Ahnung, wann meine Eltern zurückkommen. Sie sind mit irgendwelchen neuen Kollegen zum Abendessen verabredet und wenn es gut läuft, gehen sie anschließend noch in eine Bar. Fast schon peinlich, wie versessen die beiden darauf sind, hier in Berlin direkt Anschluss zu finden.
Mein Magen knurrt. Das erinnert mich daran, warum ich überhaupt im Treppenhaus stehe. Ich habe wahnsinnigen Hunger. Seit wir hierhergezogen sind, kochen wir abends kaum noch zusammen. Dabei ist das eigentlich unser Familiending. Mama ist fürs Gemüse zuständig, ich für die Kräuter und Papa darf Zwiebeln schnippeln. Ausgefallene Pasta-Soßen sind unsere Spezialität. Doch vorhin hatte ich auf einmal totales Verlangen nach Milchreis. Weil der dem Magen und der Seele guttut. Ich habe mich also aus meinem neuen Zimmer in unsere Küche bequemt, um die Zutaten zusammenzusuchen. Vor allem der Reis ist entscheidend. Am besten nimmt man Rundkorn, mit viel wasserlöslicher Stärke; das gibt eine richtig schöne Pampe. Je größer die Körner sind, desto mehr Milch wird aufgesaugt. Im Kühlschrank habe ich jedoch nur Sekt und Orangensaft entdeckt – und diese Limonade, die sich Brause nennt. Aber keinen einzigen Tropfen Milch. Kurz, ganz kurz, habe ich in Erwägung gezogen, die Reiskörner roh in mich hineinzuschaufeln. Wenn es zu sehr knirscht, hätte ich einfach O-Saft hinterhergegossen. Da fiel mir der Kiosk auf der anderen Straßenseite ein. Ich war zwar noch nie drin, aber mit etwas Glück gab es da nicht nur Eier und Hipster-Limo, sondern auch

das ein oder andere Molkereiprodukt. Also habe ich mir trotz der sommerlichen Hitze Papas Mantel übergeworfen – weil der meinen Pyjama komplett verdeckt – und mir mein Portemonnaie geschnappt. Nur an den Schlüssel habe ich nicht gedacht. Und jetzt stehe ich hier also ratlos im Treppenhaus, in meinen Krümelmonster-Hausschuhen.
Ich versuche, mich mit dem Gedanken zu trösten, dass es schlimmer sein könnte. (Und es war schon oft schlimmer!) Ich könnte zum Beispiel nackt hier stehen. Oder in dieser hautfarbenen Unterwäsche von Oma. Stattdessen trage ich einen Pyjama *und* einen Dufflecoat[1], handgemacht, gefüttert und mit Abstand das beste Kleidungsstück meines Vaters. Schon klar, ich versinke fast in dem Ding. Aber meine Fensterstudien haben ergeben, dass sich die Berliner in den unmöglichsten Klamotten aus dem Haus wagen. Vor allem Jogginganzüge sind schwer angesagt. Da falle ich in meinem Zelt garantiert nicht auf. Also setze ich mich in Bewegung. Denn Hunger habe ich ja immer noch. Ich schlurfe durch das Treppenhaus, auf die Straße. Um mich im Kiosk mit ordentlich Proviant einzudecken. Wer weiß, vielleicht gibt's dort ja sogar diesen Fertigmilchreis. Wie super wäre das denn bitte?!

[1] *der Dufflecoat:* ein Mantel

b Die Autorin Lena Hach lässt ihre Figur Lotte auch Umgangssprache verwenden. Tauscht euch darüber aus, welche Wörter und Wendungen eurer Meinung nach umgangssprachlich sind und welche Wirkung von ihnen ausgeht.

c Besprecht, was die Ausdrucksweise über die Hauptfigur Lotte verrät. Welche ersten Eindrücke habt ihr von Lotte und warum?

d Bereite den Romanauszug zum Vorlesen vor. Überlege und erprobe dazu, wie Lotte sprechen könnte.

4 Untersucht weitere literarische Texte.

a Sucht weitere Beispiele für die Nutzung von Umgangssprache in literarischen Texten. Erläutert, wie die jeweilige Figur durch ihre Ausdrucksweise charakterisiert wird.

b Bereitet die Texte zum Vorlesen vor.

Tipp
Nutzt zum Beispiel Texte aus den Lesestoffen.

Standardsprache

In vielen schriftlichen Texten, zum Beispiel Literatur, Zeitungsartikeln, Fachtexten, amtlichen Mitteilungen, aber auch in bestimmten Sprechsituationen, zum Beispiel in Vorträgen und Nachrichten, wird die **Standardsprache** verwendet. Dazu gehören Wörter, die in allen Regionen des deutschen Sprachgebiets bekannt sind, ein geregelter Satzbau, die Schreibung nach Regeln (Rechtschreibung) und die Aussprache nach bestimmten Normen.

1 Untersuche die Sprache von schriftlichen Texten.

a Lies den Beginn eines Jugendbuchs und eines Zeitungsberichts.

Kirsten Fuchs

Mädchenmeute (Auszug)

Es war der Sommer, in dem ich aufhörte, einen knallroten Kopf zu bekommen, wenn ich mehr als drei Wörter sagen sollte. Ich hatte am Ende eine Narbe an der Hand und meinen ersten Kuss bekommen. Ich war sogar fast ein bisschen berühmt geworden. Aber der Reihe nach.
Am Anfang hielt mir meine Mutter eine Anzeige aus der Zeitung unter die Nase. Ein Ferien-Fun-Survival-Camp. Mein Muskel zum Schulterzucken war zu der Zeit super trainiert und ungeschlagen im Fliegengewicht der fünfzehnjährigen Mädchen.
Meine Mutter wusste eigentlich, dass Schulterzucken zwar „ja“ und „nein“ heißen konnte, meistens aber „nein“ hieß.
„Das Camp liegt bei Bad Heiligen“, las sie aus der Anzeige vor. „Das ist ein beliebtes Seebad, in Heiligen war dieser Maler.“
„Ach, der!“, sagte ich.
Drei Wochen später überreichte meine Mutter mir ein Anmeldeformular. […]*

Kerstin Viering

Verloren in der Antarktis

Ein unheimliches Krachen zerriss die eisige Stille, das Splittern hölzerner Planken. Da muss Ernest Shackleton klar geworden sein, dass es für die „Endurance“ kein Entrinnen mehr gab. Schon seit Monaten war das Expeditionsschiff in den unberechenbaren Gewässern der Antarktis festgefroren. Nun, am 14. Oktober 1915, gab der Rumpf dem gewaltigen Druck des Packeises nach. Shackleton ließ die Schlittenhunde, Rettungsboote und Vorräte aufs Eis schaffen. Am 27. Oktober musste das Schiff evakuiert werden, am 21. November versank es wie ein Stein in den eisigen Fluten. Es war das Ende eines Traums […]*

b Erläutere, wie die beiden Texte auf dich wirken. Würdest du gern weiterlesen und warum bzw. warum nicht?

c Lest die Texte noch einmal und untersucht, ob sie durchgehend in Standardsprache verfasst sind oder ob auch Umgangssprache oder Dialekt vorkommen. Nennt Beispiele für eure Einschätzungen.

2 In bestimmten Situationen ist die Verwendung von Standardsprache besonders wichtig.

a Lies das folgende Vorstellungsgespräch.

Chef: Guten Morgen, Herr Schmidt!
Paul: Morjen zusammen!
Chef: Hatten Sie eine angenehme Anreise?
Paul: Jepp, war eigentlich ganz gechillt. Mein Papa hat mich schnell zu Ihnen rumgefahren und dann hatte ich sogar noch Zeit, 'nen Kaffee aus'm Automaten zu ziehen.
Chef: Das freut mich. Was können Sie mir über den Beruf des Kfz-Mechatronikers erzählen? Schließlich möchten Sie diesen Beruf bei uns erlernen.
Paul: Da macht man irgendwas mit Autos. Fahrzeuge checken, reparieren und so.
Chef: Oh, da wissen Sie ja schon einige Dinge über den Beruf!
Paul: Ja, ich hab mir auch vorher ein paar Infos reingezogen.
Chef: Können Sie mir Ihre guten Eigenschaften nennen?
Paul: Ich bin ein relaxter Typ und kann gut mit anderen Menschen. Und mit Karren und so kenne ich mich echt ultragut aus, also wie man die repariert und so.
Chef: Ich habe in Ihrem Zeugnis gesehen, dass Sie eine Fünf in Mathematik haben. Wie kam es zu dieser Note?
Paul: Ähm, weiß nich. Hab in Mathe oft nichts gecheckt, ist das ein Problem jetzt?
Chef: Na ja, als Mechatroniker müssen Sie auch gewisse Matheregeln beherrschen!
Paul: Uff, krass. Das wusste ich gar nicht. Aber jetz geb ich Gas und hol mir Nachhilfe!
Chef: Das klingt gut. Wenn Sie keine weiteren Fragen mehr haben, werden Sie von uns in den nächsten Tagen per Mail hören. Ich wünsche Ihnen eine angenehme Heimreise.
Paul: Alles klar! Wäre supi, wenn ich den Platz bekommen würde.

b Beurteilt, an welchen Stellen in dem Gespräch Standardsprache genutzt wird und wo Umgangssprache oder Dialekt vorkommen. Nennt jeweils Beispiele.

c Nenne unpassende Wörter, die Paul bei seinem Vorstellungsgespräch verwendet.

d Untersucht am Text aus Aufgabe a, welche Unterschiede es zwischen Standard- und Umgangssprache in Bezug auf Wortwahl, Wortformen und Satzbau gibt, und schreibt sie auf.

e Schreibt das Vorstellungsgespräch so um, dass es der Standardsprache entspricht. Spielt es mit verteilten Rollen in der Klasse vor.

MK **3** Suche im Internet nach Webseiten von Radio- und Fernsehsendern, berücksichtige auch Regionalsender. Höre dir Tonaufnahmen von Nachrichten oder Wetterberichten verschiedener Sender mehrfach an.

a Vergleiche die Aussprache der Sprecherinnen bzw. Sprecher. Beurteile jeweils, ob sie regionale Besonderheiten aufweist oder der Standardsprache entspricht.

Tipp
Übe mehrfach, nimm deinen Lesevortrag auf und beurteile dich selbst.

b Übernimm selbst die Rolle einer Sprecherin bzw. eines Sprechers. Wähle einen der folgenden Texte (Nachricht oder Wetterbericht) aus und lies ihn vor. Bemühe dich um eine standardgerechte Aussprache.

Text A

Für den Beginn der Osterferien rechnen die Expertinnen und Experten mit einem erhöhten Verkehrsaufkommen in Bussen und Bahnen sowie auf Autobahnen und Straßen. Besonders betroffen werden laut Auskunft des ADAC die Autobahnen Richtung Süden sein.
Auch die Flughäfen rechnen mit einem erhöhten Passagieraufkommen, das zu längeren Wartezeiten an den Abfertigungsschaltern führen könnte.

Text B

Die Wettervorhersage für heute: Der Tag bringt leicht wechselhaftes Wetter mit einzelnen Schauern. Vereinzelt können auch ein paar Schneeflocken dabei sein. Die Temperaturen steigen von –1 Grad am Morgen auf maximal 4 Grad am frühen Nachmittag. Es weht ein mäßiger Wind aus südwestlichen Richtungen.
Die Aussichten: Morgen bleibt es dicht bewölkt, aber verbreitet trocken bei Höchstwerten um 6 Grad. Am Sonntag ist es teils locker, teils auch dicht bewölkt, jedoch trocken bei 9 Grad.

Was habe ich gelernt?

4 Überprüfe, was du über Sprachvarianten gelernt hast. Entscheide, welche der folgenden Aussagen falsch ist. Begründe deine Meinung.

1 Standardsprache, Umgangssprache und Dialekte sind Sprachvarianten des Deutschen.
2 Man findet sie hauptsächlich im mündlichen Sprachgebrauch.
3 Standardsprache orientiert sich an allgemeingültigen Normen und ist im gesamten deutschen Sprachgebiet verständlich.

Zur Geschichte der deutschen Sprache

Althochdeutsch

Tipp
Vergleicht Bezeichnungen für Verwandte, Körperteile, Tiere, Farben und Zahlen.

1 Englische und deutsche Wörter ähneln sich häufig.

a Vergleicht die folgenden Wortpaare und sucht weitere Beispiele.

1 das Feuer – the fire
2 der Arm – the arm
3 das Wasser – the water
4 der Stein – the stone

b Stellt Vermutungen darüber an, warum sich Wörter aus den beiden Sprachen ähneln.

Die deutsche Sprache, die wir heute verwenden, hat sich über viele Jahrhunderte entwickelt.
Vorläufer des Deutschen waren Dialekte von germanischen Stämmen in der Zeit von ca. 500 v. Chr.[1] bis zum 7./8. Jahrhundert n. Chr., die als **Germanisch** zusammengefasst werden.
Die Anfänge des Deutschen liegen im 8. Jahrhundert, als in verschiedenen Teilen des heutigen Deutschlands unterschiedliche Dialekte (Mundarten) entstanden. Diese neuen mitteldeutschen und oberdeutschen (süddeutschen) Mundarten werden als **Althochdeutsch** (ca. 750 – ca. 1050) zusammengefasst.
Die Dialekte (Mundarten) wurden vor allem gesprochen und sind nur in wenigen Texten (Handschriften) erhalten geblieben, vor allem in religiösen Schriften (Bibelübersetzungen, Vaterunser, Gedichte u. a.) und in einigen nichtreligiösen Texten (Heldenlieder, Zaubersprüche u. a., z. B. „Merseburger Zaubersprüche").
Offizielle schriftliche Texte, zum Beispiel Verträge, Urkunden, Rechtsvorschriften, wurden in dieser Zeit überwiegend noch in Latein verfasst.

[1] *v. Chr. (vor Christus), n. Chr. (nach Christus):* Die europäische Zeitrechnung bezieht sich auf die Geburt von Jesus Christus.

2 Der folgende Text gehört zu den „Merseburger Zaubersprüchen", die 1841 in der Bibliothek des Domkapitels zu Merseburg entdeckt wurden.

a Sieh dir die Abbildung der Seite an und versuche, etwas zu lesen.

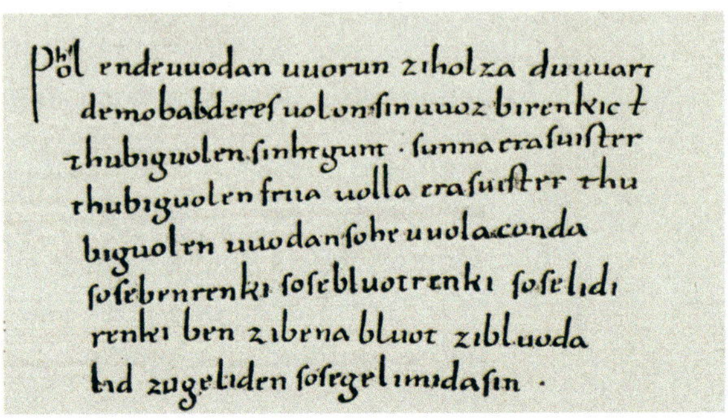
Phol endeuuodan uuorun ziholza du uuart
demobalderes uolon sin uuoz birenkict
thubiguolen sinhtgunt · sunna era suister
thubiguolen friia uolla era suister thu
biguolen uuodan sohe uuola conda
sose benrenki sose bluotrenki sose lidi
renki ben zibena bluot zibluoda
lid zigeliden sose gelimida sin ·

MK b Höre den folgenden Zauberspruch im Internet oder lass ihn dir von deiner Lehrerin bzw. deinem Lehrer vortragen. Prüfe, ob du etwas verstehen kannst.

Zweiter Merseburger Zauberspruch
Phol ende Uuôdan uuorun zi holza.
dû uuart demo Balderes uolon sîn uuoz birenkit.
thû biguol en Sinthgunt, Sunna era suister,
thû biguol en Frîia, Uolla era suister;
thû biguol en Uuôdan sô hê uuola conda:
sôse bênrenkî, sôse bluotrenkî,
sôse lidirenkî:
bên zi bêna, bluot zi bluoda,
lid zi geliden, sôse gelimida sîn!

c Versuche bei mehrmaligem Anhören, den Text still mitzulesen.

d Lies die Übersetzung ins heutige Deutsch.

Phol und Wodan ritten in den Wald,
da ward dem Fohlen Balders sein Fuß verrenkt.
Da besprach ihn Sinthgunt (und) Sunna, ihre Schwester,
da besprach ihn Frija (und) Volla, ihre Schwester,
da besprach ihn Wodan, wie (nur) er es richtig konnte:
Wie die Beinrenke, so die Blutrenke,
so die Gliedrenke:
Bein zu Bein, Blut zu Blut,
Glied zu Gliedern, als ob sie aneinandergefügt (geleimt) seien.

e Besprecht, was ihr nicht verstanden habt, und versucht, den Inhalt des Textes mit eigenen Worten nachzuerzählen.

f Untersucht, welche Teile im Text als Wiederholungen vorkommen. Beachtet auch die Anzahl der Wiederholungen. Tauscht euch über ihre Bedeutung aus.

●●● 3 Ergänze die Tabelle und stelle ausgewählte althochdeutsche Wörter aus dem Zauberspruch Entsprechungen im heutigen Deutsch gegenüber. Benenne einige Unterschiede.

Althochdeutsch	**heutiges Deutsch**
ende ...	und ...

Mittelhochdeutsch

Die ehemals althochdeutschen Dialekte (Mundarten) veränderten sich ab dem 11. Jahrhundert stark und werden von da an zusammenfassend als **Mittelhochdeutsch** (ca. 1050 – ca. 1350) bezeichnet.
Diese Dialekte wurden ebenfalls vor allem mündlich gebraucht, aber von ihnen sind auch viele Texte in Handschriften überliefert. Dazu gehören Gedichte (z. B. von Walther von der Vogelweide), Epen (z. B. „Parzival" von Wolfram von Eschenbach oder das „Nibelungenlied") und Sachtexte (z. B. der „Sachsenspiegel", eine Sammlung von Rechtstexten).
In offiziellen schriftlichen Texten wurde immer noch überwiegend die lateinische Sprache verwendet.

1 Walther von der Vogelweide lebte etwa von 1170 bis 1230. Er gilt als der bedeutendste Dichter seiner Zeit.

a Lass dir das folgende Gedicht vorlesen.

Walther von der Vogelweide

Ich saz ûf eime steine

Ich saz ûf eime steine,
und dahte bein mit beine:
dar ûf satzt ich den ellenbogen:
ich hete in mîne hant gesmogen
daz kinne und ein mîn wange.
[...]

b Ordne die mittelhochdeutschen Wörter 1 bis 12 ihren deutschen Entsprechungen A bis L zu.

1 saz	**A** einem Stein
2 ûf	**B** auf
3 eime Steine	**C** saß
4 dahte	**D** ich hatte
5 bein mit beine	**E** darauf
6 dar ûf	**F** meine Hand
7 satzt	**G** das Kinn
8 ich hete	**H** und meine Wange
9 mîne hant	**I** geschmiegt
10 gesmogen	**J** dachte nach, indem ich
11 daz kinne	**K** stützte
12 ein mîn wange	**L** ein Bein über das andere geschlagen hatte

c Übersetze den Text in das heutige Deutsch und schreibe ihn in dein Heft.

2 Einer der bekanntesten Texte in mittelhochdeutscher Sprache ist das „Nibelungenlied".

a Lass dir die erste Strophe vorlesen.

Uns ist in alten mæren wunders vil geseit
von helden lobebæren, von grôzer arebeit,
von fröuden, hôchgezîten, von weinen und von klagen,
von küener recken strîten muget ír nu wunder hœren sagen.

b Versuche, beim zweiten oder dritten Hören leise mitzusprechen.

c Tauscht euch in der Klasse darüber aus, welche der Wörter ihr verstanden habt und worum es in dieser Strophe geht.

d Vergleicht eure Mutmaßungen mit der folgenden vollständigen Übersetzung.

Uns wird in alten Erzählungen viel Wunderbares berichtet von berühmten Helden, großer Mühsal, von glücklichen Tagen und Festen, von Tränen und Klagen und vom Kampf tapferer Recken könnt Ihr jetzt Erstaunliches erfahren.

3 Lies weitere Auszüge aus dem „Nibelungenlied".

a Versuche, die folgenden Strophen zu verstehen.

18 Dô wuohs in Niderlanden eins vil edelen kuneges kint,
des vater der hiez Sigemunt, sîn muoter Sigelint,
in einer rîchen bürge, wîten wol bekant,
nidene bî dem Rîne: diu was ze Santen genant.

19 Sîvrit was geheizen der snelle degen guot.
er versuochte vil der rîche durch ellenthaften muot.
durch sînes lîbes sterke er reit in menegiu lant.
hey, waz er sneller degene sît zen Burgonden vant!

b Vergleiche mit der folgenden vollständigen Übersetzung.

18 Damals wuchs im Niederland der Sohn eines sehr edlen Königs heran, dessen Eltern Siegmund und Sieglinde hießen, in einer mächtigen, weithin bekannten Stadt am Niederrhein: die war Xanten genannt.

19 Siegfried hieß der vorzügliche, kampfgewandte junge Mann. Er suchte viele Reiche in mutiger Neugier auf. Um seine Kraft zu erproben, ritt er in viele Länder. Und wie viele ritterlich geübte Gefährten sollte er später im Burgundenland kennen lernen!

c Stelle Vermutungen an, worum es im „Nibelungenlied" gehen könnte.

MK **d** Überprüft, ob eure Vermutungen stimmen. Recherchiert im Internet, worum es im „Nibelungenlied" geht, und stellt eure Informationen der Klasse vor.

Frühneuhochdeutsch

Im 14. Jahrhundert war eine weitere Etappe der Veränderung der hochdeutschen Dialekte abgeschlossen und eine allgemein verständliche Schriftsprache entstand: das **Frühneuhochdeutsche** (ca. 1350 – ca. 1650). Damit einher gingen wichtige Veränderungen in der Lautung und Schreibung, z. B. mhd. *guot* - fnhd. *gut*, mhd. *min* - fnhd. *mein*.
Es wurden immer mehr schriftliche Texte verfasst, die bis heute in Handschriften und Drucken erhalten sind. Dazu zählen Schriften der Reformation (Martin Luther), Volksbücher (z. B. über Till Eulenspiegel), Schwänke oder erste Grammatiken zum Deutschen (z. B. von Valentin Ickelsamer). In vielen offiziellen schriftlichen Texten, zum Beispiel in Politik, Verwaltung oder Wissenschaft, wurde immer noch die lateinische Sprache verwendet, doch ihr Einfluss ging allmählich zurück. Aus dem Frühneuhochdeutschen entwickelte sich im 18. und 19. Jahrhundert eine **gesamtdeutsche Nationalsprache**.

1 Habt ihr schon einmal von Till Eulenspiegel gehört?

a Lest den folgenden Auszug aus einer der Geschichten über Till Eulenspiegel.

Ein kurtzweilig lesen von Dil Ulenspiegel

Die neunzehend Histori sagt von Vlenspiegel / wie er zů Brunschwick sich verdingt zů einem brotbecker / für ein beckerknecht / vnd wie er ůlen vnd merkatzen bůch.
Da nun Vlenspiegel wider geen Brunschwick kam / zů der beckerstuben / da wont ein becker nach darbei / der růfft im in sein hauß vnd fragt in was er für ein gesel oder für ein handtwerckß man wer. Vlenspiegel spruch / Ich bin ein beckerknecht. Der brotbecker der sprach. Ich hab eben kein knecht wiltu mir dienen. Vlenspiegel sagt ia. Also er nun zwen tag bei im was gewesen / da hieß in der becker bachen vff den abendt / dann er kunt im nit helffen / biß an den morgen. Vlenspiegel sprach ia w(a)z sol ich aber bachen [...]*

b Beschreibt, wie der Text auf euch wirkt. Was findet ihr irritierend, was gefällt oder erstaunt euch?

c Lest den Text noch einmal und übertragt ihn in heutiges Deutsch.

d Vergleicht eure Texte in der Klasse. Welche Schwierigkeiten hattet ihr?

e Erzählt den Inhalt des Textausschnitts nach. Stellt Vermutungen darüber an, wie die Geschichte weitergehen könnte.

f Lest in einer heutigen Ausgabe oder im Internet, wie die Geschichte zu Ende geht. Vergleicht mit euren Vermutungen aus Aufgabe e.

1c Nutze die folgenden Wörter.
Histori – Geschichte / *Brunschwik – Braunschweig, Stadt in Norddeutschland* / *ulen – Eulen* / *merkatzen – Meerkatzen, affenartige Tiere* / *buch – buk,* altes Präteritum von *backen*

2 Untersuche den Text von Till Eulenspiegel hinsichtlich seiner Sprache.

a Stelle ausgewählten frühneuhochdeutschen Wörtern aus dem Text in Aufgabe 1 a Entsprechungen im heutigen Deutsch gegenüber. Unterstreiche die Unterschiede.

kurtzweilig – kurzweilig, …

b Formuliere in zwei bis drei Sätzen, welche sprachlichen Veränderungen vom Neuhochdeutschen hin zu heutigem Deutsch dir besonders aufgefallen sind. Achte auf Wortbedeutung, Rechtschreibung und Grammatik und nenne jeweils Beispiele.

3 Etwa um 1535 wurde in Augsburg eine „Deutsche Grammatik" verfasst.

a Lest den Text und versucht, ihn zu verstehen.

Valentin Ickelsamer (ca. 1500–1547)

Teutsche Grammatica (Auszug)

Teütsche wort recht Bůchståbisch zůschreiben oder zů reden Regule
Die Erst / Das ainer der ain wort reden oder schreyben will / fleyssig auffmerckung hab auff die bedeüttung vnd Composition desselben worts / das ist / Er soll wissen was es haisse / dann wie yetzt gesagt / verstehn die Teütschen nichts wenigers dann jr aygen teütsch / vnd kumpt solcher vnuerstand diser sprach am maisten daher / das die wo̊rter mit vnrechten Bůchstaben werden geschriben vnd geredt / als ain Exempel / Das wort harbant / reden etlich das / b / so waich das es lauttet harwant / ja etlich nennens harwet / Wer nu nit waist die […] bedeütung dises worts / Nåmlich / das gesagt ist von ainem band da man das har mit bindet / wie kann ers recht schreiben oder reden? […]*

b Übertragt den Text in heutiges Deutsch.

c Vergleicht eure Texte. Auf welche Schwierigkeiten seid ihr gestoßen?

d Wählt einige frühneuhochdeutsche Wörter aus dem Text in Aufgabe a aus. Stellt ihnen Entsprechungen im heutigen Deutsch gegenüber. Unterstreicht die Unterschiede.

teutsche – deutsche, …

Was habe ich gelernt?

4 Überprüfe, was du über die Entwicklung der deutschen Sprache gelernt hast. Zeichne einen Zeitstrahl und trage die Entwicklungsetappen ein. Vermerke auch Besonderheiten der Sprache.

ca. 500 v. Chr. | *7./8. Jh. n. Chr.*

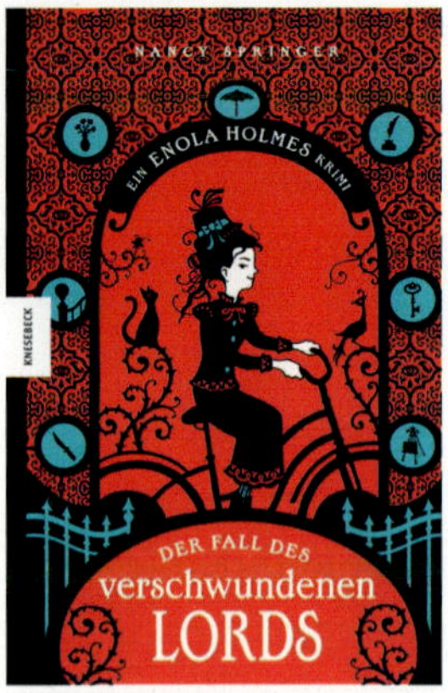

Nancy Springer

Der Fall des verschwundenen Lords
Ein Enola-Holmes-Krimi (Auszug)

1. Kapitel

Zu gerne wüsste ich, warum meine Mutter mich „Enola“ getauft hat, was rückwärtsgelesen „alone“ bedeutet – das englische Wort für „allein“. Mum war, oder ist vielleicht immer noch, begeistert von Rätseln und Geheimcodes, daher muss sie sich etwas dabei gedacht haben – ob als böses Omen, ungeschickter Segensspruch oder Zeugnis lange geschmiedeter Pläne. Obwohl mein Vater damals noch nicht von uns gegangen war.
Jedenfalls hat sie mir während meiner Kindheit beinahe jeden Tag gesagt: „Du kommst bestens allein zurecht, Enola.“ Tatsächlich war das ihre übliche, gedankenverlorene Art, sich von mir zu verabschieden, bevor sie sich mit Zeichenblock, Pinseln und Wasserfarben aufmachte, die Landschaft zu durchstreifen. Und tatsächlich ließ sie mich durchaus allein, als sie im Juli am Abend meines vierzehnten Geburtstags nicht nach Ferndell Hall, unserem Zuhause, zurückkehrte.
Da meine Feier auch ohne sie stattfand – mit Lane, dem Butler, und seiner Frau, der Köchin –, bereitete mir ihre Abwesenheit zunächst kein Kopfzerbrechen. Obwohl wir herzlich genug miteinander umgingen, sofern wir uns über den Weg liefen, mischten Mum und ich uns selten in die Angelegenheiten der jeweils anderen ein. Ich nahm an, dass irgendetwas Dringendes sie anderweitig in Beschlag nahm, vor allem, da Sie Mrs Lane im Vorfeld angewiesen hatte, mir zur Teestunde gewisse Päckchen zu überreichen.

Mums Geschenke an mich waren:
- ein Zeichenkasten: Papier, Bleistifte, ein Taschenmesser, um sie zu spitzen, und Radiergummis – alles fein angeordnet in einer flachen Holzkiste, die sich zu einer Staffelei ausklappen ließ;
- ein dickes Buch mit dem Titel *Die Sprache der Blumen: mit Erklärungen zu den Botschaften von Fächern, Taschentüchern, Siegelwachs und Briefmarken;*
- ein weit kleineres Büchlein mit verschiedenen Geheimcodes.

Obwohl es um meine Zeichenkünste nicht besonders gut bestellt war, wollte Mutter das bisschen Talent, das ich hatte, fördern. Sie wusste, dass ich gerne skizzierte und beinahe jedes Buch zu jedem Thema mit Freuden verschlang – doch sie wusste ebenso, dass Geheimcodes *nicht* zu meinen Favoriten gehörten. Dennoch hatte sie dieses kleine Buch für mich gemacht, mit ihren eigenen Händen, wie ich deutlich sehen konnte: Die Seiten, die sie mit zierlichen Aquarellblumen verziert hatte, waren gefaltet und anschließend zusammengenäht.

Ganz offensichtlich hatte dieses Geschenk geraume Zeit in Anspruch genommen – ich war ihr also durchaus wichtig, redete ich mir ein. Mit Nachdruck. Und zwar gleich mehrmals an diesem Abend.

Ich hatte zwar keine Ahnung, wo Mum sein könnte, rechnete aber damit, dass sie im Laufe der Nacht entweder nach Hause kommen oder aber eine Nachricht schicken würde. Ich verlor nicht viel Schlaf darüber. [...]

„[...] Gibt es irgendetwas Neues von Mutter?"

Obwohl ich die Antwort bereits kannte – denn Lane oder Mrs Lane hätten mir sofort Bescheid gegeben, hätten sie etwas erfahren –, konnte ich mir die Frage nicht verkneifen.

„Nichts, Miss." Sie wickelte die Schürze um ihre Hände, als würde sie ein Baby einwickeln.

Ich stand auf. „Dann muss ich einige Nachrichten schreiben."

[...] Vom Schreibtisch in der Bibliothek brachte Mrs Lane einige Blatt Papier mit unserem Familienwappen darauf, das Tintenfass mit dem Füllfederhalter und etwas Löschpapier in die Küche.

Ich tunkte den Füller in die Tinte und verfasste auf dem cremeweißen Briefpapier einige Zeilen an die zuständige Polizei – um sie wissen zu lassen, dass meine Mutter sich offenbar verirrt hatte, und bat höflichst darum, eine Suche einzuleiten.

Dann hielt ich inne und dachte nach: Musste ich das wirklich tun? Leider ja. Ich konnte es nicht länger hinauszögern.

Zögerlich schrieb ich eine zweite Nachricht, eine, die schon bald als Telegramm durch die Leitungen wandern würde, um viele Kilometer weit entfernt von einem Fernschreiber aufgefangen und niedergeschrieben zu werden:

LADY EUDORIA VERNET HOLMES SEIT
GESTERN VERMISST STOPP BITTE UM RAT
STOPP ENOLA HOLMES

Ich adressierte das Telegramm an Mycroft Holmes in Pall Mall, London. Dieselbe Botschaft schickte ich an Sherlock Holmes in der Baker Street, ebenfalls in London.

Meine Brüder.*

1 Stellt Vermutungen an, wo und wann die Handlung spielen könnte.

2 Suche im Text nach Spuren, die auf eine Kriminalgeschichte hinweisen.

3 Untersucht die Figur und *Ich*-Erzählerin genauer. Tauscht euch darüber aus, wie ihr sie euch vorstellt.

MK 4 Recherchiert verschiedene Enola-Holmes-Bücher und die gleichnamige Verfilmung. Seht euch einige Cover und Filmausschnitte an. Vergleicht die Figurendarstellungen mit euren Vorstellungen.

Lena Hach

Grüne Gurken (Auszug)

Die vierzehnjährige Lotte musste gegen ihren Willen nach Berlin umziehen und fühlt sich dort sehr unwohl. An einem ihrer ersten Freitagabende findet sie sich überraschend hinter dem Tresen eines Kiosks wieder. Eigentlich wollte sie sich nur etwas zu essen kaufen, doch der Kioskbesitzer bittet sie kurzerhand, ihn zu vertreten, und lässt sie einfach allein. Lotte ist zunächst überfordert, kommt dann aber ganz gut zurecht mit der für sie vollkommen neuen Situation und den vielen schrägen Menschen im Kiosk.

Zum Frühstück gibt es leicht angebrannte Aufback-Croissants. Ich glaube, selbst wenn es nur Kohlestückchen wären, meine Eltern würden es nicht einmal merken. Weil der Abend mit den neuen Kollegen ein voller Erfolg war, finden sie heute alles toll.

„Und was hast du Schönes gemacht?“, fragt Papa. Prompt kassiert er einen Blick von Mama, der so viel bedeutet wie: *Was soll die Frage? Was hat das Kind wohl gemacht? Im Bett gelegen hat es! (Das heißt, bis es sich aus der Wohnung ausgeschlossen und dann verzweifelt auf uns gewartet hat.)*

„Na, sag schon.“

Keine Ahnung, ob Papa Mamas Blicke wirklich nicht lesen kann. Kurz überlege ich, ob er mich damit ärgern will, dass ich hier noch keine Freunde gefunden habe, mit denen ich um die Häuser ziehen kann. Als hätte ich das jemals gemacht. Ich verwerfe den Gedanken wieder. Mein Vater ist zwar vieles, aber nicht fies. […]

„Na, Lotte?“, fragt Papa noch einmal und schmiert sich Marmelade auf die dunkelbraune Croissantspitze. „Was hast du gemacht?“

Ich will schon irgendeinen Satz nuscheln, in dem das Wort Laptop vorkommt, als mir klar wird, dass ich gestern ja wirklich etwas erlebt habe.

„Ich hab ein paar Stunden drüben im Kiosk ausgeholfen“, sage ich und nehme Papa das Marmeladenglas aus der Hand.

Meine Eltern sehen sich an – und prusten los. Natürlich. Weil es ganz und gar unglaublich ist, dass ich mal einen Abend nicht in dieser Wohnung abhänge.

„Im Kiosk ausgeholfen!“, ruft Mama.

„Ein paar Stunden“, ruft Papa.

„Lotte, du bist so lustig!“

Ja, das stimmt schon. Ich bin wirklich lustig. Angeblich habe ich einen angeborenen Sinn für Humor. Aber das hier war kein Witz. Ich hätte wohl ein Selfie machen sollen, als ich hinter dem Tresen stand. Meine Eltern schnappen nach Luft. Mama wischt sich sogar eine Träne aus dem Auge.

Ich lege mein Croissant auf den Teller.

„Und hast du auch was verdient?“, fragt Mama, um den Hammer-Gag noch ein bisschen weiterzutreiben.

„Ähm", mache ich. Weil es mir erst jetzt aufgeht: Ich habe ganz umsonst geschuftet! Mich ausbeuten lassen! Aber das werde ich natürlich nicht zugeben. Da spricht Mama zum Glück auch schon weiter.
„Scherz beiseite", sagt sie. „Das mit dem Job ist eigentlich gar keine schlechte Idee. Schließlich sind noch vier Wochen Ferien."
Papa schiebt seine Brille zurück. Und schon beginnt eines dieser Gespräche über meinen Kopf hinweg. Üblicherweise versinke ich dann in meinen eigenen Gedanken. Aber ich habe den Verdacht, dass ich heute unbedingt aufpassen sollte. [...]
„Hmm", macht Papa. „Was für einen Ferienjob stellst du dir denn vor?"
„Das Beste wäre eine Aufgabe, bei der Lotte richtig was lernt", findet Mama. „Thomas, meinst du, es gibt bei euch im Institut was? Oder ich frag mal in der Klinik, vielleicht im Labor ..."
Im Labor! Damit ich lerne, wie man Körperflüssigkeiten auf einem Objektträger verteilt? Nein danke. Das ist der Punkt, an dem ich mich in die Diskussion einschalte. Zur Schadensbegrenzung.
„Ich such mir selbst einen Job", verkünde ich etwas zu laut.
Meine Eltern blicken mich an. Als würden sie erst jetzt merken, dass ich auch mit am Tisch sitze.
„Du willst dir selbst einen Job suchen?", fragt Papa und lässt doch glatt sein Messer fallen. „Findest du wirklich, dass das eine gute –"
„Ich finde, das ist eine sehr gute Idee!", fällt Mama ihm ins Wort. Begeistert drückt sie mir einen Kuss ins Gesicht. Halb auf die Wange, halb aufs Auge.
„Du suchst dir selbst was!", sagt sie und damit ist es beschlossene Sache.
„Ich schick dir gleich mal ein paar Links zu Seiten, auf denen du was Passendes findest! Die Medizinische Gesellschaft zum Beispiel. Oder bei Ärzte ohne Grenzen. Oder –"
Ich schalte ab. Weil ich längst entschieden habe, wo ich arbeiten werde. Drüben, im Kiosk.*

1 Stelle erste Vermutungen an, warum Lotte sich so schnell für den Job im Kiosk entschieden hat.

2 Untersuche die Handlung und die Figuren genauer. Begründe und/oder ergänze deine Vermutungen über Lottes Entscheidung.

3 Kannst du dir auch vorstellen, in einem Kiosk zu jobben oder dort gar ein Praktikum zu machen? Oder findest du die Vorschläge von Lottes Mutter besser? Begründe deine Überlegungen dazu.

MK 4 Wenn du mehr über Lottes Leben in der fremden Stadt erfahren möchtest, besorge dir das Buch und lies es.

Teste dich selbst!

1 Schreibe die folgenden Sätze ab, eventuell am Computer, oder nutze eine Kopie der Sätze.

a Schreibe die Sätze ab und ergänze die Kommas zwischen den Teilsätzen.

Achtung, Fehler!

1. Kannst du dir vorstellen dass jemand mannsgroße Kakteen klaut?
2. Saguaros sind das Wahrzeichen von Arizona und besonders schön deshalb blüht weltweit der illegale Handel mit ihnen.
3. Weißt du warum es im US-Bundesstaat Arizona Cactus-Cops gibt?
4. Diese Sheriffs jagen Wilderer weil die in der Wüste von Arizona Kakteen ausgraben und verkaufen.
5. Saguaros wachsen pro Jahr nur etwa fünf Zentimeter nach 60 Jahren bekommen sie erste Blüten nach 70 Jahren bilden sich die ersten Äste die Arme genannt werden.
6. Besonders gefährdet sind Saguaros die am Straßenrand wachsen deshalb erhalten sie einen Chip zur Identifizierung denn sie stehen unter Naturschutz.

b Unterstreiche in allen Teilsätzen die finite Verbform doppelt.

c Markiere die Nebensätze farbig und umrahme jeweils das Einleitewort.

d Bestimme, ob es sich jeweils um ein Satzgefüge oder eine Satzreihe handelt. Notiere das Satzbild bzw. den Satzbauplan.

2 Schreibe ab und setze die Kommas beim erweiterten Infinitiv mit *zu.*

Achtung, Fehler!

1. Lucy M. fasste den Beschluss sich im Kakteenschutz zu engagieren.
2. In Arizona wurden Kakteenheime eröffnet um Kakteen mit Hack- und Schusswunden aufzunehmen und zu pflegen.
3. Zu Lucys Aufgaben gehört es die aufgepäppelten Kakteen vor Schulen oder Behörden wieder sachgerecht einzupflanzen.
4. Sie ist auch damit beauftragt Schulklassen für diese stachligen Naturschönheiten zu begeistern.

3 Entscheide, wo das Komma fehlt.

a Schreibe die Sätze ab und ergänze die Kommas bei den Partizipgruppen.

Achtung, Fehler!

1. Kakteen ausgegraben und angehackt liegen gelassen werden von den Cactus-Cops in ein Kakteenheim gebracht.
2. Vorige Woche machten sie einen überraschenden Fund.
3. Auf der Ladefläche eines parkenden Pick-ups lag ein vier Meter langer Saguaro frisch gestohlen.
4. Große Saguaros nah am Straßenrand stehend sind besonders gefährdet.

b Markiere die Partizipien I und II in den Partizipgruppen verschiedenfarbig.

4 Schreibe ab und setze die Kommas bei den nachgestellten Erläuterungen.

Achtung, Fehler!

1 Saguaros ein Symbol für den Wilden Westen sind das Wahrzeichen von Arizona.
2 Ranger statten tausende Kakteen mit Chips das heißt kleinen Minisendern aus.
3 Die meisten der gestohlenen Kakteen ca. 90 Prozent wachsen in ihrer neuen Umgebung nicht wieder an.
4 Am 10. Mai dem Welttag des Kaktus wird diese Wüstenpflanze gefeiert.

5 Schreibe aus dem folgenden Text je drei Beispiele für die veränderbaren Wortarten heraus.

Für große dreiarmige Saguaro-Kakteen zahlen Interessierte heute auf dem Schwarzmarkt bis zu 20000 Dollar, denn in einem Garten sehen sie sehr exotisch aus. Das Traurige ist jedoch, dass diese ausgewachsenen Pflanzen in ihrer neuen Umgebung kaum anwachsen und deshalb sterben. Aber in der Wüste von Arizona können sie bis zu 200 Jahre alt und 20 Meter hoch werden.

Nomen/Substantiv: … Verb: …
Adjektiv: … Pronomen: …

6 Suche Beispiele für unveränderbare Wortarten im Text aus Aufgabe 5. Schreibe je ein Beispiel für Präpositionen, Adverbien und Konjunktionen heraus.

7 Bestimme die Modusformen der unterstrichenen Verbformen.

1 „<u>Koste</u> mal diese Frucht!“, fordert mich Tanisha auf.
2 „Die feigenähnlichen Früchte der Saguaro <u>dürfen</u> nur Angehörige des Stammes der Tohono O'odham <u>ernten</u>.
3 Ich <u>wüsste</u> nicht, wann und wie man die Früchte der meterhohen Kakteen erntet, wenn meine Mutter es mir nicht <u>gezeigt hätte</u>.“
4 An keinem Ort in Arizona <u>fühle</u> sie sich heimischer als hier mitten in der Kakteenwüste, sagt Tanisha.

8 Suche drei Beispiele für Zusammensetzungen aus den Sätzen der Aufgabe 7 heraus.

9 Schreibe folgende Ableitungen in dein Heft und markiere die Präfixe und die Suffixe verschiedenfarbig.

stachlig / die Angehörigen / heimisch / die Umgebung / das Wachstum

→ **S. 342:** Lösung zum Test

Fehlerschwerpunkte erkennen – Fehler korrigieren

Mit Textverarbeitungsprogrammen arbeiten

1 Die Rechtschreibung ist wichtig, um flüssig lesen zu können.

a Versuche, die folgenden Sätze laut und flüssig zu lesen.

Achtung, Fehler!

Wier prauchen keihne Leerer, wier sint selper shlau genuk.
Isch libe Schule, for alem, wen sie zu ißt.
Da lehrnt man Dreisatz und Warscheinlichkeitsrechnung in der Schule und steht drotzdem grübelnt vor dem Bakofen und fragt sisch, welsche der vir Schihnen nun die mitlere ist.

Tipp
Lasst euch den Text von einer guten Leserin bzw. einem guten Leser vorlesen.

b Beschreibe, wie es dir beim Lesen ergangen ist. Wo ergeben sich deiner Meinung nach Probleme?

c Das Rechtschreibprüfprogramm hat viele Fehler gekennzeichnet. Überlege, welche der rot unterstrichenen Wörter du ohne Hilfe korrigieren kannst und bei welchen du Hilfe brauchst.

d Lies im Merkkasten, wie Textverarbeitungsprogramme helfen können, Rechtschreibfehler aufzudecken und zu korrigieren.

Textverarbeitungsprogramme sind in der Regel mit einer Prüf- und Korrekturfunktion ausgestattet, das heißt, beim Schreiben am Computer werden **Rechtschreibfehler markiert**, meist mit einer roten Wellenlinie. Oft gibt es zusätzlich eine Funktion zum Aufrufen von Schreibmöglichkeiten, aus denen man die richtige auswählen kann.
Die **Stärke** solcher Programme liegt vor allem bei Fehlern im Bereich
- der Stammschreibung, z. B.: **komt* statt *kommt*, **schwär* statt *schwer*,
- der Schreibung von Fremdwörtern, z. B.: **Rütmuss* statt *Rhythmus*,
- der Vermeidung von Flüchtigkeitsfehlern, z. B.: **Shcule* statt *Schule*.

Die **Schwäche** solcher Programme betrifft vor allem Fehler in der:
- Groß- und Kleinschreibung (Nominalisierungen/Substantivierungen nicht erkannt), z. B.: *das *lesen* statt *das Lesen*, *die *schönste* statt *die Schönste*,
- Getrennt- und Zusammenschreibung (Wortsinn unbeachtet), z. B.: *frei sprechen* oder *freisprechen* (von Schuld),
- *das/dass*-Schreibung (Wortart nicht erkannt), z. B.: *das Fahrrad, *dass mir gefällt* statt *das Fahrrad, das mir gefällt*, *Ich hoffe, *das mir das Fahrrad gefällt.* statt *Ich hoffe, dass mir das Fahrrad gefällt.*
- Kommasetzung, z. B.: *Ich hoffe* ihr hört mich.* statt *Ich hoffe, ihr hört mich.*

* kennzeichnet fehlerhafte Schreibungen

e Tauscht euch in der Klasse darüber aus, welche Textverarbeitungsprogramme ihr häufig nutzt und welche Erfahrungen ihr mit ihnen gemacht habt.

f Schreibe den Text aus Aufgabe a am Computer. Korrigiere möglichst alle Fehler.

g Tauscht euch darüber aus, wobei euch das genutzte Textverarbeitungsprogramm helfen konnte und wobei nicht.

h Besprecht, wie man vorgehen kann, um alle Fehler zu beseitigen. Prüft eure Texte noch einmal gründlich und erstellt eine fehlerfreie Endfassung.

2 Untersucht und vergleicht mindestens zwei verschiedene Textverarbeitungsprogramme.

a Erprobt die Programme und vergleicht, welche Fehlermarkierungen es gibt.

b Untersucht und vergleicht, welche Korrektur- und Nachschlagemöglichkeiten die Programme anbieten.

c Erprobt die Funktion *Automatisches Korrigieren/Ersetzen* bei häufigen Tippfehlern. Was stellt ihr jeweils fest?

3 Textverarbeitungsprogramme erkennen nicht alle Fehler.

a Lies den folgenden Text, der zwanzig Fehler enthält.

Achtung, Fehler!

Das teuerste Buch der Welt

In Deutschland unterliegen Bücher einer Buchpreisbindung, dass heißt, für ein Buch bezahlt man sowohl in der Buchhandlung um die Ecke als auch im Internetz den gleichen Preis. das gilt nicht für gebrauchte Bücher oder sogenannte Mängelexemplare, also Bücher, die sichtbar beschädigt oder ausgeblichen sind.

Bei antiquarischen Büchern sieht dies aber ganz anders aus. So schrieb J.K. Rowling das „Märchen von Beedle, dem Barden", dass im Buch „Harry Potter und die Heiligtümer des Todes" mehrfach erwähnt wurde. Allerdings gab es zuerst nur ganz sieben Exemplare davon auf der Welt. All Exemplare waren handgeschrieben und in Leder gebunden sowie mit Silber und Mondstein verzirt und von der Autorin illustiert. Sechs der sieben Exemplar gab sie an Freund und Lektoren. Das siebte Exemplar wurde für 2,5 Milionen Euro versteigerte. Erst 2008 wurde das Buch Weltweit veröffentlicht.

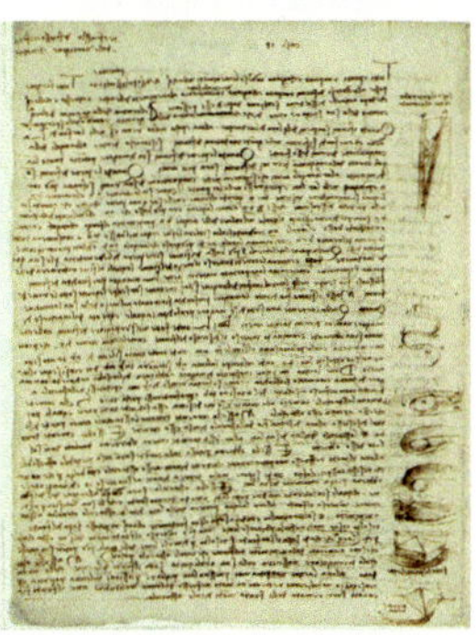

Dabei ist es noch lange nicht das teuerste Buch der Welt. Dies ist das Manuskript „Der Codex Leicester". Es ist eine gebunden Sammlung von Schrifften Leonardo Da Vincis. Dieses Manuskript wurde im Jahr 1717 von Thoams Coke gekauft, der später zum Grafen Leicester (deshalb der name) wurde. Im jahre 1994 kaufte Bill Gates diese 72-seitige Sammlung für 30,8 Milionen Euro. Somit wurde es zum teuerste Buch der Welt.

Rechtschreibhilfen: Regeln anwenden und nachschlagen

b Das Textverarbeitungsprogramm hat nur neun Wörter mit einer roten Wellenlinie als fehlerhaft markiert. Korrigiere die vom Programm gefundenen Rechtschreibfehler.

c Außerdem sind vier Wortgruppen blau unterstrichen. Erkläre die blau unterstrichenen Fehler und korrigiere sie.

d Sucht weitere Fehler aus dem Text heraus. Erklärt, warum das Textverarbeitungsprogramm diese Fehler nicht gefunden hat.

4 Erprobe das Schreiben mit einem Textverarbeitungsprogramm noch einmal.

a Schreibe den folgenden Text am Computer und korrigiere dabei die markierten Fehler. Nutze, wenn nötig, die Vorschläge des Programms.

Achtung, Fehler!

Der absolut höchste Berg der Welt

Nimmt man den Fuss eines Berges als Meßpunkt, dann ist der Mauna Kea der höhste Berg der Erde. Mit rund 4214 Metern über Normalnull ist er zunechst der höhste Berg auf Hawaii. Da er aber vom Meeresboden aus gewachsen ist, beträgt seine gesammte Höhe vom Fuss unter Wasser bis zum Gipfel rund 10 205 Meter. Damit ist er also wirglich der höchste Berg der Welt.

b Lies deinen Text gründlich und überprüfe ihn auf eventuell noch vorhandene oder neue Fehler, zum Beispiel Tippfehler.

5 Bei den folgenden Sätzen hat das Rechtschreibprogramm versagt. Schreibe sie richtig auf und prüfe alle Schreibungen erneut.

Achtung, Fehler!

1 Wenn fliegen hinter fliegen fliegen, fliegen fliegen fliegen nach.
2 Es klapperten die klapperschlangen,
bis ihre klappern schlapper klangen.

Mit Wörterbüchern arbeiten

1 Wiederhole, was du über Wörterbücher weißt.

a Erkläre, was Unterschiede und Gemeinsamkeiten zwischen Wörterbüchern und anderen Nachschlagewerken sind.

b Notiere stichpunktartig, welche Wörterbücher du kennst und wofür man sie jeweils nutzen kann.

c Tauscht euch in der Klasse über eure Notizen aus.

d Besprecht in der Klasse, welche Vor- und Nachteile gedruckte und digitale Wörterbücher haben. Begründet, wann und warum ihr welches Medium bevorzugt.

Rechtschreibhilfe: Wörter nachschlagen

2 Übe das schnelle Nachschlagen von Wörtern. Nutze dazu möglichst ein gedrucktes und ein digitales Wörterbuch und vergleiche die Einträge.

a Prüfe, ob ein Buchstabe fehlt. Schreibe die Wörter richtig in dein Heft. Wenn du unsicher bist, nimm ein Rechtschreibwörterbuch zu Hilfe.

1 die Wa■rheit
2 sie wa■ren
3 das Scha■ffell
4 die Kuchenplat■e
5 die Spä■ne
6 viel■eicht
7 die Maschi■ne
8 unverse■rt

b Schlage die Herkunft der folgenden Wörter in einem Rechtschreibwörterbuch nach. Notiere die Herkunft der Wörter in deinem Heft.

1 die Version
2 die Portion
3 die Praxis
4 das Thema
5 die Terrasse
6 der Thron
7 das Horoskop
8 die Politik

c Ermittle den Plural der folgenden Wörter und schreibe sowohl die Singular- als auch die Pluralform mit den entsprechenden Artikeln in dein Heft.

1 der Kaktus
2 das Visum
3 das Praktikum
4 die Pizza
5 der Modus
6 das Datum
7 das Lexikon
8 das Museum

3 Schlagt die Bedeutung der folgenden Wörter nach. Nutzt möglichst verschiedene Wörterbücher und vergleicht eure Ergebnisse.

1 das Accessoire
2 das Update
3 der Service
4 die Quarantäne
5 das Sweatshirt
6 lizenzieren
7 die Trilogie
8 die Komödie

4 Schlage die Bedeutung der folgenden Wörter nach. Nutze ein gedrucktes und ein digitales Wörterbuch, schreibe die Erklärungen heraus.

1 der Diphthong
2 engagieren
3 die Elektrolyse
4 das Album
5 analog
6 das Defizit
7 obligatorisch
8 die Phrase

> Die Schreibung von Wörtern kann man sich einzeln einprägen, aber weitaus praktischer ist das Einprägen wichtiger **Rechtschreibregeln**. Diese Regeln findet man in den meisten **Rechtschreibwörterbüchern** (z. B. im Duden) am Anfang oder am Ende.

Rechtschreibhilfe: Regeln nachschlagen

5 Suche unter dem Stichwort *Worttrennung* die Regeln zur Trennung mehrsilbiger einfacher Wörter in einem Wörterbuch. Schreibe die Regeln mit jeweils vier Beispielwörtern heraus.

6 Verschiedene Buchstabenverbindungen werden nicht getrennt.

a Schlage in einem Wörterbuch nach, wie Wörter mit den Konsonantenverbindungen *ch*, *ck* und *sch* getrennt werden.

b Wende die Regeln an und trenne folgende Wörter richtig.

1 die Wache
2 lachen
3 er suchte
4 der Kuchen
5 der Zucker
6 die Wäsche
7 die Tasche
8 packen
9 täuschen
10 lecker
11 der Wecker
12 waschen

7 Oft ist es notwendig, Rechtschreibregeln nachzulesen.

a Lies die folgende Regel, die du im Duden unter dem Stichwort *Groß- und Kleinschreibung* findest.

> **D 90**
>
> 1. Von geografischen Namen abgeleitete Wörter auf *-er* schreibt man immer groß <§ 61>.
> 2. Die von geografischen Namen abgeleiteten Adjektive auf *-isch* schreibt man klein, außer wenn sie Teil eines Namens sind <§ 62>. […]
>
> 1. *das Ulmer Münster, eine Kölner Firma, die Schweizer Uhrenindustrie, die Wiener Kaffeehäuser*
> 2. *chinesische Seide, böhmische Dörfer, ein atlantisches Tiefdruckgebiet*
> Aber: *der Atlantische Ozean* […]*

b Wende die Regel aus Aufgabe a an. Schreibe die Wortgruppen in der richtigen Groß- oder Kleinschreibung in dein Heft.

Achtung, Fehler!

1 italienisches eis
2 mecklenburgische wälder
3 thüringer rostbratwurst
4 sächsische schulen
5 die polnische grenze
6 berliner mauer
7 leipziger kinder
8 bayerische berge
9 chinesische schriftzeichen
10 dresdner stollen
11 holländischer käse
12 frankfurter würstchen

8 Schlagt weitere Regeln in Wörterbüchern nach. Wählt Aufgabe a oder b.

●○○ **a** Wählt ein geeignetes Wörterbuch und schlagt die Regeln zur Schreibung von Straßennamen nach. Gestaltet für die Klasse ein Plakat mit den Regeln und passenden Beispielen.

●●○ **b** Wählt geeignete Wörterbücher und schlagt die Regeln zur Schreibung von Orts- und Straßennamen nach. Gestaltet für die Klasse ein Plakat mit den Regeln und passenden Beispielen.

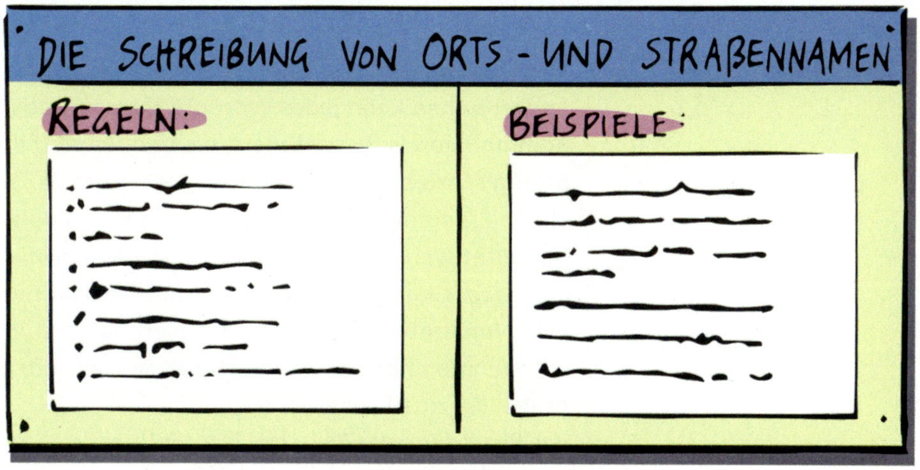

9 Überlege, welche Rechtschreibregeln dir immer wieder Schwierigkeiten bereiten.

a Schlage die Regeln in Wörterbüchern nach und schreibe sie mit passenden Beispielen heraus.

b Präge dir die Regeln und Beispiele ein. Verwende die Beispiele dazu auch in Wortgruppen oder Sätzen.

Groß- und Kleinschreibung

Nominalisierungen/Substantivierungen

1 Was weißt du noch über die Großschreibung?

a Schreibe den Text ab und entscheide, ob du groß- oder kleinschreiben musst.

Achtung, Fehler!

der heutige tag begann schon mit stress. erst hat mein wecker nicht geklingelt, sodass ich viel zu spät aus den federn kam, dann war auch kein wasser da. so musste ich die letzten tropfen aus der leitung nutzen, um mich wenigstens ein wenig waschen und mir die zähne putzen zu können. auf dem weg zum bus knickte ich auch noch um, sodass ich kaum noch laufen konnte, den bus verpasste und damit auch noch zu spät in die schule kam. zu allem überfluss schrieben wir in der zweiten stunde eine arbeit, die ich vermasselte, weil ich mit meinen gedanken ganz woanders war.

b An welchen Stellen bist du unsicher? Markiere diese Wörter.

c Wiederhole, welche Regeln du nutzen musst. Vervollständige folgende Merksätze zur Groß- und Kleinschreibung.

1 Nomen/Substantive schreibt man ___.
2 Alle Wörter, die man als Nomen verwendet, werden ___ geschrieben.
3 Satzanfänge werden ___ geschrieben.

d Überprüft eure Texte aus Aufgabe a mithilfe der Regeln, zuerst allein und anschließend gegenseitig. Korrigiert, wenn nötig.

Im Deutschen kann jedes Wort **als Nomen/Substantiv gebraucht**, also **nominalisiert/substantiviert**, werden. Es wird dann wie ein Nomen **großgeschrieben** und **dekliniert** (gebeugt). Es kann von einem Artikel, einem Pronomen, einer Präposition, einem Zahlwort oder einem Adjektiv **begleitet** werden, z. B.: *das Klingeln, unser Klingeln, beim Klingeln, dreimaliges Klingeln, lautes Klingeln* (nominalisiertes Verb).
Eine **Nominalisierung/Substantivierung** steht immer am Ende einer sogenannten **nominalen Wortgruppe**. Deshalb hilft die **Erweiterungsprobe**, sie zu erkennen, z. B.:
das Blau, das helle Blau, das hell leuchtende Blau (nominalisiertes Adjektiv),
mein Ich, mein starkes Ich, mein sehr starkes Ich (nominalisiertes Pronomen),
dein Aber, dein häufiges Aber, dein auffallend häufiges Aber (nominalisierte Konjunktion),
sein Aua, sein leises Aua, sein leise wimmerndes Aua (nominalisierte Interjektion),
das Für und Wider, das abwägende Für und Wider, das gründlich abwägende Für und Wider (nominalisierte Präposition).

274 G

Rechtschreibhilfe: Begleitwörter suchen

2 Welche Wortarten wurden jeweils nominal…

a Begründe die Schreibung der unterstrichenen … Satzpaaren. Nenne die Wortart, die nominalis…

1 a Wir denken, dass du dich irrst.
  b Das wissenschaftliche Denken hat sich se…
2 a Heute haben wir viel zu lachen.
  b Das gemeinsame Lachen ist sehr befreiend.
3 a Ich muss noch meinen Hasen füttern.
  b Das Füttern der Tiere im Zoo ist streng verbot…
4 a Das Öffnen der Fenster führt zum Zuschlagen …
  b Ich möchte das Fenster öffnen, darf aber nicht, … zuschlagen könnten.

b Erkläre die unterschiedliche Schreibweise der unterstrich… folgenden Satzpaaren. Nenne die Wortart, die nominalis…

1 a Ich wollte dir etwas Gutes tun.
  b Sie musste feststellen, dass es keine gute Idee war.
2 a Wir unterhielten uns in englischer Sprache.
  b In Indien verständigst du dich am besten auf Englisch.
3 a Es wäre schön, wenn morgen die Sonne wieder scheint…
  b Das Schöne sieht man oft erst, wenn es vorbei ist.

c Untersuche, welche Wortarten in folgenden Sätzen nominalisiert…

1 Du lebst noch im Gestern, ich aber im Hier und Jetzt.
2 Die ständigen Ähms gehen mir langsam auf die Nerven.
3 Ohne Wenn und Aber erwarte ich morgen deine Aufgaben.
4 Das Auf und Ab in deinen Leistungen bereitet mir langsam Sorgen…
5 Das ist ein eindeutiges Hurra.
6 Unsere Nachbarin hat meiner Mutter das Du angeboten.

3 Suche in den folgenden Sätzen die Nominalisierungen. Vermeide die Nominalisierungen. Formuliere die Sätze entsprechend um und schreibe sie in dein Heft.

1 Das Fahren ohne Helm ist für alle motorisierten Zweiräder verboten.
2 Beim Warten der Heizung ist dem Monteur ein Fehler aufgefallen.
3 Das Finden und Korrigieren von Fehlern ist sehr wichtig.
4 Anwesende haben die Pflicht zum Tragen eines Schutzhelms.
5 Das Kontrollieren der Arbeiten sollte gründlich durchgeführt werden, um das Funktionieren der Maschinen zu garantieren.

1. Es ist für alle motorisierten Zweiräder verboten, ohne …

4 Nominalisierungen benutzt man häufig, um etwas knapp und sachlich auszudrücken. Formuliere folgende Aussagen mithilfe von Nominalisierungen um.

1 Es ist verboten, die Baustelle zu betreten.
2 Bitte öffnen Sie die Türen nicht während der Fahrt.
3 Es ist verboten, die Straße zu überqueren, wenn das rote Ampellicht leuchtet.
4 Die Mittagsruhe wird gestört, wenn man laut schreit.
5 Bitte ziehen Sie die Notbremse nur in einem absoluten Notfall.
6 Es ist untersagt, während der Vorstellung im Kino zu telefonieren.

1. Das Betreten der Baustelle …

5 Wende die Regeln zur Groß- und Kleinschreibung an.

a Schreibe den folgenden Text in der richtigen Groß- und Kleinschreibung in dein Heft.

Achtung, Fehler!

ich unterhalte mich gern mit meiner oma, aber hin und wieder nervt mich das ständige verwenden irgendwelcher redewendungen. wenn ich sehr aufgeregt bin, bekomme ich von ihr zu hören, ich solle abwarten und tee trinken. bin ich unsicher, ob mir ein vorhaben wirklich gelingt, dann rät sie mir das vorherige prüfen auf herz und nieren. und wenn ich nicht weiß, ob ich mich einem problem stellen will, dann muss ich mir anhören, dass es nichts bringt, den kopf in den sand zu stecken. wenn ich mich treiben lassen will, heißt es, ich soll mich nicht auf die faule haut legen, sondern einen zahn zulegen. und wenn das verhalten meiner geschwister nervt, meint sie nur, ich solle mir an die eigene nase fassen und daran denken, dass ich nicht allein auf weiter flur bin.
aber ehrlich, ich bewundere meine oma. das beeindruckendste an meiner oma ist ihre schlagfertigkeit. sie ist um keine antwort verlegen und lässt sich nicht die butter vom brot nehmen. trotzdem bleibt sie immer höflich und nimmt alles mit humor. einer ihrer am häufigsten verwendeten sprüche ist: „wie man in den wald hineinruft, so schallt es heraus."

b Kontrolliert eure Texte gründlich, zunächst allein und danach gegenseitig. Korrigiert, wenn nötig.

c Schreibe mindestens drei Nomen und drei Nominalisierungen mit ihren Begleitwörtern heraus.

Nomen: meiner Oma, …
Nominalisierungen: das ständige Verwenden, …

d Wie viele Redewendungen sind im Text versteckt? Schreibt alle Redewendungen heraus, die ihr kennt, und besprecht ihre Bedeutung. Vergleicht eure Ergebnisse anschließend in der Klasse.

Die Schreibung von Eigennamen

1 Eigenname oder nicht?

a Lest den folgenden Text und tauscht euch darüber aus, welche Eigennamen enthalten sind. Begründet eure Entscheidungen.

Niklas und Lisa sind Mitglieder des Handballvereins. Sie trainieren zweimal wöchentlich in einer gemischten Mannschaft in der Schulturnhalle in Bautzen. Ihr großes Ziel ist es, an den Bautzener Meisterschaften teilzunehmen und eine Medaille zu gewinnen. Damit würden sie sich für die Sächsische Meisterschaft qualifizieren und vielleicht sogar zu den Deutschen Meisterschaften fahren können.

Rechtschreibhilfe: Regeln nachschlagen

b Wiederholt und vertieft euer Wissen über Eigennamen. Sucht die Regeln zur Groß- und Kleinschreibung von Eigennamen in einem Wörterbuch und fasst diese schriftlich zusammen.

c Vergleicht eure Zusammenfassung mit dem folgenden Merkkasten.

> **Eigennamen** sind Wörter und Wortgruppen, die zum Beispiel Personen, Orte, Veranstaltungen, Organisationen und Institutionen als einmalig bezeichnen. Eigennamen werden **immer großgeschrieben**, z. B.:
> *Emilia, Dirk Neumann, Bahnhofstraße, Potsdam, Sachsen-Anhalt, Europa, Deutsches Rotes Kreuz, Freie Universität.*
> Wenn Adjektive, Partizipien oder Numeralien (Zahlwörter) Teil eines Eigennamens sind, werden sie ebenfalls großgeschrieben, z. B.:
> *der Stille Ozean, die Vereinigten Staaten, der Zweite Weltkrieg.*

d Belegt die Aussagen im Merkkasten anhand der Beispiele aus dem Text von Aufgabe a.

2 Wende die Regeln an und übe die Schreibung von Eigennamen.

Tipp
Wenn du unsicher bist, tausche dich mit anderen über die Bedeutung der Wortgruppen aus oder recherchiere im Internet.

a Entscheide, ob du groß- oder kleinschreiben musst, und schreibe die Wortgruppen richtig in dein Heft.

1 der schiefe / Schiefe Turm in Pisa
2 die rote / Rote Tinte
3 die weiße / Weiße Flotte in Berlin
4 das schwarze / Schwarze Meer
5 der große / Große Ameisenbär
6 die kleinen / Kleinen Antillen
7 die große / Große Mauer in China
8 der kleine / Kleine Bär (Sternbild)
9 der deutsche / Deutsche Bundestag
10 die hohe / Hohe Tatra (Gebirge)

b Verbinde die in Klammern stehenden Adjektive mit den Nomen/Substantiven so, dass Eigennamen entstehen.

1 August (stark)
2 Fernsehen (deutsch, zweite)
3 Katharina (groß)
4 Kreuz (deutsch, rot)
5 Meer (schwarz)
6 Meisterschaft (deutsch)
7 Nationen (vereint)
8 Revolution (französisch)
9 Königreich (vereinigt)
10 Union (europäisch)

1. August der Starke *2. ...*

Tipp
Lies noch einmal in den Regeln zur Schreibung von Eigennamen nach.

c Schreibe die folgenden Wortgruppen richtig in dein Heft.

1 der ■ömische Legionär
2 die ■ecklenburgische Seenplatte
3 die ■anarischen Inseln
4 das ■ussische Lied
5 das ■hinesische Alphabet
6 der ■ayerische Wald
7 die ■hüringer Klöße
8 der ■ndische Ozean
9 die ■ranzösische Küche
10 der ■ranzösische Dom (in Berlin)
11 der ■ölner Karneval
12 die ■ärkische Schweiz

3 Groß- oder Kleinschreibung?
Wendet die Regeln für die Schreibung von Eigennamen an. Schreibt folgende Beispiele richtig in eure Hefte.

1 Seit gestern höre ich wieder viele Nachrichten aus dem ■ernen und ■ahen Osten.
2 Kennst du den Unterschied zwischen ■nglischem und ■ndischem Tee?
3 Die Hauptstadt der ■schechischen Republik heißt Prag.
4 Wollen wir lieber im ■hüringer oder im ■ayerischen Wald Urlaub machen?
5 Ist der ■ndische oder der ■azifische Ozean größer?
6 Meine Eltern trinken gern ■ortugiesischen Wein und ■rasilianischen Kaffee.
7 Kennst du das ■apanische Palais in Dresden?
8 Wusstest du, dass das ■apanische Schriftsystem aus mehreren Schriften besteht?
9 Das ■eutsche Alphabet besteht aus 26 Buchstaben, das ■ussische sogar aus 33.
10 In Berlin kann man mit den Schiffen der ■eißen Flotte fahren.

4 In den folgenden Text haben sich sechs Fehler in der Groß- und Kleinschreibung eingeschlichen. Korrigiere die Fehler und schreibe die Wörter fehlerfrei in dein Heft.

Achtung, Fehler!

In der Schule scheinen sich unsere Lehrerinnen und Lehrer abgesprochen zu haben. Im Geschichtsunterricht sprechen wir gerade über die französische Aufklärung und die französische Revolution.
Und in Geografie sind wir auch in Frankreich. Wir reisen virtuell durch die Französischen Landschaften. Als Erstes haben wir uns in Paris einige Sehenswürdigkeiten angesehen: den eiffelturm, die Kathedrale Notre-Dame, das Museum louvre mit seiner Glaspyramide und die Hauptstraße Avenue des Champs-Élysées mit dem triumphbogen. Danach ging es mit dem Bus weiter in Richtung Schlösser an der Loire. Zunächst fährt man in Richtung Orléans. Von dort aus fährt der Bus immer parallel zum Fluss loire in Richtung Nantes. Unterwegs kann man zahlreiche herrliche Schlösser besichtigen, die direkt am Fluss gelegen sind. Es war eine spannende Reise, wenn auch nur virtuell.

5 Schreibe den Text in der richtigen Groß- und Kleinschreibung in dein Heft.

Achtung, Fehler!

kennst du eigentlich potsdam?
potsdam ist immer eine reise wert. wenn du mit der deutschen bahn anreist und am hauptbahnhof aussteigst, bist du schon fast in der innenstadt. nur ein kleiner spaziergang über die lange brücke und schon siehst du die ersten sehenswürdigkeiten.
beginnend mit der altstadt und dem berühmten holländischen viertel findest du in potsdam viele parks und historische gebäude. Alle kennen, zumindest dem namen nach, das schloss sanssouci. aber warst du auch schon einmal auf dem pfingstberg mit seinem belvedere oder in der russischen kolonie alexandrowka? oder vielleicht konntest du dir schon schloss und park babelsberg oder den neuen garten mit seinen vielen sichtachsen ansehen? wenn du das wasser liebst, dann kannst du auch mit einem boot die havel oder die vielen seen in und um potsdam herum befahren.
interessieren dich eher film und fernsehen? auch kein problem! hier bietet dir neben dem filmpark babelsberg auch das filmmuseum, das sich in der innenstadt von potsdam befindet, einen einblick in die geschichte und gegenwart des filmschaffens.

Das Filmmuseum in Potsdam

Getrennt- und Zusammenschreibung

Getrennt- und Zusammenschreibung von Verben

1 Ist die richtige Getrennt- und Zusammenschreibung wichtig?

a Lies den Text laut. Welche Probleme hast du beim Lesen?

SOSCHRIEBMANIMALTENGRIECHENLANDUNDIMALTENROM
ZWISCHENDENSÄTZENUNDWÖRTERNWURDENKEINE
ZWISCHENRÄUMEGELASSENAUCHPUNKTEUNDANDERE
SATZZEICHENGABESNICHTDASWARNICHTEINFACHZULESEN
HEUTEKÖNNENWIRDIEWÖRTERZUMGLÜCKAUSEINANDER
SCHREIBENABERAUCHNICHTALLE

b Überlegt gemeinsam, wie der Text nach heutiger Schreibweise zu gestalten ist. Schreibt ihn korrekt in eure Hefte. Denkt dabei auch an die Satzzeichen.

c Ein Verb im Text muss zusammengeschrieben werden. Prüft, welches es ist, unterstreicht es und korrigiert es gegebenenfalls.

Im Prinzip schreibt man Wörter getrennt, damit man Texte besser lesen kann und damit keine Wortungeheuer entstehen.
Häufig entscheiden die Betonung und die Bedeutung von Wortverbindungen über die Getrennt- und Zusammenschreibung.
Man kann die **Betonungsprobe** und die **Bedeutungsprobe** anwenden:

- Liegt die **Betonung auf dem ersten Bestandteil**, dann wird zusammengeschrieben, z. B.: *auseinandersetzen, hinauslehnen, schlussfolgern.*
- Werden **beide Bestandteile betont**, wird getrennt geschrieben, z. B.: *aufeinander achten, etwas quer (in den Weg) stellen, laut sprechen.*
- Wird die Wortverbindung **in übertragener Bedeutung** verwendet, dann wird sie zusammengeschrieben, z. B.: *freisprechen* (von Schuld), *schwerfallen* (Mühe haben).

Rechtschreibhilfe: Bedeutungs- und Betonungsprobe

2 Begründe die Schreibung der unterstrichenen Verben in den folgenden Sätzen mithilfe des Merkkastens.

1 Wir sollten noch den nächsten Termin festlegen.
2 Die Polizei konnte aufgrund der Hinweise den Einbrecher festnehmen.
3 Man sollte sich nicht zu weit aus dem Fenster hinauslehnen.
4 Mit manchen Fragestellungen muss man sich genau auseinandersetzen.
5 Ich muss wichtige Informationen festhalten, um sie mir zu merken.
6 Musst du dich immer querstellen und alle Ideen ablehnen?

> Verbindungen aus **Adjektiv + Verb** werden meist **getrennt** geschrieben, z. B.: *laut sprechen, schnell laufen.*
> Nur in **übertragener Bedeutung** muss man zusammenschreiben (**Bedeutungsprobe**), z. B.:
> *rotsehen* (wütend werden), *schwerfallen* (Mühe haben),
> *festnehmen* (verhaften), *richtigstellen* (etwas berichtigen),
> *großschreiben, kleinschreiben* (mit großen bzw. kleinen Anfangsbuchstaben),
> *freisprechen* (von Schuld).

3 Getrennt oder zusammen?

a Schreibe die Sätze richtig in dein Heft.

1 Die Übungen meines Trainers werden mir heute nach einer gründlichen Erwärmung ▬. (leicht, fallen)
2 Bei winterlichem Wetter kann man ▬. (leicht, fallen)
3 Bei einem Vortrag sollte man möglichst ▬. (frei, sprechen)
4 Aufgrund von fehlenden Beweisen musste der Richter den Angeklagten ▬. (frei, sprechen)
5 Bei diesem Licht konnte man ▬. (gut, schreiben)
6 Den Betrag werden wir Ihrem Konto ▬. (gut, schreiben)
7 Die Uhr in deinem Zimmer musst du noch ▬, sonst kommst du morgen zu spät. (richtig, stellen)
8 Du musst deine gestrige Behauptung noch ▬. (richtig, stellen)

b Begründe deine Entscheidung. Wende dabei die Betonungs- und Bedeutungsprobe an.

4 Bilde Verbindungen aus Adjektiv und Verb und entscheide, ob du getrennt oder zusammenschreiben musst.

1 Dieses Haustier möchte sie ▬. (gern, haben)
2 Er fragte mich, ob ich seinen Hund ▬. (gern, haben)
3 Für seinen Fehler muss er ▬. (gerade, stehen)
4 Er muss beim Tanzen ▬ und sich nicht nach vorn beugen. (gerade, stehen)
5 Die Anfangsbuchstaben der Nomen/Substantive solltest du nicht ▬. (klein, schreiben)
6 Auf dem Spickzettel muss sie sehr ▬, damit alles daraufpasst. (klein, schreiben)
7 Man könnte den Rahmen um das Bild ▬. (schwarz, malen)
8 Trotz einiger Probleme muss man nicht immer gleich ▬. (schwarz, malen)

> Verbindungen von **Verb + Verb** werden überwiegend **getrennt** geschrieben, z. B.: *lesen lernen, baden gehen.*
> Bei **übertragener Bedeutung** ist manchmal auch Zusammenschreibung möglich. Das betrifft vor allem Verbindungen mit den Verben *bleiben* und *lassen* (**Bedeutungsprobe**), z. B.:
> *sitzenbleiben* (nicht versetzt werden), *links liegenlassen* (nicht beachten).

5 Entscheide, wie die Verbindungen der Verben in Klammern geschrieben werden müssen. Prüfe deine Entscheidung mit einem Wörterbuch.

1 Er sollte viel öfter ___. (rechnen, üben)
2 Sie wollte lieber ins Erlebnisbad ___. (schwimmen, gehen)
3 Sie wollten im Park ___ (spazieren, gehen)
4 Wenn er weiter die Räder durchdrehen lässt, wird er wohl im Schlamm ___. (stecken, bleiben)
5 Außerdem hat sie die Verabredung mit ihrem Freund Jan ___. (platzen, lassen)
6 Muss er denn immer, wenn er etwas erreichen will, seine Beziehungen ___? (spielen, lassen)
7 Ich hoffe, dass wir unseren Streit bald ___. (ruhen, lassen)
8 Dann können wir wieder zusammen ___. (einkaufen, gehen)
9 Auf jeden Fall sollten wir Streitigkeiten besser ___. (austragen, lernen)

Rechtschreibhilfe: Bedeutungsprobe

6 Übe die Schreibung von Verbindungen aus Verb + Verb.
Wähle Aufgabe a oder b.

●●○ **a** Entscheide, wie die Verbindungen der Verben in Klammern geschrieben werden müssen. Schreibe die Sätze richtig in dein Heft.

1 Wenn Bob seine Aufgaben weiterhin nicht erledigt, kann es sein, dass er ___ wird. (sitzen, bleiben)
2 Hier ist es so schön, da möchte man direkt ___. (sitzen, bleiben)
3 Du kannst uns bei der Lösung dieser Aufgabe doch nicht ___. (hängen, lassen)
4 Das alte Bild kannst du gern im Flur ___. (hängen, lassen)

●●● **b** Prüfe, ob die Verbindungen aus Verb + Verb richtig geschrieben sind. Korrigiere die Sätze und schreibe sie in dein Heft.

Achtung, Fehler!

1 Wenn Bob seine Aufgaben weiterhin nicht erledigt, kann es sein, dass er sitzen bleiben wird.
2 Hier ist es so schön, da möchte man direkt sitzen bleiben.
3 Du kannst uns bei der Lösung dieser Aufgabe doch nicht hängen lassen.
4 Das alte Bild kannst du gern im Flur hängen lassen.
5 Er wollte mich einfach links liegen lassen.
6 Warum musst du deine Sachen immer im Wohnzimmer liegen lassen?

Verbindungen aus **Nomen/Substantiv + Verb** werden überwiegend **getrennt** geschrieben, z. B.:
Auto fahren, Rad fahren, Ski laufen, Klavier spielen, Not leiden.
Folgende **Ausnahmen** muss man sich einprägen:
eislaufen (eisgelaufen, eiszulaufen, ich laufe eis), heimfahren, irreführen, leidtun, kopfrechnen, kopfstehen, preisgeben, stattfinden, teilnehmen.

7 Entscheide, wie die Verbindungen aus Nomen + Verb in Klammern geschrieben werden. Schreibe die Sätze richtig in dein Heft.

1 Meine Mutter möchte lieber ___. (Walzer, tanzen)
2 Wenn ich mir ein Moped kaufe, will ich damit vorher ___. (Probe, fahren)
3 Der Weg ist zu weit, daher solltest du nicht ___. (Rad, fahren)
4 Es ist hier mal wieder so voll, da müssen wir wohl ___. (Schlange, stehen)
5 Nachmittags muss ich immer zwei Stunden ___. (Klavier, spielen)
6 Im Winter werden wir im Sportunterricht ___. (Ski, laufen)
7 Das Konzert wird dieses Jahr im Park ___. (Statt, finden)
8 In der nahegelegenen Eishalle kann man das ganze Jahr ___. (Eis, laufen)
9 Ich habe jeden Tag fleißig geübt und kann jetzt gut ___. (Kopf, rechnen)
10 Ich kann am Wettkampf leider nicht ___. (Teil, nehmen)

8 Bilde Verbindungen aus den Nomen 1 bis 14 und den Verben A bis N und schreibe sie richtig in dein Heft.

1 Auto	A laufen
2 Ski	B stehen
3 Kopf	C laufen
4 Rad	D rechnen
5 Preis	E fahren
6 Rat	F fangen
7 Feuer	G suchen
8 Diät	H stehen
9 Schlange	I halten
10 Irre	J tun
11 Leid	K führen
12 Kopf	L nehmen
13 Teil	M geben
14 Eis	N fahren

Besonders muss man auf die Schreibung von **Verben** achten, die **mit *zu* zusammengesetzt** sind, um sie von Infinitivgruppen zu unterscheiden, z. B.: *zustimmen, zustellen, zutreffen.*
Er wollte schon immer einem Flugzeug bei der Landung zusehen.
Die Fans versuchten, ihre Band vor dem Hotel zu sehen.
Das *zu*- verändert die Bedeutung. Bei der Schreibung hilft die **Betonungsprobe**:
- Wird ***zu* betont** → **Zusammenschreibung**, z. B.: *zusehen.*
- Wird das **Verb betont** → **Getrenntschreibung**, z. B.: *zu sehen.*

Werden **zusammengesetzte Verben mit *zu*- in Infinitivgruppen** verwendet, so steht *zu* in der Wortfuge und das Wort wird zusammengeschrieben, z. B.:
Es war schon immer mein Wunsch, einem Flugzeug beim Landen zuzusehen.

Rechtschreibhilfe: Betonungsprobe

→ **S. 210:** Infinitivgruppen und Partizipgruppen

9 Infinitivgruppe oder zusammengesetztes Verb?

a Bilde mit den Wörtern in Klammern Verbindungen. Entscheide, ob du getrennt oder zusammenschreiben musst. Schreibe die Sätze richtig in dein Heft.

1 Du solltest mir für dieses Projekt ▬. (zu, arbeiten)
2 Er sagte, er hätte noch ▬. (zu, arbeiten)
3 Im Naturschutzgebiet ist es strengstens verboten ▬. (zu, bauen)
4 Du kannst diesen Eingang doch nicht mit Kisten ▬. (zu, bauen)
5 Seitdem der Kleine die ersten Zähne hat, kann er schon richtig ▬. (zu, beißen)
6 Es ist nicht erlaubt, anderen in die Hand ▬. (zu, beißen)
7 Er hat den Entschluss gefasst, den Weg ▬ und nicht ▬. (zu, betonieren / zu, pflastern)
8 Man kann doch nicht alle Wege im Wald ▬. (zu, betonieren)
9 Du kannst das andere Auto doch nicht ▬. (zu, parken)
10 Um das Auto richtig ▬, muss er noch ein wenig üben. (zu, parken)

b Erkläre jeweils, warum in den Sätzen der Aufgabe a getrennt bzw. zusammengeschrieben werden muss. Nutze dazu die Betonungsprobe.

10 Übe Verben in Infinitivgruppen. Setze die Wörter in Klammern in der richtigen Form ein. Schreibe die Sätze in dein Heft und achte auch auf die richtige Kommasetzung.

Achtung, Fehler!

1 Bei einem Vortrag ist es wichtig immer richtig ▬. (zu, hören)
2 In der Stadt wird viel Platz gebraucht um neue Häuser ▬. (zu, bauen)
3 Er hat die Idee ein Buch ▬. (zu, schreiben)
4 Ich liebe es den Kindern beim Spielen ▬. (zu, sehen)
5 Sie gab mir den Rat meine Fehler ▬. (zu, geben)
6 Wir bemühen uns darum uns aufeinander ▬. (zu, bewegen)

11 Entscheide, ob du getrennt oder zusammenschreiben musst.
Wähle Aufgabe a, b oder c.

●○○ **a** Setze die Wörter in Klammern richtig ein und schreibe sie in dein Heft. Begründe die Getrennt- oder Zusammenschreibung.

1. Es ist schon sehr spät. Deswegen werde ich jetzt ▬. (schlafen, gehen)
2. Es war ein schöner Ausflug. Wir können ihn gern ▬. (wieder, holen)
3. Er hat den Fußball ins Aus geschossen, jetzt muss er ihn ▬. (wieder, holen)
4. Du musst das Essen ▬, damit es nicht verdirbt. (kalt, stellen)
5. Sie wollte ihre Konkurrentin ▬, um zu siegen. (kalt, stellen)
6. Wenn du nicht ausreichend übst, wirst du dieses Stück immer wieder ▬. (falsch, spielen)
7. Ich mag es nicht, wenn sie ▬, das ist doch Betrug! (falsch, spielen)
8. Er möchte am liebsten jeden Tag ▬, denn das macht ihm sehr viel Spaß. (Tennis, spielen)

1. schlafen gehen 2. ...

●●○ **b** Setze die Wörter in Klammern richtig ein und schreibe sie in dein Heft. Begründe die Getrennt- oder Zusammenschreibung.

1. Du solltest mir ▬, wenn du keine Zeit hast. (vorher, sagen)
2. Der Wetterbericht sollte das Wetter so genau wie möglich ▬. (vorher, sagen)
3. Du musst dir die Schuhe schon selbst ▬. (zu, binden)
4. Das ist die einfachste Art, Bücher ▬. (zu, binden)
5. Du musst darauf achten, den Stuhl nicht in den Weg ▬. (zu, stellen)
6. Der Paketbote will heute dein Päckchen ▬. (zu, stellen)
7. Obwohl sie alles gut geplant hat, wird sie wohl morgen ▬. (Kopf, stehen)
8. Der Arzt sollte dich ▬. (krank, schreiben)
9. Du solltest zu Hause bleiben und ▬. (gesund, werden)

1. vorher sagen 2. ...

●●● **c** Suche eigene Beispiele für die folgenden Verbindungen mit Verben. Schreibe die Beispiele in dein Heft und begründe ihre Schreibung.

1. Verb + Verb
2. Adjektiv + Verb
3. Nomen + Verb
4. *zu* + Verb

Die Schreibung von Straßennamen

1 In einigen Orten gibt es außergewöhnliche Straßennamen.

a Lies den Text und schreibe die Straßennamen heraus.

Alle wissen inzwischen, dass es sehr ungewöhnliche Ortsnamen in Deutschland gibt. Genauso ausgefallen sind einige Straßennamen. So war man zum Beispiel in Hamburg sehr kreativ. Dort gibt es das *Schulterblatt*, den *Hühnerposten*, aber auch den *Jungfernstieg* und die *Herrlichkeit* sowie die *Milchstraße* und die *ABC-Straße.*

Aber damit ist Hamburg nicht allein, auch andere Orte haben solche Kuriositäten zu bieten. So findet man in Lautenthal im Harz *Spar die Müh*, in Bochum die *Friedlicher-Nachbar-Straße* und in Schwerin findet man den *Bremsweg.* In Kiel darf man die *Beamtenlaufbahn* einschlagen, in Mannheim führt die *Zäher Wille* genannte Straße weg vom *Speckweg.* In der Stadt Heide in Schleswig-Holstein führt die *Hölle* als Einbahnstraße zur *Himmelreichstraße.* In Quedlinburg dagegen ist die *Hölle* eine Sackgasse.
Und auch die Tiere kommen nicht zu kurz: In Essen findet man die *Zornige Ameise*, in Leipzig dann die *Ameisenstraße.*
Die häufigsten Straßennamen in Deutschland sind übrigens *Hauptstraße*, *Schulstraße* und *Gartenstraße.*

b Lies den folgenden Merkkasten und erkläre die unterschiedliche Schreibweise der Straßennamen in Aufgabe a.

Zusammengeschrieben werden **Straßennamen**, wenn sie folgende Bestandteile als Bestimmungswort haben:
- einteilige Personennamen, z. B.: *Schillerstraße, Einsteinplatz,*
- ungebeugte Adjektive, z. B.: *Rundweg, Blaugasse,*
- Nomen/Substantive, z. B.: *Bergstraße, Kastanienallee.*

Getrennt geschrieben werden Straßennamen, wenn sie folgende Bestandteile enthalten:
- gebeugte Adjektive, z. B.: *Alter Steinweg, Breite Straße, Innerer Ring,*
- geografische Eigennamen auf *-er* oder *-isch*, z. B.: *Berliner Platz, Grimmaische Straße,*
- eine Präposition (+ Artikel), z. B.: *Unter den Linden, Am Anger.*

Mit **Bindestrich** geschrieben werden Straßennamen, wenn sie mehrgliedrige Personennamen als Bestimmungswort haben, z. B.: *Robert-Schumann-Straße, Lise-Meitner-Gasse, Gebrüder-Grimm-Platz.*

c Gibt es auch in eurer Umgebung ungewöhnliche Straßennamen? Stellt sie in der Klasse vor.

2 Wende die Regeln aus dem Merkkasten auf S. 284 an.

a Übertrage die Tabelle in dein Heft und ordne die Straßennamen richtig ein.

LUTHERSTRASSE / THOMASMÜNTZERGASSE / GRÜNERWEG / LEIPZIGERSTRASSE / GOETHEWEG / ANDERKAIMAUER / AMMARKTPLATZ / FRIEDRICHSCHILLERSTRASSE / UNTERDENLINDEN / TEICHSTRASSE / NEUEGASSE / THÜRINGERSTRASSE

Zusammenschreibung	Getrenntschreibung	mit Bindestrich
Lutherstraße …	…	…

b Ergänze in den einzelnen Spalten der Tabelle jeweils ein Beispiel.

c Suche aus dem Stadtplan deiner Landeshauptstadt (Zentrum) passende Straßennamen heraus und ordne diese in die Tabelle aus Aufgabe a ein.

Tipp
Es gibt mehrere Lösungen.

3 Bilde aus den folgenden Namen und Begriffen 1 bis 14 und den Bezeichnungen A bis E Straßennamen. Schreibe sie in dein Heft.

1 Bach	**8** Weimar	**A** Straße
2 Martin Luther	**9** lang	**B** Platz
3 Dom	**10** breit	**C** Allee
4 Zwickau	**11** Friedrich Schiller	**D** Gasse
5 Ludwig van Beethoven	**12** Tal	**E** Weg
6 Bahnhof	**13** Sachsen	
7 Dr. Robert Koch	**14** Böhmen	

1. Bachstraße *2. …*

4 Hier haben sich Fehler eingeschlichen. Schreibe die Straßennamen richtig in dein Heft.

Achtung, Fehler!

1 Amochsentor
2 Grün Gasse
3 Robertkoch-Straße
4 Joseph Haydn Weg
5 Beethoven Straße
6 Am Kleinengraben
7 Mosel-Straße
8 Breiterweg
9 Amsel-Gasse
10 Amteich
11 Dresdener-Allee
12 Robertboschstraße

Wörter mit Bindestrich

→ S. 269: Mit Wörterbüchern arbeiten

1 Erkunde im Regelteil eines Wörterbuchs, wann ein Bindestrich gesetzt werden sollte und wie viele man setzen darf.

Bindestriche erleichtern das Lesen. Sie machen Wortzusammensetzungen übersichtlicher, z. B.:
eine deutsch-englische Partnerschaft, die Ich-Erzählerin, das Preis-Leistungs-Verhältnis, die Berg-und-Tal-Fahrt.
Mit Bindestrich werden folgende Wörter geschrieben:

- Zusammensetzungen mit einzelnen Buchstaben, Abkürzungen, Kurzwörtern oder Ziffern, z. B.:
  A-Dur, c-Moll, x-beliebig, das Dehnungs-h, der Lkw-Verkehr, die Musik-CD, die WLAN-Verbindung, 13-jährig, 100-prozentig, der 5:1-Sieg, die W-Fragen,
- unübersichtliche Zusammensetzungen mit mehr als zwei Bestandteilen, z. B.:
  der Hals-Nasen-Ohren-Arzt, der 24-Zoll-Monitor, der Trimm-dich-Pfad,
- Zusammensetzungen, die zu Missverständnissen führen können, z. B.:
  das Druck-Erzeugnis (Erzeugnis einer Druckerei) – *das Drucker-Zeugnis* (Zeugnis für einen Drucker),
  die Hoch-Zeit (die Blütezeit) – *die Hochzeit* (die Eheschließung),
- Eigennamen mit mehrteiligen Namen, z. B.:
  die Goethe-Schiller-Gedenkstätte, der Nord-Ostsee-Kanal.

Ein Bindestrich kann auch beim Zusammentreffen von drei gleichen Buchstaben in Zusammensetzungen gesetzt werden, z. B.:
die Schwimm-Meisterschaft (auch: *die Schwimmmeisterschaft*),
das Tee-Ei (auch: *das Teeei*).

2 Bilde Zusammensetzungen mit Ziffern und setze die Bindestriche.

1 alle Fünfzehnjährigen
2 das Zehnfache
3 sechsjährig
4 ein Achtzylinder
5 ein Dreipfünder
6 der Einhundertmeterlauf
7 der Fünftonner
8 eine vierzehntägige Reise

3 Füge entsprechende Bindestriche ein, um die Lesbarkeit zu verbessern und um Missverständnisse zu vermeiden.

1 Kaffeeersatz
2 Flussschifffahrt
3 Kleeernte
4 Teeei
5 Hawaiiinseln
6 Schwimmmeisterschaft
7 Sauerstoffflasche
8 Klemmmappe
9 Schlusssignal
10 Alleeecke
11 Hansaufer
12 Urteilchen
13 Musikerleben
14 Uranfang

Rechtschreibhilfe: Regeln anwenden

Tipp
In zwei Fällen sind beide Schreibweisen möglich.

4 Wähle aus, wie die Wortgruppe richtig geschrieben wird, und schreibe sie in dein Heft.

1 ein 14 jähriges Mädchen / ein 14-jähriges Mädchen
2 das Robert-Schumann-Museum / das Robert Schumann-Museum
3 11 mal versuchen / 11-mal versuchen
4 ein 6 Achser / ein 6-Achser (Lkw)
5 der Elbe Havel Kanal / der Elbe-Havel-Kanal
6 100 prozentig / 100-prozentig
7 die November Dezemberausgabe / die November-Dezember-Ausgabe
8 der 100 Euroschein / der 100-Euro-Schein
9 der Stofffetzen / der Stoff-Fetzen
10 im Zooorchester spielen / im Zoo-Orchester spielen

1. ein 14-jähriges Mädchen *2. ...*

5 Schreibe ab und setze die Bindestriche richtig. Achte auf die Großschreibung der Eigennamen.

Achtung, Fehler!

1 die Ottobruderstraße
2 der Havelspreekanal
3 der Johannsebastianbachweg
4 die Heinrichheineschule
5 der Nordostseekanal
6 die Konradadenauerbrücke
7 die Friedrichebertstraße
8 das Bismarckdenkmal
9 der Dortmundemskanal
10 das Struwwelpetermuseum
11 Mecklenburgvorpommern
12 das Rheinmaingebiet
13 der Wilhelmbuschplatz
14 das Willibrandthaus

1. die Otto-Bruder-Straße *2. ...*

●●● **6** Überall Wasser!

a Erkläre anhand der Regeln die unterschiedliche Schreibweise für folgende Bezeichnungen.

1 der Blauenthaler Wasserfall
2 die Untere Havel-Wasserstraße
3 der Starnberger See
4 der Chiemsee
5 der Große Goitzschesee
6 der Gremminer See
7 die Leubatalsperre
8 der Main-Donau-Kanal

MK **b** Recherchiere im Internet und informiere dich genauer über die in Aufgabe a genannten Wasserstraßen und Seen.

Abkürzungen und Kurzwörter

1 Sieh dir die Illustration an und beschreibe die Situation. Löse den Inhalt der Sprechblase auf.

2 Überall Abkürzungen?

a Tauscht euch darüber aus, was für bzw. gegen Abkürzungen und Kurzwörter spricht.

Schluss mit der Kürzerei!

Immer her damit!

ggf.	Abt.	Azubi	vgl.	km	ICE	m. E.
bidunowa	bbl	THX	gN8	bb	akla	btw

b Besprecht, welche der Abkürzungen aus Aufgabe a ihr kennt. Überlegt, welche Abkürzungen man nachschlagen kann und wo. Welche Probleme ergeben sich und woran liegt das?

Abkürzungen sind in der Regel Einzelbuchstaben, Buchstabenfolgen oder Wortteile, die vorwiegend in der geschriebenen Sprache Verwendung finden, um das Schreiben schneller und platzsparender zu gestalten.
Man unterscheidet:

- **Abkürzungen mit einem Punkt**, z. B.:
  z. B. (zum Beispiel), *Dr.* (Doktor), *usw.* (und so weiter),
- **Abkürzungen ohne Punkt** für Maßeinheiten, chemische Elemente, Himmelsrichtungen und Währungseinheiten, z. B.:
  m (Meter), *Zn* (Zink), *W* (Watt), *SW* (Südwest), *MB* (Megabyte).

Kurzwörter werden teilweise auch im mündlichen Sprachgebrauch verwendet. Sie entstehen dadurch, dass Wortteile weggelassen werden, z. B.: *Fotografie* → *Foto*, *Fahrrad* → *Rad*.
Besondere Formen von Kurzwörtern sind **Buchstabenwörter**, bei denen die Buchstaben einzeln oder zusammenhängend gesprochen werden. Hinter den Buchstabenwörtern steht kein Punkt, z. B.:
Lkw (gesprochen: el-ka-we, Lastkraftwagen), *PLZ* (Postleitzahl).
Auch **Silbenwörter** sind Kurzwörter. Silbenwörter werden aus den Anfangssilben zusammengesetzter Wörter gebildet, z. B.:
Kriminalpolizei → *Kripo*, *Auszubildender* → *Azubi*.

Tipp
Schlage ggf. in einem Wörterbuch nach oder suche im Internet.

3 Oft sind Abkürzungen wichtig.

a Kennst du die folgenden Abkürzungen und Kurzwörter? Schreibe sie ab und ergänze ihre Langform.

1 bes.
2 Abb.
3 ARD
4 vgl.
5 u.Ä.
6 b.w.
7 ca.
8 DFB
9 d.h.
10 DRK
11 i.A.
12 Ing.
13 Jh.
14 ggf.
15 MDR
16 Mrd.
17 evtl.
18 ha
19 km/h
20 Nr.
21 z.T.
22 Pkw
23 Sek.
24 s.o.
25 allg.
26 ü.d.M.
27 u.a.

1. bes. – besonders 2. ...

b Markiere in deinem Heft diejenigen Abkürzungen, die du schon häufiger verwendet hast. Erläutere, wann und warum du sie benutzt.

4 Bildet von den Langformen die entsprechenden Abkürzungen. Übertragt die Tabelle in eure Hefte und ordnet die Abkürzungen in die richtige Spalte ein.

1 umgangssprachlich
2 Europäische Union
3 Abkürzung
4 zurzeit
5 Millimeter
6 Zweites Deutsches Fernsehen
7 World Wide Web
8 digital versatile disc
9 Megahertz
10 Nordost
11 Rundfunk Berlin-Brandenburg
12 Nordrhein-Westfalen
13 Watt
14 eventuell
15 meines Erachtens
16 und so weiter
17 zirka (circa)
18 Elektronische Datenverarbeitung
19 Magnesium
20 und andere(s) mehr

mit Punkt	ohne Punkt
ugs.	EU
...	...

5 Bildet aus diesen Langformen die gebräuchlichen Kurzwörter.

1 die Lokomotive
2 die Universität
3 das Automobil
4 der Omnibus
5 das Violoncello
6 der Katalysator
7 die Auszubildende
8 der Akkumulator
9 das Abitur
10 die Information
11 der Dinosaurier
12 die Diskothek
13 das Kilogramm
14 das Navigationssystem
15 der Zoologische Garten
16 die Demonstration

Tipp
Nutze die Information aus dem Merkkasten auf S. 288.

6 Übe Silbenwörter.

a Schreibe jeweils die Langform zu den folgenden Silbenwörtern auf.

1 die Kita	**3** die Spusi	**5** der Schiri	**7** die Stasi
2 die Kripo	**4** der Trafo	**6** das Mofa	**8** die Buga

1. die Kita – die Kindertagesstätte, 2. ...

b Erkläre an einem Beispiel, wie Silbenwörter entstehen.

→ **S. 286:** Wörter mit Bindestrich

Achtung Fehler!

7 Manche Abkürzungen werden mit einem Bindestrich geschrieben. Schreibe diese Wörter zusammen mit der Langform richtig auf.

1 das UBOOT	**6** die SBAHN
2 die EMAIL	**7** die HMILCH
3 die KMZAHL	**8** der IPUNKT
4 der PKWFÜHRERSCHEIN	**9** die KFZWERKSTATT
5 der DVDPLAYER	**10** der LKWFAHRER

1. das U-Boot – das Unterseeboot 2. ...

Für die **Kommunikation im Internet** haben sich vielfältige Kürzungsvarianten entwickelt.
Gebräuchliche **Abkürzungen** und **Kurzwörter** sind z. B.:
LOL (laughing out loud – laut loslachen), *CU* (see you – tschüss),
FYI (For Your Information – zur Information),
afaik (as far as I know – soweit ich weiß),
asap (as soon as possible – so schnell wie möglich).
Diese Abkürzungen sind nicht einheitlich. Sie können unterschiedliche Bedeutungen oder auch unterschiedliche Formen haben, z. B.:
ez, izi (easy – einfach).
Ebenso gibt es keine einheitlichen und nachvollziehbaren Regelungen zur Groß- und Kleinschreibung, z. B.:
GLG, glg, glG (ganz liebe Grüße), *irl, irL* (in real life – im richtigen Leben).

8 Kennst du diese Abkürzung und Kurzwörter?

MK

a Tauscht euch darüber aus, welche der folgenden Abkürzungen und Kurzwörter ihr kennt und was sie bedeuten. Recherchiert gegebenenfalls im Internet.

1 mom	**5** np	**9** kk
2 g2g	**6** btw	**10** scnr
3 thx	**7** imo	**11** irl
4 omg	**8** xoxo	**12** tbh

b Welche Abkürzungen und Kurzwörter verwendest du beim Chatten? Was bedeuten sie? Notiere und erkläre einige.

9 Abkürzungen und Kurzwörter werden sehr häufig in Anzeigen verwendet.

a Überlege, warum es sinnvoll sein kann, in Anzeigen Abkürzungen und Kurzwörter zu verwenden.

b Wähle eine Anzeige aus und schreibe sie in der Langform auf.

> 2 ZKB, 120 qm, Maisonette-Wohnung mit FBH, Balkon, EBK, EB-Schränke, Garage, 780 € KM + NK + 3 Mon. KT

> 1-Zi.-EG-Whg., möbl., 365 € pl. 60 € NK, ca. 20 qm, zentr. u. ruhig, Keller, Parkpl., 10 Min. zum Hbf.

> 2 Zi., DG, 75 qm Wfl., hochw. san., inkl. Stellplatz, ÖPNV-Nähe, von priv. zu verm., 1 MM Kaut., 500 € KM + 250 € NK

10 In den folgenden Anzeigen gibt es kaum Abkürzungen.

a Lies die folgenden Anzeigen und erkläre, warum es darin nur wenige Abkürzungen gibt.

> Biete Tablet, 256 GB, 11 Zoll, black
> Zustand: neuwertig. Keine Kratzer! Zusätzlich ist das Display mit Panzerglas geschützt. Außerdem gibt es einen Schutzrahmen, um die Ecken zu schützen. Beides NEU! Preis nach Vereinbarung.

> Verkaufe Spielekonsole (500 GB) + 1 Original-Controller + HDMI-Kabel + 9 TOP-Spiele (zum Teil noch original verpackt und nicht benutzt)
> Wenn du eine Auflistung der vorhandenen Spiele möchtest, schreibe mich kurz an.

> Verkaufe Mountainbike, 27 Gg.-Schaltg. 5 Jahre alt, wenig gefahren, kleine Kratzer, inklusive Fahrrad-Computer, 2 Trinkflaschen, kleine Satteltasche. Preis: 150 €

b Wähle eine Anzeige aus und kürze sie, indem du Abkürzungen verwendest. Schreibe in dein Heft.

●●● **c** Verfasse selbst eine Verkaufsanzeige. Gestalte sie einmal zur Veröffentlichung in einer Regionalzeitung und einmal für eine Verkaufsplattform im Internet. Entscheide jeweils, ob du Abkürzungen verwenden solltest und welche geeignet sind.

9b Ordne zum Beispiel folgende Langformen richtig zu.
Einbau / Erdgeschoss / Nebenkosten / Einbauküche / Kaltmiete / Zimmer, Küche, Bad / saniert / Fußbodenheizung / Kaution / möbliert / Quadratmeter / hochwertig / Zimmer / Öffentlicher Personennahverkehr / Hauptbahnhof / Wohnfläche / Monatsmiete

Fremdwörter

1 Kennst du diese Fremdwörter?

→ S. 269: Mit Wörterbüchern arbeiten

a Erkläre, warum die beiden Sätze fehlerhaft sind. Schlage bei Bedarf die Bedeutung der Fremdwörter in einem Wörterbuch nach.

1 Der Angeklagte wurde in erster Distanz freigesprochen.
2 Die Spendensammlung war für karikative Zwecke.

b Korrigiere die Sätze aus Aufgabe a. Wähle aus folgenden Wörtern das jeweils passende aus. Wenn du unsicher bist, schlage nach.

der Disput / die Instanz / der Diskurs / karitativ / kariert / paritätisch

Fremdwörter kommen aus anderen Sprachen und sind nicht immer einfach zu schreiben. Sie werden oft anders ausgesprochen als geschrieben und manchmal kennt man die genaue Bedeutung nicht, z. B.:
das Mountainbike (engl.), *die Pizza* (ital.), *die Medaille* (franz.), *der Asteroid* (griech.), *die Zeremonie* (lat.).
Wenn man Fremdwörter nicht genau kennt, sollte man unbedingt ein Wörterbuch benutzen, z. B. einen Duden. Manchmal aber ist es notwendig, in einem speziellen **Fremdwörterbuch** nachzuschlagen. Dort findet man ausführliche Informationen zu Bedeutung, Aussprache, Schreibung und Herkunft vieler Fremdwörter.

2 Entscheide, welche Bedeutung dieser Fremdwörter die richtige ist.

a Schreibe die Fremdwörter mit ihrer Bedeutung in dein Heft. Verwende ein Wörterbuch, wenn du unsicher bist.

1 *die Affäre*
a) die Lufthülle
b) eine Affenart
c) ein peinlicher Vorfall

2 *anonym*
a) bekannt
b) unbekannt
c) gegenteilig

3 *der Cyberspace*
a) ein Raumschiff
b) eine Sportart
c) eine künstliche Welt

4 *das Outlet*
a) ein Eiergericht
b) ein Werkverkauf
c) eine Auszeit

5 *integrieren*
a) streiten
b) einbeziehen
c) vernachlässigen

6 *das Individuum*
a) ein indisches Gewürz
b) ein Metall
c) ein Einzelwesen

7 *die Interpunktion*
a) die Pünktlichkeit
b) die Zeichensetzung
c) eine geheime Abmachung

8 *die Collage*
a) ein Kollege
b) ein zusammengeklebtes Bild
c) eine Hunderasse

9 *das Niveau*
a) eine Hautcreme
b) ein Rang, eine Wertstufe
c) ein Parfüm

b Verwende die Fremdwörter in Sätzen.

Tipp
Prüfe die Lösung mit einem Wörterbuch.

3 Diese Fremdwörter klingen ähnlich, haben aber eine ganz andere Bedeutung. Entscheide dich für das richtige Wort und erkläre den Unterschied.

1 in eine Marionetten-Wohnung / Maisonette-Wohnung ziehen
2 sich bei der Vorbereitung der Klassenfahrt stark arrangieren / engagieren
3 das Geld in einen Tresor / in ein Ressort legen
4 neue Schüler integrieren / intrigieren
5 ein Konzert in einem Amphibientheater / Amphitheater erleben
6 eine Konifere / Koryphäe einpflanzen
7 Die Zeichensetzungslehre nennt man Interpunktion / Interjektion.
8 Ein Bindewort heißt lateinisch Konjunktion / Konjugation.

Viele **Fremdwörter** übernehmen wir gegenwärtig **aus dem Englischen**, vor allem aus den Bereichen der Informationstechnik (z. B.: *das Streaming, WLAN*), der Musik (z. B.: *Rapper, Boy-Group*), der Mode und des Sports (z. B.: *Jeans, Inlineskates*). Allerdings kommen auch Wörter in die deutsche Sprache, für die es schon deutsche Entsprechungen gibt, z. B.: *Ticket* (statt *Fahrkarte*), *Service-Point* (statt *Auskunft, Information*), *outsourcen* (statt *auslagern*).

4 Suche aus folgendem Text alle Fremdwörter aus dem Englischen heraus.

a Schreibe sie in dein Heft und erkläre ihre Bedeutung. Ergänze bei Nomen/Substantiven den Artikel und die Plural- bzw. Singularform. Schlage gegebenenfalls in einem Wörterbuch nach.

Opas Oldtimer stand mal wieder mitten in der Einfahrt und ich kam mit meinem Mountainbike nicht vorbei. Ich wollte ihn anrufen, musste aber feststellen, dass er sein Phone mal wieder vergessen hatte. Da fiel mir ein, dass er etwas vom Besuch im Sportstudio gesagt hatte, und ich sah, dass sein Body Bag nicht da war. Seitdem er sich so gut mit unserer neuen Nachbarin verstand, achtete er nicht nur mehr auf seine Fitness, sondern auch auf seinen Look. Er zog jetzt öfter coole Jeans und Sneakers an.

der Oldtimer (Pl.: die Oldtimer): altes, gut gepflegtes Auto
...

b Erläutere, welche Wirkung für dich von der Verwendung der Fremdwörter ausgeht.

c Überlege, auf welche Fremdwörter man im Text von Aufgabe a verzichten könnte und auf welche nicht. Begründe deine Meinung.

5 Übertrage die Tabelle in dein Heft und ordne die folgenden Wörter richtig ein. Begründe deine Meinung und verwende, wenn nötig, ein (Englisch-) Wörterbuch.

Service-Point / Skateboard / Aircondition / chatten / Location / scannen / chillen / biken / Bodywear / Beauty-Case / Public Viewing / Airbag / Fun / googeln / shoppen / Coolness / easy / Beachwear / News / Bodyguard

einfach ins Deutsche übertragbar	mit Problemen übertragbar
Service-Point: Auskunft, Information ...	Skateboard: Rollerbrett?? ...

Die meisten **englischen Fremdwörter** werden an die deutsche Sprache angepasst oder auch **eingedeutscht**. Dies geschieht mithilfe von Artikeln (*der, die, das* + Großschreibung der Nomen/Substantive), Präfixen (*ge-*), Suffixen (*-ier-*) und Endungen (*-en, -er, -s, -et, -t*), z. B.:

Englisch	eingedeutscht
shop	*der Shop, die Shops, shoppen*
airbag	*der Airbag, die Airbags*
to format	*formatieren, formatiert*
to scan	*scannen, gescannt, der Scanner*

Es gibt übrigens auch eine ganze Reihe deutscher Wörter im Englischen, z. B.:
autobahn, bratwurst, doppelganger, echt, gemutlichkeit, heiss, kindergarten, rucksack, sauerkraut, verboten, zwieback.

6 Suche Fremdwörter aus dem Englischen und verwende sie in sinnvollen Sätzen. Schreibe in dein Heft.

1	eine andere Bezeichnung für *Arbeit*	der J ■■
2	eine Mannschaft	das T ■■■
3	ein anderes Wort für *verrückt*	c ■■■■
4	das weltweite Netz von Computern	das I ■■■■■■■
5	ein anderes Wort für *schlau*	c ■■■■■
6	ein anderes Wort für *ärmelloses Shirt*	das T ■■
7	ein anderes Wort für *entspannen*	r ■■■■■■
8	eine Datei in eine bestimmte Form bringen	f ■■■■■■■■■■

1. der Job *2. ...*

●●● **7** Bilde entsprechende Anpassungen an die deutsche Sprache: Artikel und Pluralform bei Nomen/Substantiven, Infinitiv und Partizip II bei Verben. Markiere die Wortbauteile, die du verwendet hast.

1 to skate
2 to jog
3 to scan
4 to install
5 game
6 notebook
7 match
8 team

1. to skate: skaten, …

Viele **Fremdwörter** haben typische Wortbestandteile, die immer gleich geschrieben werden. Die **Präfixe *prä-*, *anti-*, *pro-*, *inter-* und *trans-*** stammen **aus dem Lateinischen** und gehören zu den gebräuchlichsten Fremdwortpräfixen. Sie geben den Wörtern unterschiedliche Bedeutungen.

- *prä-* (vor, voran, vorher, voraus, vorne, vorzeitig), z. B.: *präparieren* (vorbereiten), *präsentieren* (vorstellen),
- *pro-* (vor, vorwärts, hervor, anstatt, für), z. B.: *die Progression* (das Voranschreiten, der Fortschritt), *proeuropäisch* (für Europa), *das Pronomen* (statt des Nomens),
- *anti-* (gegen), z. B.: *antiautoritär* (gegen Autoritäten), *antifaschistisch* (gegen Faschismus),
- *inter-* (zwischen, mitten), z. B.: *international* (zwischen den Nationen), *interkontinental* (zwischen den Kontinenten),
- *trans-* (über, hinüber, hindurch, quer durch, jenseits, über … hinaus), z. B.: *der Transport* (das Überführen, das Befördern), *der Transfer* (das Überleiten, die Übertragung, der Wechsel).

8 Erkläre die Bedeutung der folgenden Wörter. Nutze dazu den Merkkasten und gegebenenfalls ein Wörterbuch.

1 die Präferenz
2 die Prognose
3 die Antipathie
4 die Interaktion
5 interdisziplinär
6 interkulturell
7 transformieren
8 transparent

9 Bilde Fremdwörter aus den Präfixen 1 bis 5 und den Wortbestandteilen A bis L. Schreibe die Fremdwörter in dein Heft und erkläre ihre Bedeutung.

1 anti-
2 inter-
3 prä-
4 pro-
5 trans-

A -nomen
B -ambel
C -gression
D -biotikum
E -sident
F -national

G -stresstraining
H -portieren
I -aktion
J -kulturell
K -kontinental
L -atlantisch

Teste dich selbst!

1 Suche die Regelungen für die Schreibung von Zusammensetzungen aus Nomen/Substantiv + Verb aus dem Wörterbuch heraus. Schreibe die Regel in Kurzfassung auf.

2 Schreibe die folgenden Sätze ab und füge die Wörter in Klammern ein.

1. Er kündigte an, dass morgen eine interessante Präsentation ___ wird. (statt, finden)
2. Möglichst viele sollten daran ___. (Teil, nehmen)
3. Sie soll besonders für alle interessant sein, die gern in den Bergen ___. (Rad, fahren)
4. Wir wollen allerdings lieber ___ gehen. (Eis, laufen)
5. Andere von uns planen, morgen ___ zu gehen. (Ski, laufen)
6. Er meint, es werde uns ___, die Vorstellung der Neuigkeit zu verpassen. (Leid, tun)

3 Schreibe folgenden Text in der richtigen Groß- und Kleinschreibung auf. Achte vor allem auf die Schreibung der Eigennamen.

Achtung, Fehler!

in deutschland verbraucht jede person im jahr durchschnittlich ca. zwölf kilogramm schokolade. aber seit wann gibt es diese köstlichkeit? man geht heute davon aus, dass der ursprung des kakaos in mittelamerika liegt, genauer im gebiet der heutigen staaten mexiko, guatemala und honduras. dort lebten die vorfahren der azteken und die mayas, die bereits um das 4. jahrhundert nach christus kakao anbauten. sie bereiteten aus gemahlenem kakao und weiteren gewürzen ein getränk zu, das sie „xocolatl" oder „kakaw" (bei den mayas) nannten. nachgewiesen ist auch, dass kakaobohnen als zahlungsmittel dienten. christoph kolumbus war der erste europäer, der kakaobohnen kennen lernte. aus dem jahre 1544 stammt der erste nachweis, dass kakao in europa landete. aber auch noch zu beginn des 19. jahrhunderts wurde schokolade vorwiegend als arzneimittel oder von konditoreien, likörfabrikanten und zuckerbäckern angeboten. die erste schokoladentafel wurde 1847 hergestellt. damit war der durchbruch vom teuren getränk zur süßigkeit für jedermann besiegelt.

4 Schreibe die folgenden Wortgruppen in richtiger Groß- und Kleinschreibung in dein Heft.

1 über das HIER und JETZT sprechen
2 das FÜR und WIDER diskutieren
3 eine ACHT im Rad haben
4 mit einer ZWEI in der Mathearbeit rechnen
5 das REITEN und das SCHWIMMEN lieben
6 sich FÜR eine gute Sache einsetzen
7 ohne WENN und ABER helfen
8 das NEIN gut überlegen
9 etwas mit ACH und KRACH schaffen
10 heute MITTAG pünktlich sein
11 ABENDS ins Kino gehen
12 den Stuhl HIER stehen lassen
13 am späten ABEND zurückkommen
14 NACHTS immer gut schlafen
15 eines MORGENS etwas BESONDERES erleben

5 Was bedeuten die Abkürzungen?
Schreibe die Langformen für folgende Abkürzungen und Kurzwörter in dein Heft. Schlage gegebenenfalls in einem Wörterbuch nach.

1 d.h.
2 usw.
3 z.B.
4 s.o.
5 Pkw
6 DRK
7 cm
8 vgl.
9 Min.
10 kg
11 bes.
12 U-Boot
13 Azubi
14 Sek.
15 E-Mail
16 v. a.

6 Verwende folgende Fremdwörter in sinnvollen Sätzen. Wenn nötig, schlage ihre Bedeutung in einem Wörterbuch nach.

1 Etage
2 City
3 Medaillon
4 Bike
5 Pool
6 Jeans
7 Keyboard
8 international
9 joggen
10 transparent
11 Präsident
12 Ingenieur
13 engagiert
14 Chance
15 unfair
16 Job

→ **S. 343:**
Lösung zum Test

Infinitiv	Präsens	Präteritum	Perfekt
abgeben	du gibst ab	sie gab ab	sie hat abgegeben
abschließen	du schließt ab	er schloss ab	er hat abgeschlossen
anhalten	du hältst an	sie hielt an	sie hat angehalten
befehlen	du befiehlst	er befahl	er hat befohlen
beginnen	du beginnst	sie begann	sie hat begonnen
bieten	du bietest	er bot	er hat geboten
bitten	du bittest	sie bat	sie hat gebeten
bleiben	du bleibst	sie blieb	sie ist geblieben
brechen	du brichst	sie brach	sie hat gebrochen
brennen	du brennst	es brannte	es hat gebrannt
dürfen	du darfst	er durfte	er hat gedurft
einfallen	es fällt ein	es fiel ein	es ist eingefallen
einladen	du lädst ein	sie lud ein	sie hat eingeladen
erschrecken	du erschrickst	er erschrak	er ist erschrocken
essen	du isst	er aß	er hat gegessen
fahren	du fährst	sie fuhr	sie ist gefahren
fallen	du fällst	er fiel	er ist gefallen
fangen	du fängst	sie fing	sie hat gefangen
fliehen	du fliehst	er floh	er ist geflohen
fließen	es fließt	es floss	es ist geflossen
frieren	du frierst	er fror	er hat gefroren
gehen	du gehst	sie ging	sie ist gegangen
gelingen	es gelingt	es gelang	es ist gelungen
genießen	du genießt	sie genoss	sie hat genossen
geschehen	es geschieht	es geschah	es ist geschehen
greifen	du greifst	sie griff	sie hat gegriffen
haben	du hast	er hatte	er hat gehabt
heben	du hebst	er hob	er hat gehoben
heißen	du heißt	sie hieß	sie hat geheißen
helfen	du hilfst	er half	er hat geholfen
kennen	du kennst	sie kannte	sie hat gekannt
kommen	du kommst	sie kam	sie ist gekommen
können	du kannst	er konnte	er hat gekonnt
lassen	du lässt	sie ließ	sie hat gelassen
laufen	du läufst	er lief	er ist gelaufen
lesen	du liest	er las	er hat gelesen

Infinitiv	Präsens	Präteritum	Perfekt
liegen	du liegst	er lag	er hat gelegen
mitbringen	du bringst mit	er brachte mit	er hat mitgebracht
mögen	du magst	sie mochte	sie hat gemocht
nehmen	du nimmst	er nahm	er hat genommen
raten	du rätst	sie riet	sie hat geraten
riechen	du riechst	er roch	er hat gerochen
rufen	du rufst	er rief	er hat gerufen
scheinen	du scheinst	sie schien	sie hat geschienen
schieben	du schiebst	sie schob	sie hat geschoben
schlafen	du schläfst	er schlief	er hat geschlafen
schleichen	du schleichst	er schlich	er ist geschlichen
schneiden	du schneidest	er schnitt	er hat geschnitten
schreien	du schreist	er schrie	er hat geschrien
schwimmen	du schwimmst	er schwamm	er ist geschwommen
sehen	du siehst	sie sah	sie hat gesehen
sein	du bist	er war	er ist gewesen
singen	du singst	er sang	er hat gesungen
sitzen	du sitzt	sie saß	sie hat gesessen
sprechen	du sprichst	sie sprach	sie hat gesprochen
stehen	du stehst	er stand	er hat gestanden
steigen	du steigst	sie stieg	sie ist gestiegen
stoßen	du stößt	er stieß	er hat gestoßen
streiten	du streitest	sie stritt	sie hat gestritten
treffen	du triffst	sie traf	sie hat getroffen
treten	du trittst	sie trat	sie hat getreten
tun	du tust	sie tat	sie hat getan
verbieten	du verbietest	er verbot	er hat verboten
vergessen	du vergisst	sie vergaß	sie hat vergessen
verlieren	du verlierst	er verlor	er hat verloren
verzeihen	du verzeihst	sie verzieh	sie hat verziehen
vorschlagen	du schlägst vor	er schlug vor	er hat vorgeschlagen
wachsen	du wächst	er wuchs	er ist gewachsen
werden	du wirst	sie wurde	sie ist geworden
wissen	du weißt	sie wusste	sie hat gewusst
wollen	du willst	sie wollte	sie hat gewollt
ziehen	du ziehst	er zog	er hat gezogen

die **Abkürzung** (*Plural:* die Abkürzungen) → S. 288, 290	Abkürzungen finden v. a. in der geschriebenen Sprache Verwendung, um schneller und platzsparender zu schreiben. Man unterscheidet: • **Abkürzungen mit einem Punkt**, z. B.: *z. B.* (*zum Beispiel*), *Dr.* (*Doktor*), • **Abkürzungen ohne Punkt**, z. B.: *m* (*Meter*), *Zn* (*Zink*), *NO* (*Nordost*), • **Kurzwörter**, z. B.: *Foto (Fotografie), Rad (Fahrrad).* Sonderformen sind: • **Buchstabenwörter** ohne Punkt: Buchstaben werden einzeln oder zusammenhängend gesprochen, z. B.: *Lkw* (gesprochen: el-ka-we, *Lastkraftwagen*), *PLZ* (*Postleitzahl*), • **Silbenwörter** aus den Anfangssilben zusammengesetzter Wörter, z. B.: *Kripo* (*Kriminalpolizei*), *Buga* (*Bundesgartenschau*). Für die **Kommunikation im Internet** gibt es vielfältige Kürzungsvarianten unterschiedlicher Form und Bedeutung, z. B.: *CU* (see you – tschüss), *ez, izi* (easy – einfach), *GLG, glg, glG* (ganz liebe Grüße).
die **Ableitung** (*Plural:* die Ableitungen) → S. 229	Die Ableitung ist eine Möglichkeit der **Wortbildung**: Mithilfe von **Suffixen** und/oder **Präfixen** entstehen aus vorhandenen Wörtern neue mit etwas veränderter Bedeutung. Typische Suffixe für **Nomen/Substantive** sind *-heit, -keit, -ung, -schaft, -nis, -tum*, z. B.: *die Menschheit, die Heizung.* Typische Suffixe für **Adjektive** sind *-ig, -lich, -isch, -sam, -bar, -haft*, z. B.: *schwierig, gemütlich.* Durch das Anfügen von Präfixen wie *be-, er-, ent-, miss-, ver-, zer-* verändern **Verben** ihre Bedeutung, z. B.: *achten – missachten, beachten, verachten.* Ableitungen entstehen außerdem durch **Änderung des Wortstamms**, z. B.: *fliegen → der Flug; binden → das Band, der Bund, bündig.*
das **Adjektiv** (*Plural:* die Adjektive) → S. 184, 185	Das Adjektiv ist eine **veränderbare** (flektierbare) **Wortart**, die **Eigenschaften** und **Merkmale** von Lebewesen, Gegenständen, Tätigkeiten und Vorgängen bezeichnet. Adjektive können im Satz Nomen/Substantive oder Verben näher bestimmen. Sie lassen sich **deklinieren** (beugen). Als **Begleitwort von Nomen** passen sie sich in **Geschlecht** (Genus), **Zahl** (Numerus) und **Fall** (Kasus) dem Nomen an, z. B.: *der wilde Hund – ein wilder Hund.* Adjektive lassen sich meist **steigern** (komparieren, die Komparation). Es gibt drei Stufen: • den Positiv (die Grundstufe), z. B.: *der schnelle Läufer,* • den Komparativ (die Mehrstufe), z. B.: *der schnellere Läufer,* • den Superlativ (die Meiststufe), z. B.: *der schnellste Läufer.* Mithilfe von Adjektiven kann man **Vergleiche** ausdrücken: • Bei **Gleichheit** verwendet man den **Positiv** (die Grundstufe) ***+ wie***, z. B.: *Ich bin genauso groß wie du.* • Bei **Ungleichheit** verwendet man den **Komparativ** (die Mehrstufe) ***+ als***, z. B.: *Ich bin größer als du.*

das **Adverb** (*Plural:* die Adverbien) → S. 184, 185, 203, 214	Das Adverb ist eine **unveränderbare** (nicht flektierbare) **Wortart**, die angibt, wann, wo, wie und warum etwas geschieht. Meist bestimmen Adverbien ein Verb näher, z. B.: • **Adverbien der Zeit:** *Wir treffen uns morgen.* (Wann?) *Er trainiert selten.* (Wie oft?) • **Adverbien des Ortes:** *Ich warte oben.* (Wo?) *Wir liefen bergauf.* (Wohin?) *Sie kam heraus.* (Woher?) • **Adverbien des Grundes:** *Die Halle war geschlossen. Deshalb fiel das Training aus.* (Warum?) • **Adverbien der Art und Weise:** *Er trainiert allein.* (Wie?)
die **Adverbialbestimmung** (*Plural:* die Adverbialbestimmungen) → S. 203, 205	Die Adverbialbestimmung (Umstandsbestimmung) ist ein **Satzglied**, das das Prädikat näher bestimmt und angibt, wo, wann, warum und wie etwas geschieht oder jemand etwas tut. Adverbialbestimmungen können in Form eines **Wortes**, einer **Wortgruppe** oder eines **Teilsatzes** auftreten. Man unterscheidet: • **Lokalbestimmung** (Adverbialbestimmung des Ortes), Fragen: Wo? Woher? Wohin?, z. B.: *Ich bin zu Hause.* • **Temporalbestimmung** (Adverbialbestimmung der Zeit), Fragen: Wann? Wie lange? Bis wann? Seit wann? Wie oft?, z. B.: *Ich bin morgen da.* • **Kausalbestimmung** (Adverbialbestimmung des Grundes), Fragen: Warum? Weshalb? Aus welchem Grund?, z. B.: *Weil die Miete zu hoch war, zogen wir um.* • **Modalbestimmung** (Adverbialbestimmung der Art und Weise), Fragen: Wie? Auf welche Art und Weise?, z. B.: *Mit Interesse sah ich den Film.*
das **Anredepronomen** (*Plural:* die Anredepronomen)	Die **persönlichen Anredepronomen** *du/dein, ihr/euer* können in Briefen und E-Mails klein- oder großgeschrieben werden. Die **höflichen Anredepronomen** *Sie* und *Ihr* und alle ihre Formen (z. B.: *Ihnen, Ihre*) werden immer **großgeschrieben**.
das **Antonym** (*Plural:* die Antonyme) → S. 236	Antonyme sind **Wörter mit gegensätzlicher Bedeutung**. Sie haben teils gemeinsame, vor allem aber gegensätzliche Bedeutungsmerkmale, z. B.: *hell* (Lichtmenge: viel Licht) – *dunkel* (Lichtmenge: wenig Licht), *die Nacht* (Tageszeit: wenn es dunkel ist) – *der Tag* (Tageszeit: wenn es hell ist).
das **Argumentieren**, die **Argumentation** (*Plural:* die Argumentationen) → S. 10, 11, 34	Das Argumentieren ist eine **Diskussionsstrategie**, bei der man sich mündlich oder schriftlich **mit einer Aussage oder Behauptung auseinandersetzt**. In einer Argumentation führt man eine Reihe von **Argumenten** (Begründungen + Beispiele) an, durch die eine Aussage oder Behauptung gestützt oder widerlegt wird. Man kann Aussage bzw. Behauptung und Begründung durch Wörter wie *weil, denn, da* miteinander verbinden.

der **Artikel** (*Plural:* die Artikel) → S. 184, 185	Der Artikel ist eine **veränderbare** (flektierbare) **Wortart**. Artikel können als **Begleitwort** bei Nomen/Substantiven stehen. Den **unbestimmten Artikel** (*ein, eine, ein*) verwendet man, um Lebewesen, Gegenstände o. Ä. neu ins Gespräch oder in den Text einzuführen, z. B.: *Am Waldrand steht ein Haus.* Den **bestimmten Artikel** (*der, die, das*) verwendet man für Lebewesen, Gegenstände o. Ä., die schon bekannt oder bereits eingeführt sind, z. B.: *Es ist das Haus der Försterei.* **Artikel** lassen sich **deklinieren** (beugen) und passen sich dem Nomen in **Geschlecht** (Genus), **Zahl** (Numerus) und **Fall** (Kasus) an, z. B.: *das Haus sehen, in dem Haus wohnen, die Häuser besichtigen.*
die **Artikelprobe** (*Plural:* die Artikelproben)	Mithilfe der Artikelprobe kann man erproben, ob ein Wort **groß- oder kleingeschrieben** wird. Man prüft, ob bei dem Wort ein Artikel steht oder stehen könnte, z. B.: *Am (an dem) Waldrand stehen (die) Hütten.* Manchmal „verstecken" sich Artikel, indem sie mit einer Präposition (Verhältniswort) verschmelzen, z. B.: *am – an dem, im – in dem.*
das **Attribut** (*Plural:* die Attribute) → S. 203, 205	Das Attribut (Beifügung) ist ein Teil eines Satzglieds und wird deshalb **Satzgliedteil** genannt. Attribute bestimmen ein Nomen/Substantiv näher. Sie können vor oder hinter dem Bezugsnomen stehen. Attribute treten als **Wort, Wortgruppe** oder **Teilsatz** auf und lassen sich mit *Was für ein (eine, ein)?* oder *Welcher (Welche, Welches)?* erfragen (**Frageprobe**). Bei der **Umstellprobe** können Attribute nicht allein umgestellt werden. Sie bleiben immer bei dem Nomen, zu dem sie gehören, z. B.: *Man hat eine vergoldete Maske des Pharaos entdeckt.* *Eine vergoldete Maske des Pharaos hat man entdeckt.*
die **Aufzählung** (*Plural:* die Aufzählungen) → S. 221	Manche Sätze enthalten Aufzählungen in Form von **Wörtern** oder **Wortgruppen**. Die Glieder einer Aufzählung werden durch **Komma** voneinander getrennt. Das Komma fällt weg, wenn sie schon mit den aufzählenden Konjunktionen (Bindewörtern) *und, oder, sowie, sowohl … als auch …, weder … noch …* verbunden sind, z. B.: *Karli spielt Gitarre, singt und schreibt selbst Lieder.* Ein Komma muss man jedoch immer bei entgegenstellenden Konjunktionen setzen, wie *aber, doch, jedoch, nicht nur …, sondern auch …*, z. B.: *Karli spielt nicht nur Gitarre, sondern singt auch.* Werden **Teilsätze** aufgezählt, ist es freigestellt, ob man vor *und* oder *oder* ein Komma setzt, z. B.: *Karli spielt Gitarre(,) und gut singen kann er auch.*
die **Ballade** (*Plural:* die Balladen)	Eine Ballade (Erzählgedicht) ist ein mehrstrophiges, meist gereimtes Gedicht, das die **Merkmale** von Geschichten (Epik), Gedichten (Lyrik) und Dramen (Dramatik) in sich vereint: • Es wird eine spannende Geschichte erzählt, meist mit wörtlicher Rede und einem dramatischen Handlungsverlauf. • Der Aufbau ähnelt einem Gedicht (Strophen, Verse, Reime).

das **Berichten**, der **Bericht** (*Plural:* die Berichte)	Beim Berichten informiert man möglichst **knapp, sachlich** und **in der richtigen Reihenfolge** über ein Ereignis. Die Auswahl der Informationen und die Gestaltung eines Berichts hängen davon ab, worüber man für wen und warum berichtet. Die meisten Berichte enthalten Antworten auf die ***W*-Fragen**: Was geschah? Wann? Wo? Warum? Wer war beteiligt? Welche Folgen ergaben sich? **Schriftliche Berichte** werden meist im **Präteritum** verfasst. Für alle Ereignisse, die vor einer anderen Handlung passiert sind, wird das **Plusquamperfekt** (Vorvergangenheit) gewählt. In **mündlichen Berichten** kann man das **Präteritum** oder das **Perfekt** verwenden. Für allgemeingültige Aussagen oder Aussagen, die in die Gegenwart reichen, kann man das **Präsens** verwenden. Berichte, in denen es unwichtig ist, wer handelt, werden in **unpersönlicher Ausdrucksweise** verfasst, z. B.: *Man hat das Fest gefeiert.* (*man*-Form) *Das Fest wurde gefeiert.* (Verbform im Passiv)
das **Beschreiben**, die **Beschreibung** (*Plural:* die Beschreibungen)	Beim Beschreiben informiert man andere über etwas, was sie erkennen oder sich genau vorstellen sollen. Man unterscheidet zum Beispiel Personen-, Figuren-, Tier-, Pflanzen-, Vorgangs- und Wegbeschreibungen. Welche Merkmale oder Handlungen für die Beschreibung besonders wichtig sind, hängt davon ab, was man für wen und warum beschreibt. **Allgemeine Merkmale** sind Merkmale, die Gegenstände oder Lebewesen einer Art gemeinsam haben. **Besondere Merkmale** treffen nur auf einzelne Gegenstände oder Lebewesen zu (Größe, Farbe, Besonderheiten), die dadurch unterscheidbar werden. **Handlungen** oder **Vorgänge** bestehen oft aus Handlungsschritten und **Teilhandlungen** bzw. -vorgängen. Immer sind genaue Angaben in einer sinnvollen **Reihenfolge** wichtig. Beschreibungen werden meist im **Präsens** verfasst. Manchmal kann man entscheiden, ob man **persönlich** (*du*-Form) oder **unpersönlich** (*man*-Form oder Verbform im Passiv) formuliert, z. B.: *Gib das Salz dazu. Du gibst das Salz dazu.* *Man gibt das Salz dazu. Das Salz wird dazugegeben.*
die **Bewerbung** (*Plural:* die Bewerbungen) → S. 92, 93, 94, 95	Zu den **Bewerbungsunterlagen** gehören: • ein **Bewerbungsschreiben**, das wie ein offizieller Brief gestaltet sein sollte und Folgendes enthält: Bewerbungssatz, Vorstellung der eigenen Person, Gründe für die Bewerbung, Bitte um ein persönliches Gespräch, persönliche bzw. digitale Unterschrift. In vielen Textverarbeitungsprogrammen und im Internet gibt es **Vorlagen für Bewerbungsschreiben**. Man muss sie gründlich **prüfen**, bevor man sie nutzt. • ein **tabellarischer Lebenslauf**, der in kurzer und übersichtlicher Form alle wichtigen persönlichen Angaben und Informationen enthält: Name, Adresse, Telefonnummer, E-Mail-Adresse, Geburtsdatum,

	Schulbildung, Kenntnisse und Interessen. Ein Passfoto sowie Angaben zu Eltern und Geschwistern sind freiwillig. Ob man weitere Unterlagen, zum Beispiel Zeugniskopien, einreichen soll, muss erfragt werden. Einige Firmen bitten um eine **Bewerbung per E-Mail**. Dabei gelten die gleichen Richtlinien wie bei einem Brief.
die **Bildgeschichte** (*Plural:* die Bildgeschichten)	Bildgeschichten stellen in mehreren Bildern (mit oder ohne Text) ein Geschehen dar. Jedes **Bild** ist ein **Erzählschritt**. Man muss die Bilder genau betrachten und deuten, um die Geschichte zu erschließen.
das **Brainstorming** (*Plural:* die Brainstormings)	Das Brainstorming (*engl.* brain – Gehirn, storm – Sturm) ist eine **Methode zur Ideenfindung**. Man geht von einem Bild, einem Wort, einer Frage oder einem Problem aus und notiert ungeordnet erste Gedanken, Gefühle oder Erlebnisse, die einem dazu einfallen. Danach sortiert man die Gedanken und wählt aus, welche brauchbar sind und welche gestrichen oder ergänzt werden könnten.
die **Buchvorstellung** (*Plural:* die Buchvorstellungen)	Durch eine Buchvorstellung kann man Bücher zum Lesen empfehlen. Dabei sollten folgende Informationen enthalten sein: • Autorin bzw. Autor und Titel des Buches, • wichtige Personen oder Figuren, • einige Informationen zum Inhalt des Buches, • Vortrag einer besonders witzigen, spannenden oder interessanten Stelle, • Zusammenfassung, warum man das Buch empfiehlt. Wenn möglich, sollte man das **Cover** (den Einband) des Buches zeigen, oft ist auch der **Klappentext** (kurzer Text auf der Rückseite des Buches oder im Inneren des Schutzumschlages) oder ein **Inhaltsverzeichnis** hilfreich.
der **Cluster** (*Plural:* die Cluster)	Ein Cluster (*engl.* cluster – Haufen, Schwarm, Anhäufung) ist eine **Methode zum Sammeln von Ideen**. Man schreibt einen zentralen Begriff zu einem Thema in die Mitte und ordnet ringsherum weitere Begriffe zum Thema an. Danach verdeutlicht man die Beziehungen zwischen den Begriffen durch Verbindungslinien, sodass ein Netz entsteht.
der (*auch:* das) **Comic** (*Plural:* die Comics)	Der Comic (*engl.* comic strips – komische Streifen) ist eine spezielle Bildgeschichte. Einfach gehaltene **Bilder (Panels)** mit **Sprech- und Gedankenblasen (Balloons)** erzählen eine Geschichte. Durch spezielle Gestaltungsmittel werden Lautstärke, Gefühle, Stimmungen, Langsamkeit oder Schnelligkeit ausgedrückt, zum Beispiel durch **Rahmen, Schrift, Symbole, Geräuschwörter (Onpos)** oder **Bewegungslinien (Speedlines)**.
die **Deklination** (*Plural:* die Deklinationen) → S. 184, 185, 186, 272	Die Deklination ist die **Beugung** von Nomen/Substantiven, Artikeln, Adjektiven und Pronomen.

der **Dialekt**, die **Mundart** (*Plural*: die Dialekte, die Mundarten) → S. 244, 245, 246	Dialekte (Mundarten) sind die ältesten Erscheinungsformen (**Sprachvarianten** oder Sprachvarietäten) unserer Sprache. Sie entstanden im 8. Jahrhundert. Heute leben sie nur noch in Resten fort (Wörter, Formen, Laute bzw. Lautkombinationen). Sie werden in einzelnen Regionen unterschiedlich gebraucht: v. a. mündlich, auf dem Land, von älteren Menschen, im Kreis der Familie, unter Freunden und Bekannten und in bestimmten Gesprächssituationen. In Deutschland werden drei **Dialektregionen** bzw. Großdialekte unterschieden: • **Niederdeutsch** (auch: **Plattdeutsch**), z. B.: Mecklenburgisch-Pommersch, Niedersächsisch, • **Mitteldeutsch**, z. B.: Sächsisch (Obersächsisch), Thüringisch, Hessisch, • **Oberdeutsch**, z. B.: Bairisch, Alemannisch. Für die Dialektregionen sind jeweils bestimmte Wörter, Laute (geschrieben: Buchstaben) und Formen typisch, z. B.: *Husche* (kurzer Regen, Sachsen), *Hütes* (Kartoffelklöße, Thüringen), *een* (ein, Berlin), *dag* (Tag, Mecklenburg-Vorpommern).
die **direkte (wörtliche) Rede** (keine Pluralform) → S. 194, 222	In direkter (wörtlicher) Rede gibt man wörtlich wieder, was jemand gesagt hat. In schriftlichen Texten kennzeichnet man den Beginn und das Ende der direkten Rede mit **Anführungszeichen**. Oft steht vor, zwischen oder nach der direkten Rede ein **Begleitsatz**. Der Begleitsatz **vor der direkten Rede** wird mit einem Doppelpunkt abgeschlossen, z. B.: <u>Tina fragt</u>: *„Worum geht es denn?"* Steht der Begleitsatz **zwischen oder nach der direkten Rede**, wird er immer durch **Kommas** abgegrenzt. **Ausrufezeichen** und **Fragezeichen**, die zur direkten Rede gehören, stehen innerhalb der Anführungszeichen, **Punkte** stehen am Ende des Ganzsatzes, z. B.: *„Nenn mir doch", <u>bittet Tina</u>, „noch andere Buchtitel von ihm!"* *„Da muss ich erst überlegen", <u>antwortet Tom</u>.*
das **Diskutieren** die **Diskussion** (*Plural:* die Diskussionen) → S. 10, 11, 13, 15, 18	In einer Diskussion setzt man sich **mit Meinungen anderer auseinander** und versucht, Probleme zu lösen bzw. sich zu einigen. **Vor** einer Diskussion sollte man sich eine **Meinung** zum Thema bilden und **Argumente** (Begründungen und Beispiele) sammeln, die man in Form eines **Diskussionsbeitrags** vorstellen möchte. **Während** einer Diskussion sollte man auf andere eingehen, z. B. durch **Paraphrasieren**. Das heißt, man wiederholt das von anderen Gesagte mit eigenen Worten und schließt daran an. Bei Diskussionen im größeren Rahmen kann es hilfreich sein, verschiedene **Rollen** zu verteilen. Eine **Diskussionsleiterin** bzw. ein **Diskussionsleiter** übernimmt die **Moderation**, d. h., sie oder er eröffnet die Diskussion, lenkt das Gespräch und fasst die Ergebnisse möglichst neutral zusammen.

	Sinnvoll ist es auch, vor der Diskussion eine **Tagesordnung** (den Ablauf) festzulegen und zu bestimmen, wer ein **Protokoll** schreibt. **Nach** der Diskussion sollte man diese **auswerten**, z. B. besprechen, ob man sich auf eine Meinung oder einen Kompromiss einigen konnte und wie die Gesprächsregeln eingehalten wurden.
das **Drama**, der **dramatische Text** (*Plural:* die Dramen, die dramatischen Texte) → S. 163, 172	Ein Drama ist ein **literarischer Text** der Gattung **Dramatik**, der für die Aufführung auf einer Bühne verfasst ist (ein Bühnenstück). Oft werden in Dramen **Konflikte** und deren Lösung behandelt. Der **dramatische Text** ist in **Aufzüge** (oder **Akte**) eingeteilt, die wiederum aus **Szenen** bestehen. Er besteht im **Haupttext** aus wörtlicher Rede, d. h. aus **Monologen** (Selbstgesprächen) und **Dialogen** (Zwiegesprächen) von Figuren. Meist gibt es im **Nebentext Regieanweisungen**, die Hinweise zur Aufführung geben, z. B. zur Gestaltung der Bühne oder zur Sprechweise der Figuren. Um **Dramenszenen** zu **erschließen**, untersucht man u. a. die **Figuren** genau. Dazu kann man sich am Nebentext und am Haupttext (der **Figurenrede**) orientieren, besonders an **beschreibenden Aussagen** der Figuren. Oft muss man auch **eigene Vorstellungen entwickeln**. Am besten gelingt das **im Gespräch mit anderen**.
der **Eigenname** (*Plural:* die Eigennamen) → S. 275	Eigennamen sind Wörter und Wortgruppen, die zum Beispiel Personen, Orte, Veranstaltungen, Organisationen und Institutionen als einmalig bezeichnen. Eigennamen werden **immer großgeschrieben**. Wenn Adjektive, Partizipien oder Numeralien (Zahlwörter) Teil eines Eigennamens sind, werden sie ebenfalls großgeschrieben, z. B.: *Emilia, Dirk Neumann, Bahnhofstraße, Potsdam, Sachsen-Anhalt, Europa, Deutsches Rotes Kreuz, die Olympischen Spiele, Friedrich der Zweite*. Bis zum 12. Jahrhundert hatten die Menschen nur einen Namen, einen **Vornamen**, den sogenannten Rufnamen. **Familiennamen** entstanden erst, als die Ansiedlungen größer wurden und man zur Unterscheidung der Menschen einen Beinamen brauchte, z. B. aus Berufen (*Becker*), Herkunfts- und Wohnorten (*Hesse, Bachmann*), bestimmten Eigenschaften (*Lange*) oder Rufnamen (*Konrad*). Familiennamen werden noch heute von den Eltern an die Kinder vererbt. In Formularen und offiziellen Papieren sind meist Vor- und Familiennamen anzugeben, z. B.: *Jan Lewandowski* oder *Lewandowski, Jan*.
die **Entscheidungsfrage** (*Plural*: die Entscheidungsfragen) → S. 11, 15, 71	Entscheidungsfragen kann man mit Ja oder Nein beantworten. Die finite Verbform steht am Anfang der Frage, z. B.: <u>*Kommst*</u> *du mit ins Kino?*

die **Entschuldigung** (*Plural:* die Entschuldigungen)	Manchmal muss man sich entschuldigen und um Verständnis, Nachsicht oder Verzeihung bitten. Es ist dabei wichtig, die jeweilige Situation und die Gesprächspartnerin bzw. den Gesprächspartner zu beachten. Man sollte sagen, wofür man sich entschuldigt, dass es einem leidtut, einen möglichen Grund nennen und evtl. eine Wiedergutmachung anbieten. Eine Entschuldigung sollte man möglichst **annehmen**, z. B.: *Du hast das ja nicht mit Absicht gemacht. Das ist schon in Ordnung.*
die **Epik**, der **epische Text** (*Plural*: die epischen Texte)	Ein epischer Text ist ein **erzählender literarischer Text** der Gattung **Epik**. Zur Epik gehören z. B. literarische Erzählungen, Kurzgeschichten, Fabeln oder Romane.
die **Epoche** (*Plural*: die Epochen) → S. 146	Die Geschichte der Menschheit, der Kunst oder der Literatur lässt sich in Epochen (*griech.*: Zeitabschnitt) gliedern. Prägend für eine Epoche sind bestimmte gesellschaftliche, historische oder politische Entwicklungen. Diese beeinflussten das Leben und Denken der Menschen. Die Einteilung der Literatur in **Literaturepochen** kann hilfreich bei der Orientierung in der Literaturgeschichte sein. Literarische Texte einer Literaturepoche behandeln ähnliche Themen oder spiegeln Stimmungen und Konflikte der Zeit wider. Gemeinsamkeiten lassen sich auch in der Sprachverwendung und in bevorzugten Gattungen finden.
das **Erbwort** (*Plural:* die Erbwörter)	Als Erbwörter bezeichnet man die **ältesten Wörter einer Sprache**. Sie geben Hinweise auf die Abstammung einer Sprache. Die deutsche Sprache gehört zur Gruppe der **germanischen Sprachen**, wie auch das Englische, Friesische, Niederländische, Dänische, Isländische und Norwegische. Die ältesten Erbwörter des Deutschen entstanden vor ungefähr 5 000 Jahren und geben Auskunft über das Leben der germanischen Stämme. Sie können sich deshalb innerhalb der Gruppe der germanischen Sprachen ähneln, z. B.: *die Mutter – mother (engl.) – moeder (niederl.) – mor (norweg., dän.).*
die **Ergänzungsfrage** (*Plural*: die Ergänzungsfragen) → S. 11, 15, 71	Auf Ergänzungsfragen muss man ausführlicher antworten. Am Anfang der Frage steht ein Fragewort und die finite Verbform steht an zweiter Satzgliedstelle, z. B.: *Wann gehen wir morgen ins Kino?*
das **Erörtern**, die **Erörterung** (*Plural*: die Erörterungen) → S. 36, 37, 38, 39, 40	Eine Erörterung ist ein umfangreicherer **zusammenhängender Text**, in dem man sich mit einem **Problem** oder einer **Frage** auseinandersetzt. Dazu werden **Meinungen** bzw. **Standpunkte** formuliert und durch mehrere **Argumente** (Begründungen + Beispiele) begründet. Eine sinnvolle **Gliederung** und eine genaue **Sprache** sind wichtig. Es gibt zwei Hauptformen der Erörterung: • In der **linearen (steigernden) Erörterung** entscheidet man sich für einen Standpunkt und führt Argumente dafür an, wobei das wichtigste am Anfang oder am Schluss steht.

	• Bei der **kontroversen (dialektischen) Erörterung** wägt man verschiedene **Argumente für (pro)** und **gegen (kontra)** einen **Standpunkt** zu einem Problem bzw. einer Frage ab. Man kann die Argumente im **Block** (zuerst alle Pro-, dann alle Kontra-Argumente oder umgekehrt) oder im **Wechsel** anordnen.
die **Ersatzprobe** (*Plural:* die Ersatzproben)	Die Ersatzprobe ist eine sprachliche **Probe**, bei der man Wörter durch andere Wörter ersetzt. Dadurch kann man zum Beispiel den **Fall** (Kasus) dieser Wörter **ermitteln**, z. B.: *Die Mutter sucht <u>sie</u>.* (Nominativ oder Akkusativ?) – *Die Mutter sucht <u>ihn</u>.* (Akkusativ) Die Ersatzprobe hilft außerdem, über die **Schreibung von *das* oder *dass*** zu entscheiden: • Kann *da■* durch *dieses* oder *welches* ersetzt werden, ist es der Artikel oder das Relativpronomen *das*, z. B.: *Da■ (dieses) Mädchen, da■ (welches) rudert, heißt Fine.* → *das* • Ergibt der Satz bei dieser Probe keinen Sinn, so handelt es sich um die Konjunktion *dass*, z. B.: *Fine weiß, da■ (~~welches~~) sie Kraft braucht.* → *dass*
die **Erweiterungsprobe** (*Plural:* die Erweiterungsproben) → S. 187, 272	Die Erweiterungsprobe ist eine sprachliche **Probe** zur Ermittlung der **Groß- und Kleinschreibung**. Sie hilft, Nomen/Substantive und nominalisierte/substantivierte Verben und Adjektive zu erkennen, denn sie stehen immer am Ende einer **nominalen Wortgruppe**. Erweitert man die nominale Wortgruppe durch Adjektive, so ist das Wort, das am weitesten rechts steht, das Nomen oder die Nominalisierung und wird großgeschrieben, z. B.: *beim Schwimmen* — *das Blau* *beim schnellen <u>Schwimmen</u>* — *das helle <u>Blau</u>* *beim schnellen, ausdauernden <u>Schwimmen</u>* — *das helle, leuchtende <u>Blau</u>*
das **Erzählen**, die **Erzählung** (*Plural:* die Erzählungen) → S. 110, 113, 127, 128, 134	Beim Erzählen stellt man möglichst **unterhaltsam, anschaulich** und **wirkungsvoll** etwas Erlebtes oder Erfundenes dar. **Realistische Erzählungen** erzählen von Ereignissen, Figuren und Dingen, die es in der Wirklichkeit gibt oder geben könnte. **Fantasieerzählungen** erzählen von Fantasiewesen und Fantasiewelten, das heißt von unwirklichen und zauberhaften Ereignissen, Figuren oder Dingen. **Literarische Erzählungen**, z. B. Kurzgeschichten, Fabeln, Romane, gehören zur Gattung **Epik**. Erzählungen sollten so gestaltet sein, dass andere sich die Personen oder Figuren und die Handlung gut vorstellen können.

das **erzählerische Mittel** (*Plural:* die erzählerischen Mittel) → S. 113, 127	Beim **mündlichen Erzählen** sollte man neben dem anschaulichen Formulieren besonders auch auf Mimik, Gestik und Betonung achten. Beim **schriftlichen Erzählen** kommt es darauf an, alles mithilfe von Wörtern und Sätzen so darzustellen, dass Leserinnen und Leser es sich gut vorstellen können. Beim schriftlichen Erzählen von vergangenen Erlebnissen wird meist die Zeitform **Präteritum** verwendet. Um vorher Geschehenes darzustellen, braucht man manchmal auch die Zeitform **Plusquamperfekt**. Will man den Verlauf eines Geschehens besonders wirkungsvoll gestalten, kann man sich für das **Präsens** entscheiden. Um eine Erzählung zu erschließen, untersucht man zum Beispiel die **Handlung**, die **Figuren** und die **Zeitgestaltung**. • Das sichtbare Geschehen ist die **äußere Handlung**. Erzählt wird, wie Figuren handeln und sprechen. • Die **innere Handlung** umfasst die Gedanken und Gefühle der Figuren. • Die **Zeitgestaltung** umfasst die Mittel: – **Zeitdehnung**: die Erzählzeit ist länger als die erzählte Zeit, z. B. durch ausführliche Gedanken-, Gefühls-, Orts-, Zeitbeschreibungen, – **Zeitraffung**: die Erzählzeit ist kürzer als die erzählte Zeit, z. B. durch verkürzte Wiedergabe des Geschehens oder Zeitsprünge, – **Vorausdeutung**: Andeuten kommender Ereignisse, – **Rückblende**: Aufgreifen von vergangenen Ereignissen.
der **Erzählkern** (*Plural:* die Erzählkerne)	Erzählkerne helfen bei der **Planung und Gestaltung einer Erzählung**. Sie geben Ort, Zeit und Personen oder Figuren sowie wichtige Handlungsschritte vor, die man ausgestalten kann. Man entnimmt dem Erzählkern, zum Beispiel einer Zeitungsmeldung, alle wichtigen Informationen und denkt sich dazu eine passende Geschichte aus.
die **Erzählperspektive** (*Plural:* die Erzählperspektiven) → S. 127	Man kann ein Geschehen aus verschiedenen Erzählperspektiven erzählen, zum Beispiel aus der **Perspektive verschiedener Figuren**. Dazu muss man entscheiden, **wer** erzählen soll und **in welcher Form** erzählt wird. Eine ***Ich*-Erzählerin** oder ein ***Ich*-Erzähler** ist am Geschehen beteiligt, erzählt aus ihrer bzw. seiner Sicht und gibt eigene Gedanken und Gefühle wieder. Eine ***Sie*-Erzählerin** oder ein ***Er*-Erzähler** ist nicht am Geschehen beteiligt und beobachtet alles von außen.
der **Erzählplan** (*Plural:* die Erzählpläne)	Ein Erzählplan hilft bei der **Planung und Gestaltung einer Erzählung**. Dazu stellt man sich folgende Fragen: • **Worüber** bzw. **was** soll erzählt werden? • Welche **Handlungsschritte** sind wichtig? • Wo (**Orte**) und wann (**Zeiten**) geschieht etwas? • Welche **Personen** oder **Figuren** spielen eine Rolle? • Welche **Dialoge** sollen eingebaut werden? • Welche **Einleitung** macht neugierig? • Welcher **Schluss** rundet die Geschichte ab?

die **Fabel** (*Plural:* die Fabeln)	Die Fabel (*lat.* fabula – Erzählung) ist ein kurzer erzählender, manchmal auch gereimter Text. Zu ihren **Merkmalen** zählen: • Tiere denken, handeln und sprechen wie Menschen. • Den Tieren sind bestimmte menschliche Eigenschaften zugeordnet. • Fabeln enthalten eine Lehre (zentrale Aussage), die aus dem Text erschlossen werden kann und manchmal auch am Anfang oder Schluss formuliert ist.
der **feste Vergleich** (*Plural:* die festen Vergleiche)	Feste Vergleiche sind bildhafte Wortgruppen mit dem Vergleichswort *wie*, z. B.: *kämpfen <u>wie</u> ein Löwe, hart <u>wie</u> eine Nuss*.
der **Film** (*Plural:* die Filme)	Ein Film ist ein **audiovisuelles** (hör- und sehbares) **Medium**. Die **Literaturverfilmung** ist eine spezielle Gattung der Filmkunst, in der **literarische Vorlagen**, z. B. Märchen, Erzählungen, Romane oder Dramen, in das Medium „Film" überführt sind. Dabei finden Umarbeitungen und Anpassungen an das Medium statt, weshalb man auch von einer **Adaption** (Anpassung) spricht. Grundlage einer Literaturverfilmung ist ein von Drehbuchautorinnen und -autoren verfasstes **Drehbuch**, in dem die Figurenrede und verschiedene Handlungsanweisungen festgehalten sind. An einer **Filmproduktion** sind verschiedene Berufsgruppen beteiligt, z. B. Schauspielerinnen und Schauspieler, Kameraleute, Masken- und Kostümbildnerinnen und -bildner, Licht- und Tontechnikerinnen und -techniker. Unter Leitung einer **Regisseurin** oder eines **Regisseurs** arbeiten alle daran, das **Drehbuch** mithilfe verschiedener **filmischer Mittel** umzusetzen. Die wichtigsten filmischen Mittel sind: • die **Kameraeinstellung**, z. B.: *Totale, Halbtotale, Detailaufnahme,* • die **Kameraperspektive**, z. B.: *Froschperspektive, Vogelperspektive,* • das **Filmlicht**, z. B.: *die Lichtqualität (Farbton, Farbsättigung), der Lichtcharakter (weiches bis hartes Licht), die Lichtquantität (Helligkeit), die Lichtquelle (natürliches oder künstliches Licht),* • der **Soundtrack**, z. B.: *Musikstücke, neue Kompositionen, Hintergrundgeräusche*.
die **Frageprobe** (*Plural:* die Frageproben)	Die Frageprobe ist eine sprachliche **Probe** zur **Ermittlung von Fällen** (Kasus), **Satzgliedern** und **Satzgliedteilen**, z. B.: *<u>dem Jungen</u> helfen* – Wem helfen? (Dativ), *<u>die Katze</u> fangen* – Wen/Was fangen? (Akkusativ) *Sie essen den leckeren Kuchen nachmittags im Garten.* – Wer/Was isst den leckeren Kuchen ...? (Subjekt) – sie – Wen/Was essen sie ...? (Objekt) – den leckeren Kuchen – Wann essen sie ...? (Temporalbestimmung) – nachmittags usw.

das **Fremdwort**
(*Plural:* die Fremdwörter)
→ S. 292, 293, 294, 295

Fremdwörter nennt man **Wörter**, die vor allem durch den Austausch in Wirtschaft, Wissenschaft und Kultur **aus anderen Sprachen** ins Deutsche kamen, sich aber in **Aussprache**, **Schreibung** und **Betonung nicht** oder nur zum Teil dem Deutschen **angepasst** haben, z. B.:
downloaden (engl.), *das Baguette* (franz.), *die Pasta* (ital.), *die Datsche* (russ.), *der Kaffee* (arab.), *die Gitarre* (span.).
Fremdwörter enthalten häufig typische Wortbauteile, wie die **Suffixe** *-ieren, -ie, -ik, -iv, -(t)ion, -ität*, z. B.: *demonstrieren, die Diplomatie, die Republik, aktiv, die Ration, die Solidarität.*
Die **Präfixe *prä-*, *anti-*, *pro-*, *inter-*** und ***trans-*** sind typische Wortbauteile griechischer und lateinischer Fremdwörter, z. B.: *der Präsident, das Pronomen, antifaschistisch, international, der Transport.*
In einem speziellen **Fremdwörterbuch** findet man Informationen zu Bedeutung, Aussprache, Schreibung und Herkunft vieler Fremdwörter.
Die meisten **englischen Fremdwörter** werden an die deutsche Sprache angepasst oder auch **eingedeutscht**. Dies geschieht mithilfe von Artikeln (*der, die, das* + Großschreibung der Nomen/Substantive), Präfixen (*ge-*), Suffixen (*-ier-*) und Endungen (*-en, -er, -s, -et, -t*), z. B.: *shop – der Shop, die Shops, shoppen*.

---

das **Gedicht**
(*Plural:* die Gedichte)
→ S. 149, 154

Gedichte sind **literarische Texte** der Gattung **Lyrik**, die sich durch eine besondere Gestaltung von Inhalt, Sprache und Form auszeichnen. In einer **Gedichtanalyse** muss man deshalb den **Inhalt** und die **Form** des Textes untersuchen. Folgende Fragen können bei der Analyse helfen:

- Worum geht es inhaltlich? Was ist das Thema?
- Welche Stimmung geht von dem Gedicht aus?
- Wer ist das lyrische *Ich* (die lyrische Sprecherin / der lyrische Sprecher)?
- Wie ist das Gedicht formal gestaltet?
- Wie ist das Gedicht sprachlich gestaltet?
- Was ist über die Entstehungszeit und die Biografie der Dichterin bzw. des Dichters bekannt?

Hinsichtlich der **Form** und **Sprache** untersucht man:

- Verse und Strophen, z. B.: Anzahl, Gestaltung bzw. Form, Zeilensprünge (Enjambement),
- Reime, z. B.: Paarreim (a a b b), Kreuzreim (a b a b), umarmender Reim (a b b a),
- sprachliche Bilder, anschauliche Ausdrücke, z. B.: *leuchtende Augen*,
- Metaphern, z. B.: *ein Blätterdach*,
- Vergleiche, z. B.: *hell wie das Licht*,
- Personifizierungen, z. B.: *der Himmel weint*,
- Besonderheiten in Satzbau und Zeichensetzung, z. B.: *Im Herbst die Blätter bunt fallen*.

das **Genus** (*Plural:* die Genera) → S. 186	Das Genus bezeichnet das **grammatische Geschlecht** eines Nomens/ Substantivs oder eines Adjektivs: **maskulin**, **feminin** oder **neutrum**, z. B.: *der neue Mantel, die alte Jacke, das karierte Hemd.*
die **Graphic Novel** (*Plural:* die Graphic Novels)	Die Graphic Novel ist ein **gezeichneter Roman** bzw. eine **längere Geschichte**. Eine umfangreichere abgeschlossene Handlung wird vor allem mithilfe verschieden gestalteter Bilder erzählt, die meist auch unterschiedlich gestaltete Textteile enthalten.
der **Hauptsatz** (*Plural:* die Hauptsätze) → S. 214, 215, 221	Ein Hauptsatz ist ein Teil eines zusammengesetzten Satzes. Hauptsätze erkennt man daran, dass die **finite** (gebeugte) **Verbform** an **zweiter Satzgliedstelle** steht, z. B.: *Das Publikum klatscht, weil der Clown Späße macht. Der Clown macht Späße(,) und das Publikum klatscht.*
das **Hörbuch** (*Plural:* die Hörbücher)	Ein Hörbuch ist eine Tonaufzeichnung einer **Text-** oder **Buchlesung**. Der **Lesevortrag** kann gestaltet werden durch: • sprecherische Mittel (z. B. Betonung, Sprechtempo, Pausen, Lautstärke, Stimmlage), • auditive (hörbare) Mittel (z. B. Musik, Geräusche), • akustische (klangliche) Mittel (z. B. das Variieren von Tonhöhen, Schallerzeugung).
das **Hörspiel** (*Plural:* die Hörspiele)	Ein Hörspiel ist ein spezielles, für Hörmedien produziertes Stück, in dem ein **szenisch gestalteter Text** von mehreren Sprecherinnen und Sprechern (Rollenspielern) vorgetragen wird. **Originalhörspiele** werden von vornherein als Hörspieltexte verfasst. Als **Hörspieladaptionen** bezeichnet man Hörspiele, die aus anderen Texten oder Filmen hervorgegangen sind und zum Hörspiel umgestaltet wurden. Der **Hörspieltext** besteht aus Dialogen, Monologen und Regieanweisungen und gibt Auskunft über den Handlungsort, die Zeit, den Einsatz von Musik und Geräuschen. Besonders gestaltet werden Hörspiele durch einen **Soundtrack** (z. B. Musik, typische Umgebungs- und Handlungsgeräusche) sowie durch **akustische (klangliche) Mittel** (z. B. Variieren von Tonhöhen, Schallerzeugung).
das **Homonym** (*Plural:* die Homonyme) → S. 238	Wörter, die **gleich** (bzw. fast gleich) **geschrieben und ausgesprochen** werden, aber eine **unterschiedliche Bedeutung** haben, heißen Homonyme (gleichnamige Wörter), z. B.: *die Bremse* (am Fahrzeug) – *die Bremse* (Insekt). Als Homonyme werden auch (fast) gleich geschriebene bzw. gesprochene Wörter verstanden, die zu verschiedenen Wortarten gehören, z. B.: *(der) Morgen – morgen.*

der **Hypertext** (*Plural:* die Hypertexte)	Ein Hypertext (verknüpfter Text) ist ein Text, der durch **Hyperlinks** (Verknüpfungen) netzartig mit anderen Texten oder Textteilen verbunden ist. Hypertexte kann man am besten am Computer erstellen und lesen.
die **Infinitivgruppe** (*Plural:* die Infinitiv-gruppen) → S. 210, 221, 282	Bei Infinitivgruppen (erweiterte Infinitive mit *zu*) gelten folgende Kommaregeln: Ein **Komma** muss gesetzt werden, • wenn sie durch *um, ohne, (an)statt, außer, als* eingeleitet sind, z. B.: *Ich gehe ins Konzert, um die Band live zu hören.* • wenn sie sich auf ein Nomen/Substantiv beziehen, z. B.: *Ich machte den Vorschlag, ins Konzert zu gehen.* • wenn sie sich auf Wörter wie *daran, damit, darauf, es* beziehen, z. B.: *Ich liebe es, zur Musik zu tanzen.* Das Komma bei nicht erweitertem Infinitiv mit *zu* ist freigestellt, z. B.: *Ich liebe es(,) zu tanzen.* Man kann Fehler vermeiden, indem man beim Infinitiv mit *zu* immer ein Komma setzt. Besonders achten muss man bei Infinitivgruppen auf **Verben**, die **mit *zu* zusammengesetzt** sind, z. B.: *zusehen, zustimmen, zustellen, zutreffen.* *Es war schon immer mein Wunsch, einem Flugzeug bei der Landung zuzusehen. Wir sollten ihn dazu bringen, unserem Vorschlag zuzustimmen.*
Informationen suchen	Informationen kann man in verschiedenen Quellen suchen: • Ein **Lexikon** (*Plural:* Lexika) ist ein alphabetisch geordnetes Nachschlagewerk, in dem Begriffe aus verschiedenen Wissensgebieten erklärt werden. Lexika gibt es in Buchform und in elektronischer Form. • Auch **Wörterbücher** gehören zu den Lexika, da in ihnen die Bedeutung von Wörtern erklärt wird. • **Sachbücher** vermitteln in allgemein verständlicher Sprache Wissen zu verschiedenen Themen. Zur Orientierung kann man das **Inhaltsverzeichnis**, den **Klappentext** (auf der Rückseite oder dem Schutzumschlag gedruckte Inhaltsangabe) und das **Register** (alphabetisch geordnetes Stichwortverzeichnis am Ende) nutzen. • **Zeitschriften** erscheinen **regelmäßig** (z. B. einmal pro Woche oder Monat) und richten sich an bestimmte Leserinnen und Leser. Das **Titelbild** und das **Inhaltsverzeichnis** ermöglichen, sich einen Überblick über die Leitthemen und den Inhalt zu verschaffen. • Eine **Suchmaschine** erleichtert die Suche nach bestimmten Informationen im **Internet**. Man gibt einen oder mehrere **Suchbegriffe** (Schlüsselwörter) in das Suchfeld ein, z. B.: *Hund, Dackel, kleiner Hund, Dackel kaufen, Wie viel kostet ein Dackel?* Zur **Beurteilung der Suchergebnisse** sollte man die Autorin bzw. den Autor, die Herkunft der Webseite, ihre Aktualität und den Inhalt einbeziehen. Entnimmt man einer Quelle Informationen und Textstellen, muss man die **Quellenangabe** exakt notieren.

die **Inhaltsangabe** (*Plural:* die Inhalts-angaben) → S. 30, 31, 123, 126	In einer Inhaltsangabe gibt man möglichst sachlich und knapp den wesentlichen Inhalt eines Textes, Films, Theaterstücks o. Ä. wieder. Dabei muss man berücksichtigen, **für wen** und **warum** die Inhaltsangabe verfasst wird. Eine Inhaltsangabe enthält folgende **Bestandteile**: • **Einleitung**: Angaben zu Autorin bzw. Autor, Textsorte, Titel, Thema und Quelle des Textes, • **Hauptteil**: Hauptinformationen sowie wichtige Einzelinformationen (z. B. Nennen der Figuren, Handlungsorte und -zeiten, des zentralen Themas oder Problems, der wichtigsten Handlungsschritte u. Ä.), • **Schluss**: Besonderheiten des Textes und Überleitung zum eigenen Thema bzw. Anliegen. Beim Schreiben einer **Inhaltsangabe** muss man folgende **sprachliche Besonderheiten** beachten: • den Inhalt überwiegend mit eigenen Worten zusammenfassen, • knapp und sachlich formulieren, • auf genaue Wortwahl achten und Wiederholungen vermeiden, • direkte Rede in indirekte Rede umwandeln, • im Präsens oder Perfekt (Vorzeitigkeit) schreiben.
das **Interview** (*Plural*: die Interviews) → S. 68, 71, 72	Das Interview (*engl.*, inter-: gegenseitig, view: Sicht, Sichtweise) ist eine Methode, um Informationen über Meinungen, Einstellungen, Wissen und Verhalten von Menschen zu erhalten. Die bzw. der Befragte als Person steht dabei im Mittelpunkt. Die Fragen und Antworten werden wörtlich wiedergegeben und müssen sorgfältig vorbereitet werden. Am besten eignen sich **Ergänzungsfragen**, da man sie ausführlich beantworten muss. **Entscheidungsfragen**, die nur mit Ja oder Nein beantwortet werden müssen, sind für Interviews weniger geeignet.
die **journalistische Textsorte** (*Plural*: die journalisti-schen Textsorten) → S. 58, 60, 62	Medien, insbesondere Zeitungen und Zeitschriften, enthalten journalistische Textsorten. Zu den **informierenden journalistischen Texten** zählen: • Die **Meldung**: eine Kurznachricht, die sachlich das Nötigste über ein Ereignis mitteilt. • Die **Nachricht**: eine kurze, sachliche Mitteilung über eine allgemein interessierende und nachprüfbare Tatsache. In der Regel steht das Wichtigste am Anfang. Kurz und knapp werden Informationen zu *W*-Fragen mitgeteilt, meist im Präteritum formuliert. • Der **Bericht** ist länger als eine Nachricht und kann zusätzlich noch Hintergrundinformationen und Zusammenhänge darstellen. Zu den **wertenden journalistischen Textsorten** zählt unter anderem: • Der **Kommentar**: eine gründlich recherchierte, namentlich gekennzeichnete, meist umfangreichere Meinungsäußerung einer Autorin bzw. eines Autors zu einem aktuellen Thema. Oft bezieht der Kommentar sich auf einen Bericht in derselben Zeitung oder auf eine Online-Veröffentlichung. Kommentare sollen dazu anregen, die persönliche Haltung zu einem Thema zu entwickeln oder zu hinterfragen.

	Besonders viele und sehr unterschiedliche Kommentare finden sich im **Internet**, sowohl als **journalistische Textsorte** als auch als **kürzere Meinungsäußerung** verschiedener Leserinnen und Leser sowie am Thema interessierter Personen.
die **Kalendergeschichte** (*Plural*: die Kalendergeschichten)	Kalendergeschichten sind **kurze Erzählungen**, die seit dem 16. Jahrhundert für Kalender geschrieben wurden. Erzählt wird meist von besonderen, merkwürdigen oder lustigen Ereignissen, die Leserinnen und Leser unterhalten, aber auch zum Nachdenken anregen und mitunter belehren sollen. Später erschienen solche Geschichten auch in Zeitungen und in Buchform. Bekannte Autoren von Kalendergeschichten sind zum Beispiel Johann Peter Hebel, Erwin Strittmatter und Bertolt Brecht.
der **Kasus** (*Plural:* die Kasus) → S. 186	Als Kasus bezeichnet man den **Fall** eines deklinierbaren Wortes (Nomen/Substantiv, Artikel, Adjektiv, Pronomen). Es gibt vier Fälle: **Nominativ** (Wer? Was?): *der grüne Baum, das kleine Kind* **Genitiv** (Wessen?): *des grünen Baumes, des kleinen Kindes* **Dativ** (Wem?): *dem grünen Baum, dem kleinen Kind* **Akkusativ** (Wen? Was?): *den grünen Baum, das kleine Kind*
die **Konjugation** (*Plural:* die Konjugationen) → S. 184, 185	Die Konjugation ist die **Beugung** von Verben, z. B.: *ich lese, du liest, er/sie/es liest; wir lesen, ihr lest, sie lesen.*
die **Konjunktion** (*Plural:* die Konjunktionen) → S. 184, 185, 189, 214, 215	Konjunktionen (Bindewörter) gehören zu den **unveränderbaren** (nicht flektierbaren) **Wortarten**. Sie verbinden Wörter, Wortgruppen und Teilsätze miteinander, z. B.: *Lanh, Simon und Tom gingen gemeinsam an den Start.* *Er siegte über 100 Meter sowie in der Staffel über 400 Meter.* *Seit sie sich fürs Rudern entschieden hat, sitzt sie fast jeden Tag im Boot.* Nach ihrer **Bedeutung** unterscheidet man: • **aufzählende** Konjunktionen, z. B.: *und, oder, wie, sowohl … als auch …, weder … noch …, entweder … oder …,* • **entgegenstellende** Konjunktionen, z. B.: *aber, jedoch, doch.* Nach ihrer **Funktion** unterscheidet man: • **nebenordnende** Konjunktionen, die gleichrangige Wörter, Wortgruppen und Teilsätze miteinander verbinden, z. B.: *Bild und Ton. Bild oder Ton. Er filmt, aber sie textet. Er filmt(,) und sie textet(,) und wir spielen die Instrumente.* • **unterordnende** Konjunktionen, die einen Nebensatz einleiten, z. B.: *Er hofft, dass er den Preis gewinnt. Als er den Preis gewann, war er 17.* Die Schreibung der **Konjunktion *dass*** muss man sich besonders einprägen. Sie wird oft mit dem Relativpronomen *das* verwechselt, denn beide Wörter leiten einen Nebensatz ein. Die **Ersatzprobe** hilft, beide zu unterscheiden.

das **kreative Schreiben** (*keine Pluralform*) → S. 156	Beim kreativen Schreiben schreibt man aus sich selbst heraus, um Gedanken, Gefühle, Wünsche, Träume oder Hoffnungen festzuhalten oder um sich gestaltend mit ihnen auseinanderzusetzen, zum Beispiel in Form eines Tagebucheintrags, Gedichts oder einer Erzählung. Anlässe können anregende Bilder, Texte oder Musiken sein, aber auch besondere Situationen, Erlebnisse oder Erinnerungen.
die **Kriminalgeschichte** (*Plural*: die Kriminalgeschichten) → S. 110	In Kriminalgeschichten (Krimi: *Abkürzung für* Kriminalgeschichte oder -film) wird von Verbrechen und deren Aufklärung erzählt. Eine Sonderform der Kriminalliteratur ist die **Detektivgeschichte**, wo weniger die Tat als vielmehr deren Aufdeckung (*engl.* to detect – aufdecken) durch hartnäckige Ermittlerinnen oder Ermittler im Mittelpunkt steht, zum Beispiel durch den klug kombinierenden Detektiv Sherlock Holmes oder die gut beobachtende Detektivin Miss Marple.
die **Kurzgeschichte** (*Plural*: die Kurzgeschichten) → S. 128	Kurzgeschichten (in Anlehnung an die amerikanischen *Short Stories*) sind kurze, prägnante Erzählungen mit folgenden typischen **Merkmalen**: • erzählt werden einzelne alltägliche Ereignisse, • wenige Figuren, • oft unvermittelter Beginn, • meist offenes Ende, mitunter überraschend, • begrenzte Handlungszeit (wenige Stunden oder Tage), • begrenzte Handlungsorte (oft nur einer), • knappe, alltägliche Sprache, häufig anschauliche Wortwahl und Metaphern.
das **Lehnwort** (*Plural:* die Lehnwörter)	**Wörter**, die **aus anderen Sprachen** übernommen (entliehen) wurden, heißen Lehnwörter. Sie haben sich im Laufe der Zeit in **Aussprache**, **Schreibung** und **Deklination** (Beugung) der deutschen Sprache **angepasst**, sodass man ihre eigentliche Herkunft oft gar nicht mehr erkennt, z. B.: *Portal* (*von lateinisch* porta), *Fenster* (*von lateinisch* fenestra).
der **Leserbrief** (*Plural:* die Leserbriefe)	Ein Leserbrief enthält eine **schriftliche Stellungnahme** zu einem Artikel in einer Zeitung, Zeitschrift oder im Internet. Ein Leserbrief besteht aus: • **Einleitung**: Hier wird geschrieben, auf welchen Artikel man sich bezieht. • **Hauptteil**: Man formuliert kurz die eigene **Meinung** und nennt **Argumente** (Begründungen und Beispiele) dafür. Dabei bezieht man sich auch auf den Artikel. • **Schluss**: Der eigene **Standpunkt** wird kurz zusammengefasst.

das **Lesetagebuch** (*Plural:* die Lesetagebücher)	In einem Lesetagebuch kann man seine Erfahrungen mit dem Lesen ganzer Bücher festhalten und sich so mit ihnen auseinandersetzen. Es kann individuell oder gemeinsam mit anderen geführt werden. Neben dem **Deckblatt** sollte man verschiedene **Seiten kreativ gestalten** und schrittweise ergänzen. Man kann zum Beispiel **Figurenseiten** zu wichtigen Figuren anlegen und **Kapitelseiten** zu ausgewählten Kapiteln.
Literarische Figuren charakterisieren → S. 118, 122	Literarische Figuren werden charakterisiert, damit andere sich eine Vorstellung von ihnen machen können oder um sich mit der Figur auseinanderzusetzen. Um das Aussehen einer Figur zu beschreiben, benennt man ihre **äußeren Merkmale** (Gesamterscheinung, Einzelheiten, Besonderheiten) möglichst genau. Um eine Figur zu charakterisieren, stellt man neben der Beschreibung deren Lebensumstände, Gedanken, Gefühle, Verhaltensweisen, ihr Verhältnis zu anderen u. Ä. dar. Diese **inneren Merkmale** machen den Charakter der Figur deutlich. Am besten gelingt das Charakterisieren, wenn man sich **im Gespräch mit anderen** austauscht. Man sollte versuchen, sich in die Figuren hineinzuversetzen. Dazu kann man Gedanken, Gefühle und Stimmungen auf besondere Weise ausdrücken, zum Beispiel mithilfe passender Musik oder Farben. Eine gute Möglichkeit ist es, den Text laut zu lesen und auszuprobieren, wie die Figuren sprechen könnten.
literarische Texte erschließen → S. 127	Beim Erschließen (Analysieren) literarischer Texte muss man ihren **Inhalt** und ihre **Form** untersuchen, um daraus Aussagen und mögliche **Deutungen (Interpretationen)** abzuleiten. Dazu betrachtet man: • die **Handlung** (zentrales Thema bzw. zu lösendes Problem, Handlungsorte, Handlungszeiten), • die **Figuren** (äußere Merkmale wie Gesamterscheinung, Einzelheiten, Besonderheiten; innere Merkmale wie Gedanken, Gefühle, Verhaltensweisen), • die **Gestaltungsmittel** (Erzählperspektive; zeitliche Gestaltung wie Rückblende, Vorausdeutung, Zeitraffung, Zeitdehnung; sprachliche Mittel wie bildhafte Vergleiche und Bezeichnungen, Metaphern, abwechslungsreiche und genaue Bezeichnungen, Personifizierungen).
das **literarische Gespräch** (*Plural*: die literarischen Gespräche) → S. 134, 172	Das **Sprechen über Literatur** in einem literarischen Gespräch kann ebenfalls dabei helfen, **Texte** zu **erschließen** und zu **deuten** (zu **interpretieren**). Man tauscht sich mit anderen darüber aus, welche Gedanken und Gefühle, aber auch welche Fragen und Irritationen beim Lesen oder Hören von Texten und Textstellen entstehen. Das trägt dazu bei, mögliche Deutungen (Interpretationen) zu erkennen, zu überdenken, ggf. zu verändern oder zu erweitern.

die **Lügengeschichte** (*Plural:* die Lügengeschichten)	Lügengeschichten sind **Erzählungen**, die eine Reihe von Lügen enthalten. Dabei übertreibt die *Ich*-Erzählerin oder der *Ich*-Erzähler im Laufe der Geschichte immer stärker. Die Lügen einer Lügengeschichte sind eindeutig zu erkennen, sie sollen unterhaltend wirken.
die **Lyrik,** der **lyrische Text** (*Plural*: die lyrischen Texte)	Ein lyrischer Text ist ein formal und sprachlich besonders gestalteter **literarischer Text** der Gattung **Lyrik**, meist in Form eines Gedichts aus Versen und Strophen.
das **Märchen** (*Plural:* die Märchen)	In Märchen wird von Wunderbarem und Wundersamem in einer Fantasiewelt erzählt. Viele Märchen wurden mündlich überliefert, dadurch entstanden oft Varianten. Märchen sind an den folgenden **Merkmalen** zu erkennen: • Ort und Zeit der Handlung sind nicht genau angegeben. • Eine Heldin oder ein Held muss schwierige Aufgaben meistern. • Es gibt Zauberei und Fantasiewesen. • Meist siegt das Gute über das Böse. • Beginn und Ende sind gleich oder ähnlich. • Sprüche wiederholen sich oft. • Oft gibt es Gegensatzpaare oder magische Zahlen.
die **Medien** (*Singular:* das Medium) → S. 57	Medien sind Mittel zur Verständigung, Information, Präsentation, Wissensgewinnung, Unterhaltung und Entspannung, z. B. Buch, Zeitung, Zeitschrift, Hörfunk, Film und Fernsehen, Computer. Man unterscheidet **Printmedien** (Druckmedien, zum Lesen) und **audiovisuelle Medien** (zum Hören und Sehen). Ein **Medienverbund** ist ein Angebot aus mehreren zueinander in Bezug stehenden Einzelmedien, z. B. Buch, Hörbuch, Hörspiel, Film, Anschauungs-, Lern- und Spielmaterialien. Ein Medienverbund entsteht oft ausgehend von einem **Start-** oder **Leitmedium** (z. B. einem Buch, einem Film oder einem Hörspiel).
das **mehrdeutige Wort** (*Plural:* die mehrdeutigen Wörter)	Viele Wörter haben nicht nur eine Bedeutung, sondern mehrere. Man nennt sie mehrdeutige Wörter. Welche der Bedeutungen gemeint ist, wird erst aus dem Verwendungszusammenhang klar, z. B.: *der Hahn* (Tier) – *der Hahn* (Wasserhahn).
die **Metapher** (*Plural:* die Metaphern) → S. 154, 240	Eine Metapher ist ein Wort oder ein Ausdruck mit einer **übertragenen, bildhaften Bedeutung**. Sie entsteht durch Übertragung eines Wortes mit seiner ursprünglichen Bedeutung auf einen anderen Sachbereich. Grundlage dafür ist ein gemeinsames Merkmal der Ähnlichkeit in beiden Bedeutungen, z. B.: *der Fuß des Menschen* → *am Fuß des Berges* (ursprüngliche Bedeutung) (übertragene Bedeutung) Durch Metaphern wird die Ausdrucksweise eines Textes bildhaft und anschaulich.

die **Mindmap** (*Plural:* die Mindmaps)	Eine Mindmap (*engl.* mind – Gedanken, Gedächtnis, map – Landkarte) dient der **übersichtlichen Sammlung** und logischen **Strukturierung** von Informationen oder Gedanken und Ideen zu einem Thema. Man kann diese **Methode** deshalb gut zur **Planung** und **Gliederung** nutzen. Ausgehend von einem zentralen Begriff in der Mitte werden weiterführende Informationen bzw. Gedanken und Ideen ringsherum angeordnet. Linien (z. B. Haupt- und Nebenäste) verdeutlichen Beziehungen, z. B. zwischen Ober- und Unterbegriff oder Ganzem und Teil.
das **Mitschreiben** (*keine Pluralform*)	Das Mitschreiben dient dem schriftlichen Festhalten von Gehörtem. Dabei kommt es darauf an, dass man • genau und konzentriert zuhört, • Wesentliches von Unwesentlichem unterscheidet, • Aussagen schnell und genau zusammenfasst. Um schnell mitschreiben zu können, sollte man **Stichpunkte** notieren, (z. B.: *zu teuer, Oma um Geld bitten*) und **Abkürzungen** oder **Zeichen** bzw. Symbole nutzen (z. B.: *u., ca., usw., bzw.*, +, ?, ▶, →). Abschließend kann man **Wichtiges** verschiedenfarbig **markieren**.
Mitteilungen verfassen → S. 41, 43, 45, 93, 95	Mitteilungen verfasst man für andere, um sie zum Beispiel zu informieren, um etwas zu bitten, etwas zu fragen oder sich zu entschuldigen, abzusagen bzw. Anträge zu stellen, sich zu bewerben oder zu beschweren bzw. etwas zu reklamieren. Man muss beachten, **an wen** die Mitteilung gerichtet ist, **aus welchem Anlass** man schreibt und **welches Ziel** man verfolgt. **Private Briefe** und **E-Mails** sind persönliche Mitteilungen einer Privatperson an eine andere, zum Beispiel Einladungen, Trostbriefe, Liebesbriefe, Urlaubsgrüße und Geburtstagskarten. **Offizielle Briefe** und **E-Mails** sollten kurz, aber höflich formuliert und übersichtlich gestaltet sein. Briefe sollten eine bestimmte **Form** haben und Folgendes enthalten: • Name und Adresse der **Absenderin** bzw. des **Absenders** (oben links) • Name und Adresse der **Empfängerin** oder des **Empfängers** (im Adressfeld darunter) • **Datum** (am rechten Rand darunter) • Anlass des Briefes (in der **Betreffzeile**), z. B.: *Bitte um Reparatur* • **Anrede**, z. B.: *Sehr geehrte Frau Schiller, ...* oder *Sehr geehrte Damen und Herren, ...* • **Brieftext** (nach Komma und Leerzeile klein weitergeschrieben), gegliedert in **Einleitung**, **Hauptteil** und **Schluss** • **Grußformel** und **persönliche Unterschrift**, z. B.: *Mit freundlichen Grüßen* *(Unterschrift)*

	In **Kurznachrichten** und **E-Mails** kann man manchmal **Emoticons** (*engl.* emotion – Gefühl, icon – Bild, Zeichen) oder **Emojis** (z. B. Smileys) nutzen, um Stimmungen auszudrücken. Emoticons bestehen aus Schriftzeichen, z. B.: :-) *Ich bin glücklich.* :-(*Ich bin traurig.* Oft werden in Kurznachrichten und E-Mails auch **Abkürzungen** aus Wortanfängen verwendet, z. B.: *FG – freches Grinsen, LG – Liebe Grüße.*
das **Nacherzählen**, die **Nacherzählung** (*Plural:* die Nacherzählungen)	Beim Nacherzählen wird die **Handlung** einer Erzählung (Geschichte) in der gleichen Reihenfolge wie im Originaltext **wiedergegeben**. Nacherzählt wird hauptsächlich mit eigenen Worten, **wörtliche Rede** kann aber erhalten bleiben. Wichtige oder typische Wörter und Wendungen kann man ebenfalls wörtlich übernehmen, z. B.: *Es war einmal …* Vor dem Nacherzählen sollte man die Geschichte mehrmals gründlich lesen oder hören und sich **Stichpunkte** zur Handlung notieren.
die **nachgestellte Erläuterung** (*Plural:* die nachgestellten Erläuterungen) → S. 208	Mit nachgestellten Erläuterungen werden Bezugswörter, meist Nomen/Substantive, näher erklärt. Es gibt: • **Appositionen**, das heißt nachgestellte Erläuterungen im gleichen Fall wie das Beziehungswort, z. B.: *Den Zutritt zum Tatort, dem Keller, versperrte die Polizei.* • nachgestellte Erläuterungen, die durch besondere Wörter wie *und zwar, nämlich, besonders, also, unter anderem (u. a.), zum Beispiel (z. B.), vor allem (v. a.), das heißt (d. h.)* eingeleitet werden, z. B.: *Spuren am Tatort, und zwar seine Fingerabdrücke, überführten den Täter.* • **Datumsangaben**, die auf einen Wochentag folgen. Sie stehen im gleichen Fall wie der Wochentag, auf den sie sich beziehen, z. B.: *Der Mann wird seit Montag, dem 1. Oktober(,) vermisst.* Nachgestellte Erläuterungen werden durch **Kommas** abgegrenzt.
der **Nebensatz** (*Plural:* die Nebensätze) → S. 215, 221	Ein Nebensatz ist ein Teilsatz eines zusammengesetzten Satzes. Nebensätze erkennt man daran, dass am Satzanfang meist ein **Einleitewort** steht und am Satzende die **finite** (gebeugte) **Verbform**. Nebensätze werden immer durch **Komma** abgegrenzt, z. B.: *Das Publikum klatscht, weil der Clown Späße macht.*
das **Nomen/Substantiv** (*Plural:* die Nomen/Substantive) → S. 184, 185, 186	Das Nomen/Substantiv ist eine **veränderbare** (flektierbare) **Wortart**, die Lebewesen, Gegenstände, Orte, Zeitangaben, Ereignisse und Gefühle bezeichnet. Nomen haben ein grammatisches **Geschlecht** (Genus), das man am Artikel erkennen kann (maskulin: *der*, feminin: *die*, neutrum: *das*). Jedes Nomen tritt in einer bestimmten **Zahl** (Numerus) auf: Singular (Einzahl) oder Plural (Mehrzahl). Nomen werden **dekliniert**: Sie stehen dann in einem bestimmten **Fall** (Kasus), den man mithilfe der **Frageprobe** erfragen kann: Nominativ, Genitiv, Dativ, Akkusativ. Nomen schreibt man immer **mit großem Anfangsbuchstaben**, z. B.: *der Gärtner, die Wiese, das Gefühl.*

	Nomen können **Begleitwörter** bei sich haben: • den bestimmten oder unbestimmten Artikel, z. B.: *der Beruf, eine Maske,* • ein Pronomen, z. B.: *seine Frisur,* • eine Präposition, z. B.: *zu Beginn,* • ein Zahlwort, z. B.: *in zwei Rollen, in allen Filmen,* • ein Adjektiv, z. B.: *bei hellem Licht.* Das Begleitwort markiert oft die **Zahl** (Numerus), den **Fall** (Kasus) und das **grammatische Geschlecht** (Genus) des Nomens. Nomen stehen immer am Ende einer **nominalen Wortgruppe**. Deshalb hilft zur Ermittlung von Nomen die **Erweiterungsprobe**.
die **Nominalisierung/ Substantivierung** (*Plural:* die Nominalisierungen/Substantivierungen) → S. 187, 272	Jedes Wort kann im Deutschen **als Nomen/Substantiv gebraucht**, also nominalisiert/substantiviert, werden. Es wird dann **mit großem Anfangsbuchstaben** geschrieben und **dekliniert** (gebeugt) wie ein Nomen. Es kann von einem Artikel, einem Pronomen, einer Präposition, einem Zahlwort oder einem Adjektiv **begleitet** werden. Eine Nominalisierung steht immer am Ende einer **nominalen Wortgruppe**. Deshalb hilft die **Erweiterungsprobe**, sie zu erkennen.
das **Numerale** (*Plural:* die Numeralien)	Numeralien sind **Zahlwörter**, die eine Menge oder eine Anzahl angeben. Man unterscheidet zwei Arten: • **bestimmte Numeralien**, z. B.: *eins, zwei, hundert, erster, ein Dutzend,* • **unbestimmte Numeralien**, z. B.: *einige, wenige, Tausende, alle, mehrmals.* Numeralien gehören zu **unterschiedlichen Wortarten**, z. B.: Nomen: *Das Fußballspiel verfolgten Millionen Zuschauer am Fernseher.* Adjektiv: *Die Mannschaft belegte den ersten Platz.* Adverb: *Er trat dreimal zum Wettkampf an.*
der **Numerus** (*Plural:* die Numeri) → S. 186	Der Numerus bezeichnet die **Zahl** eines Nomens/Substantivs, Artikels, Adjektivs oder Pronomens. Es gibt eine Form für den **Singular** (Einzahl) und eine andere Form für den **Plural** (Mehrzahl), z. B.: *der schöne Tag – die schönen Tage.*
das **Objekt** (*Plural:* die Objekte) → S. 205	Das Objekt ist ein **Satzglied**, welches das Prädikat ergänzt. Der Fall des Objektes ist vom Verb abhängig. Zur Bestimmung des Falls kann man die **Frageprobe** nutzen. Man unterscheidet: • **Dativobjekte** (Frage: Wem?), z. B.: *Sie begegnet einer Freundin.* • **Akkusativobjekte** (Frage: Wen? Was?), z. B.: *Er liest ein Buch. Wir besuchen ihn.* • **Genitivobjekte** (Frage: Wessen?), z. B.: Er rühmt sich *seiner Klugheit.* • **Präpositionalobjekte** (der Fall wird von einer Präposition bestimmt), z. B.: *Er kümmert sich um ihren Sohn. Sie setzt sich für den Umweltschutz ein.* (Fragen: Um wen? Worum? Wofür? Für was? – Präpositionalobjekt im Akkusativ)

die **Partizipgruppe** (*Plural:* die Partizip-gruppen) → S. 212, 221	Partizipgruppen sind Konstruktionen, in deren Kern ein Partizip enthalten ist, z. B.: *Die Polizei nutzt Phantombilder, gezeichnet am Computer.* (Partizip II) *Die Polizei verwendet Phantombilder, Gesichtsmuster nutzend.* (Partizip I) Nachgestellte Partizipgruppen müssen durch **Komma** abgegrenzt werden. Vorangestellte und eingeschlossene Partizipgruppen können durch Komma abgetrennt werden, z. B.: *Gesichtsteile zusammenfügend(,) erstellt Frau T. Phantombilder.* *Frau T. erstellt(,) Gesichtsteile zusammenfügend(,) Phantombilder.* Man kann Fehler vermeiden, indem man Partizipgruppen immer durch Komma abgrenzt.
die **Personifizierung** (*Plural:* die Personifi-zierungen) → S. 154, 242	Die Personifizierung ist ein Mittel der anschaulichen und wirkungsvollen Gestaltung literarischer, vor allem lyrischer Texte. Durch Personifizierung werden **unbelebten Dingen menschliche Eigenschaften und Handlungen** zugeschrieben, z. B.: *die Sonne lacht, der Wind bläst, der schweigende Wald.*
das **Prädikat** (*Plural:* die Prädikate) → S. 205	Das Prädikat ist ein **Satzglied**, das etwas über das Subjekt aussagt (**Satzaussage**). Man kann es mit der Frage *Was wird ausgesagt?* erfragen. **Subjekt** und **Prädikat** sind die Hauptbestandteile eines Satzes. Sie bilden den **Satzkern** und stimmen in Person und Zahl überein. Besteht das Prädikat nur aus der finiten (gebeugten) Verbform, dann nennt man es **einteiliges Prädikat**. Ein **mehrteiliges Prädikat** besteht aus der finiten (gebeugten) Verbform und anderen, infiniten (ungebeugten) Verbformen (Infinitiv, Partizip II) oder weiteren Wörtern. Das mehrteilige Prädikat kann andere Satzglieder einrahmen. Es bildet dann einen **prädikativen Rahmen**, z. B.: *Wir haben den Rucksack gepackt.*
der **Praktikumsbericht** (*Plural:* die Praktikumsbe-richte) → S. 96, 98, 99, 100	In einem Praktikumsbericht dokumentiert man Ziele, Aufgaben, Verlauf und Ergebnisse eines Praktikums. In einem **Tagesbericht** werden der **Ablauf** und die **Ergebnisse** eines Arbeitstages dokumentiert. Man berichtet genau, sachlich und chronologisch (in der richtigen zeitlichen Abfolge) sowie unter Verwendung von **Fachwortschatz**. Der Tagesbericht kann kurz und übersichtlich als Tabelle oder ausführlich als zusammenhängender Text gestaltet sein. In einem **Abschlussbericht** werden die wichtigsten Erkenntnisse und Erfahrungen aus dem gesamten Praktikum zusammengefasst.
die **Präposition** (*Plural:* die Präpositionen) → S. 184, 185	Die Präposition ist eine **unveränderbare** (nicht flektierbare) **Wortart**, die **räumliche, zeitliche oder andere Beziehungen** zwischen Wörtern und Wortgruppen ausdrückt, z. B.: *in, vor, unter, über, hinter, seit, für, mit.* Präpositionen stehen meist **vor dem Nomen/Substantiv** und seinen Begleitwörtern. Sie ändern ihre Form nicht, aber sie **fordern** einen bestimmten **Fall**. Die Präpositionen und den Fall, den sie fordern, muss man sich einprägen.

	In der Umgangssprache werden Präpositionen und Artikel oft zusammengezogen, z. B.: *am (an dem), beim (bei dem).* Die Präpositionen *an, auf, hinter, in, neben, über, unter, zwischen, vor* nennt man **Wechselpräpositionen**, weil sie entweder den Dativ oder den Akkusativ fordern. Den Fall bestimmt allein das Verb, z. B.: *Lilly setzt sich in den bequemen Kinosessel.* (Wohin? Akkusativ) *Jurek und Paul sitzen im (in dem) Parkett.* (Wo? Dativ)
das **Präsentieren**, die **Präsentation** (*Plural:* die Präsentationen) → S. 74, 75, 78, 79, 80	Das Halten eines durch Anschauungsmaterial gestalteten Vortrags nennt man Präsentation. In einem **Vortrag** informiert man andere über ein bestimmtes Thema. Zur **Vorbereitung** einer Präsentation muss man Informationen sammeln und ordnen und übersichtliche Stichpunkte notieren. Zur Veranschaulichung nutzt man z. B. Übersichten, Karten, Diagramme, Fotos oder Videos, die mithilfe von **Medien**, z. B. Tafel, Bilder, Poster, PC und Beamer, präsentiert werden. Man kann seinen Vortrag auch durch eine PowerPoint-Präsentation unterstützen, in der man verschiedene Anschauungsmaterialien zeigt. Eine Präsentation sollte einer **Gliederung** folgen: • **Einleitung:** das Thema oder die Frage nennen, das Interesse der Zuhörenden wecken, die Gliederung der Präsentation vorstellen, • **Hauptteil:** Informationen zum Thema oder zur Frage geordnet vortragen, dabei unterschiedliche Medien zur Veranschaulichung nutzen, • **Schluss:** Wesentliches noch einmal knapp zusammenfassen, den Zuhörenden für ihr Interesse danken und um Fragen bitten. Beim Präsentieren achtet man auf freies, langsames und deutliches Sprechen und hält Blickkontakt zum Publikum. Außerdem ist die **Körpersprache** wichtig, zum Beispiel die **Mimik** (der Gesichtsausdruck) und die **Gestik** (die Bewegungen). Das Vortragen und Präsentieren sollte man vorher mehrmals üben.
das **Pronomen** (*Plural:* die Pronomen) → S. 184, 185	Das Pronomen ist eine **veränderbare** (flektierbare) **Wortart**, die Nomen/Substantive **ersetzen** oder **begleiten** kann. Pronomen werden wie Nomen **dekliniert** (gebeugt), also dem Bezugsnomen in **Geschlecht** (Genus), **Zahl** (Numerus) und **Fall** (Kasus) angepasst, z. B.: *neben mir, meines Vaters, zu diesem Haus; Can heißt ein Skater, den ich gut kenne. Can heißt der Skater, von dem ich viel lerne.* **Personalpronomen** (persönliche Fürwörter: *er, sie, es; wir, ihr, sie*) können Nomen/Substantive ersetzen, um Wiederholungen zu vermeiden. Die Personalpronomen treten dann als **Stellvertreter der Nomen** auf und erfüllen deren Aufgaben im Satz, z. B.: *Mein Hund ist ein Dackel. Er heißt Bello.* Die **persönlichen Anredepronomen** (*du/dein, ihr/euer*) können in Briefen und E-Mails klein- oder großgeschrieben werden. Die **höflichen Anredepronomen** (*Sie, Ihr*) und alle ihre Formen (z. B.: *Ihnen, Ihre*) werden immer **großgeschrieben**.

	Possessivpronomen (besitzanzeigende Fürwörter) können Nomen/ Substantive **begleiten**, z. B.: <u>*mein*</u> *Hund,* <u>*unsere*</u> *Katze*. Sie zeigen den Besitz an. Zu jedem Personalpronomen gehört ein Possessivpronomen, z. B.: *ich – mein, du – dein, wir – unser.* **Demonstrativpronomen** (hinweisende Fürwörter: *dieser, diese, dieses, diese; jener, jene, jenes, jene; der, die, das, die*) weisen auf etwas hin, das vorher genannt wurde. Sie können als **Begleitwort oder Stellvertreter** genutzt werden, z. B.: *Ich bevorzuge* <u>*dieses*</u> *Blau. Ich nehme lieber* <u>*das*</u>. **Relativpronomen** (bezügliche Fürwörter: *der, die, das, die; welcher, welche, welches, welche*) leiten Nebensätze ein, die ein Nomen im Hauptsatz näher erklären. Solche Nebensätze nennt man **Relativsätze**, z. B.: *Ein Skater,* <u>*der*</u> *auf dem Fußweg fährt, muss Rücksicht nehmen.* **Reflexivpronomen** (rückbezügliche Fürwörter) treten zusammen mit reflexiven Verben auf (*sich treffen, sich freuen, sich bedanken, ...*). Sie beziehen sich auf das Subjekt des Satzes, z. B.: <u>*Er*</u> *hat* <u>*sich*</u> *beim Skaten verletzt.* (sich verletzen) <u>*Wir*</u> *haben* <u>*uns*</u> *gesonnt.* (sich sonnen) Zu jedem Personalpronomen gehört ein Reflexivpronomen, z. B.: *ich – mich – mir, du – dich – dir, wir – uns – uns.* **Indefinitpronomen** (unbestimmte Fürwörter: *jeder, man, etwas*) zeigen etwas Unbestimmtes an, z. B.: <u>*Irgendjemand*</u> *hat die Tür geöffnet.* **Interrogativpronomen** (Fragefürwörter: *Was? Wer? Welcher, welche, welches? Was für ein? Was für eine?*) erfragen Personen und Sachen, Eigenschaften sowie die Auswahl aus einer Menge, z. B.: <u>*Wen*</u> *behandelt er?* <u>*Was für eine*</u> *Verletzung hat sie?* <u>*Welchem*</u> *Kind gehört das?*
das **Protokoll** (*Plural:* die Protokolle) → S. 15, 18, 19, 21	Ein Protokoll ist eine besondere Form des **Berichts**, mit dem man andere kurz, sachlich und genau informiert oder etwas dokumentiert. Im **Verlaufsprotokoll** werden der Ablauf und die Ergebnisse einer Veranstaltung, einer Diskussion oder eines Experiments festgehalten. Ein **Versuchsprotokoll** ist eine besondere Form des Verlaufsprotokolls. Im **Ergebnisprotokoll** werden nur Ergebnisse bzw. Beschlüsse notiert. Es sollte folgende Angaben enthalten: • Datum, Zeit, Ort, Teilnehmerinnen und Teilnehmer der Beratung, • die TOPs (Tagesordnungspunkte), • die Ergebnisse der Beratung oder Diskussion, • Aufgaben und Verantwortliche, • Datum und Unterschrift der Diskussionsleitung und der bzw. des Protokollierenden.

die **Quellenangabe** (*Plural:* die Quellen-angaben) → S. 80, 223	Entnimmt man Büchern oder Zeitschriften Informationen und Textstellen, muss man die Quellenangabe exakt notieren. Die Quellenangabe für **Bücher** sollte folgende Informationen enthalten: • Autorin bzw. Autor, • Titel, • ggf. Übersetzerin oder Übersetzer, • Ort, Verlag, Erscheinungsjahr, • Seitenzahl, woher die Information stammt, z. B.: *Steinfeld, Thomas: Italien – Porträt eines fremden Landes. Berlin: Rowohlt Berlin Verlag, 2020, S. 22.* Die Quellenangabe für **Artikel aus Zeitschriften** sollte folgende Informationen enthalten: • Autorin bzw. Autor des Artikels (wenn möglich), • Titel des Artikels, • Titel, Nummer und Jahr der Zeitschrift, • Seitenzahl, z. B.: *Take off: Zahlen, bitte! Aus: GEO Special Nr. 5/2018: Rom, Florenz, Mailand, S. 12–13.* Eine **Quellenangabe** für Texte aus dem Internet sollte folgende Informationen enthalten: • Autorin/Autor (wenn möglich), • Titel und Untertitel des Beitrags, • „Online im Internet" sowie die Internetadresse, • das Abrufdatum in eckigen Klammern, z. B.: *Delvaux de Fenffe, Gregor: Mittelalter: Hanse. Online im Internet: https://www.planet-wissen.de/geschichte/mittelalter/hanse/index.html [05.01.2021].*
die **Redewendung** (*Plural:* die Redewen-dungen)	Redewendungen (Wortgruppen) sind **feste sprachliche Wendungen**, mit denen sich etwas besonders anschaulich und einprägsam ausdrücken lässt. Ihre Bedeutung ist oft nicht aus den Einzelwörtern erklärbar, z. B.: *auf die Nase fallen, sich den Kopf zerbrechen*.
der **Reim** (*Plural:* die Reime) → S. 154	Reime entstehen durch **Reimwörter**. Reimwörter klingen vom letzten betonten Vokal (oder Zwielaut) an ähnlich, z. B.: *sehen – gehen, kleine – keine, Enden – wenden*. Oft sind Reime in **Gedichten** enthalten, wodurch ein bestimmter Klang und Rhythmus entsteht. **Reime** stehen oft am **Ende einer Verszeile** und ergeben ein Reimschema. Dieses kann man durch Buchstaben verdeutlichen, z. B.: • **Paarreim:** zwei direkt aufeinanderfolgende Verse reimen sich (a a b b), • **Kreuzreim:** jeweils ein Vers reimt sich mit dem übernächsten (a b a b), • **umarmender Reim:** ein Paarreim wird von einem anderen umschlossen (a b b a).

der **Sachtext** (*Plural:* die Sachtexte) S. 22, 24, 25, 26	Sachtexte können unterschiedliche Funktionen haben. Die meisten Sachtexte wollen **informieren**, sie können aber auch **wertenden Charakter** haben, weil die Autorin bzw. der Autor einen Standpunkt zum Sachverhalt mitteilen will. Außerdem gibt es Texte mit **appellierendem (aufforderndem) Charakter**. Das Appellieren zielt darauf, die Meinung der Leserinnen und Leser zu beeinflussen und möglichst eine von der Autorin oder vom Autor gewollte Handlung bei ihnen auszulösen. Häufig werden Informationen auch in Form von **Tabellen, Diagrammen, Grafiken** oder **Schaubildern** dargestellt. Sie dienen dazu, Zahlen, Vorgänge und Entwicklungen übersichtlich und anschaulich zu gestalten.
Sachtexte hören → S. 28	Um beim Hören längerer Sachtexte den Inhalt **vollständig erfassen** zu können oder **bestimmte Informationen** zu **entnehmen**, sollte man: • zuerst die Überschrift und das Thema des Textes erfassen, • überlegen, was man zu dem Thema bereits weiß, • überlegen, was man erfahren möchte, und Schlüsselwörter oder Fragen notieren, • den Text mehrfach hören, einmal im Ganzen, danach abschnittsweise, • gezielt **mitschreiben**. • sprachliche Hinweise zur Textfunktion und Absicht der Autorin bzw. des Autors beachten.
Sachtexte lesen → S. 24	Um einen Sachtext richtig und vollständig zu verstehen, hilft die **5-Gang-Lesemethode**: 1. den Text überfliegen (orientierendes Lesen), 2. Fragen an den Text stellen, 3. den Text gründlich lesen, 4. das Wichtigste des Textes erfassen, 5. den Text noch einmal lesen. **Vor dem Lesen** sollte man Vermutungen über den Textinhalt anstellen und dazu **Orientierungshilfen** nutzen, z. B.: • aus der Überschrift auf den Textinhalt schließen, • sich durch überfliegendes Lesen einen Überblick verschaffen, • Schlüsselwörter zu bestimmten Fragen oder Themen notieren. **Während des Lesens** kann man wichtige Textstellen mit Markierungen und Randnotizen versehen. Um den **Aufbau** und den **Gedankengang** eines Sachtextes zu erfassen, sollte man sich an **Textabschnitten** orientieren, ggf. selbst Abschnitte bilden und **Teilüberschriften** formulieren. Beim **Erschließen unbekannter Wörter** hilft oft der **Kontext** (der Textzusammenhang), andernfalls muss man das Wort nachschlagen. **Grafiken** und **Diagramme** stellen Informationen übersichtlich und anschaulich dar. Zur Auswertung einer Grafik oder eines Diagramms muss man die enthaltenen Angaben in einen Text umformulieren.

	Manchmal ist es wichtig, **Informationen eines Sachtextes** übersichtlich **zusammenfassend festzuhalten**, zum Beispiel durch die Beantwortung von *W*-Fragen oder indem man sie mithilfe von Linien, Pfeilen, Rahmen und Ähnlichem grafisch darstellt.
die **Sage** (*Plural:* die Sagen)	Die Sage ist eine von Generation zu Generation weitererzählte Geschichte. **Ortssagen** enthalten einen **wahren historischen Kern**. Sie sind eng mit Orten, Personen, geschichtlichen Ereignissen, landschaftlichen Besonderheiten, Gebäuden und Naturerscheinungen verbunden. **Götter-** und **Heldensagen** erzählen vom Anfang der Welt, von Göttern, Helden und deren Taten. Oft geht es darin um Sieg und Niederlage, um Kampf und Bewährung und um abenteuerliche Reisen.
die **Satzart** (*Plural:* die Satzarten)	Die Satzart und der Satzbau sind abhängig von der Aussageabsicht der Schreibenden oder Sprechenden: • Um etwas mitzuteilen, bildet man einen **Aussagesatz**, z. B.: *Wir gehen heute früh los.* Die finite Verbform steht an zweiter Satzgliedstelle. (Satzschlusszeichen: Punkt) • Um etwas zu erfahren, bildet man einen **Fragesatz**, z. B.: *Geht ihr heute auch früh los? Wann geht ihr heute los?* Die finite Verbform steht an erster Satzgliedstelle bzw. hinter dem Fragewort. (Satzschlusszeichen: Fragezeichen) • Um jemanden zum Handeln aufzufordern, bildet man einen **Aufforderungssatz**, z. B.: *Geht doch heute mal früh los!* Die finite Verbform steht an erster Satzgliedstelle. (Satzschlusszeichen: Ausrufezeichen oder Punkt) Mündlich macht man die Aussageabsicht mit der **Satzmelodie** deutlich.
der **Satzbauplan** (*Plural:* die Satzbaupläne)	In einem Satzbauplan kann man die Abfolge von **Satzgliedern oder Teilsätzen** eines Satzes verdeutlichen. Zur übersichtlichen Darstellung kann man folgende Abkürzungen verwenden: S (**S**ubjekt), P (**P**rädikat), DO (**D**ativ**o**bjekt), AO (**A**kkusativ**o**bjekt), PO (**P**räpositional**o**bjekt), GO (**G**enitiv**o**bjekt), Hs (**H**aupt**s**atz), Ns (**N**eben**s**atz), z. B.: *Das Publikum* *bejubelt* *die Artisten.* S P AO *Das Publikum bejubelt die Artisten, die den Beifall genießen.* Hs , Ns.

das **Satzgefüge** (*Plural:* die Satzgefüge) → S. 215	Als Satzgefüge bezeichnet man einen zusammengesetzten Satz, der aus mindestens einem **Hauptsatz** und einem **Nebensatz** besteht. **Hauptsätze** erkennt man daran, dass die finite (gebeugte) Verbform an zweiter Satzgliedstelle steht. **Nebensätze** erkennt man daran, dass am Satzanfang meist ein **Einleitewort** steht und an letzter Satzgliedstelle die **finite (gebeugte) Verbform**, z. B.: *Das Publikum klatscht, weil der Clown Späße macht.* Hs , Ns. Nebensätze werden vom Hauptsatz immer durch **Komma** abgegrenzt. **Eingeschobene Nebensätze** werden von Kommas eingeschlossen. **Nebensätze**, die mit einem **Relativpronomen** (bezüglichen Fürwort: *der, die, das; welcher, welche, welches*) eingeleitet werden, nennt man **Relativsätze**. Das Relativpronomen bezieht sich auf ein Nomen/Substantiv (Bezugswort) im Hauptsatz und der Relativsatz charakterisiert das Nomen näher, z. B.: *Der Clown, der Späße macht, bekommt viel Applaus.* Nebensätze kann man nach ihrem **Einleitewort** unterscheiden: • **Konjunktionalsätze**, eingeleitet durch eine unterordnende Konjunktion (*weil, dass, als, nachdem, seit, bevor, wenn, obwohl*), • **Relativsätz**e, eingeleitet durch ein Relativpronomen (*der, die, das, welcher, welche, welches*), • **Fragewortsätze**, eingeleitet durch ein Fragewort (*wo, wie, was, warum*).
das **Satzglied** (*Plural:* die Satzglieder) → S. 205	Sätze bestehen aus Wörtern und Wortgruppen, die Satzglieder bilden. Satzglieder sind: **Subjekt, Prädikat, Objekt** und **Adverbialbestimmung**. Sie haben im Satz jeweils bestimmte Aufgaben. Die Anzahl der Satzglieder kann man mithilfe der **Umstellprobe** ermitteln: Zu einem Satzglied gehören jeweils die Wörter, die sich nur zusammenhängend umstellen lassen, z. B.: *Mein Bruder | wartet | jeden Morgen | auf den Bus.* Das **Attribut** ist ein **Satzgliedteil,** da es mit seinem Bezugsnomen ein Satzglied bildet und bei der **Umstellprobe** nur mit diesem umgestellt werden kann.
die **Satzreihe** (*Plural:* die Satzreihen) → S. 214	Eine Satzreihe (Satzverbindung) ist eine Verbindung von **zwei oder mehreren Hauptsätzen**. Hauptsätze erkennt man daran, dass die finite (gebeugte) Verbform an zweiter Satzgliedstelle steht. Sie können unverbunden nebeneinanderstehen oder mithilfe von **nebenordnenden Konjunktionen** oder **Adverbien** miteinander verbunden werden. Hauptsätze werden in der Regel durch **Komma** voneinander **getrennt**. Nur wenn Hauptsätze durch die Konjunktionen *und, oder, sowie, beziehungsweise (bzw.)* verbunden sind, ist die Kommasetzung freigestellt, z. B.: *Caracas ist die Hauptstadt Venezuelas, Perus Hauptstadt heißt Lima.* *Caracas ist die Hauptstadt Venezuelas(,) und Perus Hauptstadt heißt Lima.* Um Fehler zu vermeiden, kann man zwischen Hauptsätzen immer ein Komma setzen.

die **Satzverknüpfung** (*Plural:* die Satzverknüpfungen) → S. 226	Um die Sätze eines Textes inhaltlich miteinander zu verbinden, häufige Wortwiederholungen zu vermeiden und den Text flüssig zu gestalten, kann man Sätze verknüpfen. Inhaltliche Zusammenhänge und verschiedene Wirkungen entstehen durch: • die **Satzgliedstellung**. Die Verknüpfungsmittel stellt man ins **Vorfeld** des Satzes, also an die erste Satzgliedstelle vor die finite Verbform, z. B.: *Paula ist Polizeifotografin. Sie wird deshalb an jeden Tatort gerufen. / Deshalb wird sie an jeden Tatort gerufen.* • spezielle **sprachliche Mittel** wie: – Pronomen, z. B.: *Täter hinterlassen Spuren. Die fotografiert Paula Z.* – Adverbien, z. B.: *Dort sichert die Kriminaltechnik die Spuren. Deshalb …* – bedeutungsähnliche Wörter (Synonyme), z. B.: *die Frau mit der Kamera, die Fotografin, die Polizeifotografin,* • die **Verknüpfung** von inhaltlich miteinander verbundenen **Teilsätzen** zu – **Satzreihen** mit nebenordnenden Konjunktionen oder Adverbien, z. B.: *Am Tatort arbeitet die Kriminaltechnik(,) und Paula Z. fotografiert mögliche Spuren. Der Tathergang muss rekonstruiert werden, daher markiert die Kriminaltechnik den Umriss des Opfers.* – **Satzgefügen** mit Relativpronomen, Fragewörtern oder unterordnenden Konjunktionen, z. B.: *Die Kriminaltechnik markiert am Tatort den Umriss des Opfers, den Paula Z. fotografiert, weil der Tathergang rekonstruiert werden muss.*
die **Schelmengeschichte** (*Plural:* die Schelmengeschichten)	Eine Schelmengeschichte ist eine **kurze**, meist **scherzhafte Erzählung**, in der ein Schelm oder ein Narr andere überlistet. Oft spielt ein Schwächerer (ein Schelm, ein Armer) einem Stärkeren (einem Reichen, Gelehrten oder Herrscher) einen Streich. Zunächst wurden die Geschichten mündlich weitererzählt, später dann aufgeschrieben. Die Autoren der Geschichten sind meist unbekannt. Berühmte Helden deutscher Schelmengeschichten sind Till Eulenspiegel oder die Schildbürger.
das **Schlüsselwort** (*Plural:* die Schlüsselwörter)	Schlüsselwörter sind **wichtige Wörter** zu einer Frage oder zu einem Thema. Sie antworten meist auf *W*-Fragen.
die **Schreibkonferenz** (*Plural:* die Schreibkonferenzen)	In einer Schreibkonferenz werden **Texte gemeinsam überarbeitet**. Dabei überlegt und berät man in Gruppen, welche Stärken und Schwächen ein Text hat, und unterbreitet Verbesserungsvorschläge.
die **Schreibwerkstatt** (*Plural:* die Schreibwerkstätten)	In einer Schreibwerkstatt steht das gemeinsame Schreiben im Mittelpunkt. Wie in einer Werkstatt wird **gemeinsam an Texten gearbeitet**. Die einzelnen Arbeitsschritte sind das Werkzeug und die Sprache ist das Material.

die **Sprachentwicklung** (*keine Pluralform*) → S. 254, 256, 258	Sprache entwickelt und verändert sich im Sprachgebrauch und durch verschiedene Einflüsse. Man kann folgende Etappen der Entwicklung beobachten: • Vorläufer des Deutschen: **Germanisch** – Dialekte von germanischen Stämmen (ca. 500 v. Chr. bis zum 7./8. Jahrhundert n. Chr.), • **Althochdeutsch** (ca. 750 – ca. 1050) – mitteldeutsche und oberdeutsche (süddeutsche) Dialekte (Mundarten), die vor allem gesprochen wurden und nur in wenigen Texten (Handschriften) erhalten sind; offizielle Texte wurden überwiegend in Latein verfasst. • **Mittelhochdeutsch** (ca. 1050 – ca. 1350) – ehemals althochdeutsche Dialekte (Mundarten) wurden vor allem mündlich gebraucht, aber auch viele Texte in Handschriften überliefert; offizielle Texte wurden immer noch überwiegend in der lateinischen Sprache verfasst. • **Frühneuhochdeutsch** (ca. 1350 – ca. 1650) – es entstand eine allgemein verständliche Schriftsprache, immer mehr schriftliche Texte wurden in Dialekt verfasst, sie sind bis heute in Handschriften und Drucken erhalten; in vielen offiziellen Texten wurde immer noch die lateinische Sprache verwendet, doch ihr Einfluss ging allmählich zurück. Aus dem Frühneuhochdeutschen entwickelte sich im 18. und 19. Jahrhundert eine gesamtdeutsche Nationalsprache. Auch in der Gegenwart entwickeln sich unsere Sprachen. Besonders auffällig sind Veränderungen im Wortschatz, im Deutschen zum Beispiel durch: • **regionale Varianten**, z. B.: *das Brötchen – die Semmel – die Schrippe*, • **Kurzwörter** (Abkürzungen, die auch verkürzt gesprochen werden), z. B.: *die Lok* (für *die Lokomotive*), *die Kita* (für *die Kindertagesstätte*), • **Fremdwörter**, z. B.: *der Computer, die Konferenz, das Meeting.*
das **Sprichwort** (*Plural:* die Sprichwörter)	Sprichwörter (in Form eines Satzes) geben Erfahrungen, Beobachtungen und Einsichten anschaulich und einprägsam wieder, z. B.: *Es ist noch kein Meister vom Himmel gefallen.* Aufgrund unterschiedlicher Erfahrungen der Menschen sind manche Sprichwörter nicht allgemeingültig. Manchmal stehen sie sogar im Widerspruch zu anderen Sprichwörtern, z. B.: *Das Glück muss man erobern. – Erwarte das Glück schlafend.*
die **Standardsprache** (*keine Pluralform*) → S. 251	Standardsprache ist eine der Erscheinungsformen (**Sprachvarianten** oder Sprachvarietäten) unserer Sprache. Sie wird in vielen schriftlichen Texten, z. B. in Literatur, Zeitungsartikeln, Fachtexten, amtlichen Mitteilungen, aber auch in bestimmten Sprechsituationen, z. B. in Vorträgen und Nachrichten, verwendet. Dazu gehören Wörter, die in allen Regionen des deutschen Sprachgebiets bekannt sind, ein geregelter Satzbau, die Schreibung nach Regeln (Rechtschreibung) und die Aussprache nach bestimmten Normen.

das **Subjekt** (*Plural:* die Subjekte) → S. 205	Das Subjekt ist ein **Satzglied**, über das etwas ausgesagt wird. Man nennt es auch den **Satzgegenstand**. Das Subjekt lässt sich mit *Wer?* oder *Was?* erfragen. Es steht immer im **Nominativ** und stimmt in Person und Zahl mit dem Prädikat überein, z. B.: *Im Sommer fahren wir oft an den See. Der See liegt nahe am Wald.*
das **Synonym** (*Plural:* die Synonyme) → S. 234	Wörter einer Wortart, die eine **ähnliche Bedeutung** haben, nennt man Synonyme. Sie bilden ein **Wortfeld**, mit dessen Hilfe man einen Text abwechslungsreich gestalten und Wortwiederholungen vermeiden kann. Meist weisen Synonyme kleine Bedeutungsunterschiede auf, z. B.: *sagen, reden, sprechen, rufen, meinen*.
Texte überarbeiten → S. 38	Beim Überarbeiten von Texten sollte man folgende Schritte gehen: 1. die **Schreibaufgabe** und das **Schreibanliegen** durchdenken, 2. gründlich lesen und den **Inhalt** überarbeiten, 3. gründlich lesen und die **Wortwahl** überprüfen, 4. gründlich lesen und die **Satzgestaltung** kontrollieren, 5. gründlich lesen und die **Rechtschreibung** korrigieren.
Texte verfassen	Beim Verfassen von Texten sollte man folgende Schritte gehen: 1. die **Schreibaufgabe** und das **Schreibanliegen** durchdenken, 2. den Text **planen**, eine **Gliederung** entwerfen und Textteile schreiben, 3. einen **Textentwurf** schreiben, 4. den Textentwurf **überarbeiten**, 5. die **Endfassung** schreiben.
Textinhalte zusammenfassend festhalten → S. 70	Oft ist es nötig, den Inhalt eines Textes zusammenfassend festzuhalten. Dabei hilft die **Beantwortung folgender Fragen**: • Welches Thema wird im Text behandelt? • Welche Teilthemen sind erkennbar? • Welche Hauptinformation liefert der Text? • Welche wesentlichen Einzelinformationen werden dazu geliefert? Man kann Inhalte eines Textes auch zusammenfassen, indem man sie **grafisch darstellt**. Dabei werden sprachliche und bildliche Elemente verwendet, um Informationen, Aussagen und Zusammenhänge zu zeigen, zum Beispiel mithilfe von Pfeilen, Linien, Rahmen und Ähnlichem auf Zetteln, Postern, Flipcharts oder am Computer. Man kann zur Veranschaulichung von Zahlen und Fakten auch verschiedene **Diagramme** nutzen.
die **Think-Pair-Share-Methode** (*keine Pluralform*)	Die Think-Pair-Share-Methode ist eine kooperative Lernmethode. Zuerst notieren alle für sich ihre Gedanken (*think*), danach tauscht man sich zu zweit bzw. in einer Kleingruppe aus (*pair*), zuletzt teilt man seine Erkenntnisse mit der Klasse oder einer größeren Gruppe (*share*).

die **Umfrage** (*Plural:* die Umfragen) → S. 68	Die Umfrage ist eine Methode, um Informationen über Meinungen, Einstellungen, Wissen und Verhalten von Menschen zu erhalten. Umfragen können mündlich, z. B. als **Interview** (gezielte Befragung), oder schriftlich mithilfe eines **Fragebogens** durchgeführt werden. Die Fragen müssen eindeutig und kurz formuliert sein und sollten sich gut auswerten lassen. Zur Veranschaulichung der Ergebnisse können Diagramme, Schaubilder oder Tabellen verwendet werden.
die **Umgangssprache** (*keine Pluralform*) → S. 248	Umgangssprache ist eine der Erscheinungsformen (**Sprachvarianten** oder Sprachvarietäten) unserer Sprache. Sie wird in vielen Alltagssituationen, z. B. in der Familie oder mit Freunden, vor allem mündlich gebraucht, sie kann aber auch im privaten Schriftverkehr oder in der Literatur (Figurenrede) vorkommen. Zur Umgangssprache zählen bestimmte Wörter und Wendungen oder unvollständige oder grammatisch fehlerhafte Sätze, z. B.: *kriegen* (bekommen), *checken* (verstehen), *eine große Klappe haben, Die? Nie gesehen! Kenne ich nicht, weil ich bin neu hier.* Die Verwendung umgangssprachlicher Mittel hängt immer von der Situation und den beteiligten Personen ab.
die **Umstellprobe** (*Plural:* die Umstell-proben)	Die Umstellprobe ist eine sprachliche **Probe** zur Ermittlung der **Anzahl der Satzglieder eines Satzes**. Man prüft, welche Wörter und Wortgruppen sich nur zusammenhängend vor die finite (gebeugte) Verbform stellen lassen. Im Aussagesatz steht die **finite Verbform** immer an der **zweiten Satzgliedstelle**. An der ersten Stelle, also vor der finiten Verbform, kann immer nur ein Satzglied (Wort oder Wortgruppe) stehen. Alle weiteren folgen nach der finiten Verbform, z. B.: *Wir | gehen | heute | ins Schwimmbad.* *Heute | gehen | wir | ins Schwimmbad.* *Ins Schwimmbad | gehen | wir | heute.*
das **Verb** (*Plural:* die Verben) → S. 184, 185, 188, 189, 191, 192, 193, 194, 195, 196, 197, 198, 200	Das Verb ist eine **veränderbare** (flektierbare) **Wortart**, die **Tätigkeiten** (was jemand tut), **Vorgänge** (was geschieht) und **Zustände** (was ist) bezeichnet. Nach ihrem Gebrauch unterscheidet man **Vollverben** und **Hilfsverben**. Alle Verben können als Vollverben gebraucht werden, z. B.: *Ich renne. Wir schlafen. Er hat Zeit. Das Kind wird drei.* Bei der Bildung zusammengesetzter Zeitformen werden *haben, sein* und *werden* als Hilfsverben verwendet, z. B.: *ich bin gerannt, du hast gesungen, er wird Spanisch lernen, sie ist schnell gewesen.* Verben haben eine Grundform, den **Infinitiv**, und bilden weitere **infinite** (ungebeugte) **Verbformen**: das Partizip I und das Partizip II. Das **Partizip I** bezeichnet Handlungen und Zustände, die gleichzeitig zu den Handlungen des übergeordneten Satzes ablaufen. Es wird vom Wortstamm des Verbs mithilfe der Endung *-(e)nd* gebildet, z. B.: *spielen – spielend.*

Das **Partizip II** wird bei der Bildung zusammengesetzter Zeitformen benötigt. Es wird vom Wortstamm des Verbs mithilfe des Präfixes *ge-* und der Suffixe *-en* oder *-t* gebildet, z. B.: *gelesen, gespielt*. Von Verben mit Präfixen (*be-, er-, ge-, ver-, zer-, ent-, miss-*) wird das Partizip II ohne *ge-* gebildet, z. B.: *erlebt, vergessen*. Die **Partizipien I und II** kann man auch wie Adjektive verwenden, z. B.: *spielende Kinder, gespielte Freude*. Die Veränderung der Verbformen heißt **Konjugation** (Beugung, Verb: konjugieren). Dabei werden **finite** (gebeugte) **Verbformen** gebildet, das heißt Formen für die 1., 2. und 3. Person im Singular und im Plural, z. B.: *ich spiele, ihr spielt*.

Verben bilden **Zeitformen** (Tempusformen). Diese bezeichnen, ob die Tätigkeiten, Vorgänge und Zustände schon vergangen und abgeschlossen sind, noch andauern bzw. immer gelten oder aber erst in der Zukunft stattfinden werden. Präsens und Präteritum sind **einfache Zeitformen**, sie bestehen nur aus der finiten Verbform. Perfekt, Plusquamperfekt und Futur sind **zusammengesetzte Zeitformen**, sie bestehen aus mindestens zwei Verbformen. Die Zeitformen können auch signalisieren, ob zwei Handlungen bzw. Vorgänge zur gleichen Zeit (**Gleichzeitigkeit**) oder nacheinander (**Vorzeitigkeit, Nachzeitigkeit**) stattfinden.

Um alle Formen eines Verbs richtig bilden und schreiben zu können, muss man die drei **Leitformen** (**Stammformen**) kennen. Diese sind: Infinitiv – Präteritum (1./3. Person Singular) – Partizip II, z. B.: *laufen – lief – gelaufen*. An den Leit- bzw. Stammformen kann man starke und schwache Verben unterscheiden. Bei **schwachen Verben** ändert sich der Stammvokal nicht, das Präteritum hat eine Endung *-t* und das Partizip II endet auf *-t*, z. B.: *reden – redete – geredet*.

Bei **starken Verben** ändert sich der Stammvokal, das Präteritum ist endungslos und das Partizip II endet auf *-en*, z. B.: *lesen – las – gelesen*.

Im Deutschen gibt es heute noch ungefähr 200 starke, sehr alte Verben. Alle neuen Verben werden schwach gebildet, z. B.: *zoomen – zoomte – gezoomt*.

Eine besondere Gruppe von Verben sind die **Modalverben**. Sie drücken aus, wie man eine Tätigkeit oder einen Vorgang meint:

wollen (Absicht), z. B.: *ich will gehen,*

sollen (Aufforderung), z. B.: *ich soll gehen,*

dürfen (Erlaubnis), z. B.: *ich darf gehen,*

können (Fähigkeit oder Möglichkeit), z. B.: *ich kann gehen,*

müssen (Notwendigkeit), z. B.: *ich muss gehen,*

mögen (Wunsch), z. B.: *ich möchte gehen.*

Modalverben werden mit einem Vollverb im Infinitiv verwendet, dann bilden die Modalverben im Präsens und Präteritum die finite Verbform, z. B.:

Ihr müsst pünktlich losfahren. (Präsens)

Du wolltest gestern zu mir kommen. (Präteritum)

Im Perfekt und Plusquamperfekt treten Modal- und Vollverb im Infinitiv auf, z. B.:
Ihr habt pünktlich losfahren sollen. (Perfekt)
Du hattest gestern zu mir kommen wollen. (Plusquamperfekt)
Als Vollverb gebraucht, bildet das Modalverb im Perfekt und im Plusquamperfekt das Partizip II, z. B.:
Sie hat diesen Beruf gewollt. (Perfekt)
Von den meisten Verben kann man eine Aktivform und eine Passivform bilden. Will man ausdrücklich betonen, wer handelt, verwendet man die **Aktivform** (Verbform im Aktiv), z. B.: *Die Bürgermeisterin ehrt den Sieger.*
Ist unwichtig oder unbekannt, wer handelt, verwendet man die **Passivform** (Verbform im Passiv), die aus einer finiten Verbform des Hilfsverbs ***werden* + Partizip II** eines anderen Verbs besteht, z. B.:
Der Sieger wird geehrt.
Verben bilden **Modusformen** (Formen der Aussageweise):

- Verbformen im **Indikativ** (Wirklichkeitsform) verwendet man, um Tatsachen und direkte (wörtliche) Rede wiederzugeben.
- Verbformen im **Konjunktiv I** verwendet man, um indirekte (nicht wörtliche) Rede wiederzugeben. Dabei muss man oft die Pronomen, Orts- und Zeitangaben umformulieren, z. B.:
  „Ihr seid zu spät!" – Er rief, sie seien zu spät.
- Sind bei der Wiedergabe indirekter Rede die Formen im Indikativ und Konjunktiv I gleich, kann man auf den **Konjunktiv II** oder die Form von *würde* + Infinitiv ausweichen, z. B.:
  „Ich lese gern." – Ich erwähnte, ich läse gern. / ..., ich würde gern lesen.
- Mit Verbformen im **Konjunktiv II** (Möglichkeitsform) lassen sich Wünsche, Vorstellungen, Ratschläge oder Empfehlungen sowie irreale Vorgänge in der Vergangenheit ausdrücken, z. B.: *Ich wäre gern Konditor. Dann könnte ich Tortenrezepte ausprobieren. Konditor wäre ich geworden, wenn ich die Prüfung bestanden hätte.*
- Die **Imperativformen** von Verben drücken eine Aufforderung, einen Befehl, eine Bitte oder eine Warnung aus, z. B.: *Passt auf!*

die **Verlängerungsprobe** (*Plural:* die Verlängerungsproben)

Die Verlängerungsprobe ist eine sprachliche **Probe**, um die **richtige Schreibweise und Aussprache von Wörtern** zu finden. Man verlängert die Wörter, indem man zum Beispiel Pluralformen von Nomen/Substantiven, Infinitive von Verben oder Steigerungsformen von Adjektiven bildet, um:

- die Schreibung am Stammende zu ermitteln, z. B.:
  das Ba ■ – die Bäder, gi ■ – geben, mil ■ – milder,
- die Kürze bzw. Länge eines Stammvokals zu erkennen, z. B.:
  der Hut – die Hüte, das Bett – die Betten,
- Silben mit *h* zu verdeutlichen, z. B.:
  der Stu ■ l – die Stüh-le, die Wa ■ l – wäh-len, der Schu ■ – die Schu-he.

die **Verwandtschaftsprobe** (*Plural:* die Verwandtschaftsproben)	Die Verwandtschaftsprobe ist eine sprachliche **Probe**, um die **richtige Schreibweise von Wörtern** zu finden, zum Beispiel bei Wörtern mit langem Stammvokal oder schwierigen Buchstabenverbindungen. Man sucht nach einem stammverwandten Wort aus der **Wortfamilie**, das Hinweise auf die Schreibung gibt, z. B.: *mahlen – Mehl – Mühle; malen – Maler – Malstift;* *Band – Bänder – binden; die St ▪ rke – stark – die Stärke;* *das L ▪ ben –* (kein verwandtes Wort mit a) *– das Leben.* Es gilt: Wörter einer Wortfamilie werden immer gleich oder ähnlich geschrieben.
das **Vorlesen** (*keine Pluralform*)	Das laute und gestaltende Vorlesen ist eine gute Möglichkeit, **Texte** zu **erschließen** und zugleich die eigenen **Lesefähigkeiten** zu **trainieren**. Wenn man erprobt, wie ein Text gelesen werden könnte, versteht man die Inhalte (zum Beispiel die Stimmungen, Gedanken und Gefühle von Figuren oder das Anliegen der Schreiberin bzw. des Schreibers) immer besser und wird zugleich auch immer sicherer im Lesen. Man sollte fehlerfrei und deutlich, betont und in passendem Tempo vorlesen sowie auf Mimik und Gestik achten. Zur Vorbereitung kann man **Lesehilfen** in den Text eintragen, z. B.: • Satzzeichen hervorheben, z. B.: . ? ! • schwierige und wichtige Wörter unterstreichen, z. B.: Lulatsch • Sinneinheiten kennzeichnen, z. B.: / • Pausenzeichen setzen, z. B.: // • Stimmführung anzeigen, z. B.: ↑ (Stimme heben) ↓ (Stimme senken)
die **Weglassprobe** (*Plural*: die Weglassproben)	Die Weglassprobe ist eine sprachliche **Probe**, um zu ermitteln, ob ein Satzglied oder Satzgliedteil weggelassen werden kann, ohne dass der Sinn des Satzes verloren geht, z. B.: *Die (eifrigen) Ermittlerinnen und Ermittler suchen nach Spuren (der Kriminellen).* (Attribut)
die **Werbung** (*keine Pluralform*) → S. 65, 66	Werbung beeinflusst Menschen gezielt und möchte durch meist einfache Botschaften zum Kauf anregen (z. B. Markenturnschuhe), um neue Kunden werben (z. B. Stromversorger), auf Sachverhalte aufmerksam machen (z. B. in der Politik) oder zu einem bestimmten Verhalten aufrufen (z. B. Umweltorganisationen). Werbung löst Neugierde aus, spricht Gefühle an, enthält Versprechen und Appelle, die zum Handeln anregen sollen. Werbung muss immer, auch im Internet, als solche gekennzeichnet sein. Werbung ist nach der **AIDA-Formel** aufgebaut. Sie soll: • **Aufmerksamkeit** erregen, — **A**ttention • **Interesse** wachrufen, — **I**nterest • den **Wunsch** nach dem Produkt wecken, — **D**esire • das **Handeln**, z. B. den Kauf, auslösen. — **A**ction

	Werbung muss in **einfacher**, aber **einprägsamer Sprache** verfasst sein. Dazu werden oft folgende **sprachliche Mittel genutzt**: Übertreibungen, Aufzählungen, Alliterationen (gleiche Anfangsbuchstaben), Reime, Wortspiele, ungewöhnlicher Satzbau, Abweichungen von der Grammatik.
die **Wortart** (*Plural:* die Wortarten) → S. 184, 185	Wortarten lassen sich an ihrer **Bedeutung** erkennen. Sie bezeichnen zum Beispiel Gegenstände und Personen oder Tätigkeiten und Vorgänge oder Eigenschaften und Merkmale. Außerdem kann man sie an ihren **grammatischen Besonderheiten** erkennen. Wortarten können veränderbar (flektierbar) oder unveränderbar (nicht flektierbar) sein. **Veränderbare (flektierbare) Wortarten** kann man • **deklinieren** (Nomen/Substantive, Artikel, Adjektive, Pronomen), z. B.: *des Theaters, meiner neuen Freundin,* • **konjugieren** (Verben), z. B.: *sie liest, ihr lauft,* • **komparieren** (Adjektive), z. B.: *hell – heller – am hellsten.* **Unveränderbare (nicht flektierbare) Wortarten** (Adverbien, Konjunktionen, Präpositionen) verändern ihre Form im Satz nicht, z. B.: *Ich werde immer helfen. Mir wird immer geholfen.* (Adverb)
die **Wortbildung** (keine Pluralform) → S. 229	Die Wortbildung bezeichnet die Art und Weise, wie neue Wörter in einer Sprache entstehen. Im Deutschen haben sich dafür zwei Formen bewährt: • die **Ableitung** mithilfe von Präfixen und Suffixen, • die **Zusammensetzung** (Bestimmungswort + Grundwort). Grund- und Bestimmungswort können selbst eine Zusammensetzung oder eine Ableitung sein, z. B.: *Erkältung|s|krankheit: er- + kält + -ung + -s- + krank + -heit.* Mithilfe der **Zerlegeprobe** lassen sich Wörter in ihre Bauteile zerlegen. Dadurch kann man Klarheit über die Schreibung der Wörter bekommen.
das **Wörterbuch** (*Plural:* die Wörterbücher) → S. 270, 292	Es gibt verschiedene Wörterbücher. In einem **Rechtschreibwörterbuch** findet man Informationen über die **Schreibung** und **Bedeutung** eines Wortes und meist auch über die **Silbentrennung**, die **Aussprache**, die **Betonung**, die **Herkunft** und die **grammatischen Besonderheiten**. Im **Wörterverzeichnis** stehen die **Stichwörter** in **alphabetischer Reihenfolge**. Hervorgehobene **Großbuchstaben am Seitenrand** und **Seitenleitwörter** helfen bei der Orientierung. Seitenleitwörter geben jeweils das erste und das letzte Wort einer Doppelseite an. Beim **Nachschlagen** geht man vom ersten Buchstaben des gesuchten Wortes aus und beachtet danach den zweiten, den dritten und die folgenden Buchstaben, die ebenfalls alphabetisch geordnet werden, z. B.: *Aal, Abart, Abbau, abbeißen, abbestellen, …* Viele Rechtschreibwörterbücher enthalten auch eine Übersicht der gültigen **Rechtschreibregelungen**. Im Internet gibt es **Online-Wörterbücher**, die ähnliche Informationen und oft auch Hörbeispiele für die Aussprache anbieten.

die **Wortfamilie** (*Plural:* die Wortfamilien)	Wörter, die aufgrund ihrer Herkunft miteinander **verwandt** sind, bilden eine Wortfamilie. Sie entstehen durch **Ableitung** und **Zusammensetzung**. Das heißt, alle Wörter, die von einem **gemeinsamen Wortstamm** abgeleitet oder mit ihm zusammengesetzt sind, gehören zu einer Wortfamilie, z. B.: *Gras, grasen, grast, Grashalme, grasgrün*.
das **Wortfeld** (*Plural:* die Wortfelder) → S. 234	Wörter, die eine **gleiche oder ähnliche Bedeutung** haben (**Synonyme**), bilden ein Wortfeld. Mithilfe von Wortfeldern kann man sich genauer ausdrücken, z. B.: *gehen, laufen, schleichen, humpeln, staksen, ...* Bedeutungsgleiche oder -ähnliche Wörter eines Wortfeldes lassen sich in **Oberbegriffe** mit allgemeiner Bedeutung und **Unterbegriffe** mit spezieller Bedeutung einteilen, z. B.: *Wortart* (Oberbegriff) – *Nomen, Verb, Adjektiv, ...* (Unterbegriffe)
die **Wortschatz-erweiterung** (*Plural:* die Wortschatz-erweiterungen)	Unser Wortschatz erweitert sich ständig, vor allem durch: • **Übernahme** von Wörtern aus anderen Sprachen, z. B.: *shoppen, der/das Event,* • **Nominalisierung/Substantivierung** von Wörtern, z. B.: *das Filmen, beim Filmen, das Neue,* • **Wortbildung** mithilfe von **Zusammensetzung** oder **Ableitung**, z. B.: *das Hörbuch, verwertbar, die Wiederverwertung*.
der **Wortstamm** (*Plural:* die Wortstämme)	Der Wortstamm entspricht meist der **Nennform**, in der die Wörter im Wörterbuch aufgeführt werden, z. B.: *Hose, Kleid; jung, groß*. Bei Verben wird vom Infinitiv (Nennform) die Endung *-(e)n* abgestrichen, z. B.: *such-en, renn-en; sammel-n, ärger-n*. Wortstämme werden in stammverwandten Wörtern **gleich oder ähnlich geschrieben**, deshalb kann man für die Schreibentscheidung die **Verwandtschaftsprobe** heranziehen.
die **Worttrennung** (*Plural:* die Wort-trennungen)	Man kann mehrsilbige Wörter **am Zeilenende** nach bestimmten Regeln trennen. Meist trennt man dann **nach Sprechsilben**, z. B.: *be-ra-ten*. Die wichtigsten **Regeln** der Worttrennung am Zeilenende sind: • Mehrsilbige einfache Wörter trennt man nach Sprechsilben bzw. Schreibsilben, z. B.: *die Kin-der, die Fei-er, tan-zen*. • Einzelne Vokale am Wortanfang oder -ende trennt man nicht ab, z. B.: *der Abend, die Treue*. • Die Buchstabenverbindungen *ch, ck, sch, ph, th* werden nicht getrennt, z. B.: *la-chen, der Zu-cker, die Wä-sche, die Stro-phe, Goe-the*. • Zusammengesetzte Wörter und Ableitungen mit Präfixen trennt man zwischen den einzelnen Wortbausteinen, z. B.: *der Fuß|ball – der Fuß-ball, be|suchen – be-su-chen*.

die **Zeitangabe** (*Plural:* die Zeitangaben)	Für Angaben von **Tageszeiten** gelten folgende Groß- und Kleinschreibungsregeln: **Großschreibung**: • nach Artikeln und Präpositionen (+ Artikel), z. B.: *der Abend, zum (zu dem) Mittag, gegen Abend,* • nach Adverbien (*gestern, heute*), z. B.: *vorgestern Abend, gestern Morgen.* **Kleinschreibung**: • wenn es sich um Adverbien handelt, z. B.: *heute, früh, gestern abends, dienstags.* **Zusammensetzungen** aus **Wochentag** und **Tageszeit** schreibt man groß, wenn das Grundwort ein Nomen/Substantiv ist, z. B.: *der Montag + der Abend → der Montagabend,* *der Mittwoch + der Morgen → der Mittwochmorgen.* **Zusammensetzungen** aus **Wochentag** und **Tageszeit** schreibt man klein, wenn das Grundwort ein Adverb ist (und auf *-s* endet), z. B.: *dienstagabends,* auch: *dienstags abends.*
die **Zerlegeprobe** (*Plural:* die Zerlege-proben) → S. 229	Die Zerlegeprobe ist eine sprachliche **Probe**. Sie hilft, die Kürze oder **Länge des Stammvokals** zu ermitteln: Man zerlegt die Wörter in **Silben**. Endet die erste Silbe des Wortstamms auf einen **Konsonanten** (Mitlaut), dann wird der Stammvokal in der Regel kurz gesprochen, z. B.: *der Schal-ter, wär-men, bin-den.* Steht dagegen ein **Vokal** (Selbstlaut) am Ende der ersten Silbe, dann wird der Stammvokal immer lang gesprochen, z. B.: *die Scha-le, das Se-gel, he-ben.* Einsilbige Wörter muss man **verlängern** (**Verlängerungsprobe**), um die Kürze oder Länge des Stammvokals erkennen zu können, z. B.: *das Rad – die Rä-der, das Feld – die Fel-der, bunt – bun-te.*
das **Zitat** (*Plural:* die Zitate) → S. 223	Ein Zitat ist die **wörtliche Wiedergabe einer Textstelle** in einem anderen Text. Zitate müssen buchstabengetreu übernommen und in **Anführungszeichen** gesetzt werden. Auslassungen kennzeichnet man durch eckige Klammern mit drei Punkten, z. B.: *„Forensik oder Kriminaltechnik bezeichnet den Einsatz wissenschaftlicher Methoden zur Aufklärung von Verbrechen. Dabei kommen diverse Fachgebiete […] zum Einsatz" (Cooper, 2018, S. 6).* Um Herkunft und Wortlaut eines Zitats überprüfbar zu machen, muss man die **Quelle** angeben, innerhalb von Texten oder Präsentationen meist als **Kurzangabe**.

der **zusammengesetzte Satz** (*Plural:* die zusammengesetzten Sätze) → S. 214, 215, 218, 221	Aus inhaltlich eng zusammengehörenden Sätzen lassen sich zusammengesetzte Sätze bilden. Die **Teilsätze** des zusammengesetzten Satzes verbindet man meist mit einer **Konjunktion** (einem Bindewort) wie *weil, aber, denn, dass, nachdem, wenn, als, seitdem* und markiert die Bindestelle mit einem **Komma**, z. B.: *Die Kinder wachsen im Zirkus auf, weil ihr Vater der Zirkusbesitzer ist.* *Sie gehen zur Schule, aber der Unterricht findet im Zirkus statt.* Man unterscheidet **Satzreihen** (Hauptsatz, Hauptsatz) und **Satzgefüge** (Hauptsatz, Nebensatz). Die Teilsätze werden in der Regel durch **Komma** voneinander **getrennt**. Sind drei oder mehrere Haupt- und Nebensätze miteinander verbunden, spricht man von **mehrfach zusammengesetzten Sätzen**. Diese werden vorwiegend in schriftlichen Texten verwendet.
das **zusammengesetzte Verb** (*Plural:* die zusammengesetzten Verben) → S. 282	Die meisten zusammengesetzten Verben sind **unfest zusammengesetzt**, z. B.: *mitspielen: Er spielte im Film mit.* *ansagen: Sie sagt den Sänger an.* Bei Zusammensetzungen mit *unter-, durch-, wieder-, über-, um-* entscheiden **Bedeutung** und **Betonung**, ob das Verb fest oder unfest zusammengesetzt ist. Bei der **Betonungsprobe** gilt: • **Grundwort betont** → fest zusammengesetzt, z. B.: *wiederholen: er wiederholt die Ansage* (er sagt es noch einmal), • **Bestimmungswort betont** → unfest zusammengesetzt, z. B.: *wiederholen: er holt den Film wieder* (er holt ihn zurück).
die **Zusammensetzung** (*Plural:* die Zusammensetzungen) → S. 229, 286	Die Zusammensetzung ist eine Möglichkeit der **Wortbildung**. Zusammensetzungen bestehen aus einem **Bestimmungswort** und einem **Grundwort**. Die Wortart des Grundwortes entscheidet über die Wortart der Zusammensetzung und damit über die Groß- oder Kleinschreibung sowie über ihr grammatisches Geschlecht. Manchmal muss eins der **Fugenelemente** *-e-, -(e)s-, -(e)n-, -er-* die beiden Wörter verbinden, z. B.: *das Bad|e|tuch, die Tag|es|zeit, leben|s|lang, der Schwan|en|teich, der Bühne|n|techniker, die Licht|er|kette.*

Texte erschließen

(→ S. 32–33)

1

a mögliche Lösung:
Die Repräsentantin der SOS-Kinderdörfer kritisiert, dass in vielen Ländern die Kinderrechte missachtet werden, unter anderem auch in Industrieländern wie Deutschland.

b informieren und appellieren

2

a mögliche Lösung:
Es würde sich lohnen, die Kinderrechte zu achten und in die Zukunft der Kinder zu investieren.

b mögliche Lösung:
Achtet die Kinderrechte und investiert in die Zukunft der Kinder!

c mögliche Lösung:
- Unterstützung für benachteiligte Familien ist wichtig, damit sie sich ausreichend um ihre Kinder kümmern können.
- Kinder ohne elterliche Fürsorge brauchen unsere ganze Aufmerksamkeit, denn sie haben ein höheres Risiko, dass ihre Rechte nicht beachtet werden.
- Es ist moralisch richtig, auf Kinderrechte zu achten.
- Jedes Land profitiert langfristig davon, wenn es in die Zukunft der Kinder investiert. „Ein Kind, das gut erzogen, behütet und glücklich aufwächst, hat faire Chancen im Leben und wird wahrscheinlich auch seine eigenen Kinder gut erziehen. So beeinflusst man die gesamte Gesellschaft." (Sofía García García)

d mögliche Lösung:
- Es ist moralisch richtig, auf Kinderrechte zu achten.
- „Ein Kind, das gut erzogen, behütet und glücklich aufwächst, hat faire Chancen im Leben und wird wahrscheinlich auch seine eigenen Kinder gut erziehen. So beeinflusst man die gesamte Gesellschaft." (Sofía García García)

3

a Angaben zum Text:

Titel:	„Die Kinderrechte werden in allen Staaten verletzt – auch in Deutschland", Interview mit Sofía García García, Repräsentantin der SOS-Kinderdörfer bei der UN in New York
Autorin/Autor:	nicht genannt
Thema:	Missachtung der Kinderrechte in der Welt
Quelle:	„Die Kinderrechte werden in allen Staaten verletzt ... Online im Internet: https://www.sos-kinderdoerfer.de [05.01.2022].

b mögliche Lösung:
- trotz großer Fortschritte in einigen Bereichen auch Rückschritte bei Kinderrechten in den letzten Jahren
- überall beeinträchtigt Armut die Kinder unverhältnismäßig stark
- Kinder arbeiten, können nicht zur Schule gehen

- Kinder leiden besonders unter Kriegen, Flucht und Vertreibung
- auch in Deutschland Kinderarmut weit verbreitet
- Kinder aus benachteiligten Familien: geringere Bildungschancen, Ausgrenzung; wachsen ohne Erziehung, ohne Bildung, ohne finanziellen Halt und ohne Zuneigung auf
- Unterstützung für benachteiligte Familien wichtig, damit sie sich ausreichend um Kinder kümmern können
- besonderer Schutz für Kinder ohne elterliche Fürsorge nötig (schwächste Mitglieder der Gesellschaft); brauchen unsere Aufmerksamkeit, denn Risiko höher, dass ihre Rechte nicht beachtet werden
- SOS-Kinderdörfer setzen sich für internationale Richtlinien zur Unterstützung ein
- nicht nur moralisch richtig, Kinderrechte zu achten
- jedes Land profitiert langfristig davon, wenn es in die Zukunft der Kinder investiert
- „Ein Kind, das gut erzogen, behütet und glücklich aufwächst, hat faire Chancen im Leben und wird wahrscheinlich auch seine eigenen Kinder gut erziehen. So beeinflusst man die gesamte Gesellschaft." (Sofía García García)

c mögliche Lösung:
- überall werden Kinderrechte verletzt: Armut, geringe Bildungschancen, Krieg, Flucht und Vertreibung
- SOS-Kinderdörfer setzen sich für internationale Richtlinien zur Unterstützung ein, besonders für elternlose Kinder
- nicht nur moralische Verpflichtung, jedes Land profitiert langfristig von Investitionen in die Zukunft der Kinder

d mögliche Lösung:
Bei dem Text „Die Kinderrechte werden in allen Staaten verletzt – auch in Deutschland" handelt es sich um ein Interview mit Sofía García García, einer Repräsentantin der SOS-Kinderdörfer bei der UN in New York. Der Artikel stammt von der Internetseite https://www.sos-kinderdoerfer.de und wurde am 05.01.2022 abgerufen.
Das zentrale Thema des Interviews ist die Missachtung der Kinderrechte in der Welt. Sofía García García weist darauf hin, dass es trotz großer Fortschritte in einigen Bereichen in den letzten Jahren auch Rückschritte gab. Überall beeinträchtigen Armut, geringe Bildungschancen, Krieg, Flucht und Vertreibung Kinder stark, auch in Deutschland. García betont, dass es wichtig ist, benachteiligte Familien und besonders elternlose Kinder zu unterstützen. Deshalb setzen sich die SOS-Kinderdörfer für internationale Richtlinien ein. Sie hebt hervor, dass es nicht nur moralisch richtig ist, Kinderrechte zu achten, sondern dass Länder von den Investitionen in die Zukunft der Kinder auch profitieren. Denn die Erziehung der Kinder beeinflusst die gesamte Gesellschaft.
Dieser Text ist für mich sehr interessant, da …

4

a Mit den Angaben im Diagramm wird unterstrichen, dass sich die SOS-Kinderdörfer besonders um Kinder ohne elterliche Fürsorge kümmern.

b mögliche Lösung:
Die SOS-Kinderdörfer betreuen weltweit 39775 elternlose oder verlassene Kinder. Fast drei Viertel der Kinder lebt in Asien und Afrika, aber auch in Amerika und Europa werden viele Kinder betreut.

Sprache gebrauchen – Sprache untersuchen

(→ S. 264–265)

1
1 Kannst du dir vorstellen, dass jemand mannsgroße Kakteen klaut? (Hs, Ns. – Satzgefüge)
2 Saguaros sind das Wahrzeichen von Arizona und besonders schön, deshalb blüht weltweit der illegale Handel mit ihnen. (Hs, Hs. – Satzreihe)
3 Weißt du, warum es im US-Bundesstaat Arizona Cactus-Cops gibt? (Hs, Ns. – Satzgefüge)
4 Diese Sheriffs jagen Wilderer, weil die in der Wüste von Arizona Kakteen ausgraben und verkaufen. (Hs, Ns. – Satzgefüge)
5 Saguaros wachsen pro Jahr nur etwa fünf Zentimeter, nach 60 Jahren bekommen sie erste Blüten, nach 70 Jahren bilden sich die ersten Äste, die Arme genannt werden. (Hs, Hs, Hs, Ns. – Satzgefüge)
6 Besonders gefährdet sind Saguaros, die am Straßenrand stehen, deshalb erhalten sie einen Chip zur Identifizierung, denn sie stehen unter Naturschutz. (Hs, Ns, Hs, Hs. – Satzgefüge)

2
1 Lucy M. fasste den Beschluss, sich im Kakteenschutz zu engagieren.
2 In Arizona wurden Kakteenheime eröffnet, um Kakteen mit Hack- und Schusswunden aufzunehmen und zu pflegen.
3 Zu Lucys Aufgaben gehört es, die aufgepäppelten Kakteen vor Schulen oder Behörden wieder sachgerecht einzupflanzen.
4 Sie ist auch damit beauftragt, Schulklassen für diese stachligen Naturschönheiten zu begeistern.

3 Partizip I, Partizip II
1 Kakteen, ausgegraben und angehackt liegen gelassen, werden von den Cactus-Cops in ein Kakteenheim gebracht.
2 Auf der Ladefläche eines parkenden Pick-ups lag ein vier Meter langer Saguaro, frisch gestohlen.
3 Große Saguaros, nah am Straßenrand stehend, sind besonders gefährdet.

4
1 Saguaros, ein Symbol für den Wilden Westen, sind das Wahrzeichen von Arizona.
2 Ranger statten tausende Kakteen mit Chips, das heißt kleinen Minisendern, aus.
3 Die meisten der gestohlenen Kakteen, ca. 90 Prozent, wachsen in ihrer neuen Umgebung nicht wieder an.
4 Am 10. Mai, dem Welttag des Kaktus, wird diese Wüstenpflanze gefeiert.

5 Nomen/Substantiv: Saguaro-Kakteen, Schwarzmarkt, Dollar, Garten, Pflanzen, Umgebung, Wüste, Arizona, Jahre, Meter
(Nominalisierung/Substantivierung: Interessierte, (das) Traurige)
Adjektiv: große, dreiarmige, exotisch, ausgewachsenen, neuen, alt, hoch
Verb: zahlen, sehen aus, ist, anwachsen, sterben, können, werden
Pronomen: sie, diese, ihrer, sie

6 Präpositionen: für, auf, bis, zu, in
Adverbien: heute, sehr, kaum, deshalb
Konjunktionen: denn, jedoch, dass, und, aber

7 1 Imperativ 2 Indikativ 3 Konjunktiv II 4 Konjunktiv I

8 Zusammensetzungen: auf|fordern, feige|n|ähnlichen, An|gehörige, meter|hohen, Kaktee|n|wüste

9 Präfix, Suffix
stachl-ig / die An-ge-hör-ig-en / heim-isch / die Um-geb-ung / das Wachs-tum

Richtig schreiben

(→ S. 296–297)

1 Zusammensetzungen aus Nomen/Substantiv + Verb werden in der Regel getrennt geschrieben, z. B.: *Rad fahren, Schlange stehen.* Einige Zusammensetzungen werden zusammengeschrieben, z. B.: *eislaufen, kopfstehen.* In einigen Fällen sind beide Schreibungen zulässig, z. B.: *achtgeben* und *Acht geben.* (nach: Duden, D 54)

2 **1** stattfinden **2** teilnehmen **3** Rad fahren **4** eislaufen **5** Ski laufen **6** leidtun

3 In Deutschland verbraucht jede Person im Jahr durchschnittlich ca. zwölf Kilogramm Schokolade. Aber seit wann gibt es diese Köstlichkeit? Man geht heute davon aus, dass der Ursprung des Kakaos in Mittelamerika liegt, genauer im Gebiet der heutigen Staaten Mexiko, Guatemala und Honduras. Dort lebten die Vorfahren der Azteken und die Mayas, die bereits um das 4. Jahrhundert nach Christus Kakao anbauten. Sie bereiteten aus gemahlenem Kakao und weiteren Gewürzen ein Getränk zu, das sie „xocolatl" oder „kakaw" / „Xocolatl" oder „Kakaw" (bei den Mayas) nannten. Nachgewiesen ist auch, dass Kakaobohnen als Zahlungsmittel dienten.
Christoph Kolumbus war der erste Europäer, der Kakaobohnen kennen lernte. Aus dem Jahre 1544 stammt der erste Nachweis, dass Kakao in Europa landete. Aber auch noch zu Beginn des 19. Jahrhunderts wurde Schokolade vorwiegend als Arzneimittel oder von Konditoreien, Likörfabrikanten und Zuckerbäckern angeboten. Die erste Schokoladentafel wurde 1847 hergestellt. Damit war der Durchbruch vom teuren Getränk zur Süßigkeit für jedermann besiegelt.

4
1 über das Hier und Jetzt sprechen
2 das Für und Wider diskutieren
3 eine Acht im Rad haben
4 mit einer Zwei in der Mathearbeit rechnen
5 das Reiten und das Schwimmen lieben
6 sich für eine gute Sache einsetzen
7 ohne Wenn und Aber helfen
8 das Nein gut überlegen
9 etwas mit Ach und Krach schaffen
10 heute Mittag pünktlich sein
11 abends ins Kino gehen
12 den Stuhl hier stehen lassen
13 am späten Abend zurückkommen
14 nachts immer gut schlafen
15 eines Morgens etwas Besonderes erleben

5 **1** das heißt **2** und so weiter **3** zum Beispiel **4** siehe oben **5** Personenkraftwagen **6** Deutsches Rotes Kreuz **7** Zentimeter **8** vergleiche **9** Minute **10** Kilogramm **11** besonders **12** Unterseeboot **13** Auszubildende/Auszubildender **14** Sekunde **15** elektronische Mail **16** vor allem

6 mögliche Lösung:

1 Ich wohne in der 2. Etage.
2 Es lohnt sich, die Londoner City zu besichtigen.
3 Die Frau trägt ein Medaillon.
4 Linas neues Bike gefällt mir.
5 Lieber schwimmt er im Pool, das Meer ist ihm zu kalt.
6 Mina trägt am liebsten Jeans.
7 Yasin spielt gern auf dem Keyboard.
8 Das ist eine internationale Angelegenheit.
9 Max geht gern joggen.
10 Für den Lampion solltest du transparentes Papier verwenden.
11 Der neue Präsident des Fußballverbands hat Änderungen angekündigt.
12 Mein Vater arbeitet als Ingenieur.
13 Er engagiert sich für den Umweltschutz.
14 Das ist eure letzte Chance!
15 Ihr Verhalten war sehr unfair!
16 In den Ferien suche ich mir einen Job.

Lösung zu S. 139, Aufgabe 3

Der Täter heißt Bock.
Angeblich nahm er gegen 23 Uhr eine Schlaftablette und schlief durch. Im gleichen Augenblick jedoch beteuert er, niemanden rufen gehört zu haben.
Hätte Bock wirklich durchgeschlafen, wüsste er nichts von irgendwelchen „Rufen". Seine Bereitwilligkeit, sein Zimmer durchsuchen zu lassen, zeugt ferner davon, dass er wusste, dass etwas gestohlen worden war.
(Aus: Ecke, Wolfgang: Club der Detektive: 65 Kriminalfälle zum Selberlösen. Ravensburger Buchverlag, 1997, S. 230.)

Textquellen

Die im SB mit * gekennzeichneten Texte wurden aus didaktischen Gründen gekürzt und/oder verändert.

8 Wie Alexander Fleming durch eine Schlamperei das Penicillin entdeckte. Online im Internet: https://www.geo.de/magazine/geo-chronik/19648-rtkl-antibiotika-wie-alexander-fleming-durch-eine-schlamperei-das [05.11.2021]. **9** Altersgruppenspezifische Zahl der Verordnungen von Antibiotika. *Zahlen aus:* https://www.versorgungsatlas.de/fileadmin/ziva_docs/104/VA_19-07_Bericht_UpdateAntibiotika_2019-08-21V1.pdf [05.11.2021], S. 8. **10** Zitat 1. Aus: Keller, Gustav: Das Klagelied vom schlechten Schüler: Eine aufschlussreiche Geschichte der Schulprobleme. Heidelberg: Asanger, 1989, S. 24. **10** Zitat 2. Aus: Harenberg Lexikon der Sprichwörter & Zitate. Dortmund: Harenberg Verlag, 2002, S. 624. **12** Goethe, J. W.: Wenn auch die Welt im Ganzen ... Aus: Eckermann, Johann Peter: Gespräche mit Goethe in den letzten Jahren seines Lebens: 1823–1832. Erster Theil. Leipzig: Brockhaus, 1836, S. 297. **14** *Kreisdiagramm. Zahlen aus:* https://www.dasgehirn.info/handeln/mimik-koerpersprache/reden-ohne-worte [07.12.2021]. **16** Liebste Internetangebote 2020. *Zahlen aus:* https://www.mpfs.de/fileadmin/files/Studien/JIM/2020/JIM-Studie-2020_Web_final.pdf [09.12.2021], S. 37. **17** Institut für Digitale Ethik (IDE), Hochschule der Medien Stuttgart (Hrsg.): Zehn Gebote der Digitalen Ethik. Online im Internet: https://www.klicksafe.de/fileadmin/media/documents/pdf/klicksafe_Materialien/Jugendliche/ZehnGebote_DigitaleEthik_Booklet.pdf [09.12.2021]. **22 f.** Neumayer, Ingo: Schulnoten. Online im Internet: https://www.planet-wissen.de/gesellschaft/lernen/schulgeschichte/schulgeschichte-schulnoten-100.html [09.12.2021].
24 f. Breitegger, Benjamin: Brauchen wir Noten? Online im Internet: https://www.fluter.de/brauchen-wir-noten-an-schulen-streit [10.12.2021]. **27** Abschaffung der Schulnoten. *Zahlen aus:* Wößmann, Ludger u. a.: Denken Jugendliche anders über Bildungspolitik als Erwachsene? ifo-Schnelldienst 17/2018. Online im Internet: https://www.ifo.de/DocDL/sd-2018-17-woessmann-etal-bildungspolitik-2018-09-13.pdf [10.12.2021], S. 34. **32** Die Kinderrechte werden in allen Staaten verletzt ... Online im Internet: https://www.sos-kinderdoerfer.de/informieren/wie-wir-helfen/kinderrechte/30-jahre-kinderrechte/interview-kinderrechte-weltweit-verletzt [05.01.2022].
33 Elternlose oder verlassene Kinder, die in SOS-Kinderdörfern betreut werden. *Zahlen aus:* https://www.sos-kinderdoerfer.de/informieren/wo-wir-helfen [05.01.2022]. **46** Jugend debattiert. Online im Internet: https://www.jugend-debattiert.de [11.01.2022]. **47** Domin, Hilde. Unaufhaltsam: Aus: Domin, Hilde: Rückkehr der Schiffe. Frankfurt am Main: S. Fischer, 1962, S. 19–20. **48 ff.** Kreller, Susan: Schneeriese. Kapitel 2, 3. Aus: Kreller, Susan: Schneeriese. Hamburg: Carlsen, 2014, S. 10–12, 18–19, 25–28. **51 ff.** Kreller, Susan: Schneeriese. Kapitel 19. Aus: Kreller, Susan: Schneeriese. Hamburg: Carlsen, 2014, S. 164–171. **58** 161 Halteverbotsschilder ... © dpa. **61** Fisser, Dirk: Hatespeech in sozialen Netzwerken: Anzeigen statt wegschauen. Neue Osnabrücker Zeitung, 30.10.2019. **62** Mir sind im letzten Monat im Internet begegnet. *Zahlen aus:* JIM-Studie 2021 – Jugend, Information, Medien. Online im Internet: https://www.mpfs.de/fileadmin/files/Studien/JIM/2021/JIM-Studie_2021_barrierefrei.pdf [13.01.2022], S. 64. **64** Allert-Wybranietz, Kristiane: Mein Einkaufsnetz muss Löcher haben. Aus: Allert-Wybranietz, Kristiane: Liebe Grüße. Neue Verschenktexte. Fellbach: Lucy Körner Verlag, 1983, S. 15. **68** Gerätebesitz Jugendlicher 2021 – Vergleich 2020 (Auswahl). *Zahlen aus:* JIM-Studie 2021 – Jugend, Information, Medien. Online im Internet: https://www.mpfs.de/fileadmin/files/Studien/JIM/2021/JIM-Studie_2021_barrierefrei.pdf [18.01.2022], S. 7. **70** *Tabelle* Gerätebesitz Jugendlicher 2021. *Zahlen aus:* JIM-Studie 2021 – Jugend, Information, Medien. Online im Internet: https://www.mpfs.de/fileadmin/files/Studien/JIM/2021/JIM-Studie_2021_barrierefrei.pdf [18.01.2022], S. 8. **70** *Liniendiagramm* Entwicklung tägliche Onlinenutzung 2018–2021. *Zahlen aus:* JIM-Studie 2021 – Jugend, Information, Medien. Online im Internet: https://www.mpfs.de/fileadmin/files/Studien/JIM/2021/JIM-Studie_2021_barrierefrei.pdf [18.01.2022], S. 33. **70** *Säulendiagramm* Bücher lesen 2018–2021. *Zahlen aus:* JIM-Studie 2021 – Jugend, Information, Medien. Online im Internet: https://www.mpfs.de/fileadmin/files/Studien/JIM/2021/JIM-Studie_2021_barrierefrei.pdf [18.01.2022], S. 20. **70** *Balkendiagramm* Freizeitaktivitäten 2021 – Vergleich 2020. *Zahlen aus:* JIM-Studie 2021 – Jugend, Information, Medien. Online im Internet: https://www.mpfs.de/fileadmin/files/Studien/JIM/2021/JIM-Studie_2021_barrierefrei.pdf [18.01.2022], S. 11. **70** *Kreisdiagramm* E-Books lesen 2021. *Zahlen aus:* JIM-Studie 2021 – Jugend, Information, Medien. Online im Internet: https://www.mpfs.de/fileadmin/files/Studien/JIM/2021/JIM-Studie_2021_barrierefrei.pdf [18.01.2022], S. 23. **81 oben** Pressefreiheit – warum? Online im Internet: https://www.reporter-ohne-grenzen.de/themen/pressefreiheit-warum [19.01.2022]. **81 unten** Grundgesetz für die Bundesrepublik Deutschland. Artikel 5. Online im Internet: https://www.gesetze-im-internet.de/gg/art_5.html [19.01.2022]. **82 f.** Woltz, Anna: Hundert Stunden Nacht. Prolog. Kapitel 1. Aus dem Niederländischen von Andrea Kluitmann. Hamburg: Carlsen, 2017, S. 7, 9–12. **84 f.** Woltz, Anna: Hundert Stunden Nacht. Kapitel 17. Aus dem Niederländischen von Andrea Kluitmann. Hamburg: Carlsen, 2017, S. 88–92. **86 oben** Steinkellner, Elisabeth: Nicht zu stoppen. Aus: Gutzschhahn, Uwe-Michael; Mikota, Jana und Wanning, Berbeli (Hrsg.): Und jeden Morgen ein Gedicht: Neue Kinderlyrik von 12 Autoren. Siegen: universi – Universitätsverlag Siegen, 2019, S. 115. **86 unten** Köhler, Barbara: Newspaper. Aus: Köhler, Barbara: Blue box: Gedichte. Frankfurt am Main: Suhrkamp, 1995, S. 36. **101 links** Mohl, Nils: traumfliegerei. Aus: Mohl, Nils: Tänze der Untertanen. Gedichte. München: mixtvision, 2020, S. 7. **101 rechts** Hammerschmid, Michael: auf den fels sollte man hinauf. Aus: Gutzschhahn, Uwe-Michael; Mikota, Jana und Wanning, Berbeli (Hrsg.): Und jeden Morgen ein Gedicht: Neue Kinderlyrik von 12 Autoren. Siegen: universi – Universitätsverlag Siegen, 2019, S. 35. **102 f.** Anlagenmechaniker/-in für Sanitär-, Heizungs- und Klimatechnik. Online im Internet: https://berufenet.arbeitsagentur.de/berufenet/bkb/15164.pdf [03.02.2022]. **103 f.** Erzieher/-in. Online im Internet: https://berufenet.arbeitsagentur.de/berufenet/bkb/9162.pdf [03.02.2022]. **105 ff.** Murail, Marie-Aude: Über kurz oder lang (Auszug). Aus dem Englischen von Tobias Scheffel. Frankfurt am Main: Fischer Taschenbuchverlag, 2010, S. 9–14. **108 f.** Procházková, Iva: Die Nackten (Auszug). Düsseldorf: Sauerländer, 2008, S. 138–140. **111 ff.** Doyle, Arthur Conan: Ein Skandal in Bohemia (Auszüge). Aus: Doyle, Arthur Conan: Ein Skandal in Bohemia: Die Abenteuer des Sherlock Holmes. Aus dem Englischen von Alice und Karl Heinz Berger. Berlin: Aufbau digital, 2015, S. 6–9. **114 ff.** Ein langsamer, schwerer Schritt ... Aus: Doyle, Arthur Conan: Ein Skandal in Bohemia: Die Abenteuer des Sherlock Holmes. Aus dem Englischen von Alice und Karl Heinz Berger. Berlin: Aufbau digital, 2015, S. 11–17. **119 ff.** Während er sprach ... Aus: Doyle, Arthur Conan: Ein Skandal in Bohemia:

Die Abenteuer des Sherlock Holmes. Aus dem Englischen von Alice und Karl Heinz Berger. Berlin: Aufbau digital, 2015, S. 28–34. **123 ff.** Die Tür ... Aus: Doyle, Arthur Conan: Ein Skandal in Bohemia: Die Abenteuer des Sherlock Holmes. Aus dem Englischen von Alice und Karl Heinz Berger. Berlin: Aufbau digital, 2015, S. 36–38. **128 f.** Borchert, Wolfgang: Die Kirschen. Aus: Rühmkorf, Peter (Hrsg.): Die traurigen Geranien und andere Geschichten aus dem Nachlass. Reinbek: Rowohlt, 1962, S. 14–17. **130 ff.** Drawe, Anna: Im Warenhaus. Aus: Dittmer, Hans (Hrsg.): Vom Ewigen im Heute: Kurzgeschichten. Göttingen: Vandenhoeck & Ruprecht, 1953. **134** Schnurre, Wolfdietrich: Beste Geschichte meines Lebens. Aus: Schnurre, Wolfdietrich: Der Schattenfotograf. Berlin: Berlin Verlag, 2010, S. 165. **136 f.** Aichinger, Ilse: Das Fenster-Theater. Aus: Reichensperger, Richard (Hrsg.): Ilse Aichinger. Werke. Taschenbuchausgabe in acht Bänden. Der Gefesselte: Erzählungen I (1948–1952). Frankfurt am Main: Fischer Taschenbuch Verlag, 2010, S. 83–85. **138 f.** Ecke, Wolfgang: Das Nachtgespenst. Aus: Ecke, Wolfgang: Club der Detektive: 65 Kriminalfälle zum Selberlösen. Ravensburger Buchverlag, 1997, S. 145–147. **140 ff.** Boie, Kirsten: SCHWARZE LÜGEN (Auszüge). Hamburg: Oetinger, 2014, S. 305–311, 314–318. **147** van Hoddis, Jakob: Weltende. Aus: Nörtemann, Regina (Hrsg.): Jakob van Hoddis: Dichtungen und Briefe. Göttingen: Wallstein Verlag, 2007, S. 9. **148 Mitte** Klemm, Wilhelm: Stellung. Aus: Klemm, Imma (Hrsg.): Wilhelm Klemm: Tot ist die Kunst: Briefe und Verse aus dem Ersten Weltkrieg. Mainz: Dieterich'sche Verlagsbuchhandlung, 2013, S. 116. **148 unten** Stellung. Online im Internet: https://www.duden.de/node/173439/revision/577822 [21.02.2022]. **149** Leipzig ... Aus: Klemm, Imma (Hrsg.): Wilhelm Klemm: Tot ist die Kunst: Briefe und Verse aus dem Ersten Weltkrieg. Mainz: Dieterich'sche Verlagsbuchhandlung, 2013, S. 32, 42. **150** Zech, Paul: Fabrikstraße tags. Aus: Zech, Paul: Das schwarze Revier. München: Musaion, 1922, S. 10. **152 oben** von Logau, Friedrich: Des Krieges Buchstaben. Aus: Eitner, Gustav (Hrsg.): Friedrich von Logau: Sämmtliche Sinngedichte. Tübingen, 1872, S. 107–108. **152 unten** Fleming, Paul: An sich. Aus: Maché, Ulrich und Meid, Volker (Hrsg.): Gedichte des Barock. Stuttgart: Reclam, 1980, S. 58. **153** Gryphius, Andreas: Abend. Aus: Elschenbroich, Adalbert (Hrsg.): Andreas Gryphius: Gedichte. Eine Auswahl. Text nach der Ausgabe letzter Hand von 1663. Stuttgart: Philipp Reclam jun., 1968, S. 11. **155** Boldt, Paul: Nacht für Nacht. Aus: Minaty, Wolfgang (Hrsg.). Junge Pferde! Junge Pferde! Das Gesamtwerk. Lyrik, Prosa, Dokumente. Olten: Walter-Verlag, 1979, S. 21. **156** Kornfeld, Theodor: Ein Sanduhr. Aus: Kornfeld, Theodor: Selbstlehrende Alt-Neue Poesie. Bremen, 1686, S. 83. **158** Werfel, Franz: Der rechte Weg (Traum). Aus: Klarmann, Adolf D. (Hrsg.): Franz Werfel: Gesammelte Werke. Das lyrische Werk. Frankfurt am Main: S. Fischer, 1967, S. 319. **160** Storm, Theodor: Die Stadt. Aus: Theodor Storm: Sämtliche Werke in vier Bänden. Band 1. Berlin: Aufbau-Verlag, 1978, S. 112. **161** Kästner, Erich: Besuch vom Lande. Aus: Kästner, Erich: Ein Mann gibt Auskunft. Zürich: Atrium, 2017, S. 65–66. **162 links oben** Gustas, Aldona: wie die katze. Aus: Gustas, Aldona: Berliner Tagebuch: Gedichte. Düsseldorf: Verlag Eremiten-Presse, 2006. **162 links unten** Dückers, Tanja: Weihnachten am Alexanderplatz. Aus: Dückers, Tanja: Luftpost: Gedichte Berlin – Barcelona. Stuttgart: Tropen Verlag, 2001, S. 27. **162 rechts** von Petersdorff, Dirk: Über Berlin. Aus: von Petersdorff, Dirk: Die Teufel in Arezzo: Gedichte. Frankfurt am Main: Suhrkamp, 2010. **164** Schiller, Friedrich: Wilhelm Tell. Personen (Auswahl). Aus: Schiller, Friedrich: Wilhelm Tell. Schauspiel. Zum Neujahrsgeschenk auf 1805. Köln: Anaconda, 2006, S. 5–6. **165** Schiller, Friedrich: Wilhelm Tell. Dritter Aufzug, dritte Szene. Aus: Schiller, Friedrich: Wilhelm Tell. Schauspiel. Zum Neujahrsgeschenk auf 1805. Köln: Anaconda, 2006, S. 68–69. **167** Tell mit der Armbrust ... Aus: Schiller, Friedrich: Wilhelm Tell. Schauspiel. Zum Neujahrsgeschenk auf 1805. Köln: Anaconda, 2006, S. 69–71. **168 f.** Tell möchte ... Aus: Schiller, Friedrich: Wilhelm Tell. Schauspiel. Zum Neujahrsgeschenk auf 1805. Köln: Anaconda, 2006, S. 72–74. **170 f.** Geßler greift ... Aus: Schiller, Friedrich: Wilhelm Tell. Schauspiel. Zum Neujahrsgeschenk auf 1805. Köln: Anaconda, 2006, S. 75–81. **176 f.** Fiedler, Andreas: Die Tell-Sage ... Aus: Schweizer Nationalmythen. Online im Internet: https://www.friedrich-schiller-archiv.de/inhaltsangaben/zusammenfassung-wilhelm-tell/7/ [17.03.2022]. **178** Dolderer, Winfried: Am Anfang stand der „Rütlischwur". Online im Internet: https://www.deutschlandfunk.de/schweiz-am-anfang-stand-der-ruetlischwur-100.html [17.03.2022]. **179 ff.** Schiller, Friedrich: Wilhelm Tell. Zweiter Aufzug, zweite Szene. Aus: Schiller, Friedrich: Wilhelm Tell. Schauspiel. Zum Neujahrsgeschenk auf 1805. Köln: Anaconda, 2006, S. 46–50. **182 f.** Kindermann, Barbara: Wilhelm Tell. Aus: Wilhelm Tell. Nach Friedrich Schiller. Neu erzählt von Barbara Kindermann. Berlin: Kindermann Verlag, 2004, S. 12–17. **218** Profiler. Aus: Bibliographisches Institut GmbH (Hrsg.): Duden: Die deutsche Rechtschreibung. 28., völlig neu bearbeitete und erweiterte Auflage. Berlin: Dudenverlag, 2020, S. 908. **223** Forensik ... Aus: Cooper, Chris: Kriminalistik: Tatort, Spuren, Detektive. Übersetzung von Michael Bär, Michael Schmidt. München: Dorling Kindersley, 2018, S. 6. **243 oben** Es ist unbeschreibbar ... Aus: Heine, Heinrich: Die Harzreise. Aus: Nationale Forschungs- und Gedenkstätten der Klassischen Deutschen Literatur in Weimar (Hrsg.): Heines Werke in fünf Bänden. Bd. II. Berlin, Weimar: Aufbau Verlag, 1981, S. 271 f. **243 Mitte links** Morgenstern, Christian: Der Hügel. Aus: Morgenstern, Christian: Gesammelte Werke. Zusammengestellt von Jürgen Schulze. Neuss: Null Papier Verlag, 2016, S. 911. **243 Mitte rechts** von Eichendorff, Joseph: Wünschelrute. Aus: Joseph von Eichendorff. Gesammelte Werke. Band 1: Gedichte, Nachlese, Die Feier. Berlin: Aufbau Verlag, 1962, S. 90. **246** Ick. Aus: Dunkel war's der Mond schien helle: Verse, Reime und Gedichte. Gesammelt von Edmund Jacoby. Hildesheim: Gerstenberg, 1999, S. 57. **247** Voigt, Lene: Sonnenuntergang am Meer – Drei Monologe. Online im Internet: http://www.lene-voigt-gesellschaft.de/2000/sonnenuntergang-am-meer/ [07.04.2022]. **249 f.** Hach, Lena: Grüne Gurken. Kapitel 1. München: Mixtvision, 2019, S. 5–7. **251 oben** Fuchs, Kirsten: Mädchenmeute (Auszug). Berlin: Rowohlt – Berlin Verlag, 2015, S. 9. **251 unten** Viering, Kerstin. Verloren in der Antarktis. Aus: Berliner Zeitung, 10.11.2015, S. 12. **255 oben** Zweiter Merseburger Zauberspruch. Aus: Mettke, Heinz (Hrsg.): Älteste deutsche Dichtung und Prosa. Ausgewählte Texte althochdeutsch – neuhochdeutsch. Leipzig: Verlag Philipp Reclam jun., 1976, S. 84 ff. **255 Mitte** Phol und Wodan ritten ... Aus: Mettke, Heinz (Hrsg.): Älteste deutsche Dichtung und Prosa. Ausgewählte Texte althochdeutsch – neuhochdeutsch. Leipzig: Verlag Philipp Reclam jun., 1976, S. 84 ff. **256** von der Vogelweide, Walther: Ich saz ûf eime steine. Aus: Protze, Helmut (Hrsg.): Walther von der Vogelweide: Lieder und Sprüche. Auswahl mittelhochdeutsch – neuhochdeutsch. Neuhochdeutsche Fassung von R. Schaeffer. Leipzig: Verlag Philipp Reclam jun., 1982, S. 24. **257 oben** Uns ist in alten mæren ... Aus: Schulze, Ursula (Hrsg.): Das Nibelungenlied: Mittelhochdeutsch/Neuhochdeutsch. Ins Neuhochdeutsche übersetzt und kommentiert von Siegfried Grosse. Ditzingen: Philipp Reclam jun., 2018, S. 6. **257 oben** Uns wird ... Aus: Schulze, Ursula (Hrsg.): Das Nibelungenlied: Mittelhochdeutsch/Neuhochdeutsch. Ins Neuhochdeutsche übersetzt und kommentiert von Siegfried Grosse. Ditzingen: Philipp Reclam jun., 2018, S. 7. **257 Mitte** Dô wuohs … Aus: Schulze, Ursula (Hrsg.): Das Nibelungenlied: Mittelhochdeutsch/Neuhochdeutsch. Ins Neuhochdeutsche übersetzt und kommentiert von Siegfried Grosse. Ditzingen: Philipp Reclam jun., 2018, S. 10. **257 unten** Damals wuchs … Aus: Schulze, Ursula (Hrsg.): Das Nibelungenlied: Mittelhochdeutsch/Neuhochdeutsch. Ins Neuhochdeutsche übersetzt und kommentiert von Siegfried Grosse. Ditzingen: Philipp Reclam jun., 2018, S. 11. **258** Ein kurtzweilig lesen von Dil Ulenspiegel. Aus: Frühneuhochdeutsche Texte. Ausgewählt und eingeleitet von Gerhard Kettmann. Leipzig: Bibliographisches Institut, 1971, S. 176. **259** Ickelsamer, Valentin: Teutsche Grammatica (Auszug). Augsburg: Ulhart, um 1535, S. 28. **260 f.** Springer, Nancy: Der Fall des verschwundenen Lords: Ein Enola Holmes Krimi (Auszug). Aus dem Amerikanischen von Nadine Mannchen. München: Knesebeck, 2019, S. 5, 10–11, 16–18. **262 f.** Hach, Lena: Grüne Gurken (Auszug). München: Mixtvision, 2019, S. 30–33. **268** Wenn Fliegen … Aus: Schwarz, Mascha (Hrsg.): Ein Hut, ein Stock, ein Regenschirm: Schüttelreime, Zungenbrecher, Quatschgedichte und mehr. Berlin: Tulipan, 2013, S. 27. **268** Es klapperten… Aus: Gutzschhahn, Michael (Hrsg.): Ununterbrochen schwimmt im Meer der Hinundhering hin und her: Das dicke Buch vom Nonsens-Reim. München: cbj, 2015, S. 126. **270** D 90. Aus: Bibliographisches Institut GmbH (Hrsg.): Duden: Die deutsche Rechtschreibung. 28., völlig neu bearbeitete und erweiterte Auflage. Berlin: Dudenverlag, 2020, S. 70. **344** Lösung zu S. 139, Aufgabe 3. Aus: Ecke, Wolfgang: Club der Detektive: 65 Kriminalfälle zum Selberlösen. Ravensburger Buchverlag, 1997, S. 230.

Bildquellen

8 stock.adobe.com/MashiOne **9, 14 oben, 16** Cornelsen/Straive **17** stock.adobe.com/Parradee **23** interfoto e.k./Sammlung Rauch **25** stock.adobe.com/Torsten Lorenz **27** Cornelsen/Straive **29** stock.adobe.com/bpstocks **33** Cornelsen/Straive **48** *Buchcover:* Susan Kreller: Schneeriese. 2016 Carlsen Verlag Hamburg. **54** stock.adobe.com/Przemyslaw Koch/rangizzz **55** stock.adobe.com/ra2 studio **57 links** stock.adobe.com/ORLANDO/BELLINI/Orlando Bellini **57 rechts** Panther Media GmbH/Andriy Popov **58** dpa Picture-Alliance/Carsten Rehder **61** stock.adobe.com/Vitalii Vodolazskyi **62** Cornelsen/Straive **66** Mit freundlicher Genehmigung der BSR (Berliner Stadtreinigung)/© Berliner Stadtreinigung **67** WWF Deutschland **68, 70** Cornelsen/Straive **75** Shutterstock.com **76** Cornelsen/Inhouse **82** *Buchcover:* Anna Woltz: Hundert Stunden Nacht. 2019 Carlsen Verlag Hamburg **94** stock.adobe.com/makistock **102** stock.adobe.com/Erwin Wodicka/Gina Sanders **103** mauritius images/Westend61 **105** *Buchcover:* Marie-Aude Murail: Über kurz oder lang. Fischer Taschenbuch Verlag 2012 **108** *Buchcover:* Iva Procházková: Die Nackten. Fischer Taschenbuch Verlag 2011 **110 links** bpk/National Portrait Gallery, London/Walter Bird **110 Mitte** akg-images **110 rechts** mauritius images/Screen Prod **111** *Buchcover:* Arthur Conan Doyle: Ein Skandal in Bohemia. Aufbau Verlag 2015 **140** *Buchcover:* Kirsten Boie: SCHWARZE LÜGEN. Oetinger Verlag Hamburg, 2014 **145 oben links** bpk **145 oben rechts** akg-images/arkivi **145 unten links** interfoto e.k./Friedrich**145 unten rechts** Bridgeman Images **146** bpk/Hermann Buresch **148** dpa Picture-Alliance/Shotshop/ChezOC **151** bpk/Roman Beniaminson **156 links** bpk/Staatsbibliothek zu Berlin/Carola Seifert **159** bpk/Scala/VG Bild-Kunst Bonn, 2022 **161 links** akg-images/TT News Agency/SVT **161 rechts** stock.adobe.com/frank peters **163 links** *Buchcover:* Friedrich Schiller: Wilhelm Tell. Hamburger Lesehefte Verlag **163 Mitte** *Buchcover:* Friedrich Schiller: Wilhelm Tell. Coverartwork nach Friedrich Schiller, Wilhelm Tell, erschienen im Anaconda Verlag, München, in der Penguin Random House Verlagsgruppe GmbH **163 rechts, 182** *Buchcover:* Wilhelm Tell (Weltliteratur für Kinder). Nacherzählt von Barbara Kindermann mit Bildern von Klaus Ensikat. Kindermann Verlag Berlin, 2004 **184** stock.adobe.com/Jörg Lantelme **186** dpa Picture-Alliance/Stephanie Ott **187** dpa Picture-Alliance/Horst Ossinger **197** stock.adobe.com/by-studio **200 links** stock.adobe.com/Ingo Bartussek **200 rechts** stock.adobe.com/Carlos Aguirre **201** stock.adobe.com/Paitoon **202** stock.adobe.com/kovaleva_ka **203** stock.adobe.com/Antonio Gravante **208** Shutterstock.com/Alisusha **211** stock.adobe.com/John Vlahidis **213** stock.adobe.com/leszekglasner **219** stock.adobe.com/GERARD KREMMER/manipulateur **226** *Buchcover:* Nancy Springer: Der Fall des verschwundenen Lords. Ein Enola-Holmes-Krimi. 2019 Knesebeck Verlag **228** akg-images/Netflix/Album/Warner Bros **229** dpa Picture-Alliance/dpa-Zentralbild/Julian Stähle **243** mauritius images/Ingo Wandmacher **244** mr-Kartographie Gotha **249** *Buchcover:* Lena Hach: Grüne Gurken. Mixtvision Mediengesellschaft mbH, München **251** *Buchcover:* Kirsten Fuchs: Mädchenmeute. Rowohlt Taschenbuchverlag, 2016 **254** akg-images **256** bpk **260** *Buchcover:* Nancy Springer: Der Fall des verschwundenen Lords. Ein Enola-Holmes-Krimi. 2019 Knesebeck Verlag **262** *Buchcover:* Lena Hach: Grüne Gurken. Mixtvision Mediengesellschaft mbH, München **264** stock.adobe.com/Laurens Hoddenbagh **267** Bridgeman Images/Christies Images **268** Shutterstock.com/Juergen_Wallstabe **277** stock.adobe.com/rotschwarzdesign **287** stock.adobe.com/Animaflora PicsStock